U0836858

财政部规划教材
全国高等院校财经类教材

国际财务管理

（第二版）

夏乐书　王满　主编

中国财政经济出版社

图书在版编目（CIP）数据

国际财务管理/夏乐书，王满主编．—2版．—北京：中国财政经济出版社，2008.9
财政部规划教材．全国高等院校财经类教材
ISBN 978-7-5095-0853-4

Ⅰ．国…　Ⅱ．①夏…②王…　Ⅲ．国际财务管理-高等学校-教材　Ⅳ．F811.2

中国版本图书馆CIP数据核字（2008）第112854号

责任编辑：李昊民　郑保华　　　　责任校对：黄亚青
封面设计：陈　瑶　　　　　　　　版式设计：汤广才

中国财政经济出版社 出版
URL：http：//www.cfeph.cn
E-mail：cfeph@cfeph.cn
（版权所有　翻印必究）
社址：北京市海淀区阜成路甲28号　邮政编码：100142
发行处电话：88190406　财经书店电话：64033436
北京财经印刷厂印刷　　各地新华书店经销
787×1092毫米　16开　17.75印张　431 000字
2008年9月第2版　2008年9月北京第1次印刷
印数：1—3 060　定价：30.00元
ISBN 978-7-5095-0853-4/F·0699
（图书出现印装问题，本社负责调换）
本社质量投诉电话：010-88190744

编写说明

本书是财政部规划教材，由财政部教材编审委员会组织编写并审定，作为全国高等院校财经类教材。

本教材的第一版是根据财政部“十五”规划于2001年8月出版，使用五年，较好地满足了教学需要。在此期间，各国经济国际化和全球化进一步迅速发展，在国际财务管理方面出现了许多新经验和新问题。为适应新的形势，根据财政部2006—2008年教材新编修订计划，我们对本教材进行了全面、系统的修订，目的在于在巩固和发展现有教材优点的基础上，吸收国内外最新的理论研究成果和实践经验，并借鉴国内外优秀教材编写经验，进行教材内容和形式方面的创新，进一步提高教材质量，加强教材的思想性、科学性和实用性，为更好地培养财经人才服务。

在修订过程中，除了参阅国内的一些国际财务管理著作、文章和大量实际资料以外，还借鉴了美、英等国近年出版的一些国际财务管理著作，注意吸收西方国家在国际财务管理方面的科学知识，并尽量结合我国的实际情况。这次修订在内容方面增加了国际财务管理目标、欧元的产生与作用、人民币的国际化和自由兑换、香港的联系汇率制度、经济风险管理的企业经营收支结构调整法、QFII、QDII、BOT项目融资、多种货币组合融资、红筹股、我国企业境外上市模式、美国萨班斯—奥克斯利法案、国际证券组合投资设计、信用证方式下银行承兑汇票融资、出口信用保险项下的贸易融资等。在教材形式方面增加了学习目标、小测试、专栏、案例、相关网站等。

本教材的特点主要是理论联系实际，既有必要的理论阐述，又有大量的实例，形成了既符合国际惯例又具有中国特色的国际财务管理的体系和内容。本书除总论之外，包括外汇风险管理、国际筹资管理、国际投资管理和国际贸易外汇收支管理四部分内容。书中广泛运用图示和配有数字的表格，直观地解释了重要而复杂的概念，各种计算公式都举例进行计算分析，简明易懂。

本书可作为高等院校财务管理、会计学、国际金融、国际经贸等专业开设国际财务管理课程的教科书，还可供企业财会人员和经济管理人员自学参考。本书由夏乐书教授（东北财经大学）主编，并负责修订第一、二、三、四、五、六、七、八和十二章，王满教授（东北财经大学，博士）负责修订第九、十、十一章。中国人民大学荆新教授（博士生导师）对书稿提了很多宝贵意见，在此表示衷心感谢！由于我们水平有限，书中可能会有错误和不当之处，敬请读者指正。

编　者

2008年7月

目 录

第一章 DIYIZHANG

总　　论

学习目标

□ 了解企业财务管理国际化的基本原因和国际财务管理学的形成与发展

□ 正确认识国际财务管理的定义，评述几种不同的观点

□ 明确国际财务管理的基本内容、特点和目标

□ 了解国际财务管理组织的发展和管理模式

第一节　财务管理国际化

财务管理是经济管理的一个重要组成部分，其涵盖筹资、投资和收益分配等活动。企业财务管理国际化是指企业的财务活动跨越本国国界，与外国的企业、银行、证券、税务等单位以及个人发生财务关系。

一、影响财务管理国际化的基本因素

影响企业财务管理国际化的因素主要是企业生产经营国际化和金融市场国际化两方面。

（一）企业生产经营国际化

企业生产经营国际化包括以下方面：

1. 贸易国际化。各国企业之间进行贸易，一个重要的原因是各国之间自然资源的差别。例如，有些国家能源丰富，而另一些国家能源缺乏。资源丰富的国家需要出口其产品，而资源缺乏的国家则要进口其所需的货物。此外最重要的原因是各国企业在不同的产品生产上各自具有比较优势。例如，甲国某企业生产 A 产品在技术方面具有优势，它的生产效率高、产量多、质量高，由于成本低，具有很强的竞争力，当这种产品的数量在本国市场处于饱和之后，就不仅必要而且可能向国外市场销售。如果各国企业专门生产自己具有比较优势的产品并进行交换，就都能从中获利。

各国之间的贸易已有了上千年的历史。20 世纪以来，特别是第二次世界大战以后，关税与贸易总协定（CATT）的实施和世界贸易组织（WTO）的建立和运行，促使全球国际贸易成倍增长。进入 21 世纪以来，各国之间贸易的发展更加迅速。2005 年我国成为继美国、

德国之后的世界第三大贸易国，全球贸易的增长反映了国际化的影响正日益深入到世界各个角落。

企业商品进出口贸易的进行，必然引起外汇资金的收支。经过长期实践，特别是最近一百多年的经验积累，已经形成了系统的外贸财务管理科学知识和管理方法，包括办理商品进出口外汇收支结算、防范外汇收支结算中的风险和分析进出口外汇收支的效益等。

2. 生产和直接投资国际化。企业到国外投资进行生产的原因，主要是一些在生产上具有优势的企业，由于生产规模大、成本低、利润多，有了巨额的过剩资本，而本国内有利可图的投资场所已经不够。企业为了提高利润水平，或为了扩大产品在国外的销售市场，或为了开发、获得外国的自然资源等目的，将资本输出，投到国外创办生产性企业。向国外投资生产的另一个重要原因是，现在国际贸易市场的不完全性，有些国家有时还存在贸易壁垒（禁止性关税、配额等）。例如，以前甲国某企业向乙国大量出口 A 种产品，现在乙国为了限制进口这种产品，设置了壁垒，甲国企业为了绕过这种障碍，就到乙国投资建厂生产 A 种产品，在当地销售。乙国愿意接受这种做法，因为它可以利用外资发展本国经济，获得扩大劳动者就业、就近买到所需的较便宜的产品和增加国家税收等利益。

企业向国外进行直接投资，使企业的生产活动既在本国进行，又在国外进行。直接投资国际化与生产国际化同时进行，相互促进，生产国际化是直接投资国际化的基础，而直接投资国际化则是生产国际化的条件和推动力。20 世纪 90 年代以来，跨国公司的海外投资以每年 10% 的速度增长，跨国公司数量有了迅速增加，生产和直接投资国际化不断地发展，使商品生产和劳务服务变得高度全球化，比如，在世界市场上销售的 IBM 个人电脑，可能是中国生产的主板，韩国生产的键盘，美国生产的芯片，及由美国和印度的工程师联合开发的软件。

随着直接投资生产国际化的不断发展，逐渐形成了国际投资方面的财务管理，包括对外投资项目财务可行性研究、跨国资本预算、资本投出、母子公司之间内部贷款、内部贸易结算、转移价格运用、子公司利润汇回和费用支付、国际双重征税避免和资本抽回等内容。

3. 技术国际化。科学技术是第一生产力，科学技术的迅速发展，对经济发展的影响日益明显。企业为了在竞争中获胜，在技术开发方面投入大量资金。一般是先在国内充分利用先进技术，获得高额利润，然后把技术向国外转让，谋取额外利润。20 世纪 60 年代以来，国际技术转让迅速增长，据统计 1965—1975 年间，技术贸易总额年平均增幅为 37%，而在 1975—1985 年间年平均增幅达 41%，20 世纪 90 年代以来，国际技术贸易有了更快的发展。

企业输出技术或引进技术，必然引起外汇的收支结算，于是形成了与技术贸易外汇收支有关的财务管理。例如，当企业从国外引进技术时，要进行财务可行性研究、技术价格的制定、支付方式的选择和以外汇支付技术价款等。

（二）金融市场国际化

金融，通常的理解是货币资金的融通。金融市场是进行货币资金融通与金融产品交易的场所或运营网络。**现代金融市场包括信贷市场、证券市场（债券市场和股票市场）、外汇市场、黄金市场和金融衍生品市场**。信贷市场和证券市场都是公司企业、金融机构、政府进行筹资和投资的市场，按筹资、投资期限长短可分为货币市场和资本市场。货币市场是指期限在一年以内的市场，包括短期贷款市场、短期债券市场、可转让大额存单市场和票据市场（商业票据市场、银行承兑汇票市场）等。资本市场是指期限为一年以上的市场，包括中长期信贷市场（含银行信贷、租赁信贷等）、中长期债券市场和股票市场等。金融活动最早一般是在本国之内进行，随着生产国际化、资本国际化和国际贸易的发展，金融市场逐步国际化。

1. 货币市场和资本市场的国际化。

(1) 国内货币市场、资本市场和国际货币市场、资本市场。为了便于阐述，下面以资本市场为例加以说明。资本市场中的筹资、投资活动，可用图1－1表示。

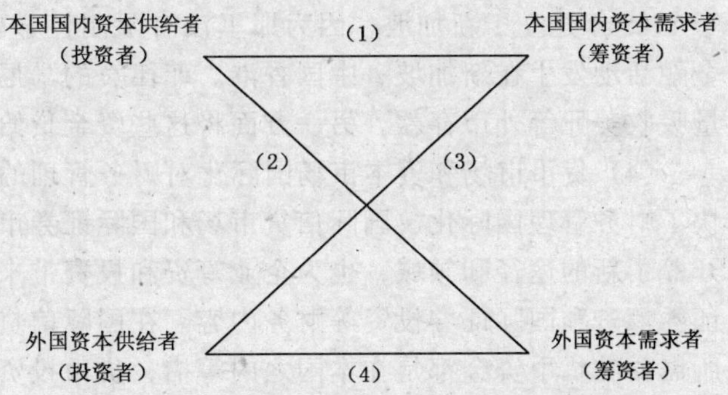

图1－1 资本市场中的筹资投资活动①

图1－1中（1）的投资和筹资是在本国范围之内进行，属于国内资本市场。(2)、(3)、(4) 的投资和筹资是在不同国家之间进行，属于国际资本市场。其中（2）表示本国的资本供给者向外国的资本需求者进行投资，例如，本国的存款户将货币存入银行，由银行向外国的企业发放贷款；允许外国的资本需求者在本国发行证券筹资，证券由本国投资者购买。(3) 表示本国的资本需求者从外国的资本供给者获得资本，例如，外国存款户将货币存入银行，本国企业从外国银行获得贷款；本国资本需求者在外国发行证券筹资，证券由外国投资者购买。(4) 表示境外资本市场。以美元为例，过去，美元都存放在美国国内银行，外国的企业需要美元资本时，要从美国国内银行贷款，后来发展为许多国家将美元存入英、德、法等欧洲国家的银行，这些国家的银行也发放美元贷款，以后进一步发展为，外国的企业可以在英、德、法等国的证券市场发行美元证券，买卖美元证券。这些美元存款、贷款和美元证券的买卖不是在美国国内进行，而是在美国境外进行的，这就是美元的境外金融市场。境外金融市场也称"离岸金融市场"，是国际金融市场的核心部分。

(2) 欧洲货币市场的形成与发展。由于美元的境外金融市场最早是在欧洲形成的，因而被称为"欧洲美元市场"。欧洲货币市场的形成是从欧洲美元市场开始的。第二次世界大战后，美元成为主要的国际货币。战后欧洲各国经济恢复和国际贸易发展，需要大量美元用于国际结算，欧洲各国对只能通过美国境内的银行办理美元收支存贷感到不便，在客观上产生了对境外美元的需求，需要欧洲国家的银行能吸引美元存款，用于国际贸易的美元货款结算，向美元需求者发放美元贷款，于是欧洲美元市场在20世纪50年代初应运而生。进入60年代，英、德、法等国经济迅速恢复和发展，不少国家需要英镑、德国马克、法国法郎等货币用于国际结算或借贷，因而形成了欧洲英镑（在德、法等银行存贷的英镑）、欧洲德国马克（在英、法等银行存贷的德国马克）和欧洲法国法郎（在英、德等银行存贷的法国法郎）等。欧洲美元市场发展成为欧洲货币市场。欧洲货币市场包括欧洲短期信贷市场、欧洲中长期信贷市场和欧洲债券市场。欧洲货币市场最初形成于欧洲，后发展到加拿大和美国，进一步发展到亚洲和拉丁美洲等地。

(3) 亚洲货币（或亚洲美元）市场。亚洲货币市场是指亚太地区的银行用境外美元和其

① 在阐述货币市场时，图1－1中"资本"二字均改为"货币"。

他境外货币如英镑、欧元、日元、加拿大元、澳大利亚元等进行存贷所形成的市场。因为交易额 90%以上是美元，所以又称为“亚洲美元市场”。亚洲美元市场是欧洲美元市场的延伸，它是适应亚洲各国公司在国际经济贸易活动中日益广泛使用美元的需要而发展起来的，于 1968 年建立于新加坡，因为那里没有限制性金融管制和税收。现在亚洲美元市场大多数金融活动发生在新加坡、中国香港、菲律宾的马尼拉等。在亚洲美元市场上，银行一方面大量吸收美元等外币存款，另一方面将这些资金贷给借款者。

（4）货币市场和资本市场国际化对财务管理的影响。货币市场和资本市场国际化大大加快了财务管理国际化。国际信贷市场和国际证券市场的形成和发展，为企业进行筹资和投资开辟了新的途径和领域，也为企业筹资和投资带来了新的风险，形成了国际信贷筹资、国际证券筹资和国际证券投资等财务内容。在国际信贷和证券市场形成之前，各国企业生产经营所需要的货币资金都是在本国之内筹措，货币投资（如购买债券、股票等）也是在本国之内进行。随着国际信贷和证券市场的形成，使企业有可能从国外筹措货币资金，例如从国外银行借款或在国外发行债券和股票集资，也可以向国外进行货币投资，例如购买外国政府、金融机构和公司企业发行的债券及股票等。特别是境外金融市场的形成和发展，筹资者可以在货币发行国之外筹集到该国的货币资金，例如，在欧洲、亚洲和拉丁美洲等美元市场上可以筹集到美元，在德、法等国的欧洲英镑市场上筹集到英镑，在英、德、法等国的欧洲日元市场上可以筹集到日元，等等。国际资本市场越发展，企业从国外筹资的来源和向外国投资的去向就越多，国际筹资和投资方式也更加灵活。

2. 外汇市场国际化。

（1）外汇市场国际化概述。外汇市场是专门进行外汇买卖的市场。外汇市场的参与者包括外汇银行（经中央银行指定或授权而经营外汇业务）、外汇经纪人（中介于外汇银行之间或外汇银行与顾客之间接洽外汇交易，从中收取佣金）、顾客（如进出口商、国际投资者、旅游者、外汇套期保值者和投机者等）和中央银行（外汇市场的监督者和干预者）。外汇市场的交易包括两个层面，一是银行之间的外汇批发交易，二是银行对顾客之间的外汇零售交易。

随着国际经济、贸易和资本市场的迅速发展，越来越多的国家放松或取消了外汇管制，还由于电子计算机、通讯技术的进一步发展和广泛运用，使外汇市场日益国际化，并趋于全球一体化，主要表现在银行机构的国际化和国际的外汇交易不断增多。由于各国银行普遍在外国设立分支行，因而使本国银行与外国银行之间以及本国银行与外国顾客之间外汇交易更为便捷，而且交易额增多。例如，1995 年 4 月国际平均日外汇交易额 11370 亿美元，其中：①银行之间的外汇交易占 84%，其中，本国银行之间外汇交易占 35%，与外国银行的外汇交易占 49%；②银行与顾客之间外汇交易占 16%，其中，与本国顾客的外汇交易占 11%，与外国顾客的外汇交易占 5%。在全部外汇交易中，国际外汇交易达 54%（49% + 5%）。

国际外汇市场主要有伦敦外汇市场、纽约外汇市场、东京外汇市场、法兰克福外汇市场和香港外汇市场等。世界各大金融中心的外汇市场连成一气，形成一个全球性的网络，实现了 24 小时连续进行外汇交易的市场体系。

（2）外汇市场国际化对财务管理的影响。企业的国际筹资、国际投资和国际贸易都涉及外汇收支，离不开不同国家货币的汇兑，因而与外汇市场存在着密不可分的关系。外汇市场的国际化和全球化，一方面方便了外汇买卖和外汇收支结算，加快了资金在国际间的流动；

另一方面外汇市场的发展变化特别是实行了浮动汇率制度以后，增加了企业的外汇风险，由于汇率变动频繁，有时变动幅度很大，对企业的财务收支和财务成果发生很大影响，大大增加了企业跨国经营环境的不稳定性，使财务管理变得更为复杂。

3. 国际金融衍生品市场的形成与发展。

（1）国际金融衍生品市场概述。自20世纪80年代以来，国际金融市场最为重要的创新是金融衍生品市场的出现和成长。随着西方国家利率自由化和汇率完全自由浮动，金融领域的风险更加突出，金融机构和企业要控制利率风险、汇率风险、股票和债券价格变动风险的任务更加艰巨。从另一方面讲，利率、汇率、股票和债券价格走向的不确定性也蕴含着获利的机会。在这种情况下，金融衍生品应运而生，它为风险规避者提供了方便的避险工具，也为风险承受者提供了有效的投机对象，从而形成金融衍生品的交易市场。

金融衍生品是从基础金融资产（例如，利率合约、外汇买卖合约、政府债券、股票等）衍生出来的，它主要包括期货（Future）、期权（Options）和互换（Swap）等三类。金融期货具体包括利率期货、外汇期货、债券期货、股票指数期货等；金融期权具体包括利率期权、外汇期权、债券期权、股票指数期权等；金融互换具体包括利率互换、货币互换等。金融衍生品市场分为以下两类：一是交易所市场，例如芝加哥商品交易所的国际货币市场分部、芝加哥期货交易所、伦敦国际金融期货交易所等。二是场外交易市场，是在交易所之外，银行同业之间以及银行与顾客之间单独直接进行交易。

（2）国际金融衍生品市场的发展对财务管理的影响。企业通过国际金融衍生品市场，进行外汇期货、外汇期权、利率期货、利率期权、利率互换和货币互换等交易，可以达到降低金融风险和提高资金效益的目的，进行这些交易已成为当今企业财务、金融部门的现代管理方法。

二、财务管理国际化的发展

（一）财务管理国际化发展的进程

财务管理国际化是一个逐步变化的过程，一般是企业的生产经营在国内取得相当成就后，再向国际市场开拓进军，先由进出口贸易开始，进而从国外筹资、向国外投资、在国外建立分公司或子公司，直至发展成为跨国公司。以生产企业为例，财务管理国际化的进程大致可概括为以下几个步骤：（1）进口原材料、零部件和机器设备；（2）从国外引进技术，生产出国际市场需要的质高价廉的产品；（3）产品由外贸公司收购出口、代理出口；（4）产品由企业自营出口；（5）在国外设立分销机构，建立销售网；（6）向国外输出技术；（7）从国外银行取得借款；（8）吸收外商直接投资，在国内举办合资、合作企业；（9）在国外发行债券、股票筹资；（10）购买外国公司发行的股票和外国政府、银行、公司发行的债券；（11）向国外投资举办合资企业、合作企业、独资企业；（12）投资兼并收购外国公司企业；（13）建立跨国公司，成立跨国的生产经营管理组织。以上第（1）~（6）步属于进出口贸易，第（7）~（9）步属于从国外筹资，第（10）步属于向国外进行证券投资，第（11）~（13）步属于向国外进行直接投资。

以上是企业生产经营和财务活动国际化的典型发展阶段，并不是说所有企业向国外发展都必须依次走完这条道路。各企业具体情况不同，它们进入国际市场的步骤和进程是有区别的。企业在从简单的进出口业务开始，逐步迈向跨国公司的过程中，每前进一步，财务管理国际化程度就逐步向前发展。

（二）国际财务管理学的形成与发展

随着财务管理国际化的不断发展，国际财务管理（International Financial Management）就逐渐地从财务管理中分离出来。国际财务管理是财务管理的一个重要组成部分。

国际财务管理的出现已有了相当长的历史。应当说，自从各国企业发生国际贸易、国际投资、国际筹资等活动，一些企业就有了国际财务活动，因而也就产生了国际财务管理。至于国际财务管理学从财务管理学中分离出来大约是在20世纪60年代末或70年代初，国际财务管理学是财务管理学的一个新的分支。

大约是在20世纪60年代末，到70年代初，英美等国的一些大学开设了国际财务管理课程，形成了国际财务管理专门学科。随着经济国际化不断地发展，人们越来越普遍地认识到，在经济全球化的世界中学习、研究和加强国际财务管理是十分重要的。

在我国，对国际财务管理学的研究是从20世纪80年代初开始的。这时我国已实行改革开放政策，实施"引进来、走出去"战略，大量吸收外商直接投资，举办中外合资、合作企业和外商独资企业，许多企业的进出口贸易迅速增长，不少企业从国外银行借款，在国外发行股票、债券筹资；到国外进行直接投资办企业等。许多企业的国际财务活动日益增多，企业的外汇收支频繁，国际财务关系越来越复杂，迫切需要运用国际财务管理知识。因此，建立我国的国际财务管理学，既要借鉴和学习西方国家跨国公司在国际财务管理方面的先进经验和科学知识，又要结合我国改革开放的实际情况，总结我国企业国际财务管理方面的好经验。

小测试：

1. 企业生产经营国际化包括哪些内容？对财务管理有哪些影响？
2. 金融市场国际化包括哪些内容？对财务管理有哪些影响？

第二节　国际财务管理的定义

一、国际财务管理的对象

为了确定国际财务管理的定义，首先必须了解国际财务管理的对象。国际财务管理的对象是指国际财务管理的客体，即国际财务管理管理什么以及管理的范围。

我们知道，企业财务管理的对象是企业的筹资、投资和收益分配等活动，即企业的财务活动，它体现企业与各有关方面的经济关系，称为财务关系。

企业的财务活动按其是否跨越本国国界，可分为国内财务活动和国际财务活动两类，相应地，企业财务管理分为国内财务管理和国际财务管理两方面。国内财务活动是指企业在本国之内筹资，在国内投资，收支在国内结算，收益在国内分配，财务活动不跨越国界，与外国的企业、单位、个人不发生财务关系。而国际财务活动是指企业从国外筹资，向国外投资，与外国企业、单位、个人发生外汇收支结算，将企业的收益分配给外国投资者，或从国外投资取得收益等，企业财务活动跨越了本国国界，与其他国家的企业、单位、个人发生了财务关系。国内财务管理的对象是企业的国内财务活动，而国际财务管理的对象则是企业的国际财务活动。国际财务管理与国内财务管理的基本区别就在于它们的管理对象不同。

二、国际财务管理的定义

根据上述表述，可以对国际财务管理的定义表述如下：**国际财务管理是对企业的国际财务活动所进行的管理**。而国内财务管理则是对企业的国内财务活动所进行的管理。

为了深入了解这一定义，下面对企业的国内财务活动和国际财务活动加以说明。

企业的国内财务和国际财务可用图 1－2 表示（图中设甲公司是股份有限公司，母公司设在 A 国，在 B 国和 C 国分别设有子公司）。

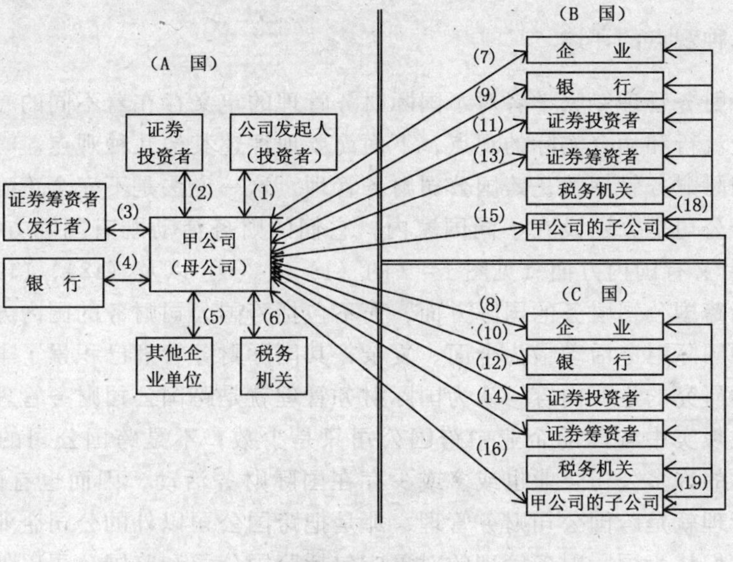

图 1－2 甲公司的国内财务和国际财务简况

图 1－2 的说明：双线表示国界，(1) ～ (6) 是甲公司的国内财务活动：(1) 公司发起人认购公司部分股份，定期从公司领取股利；(2) 甲公司通过证券市场向国内投资者发行股票、债券，以筹集资本，定期向股东发放股利，向债权人支付利息，到期偿还债券本金；(3) 甲公司通过证券市场购买本国政府、金融机构、公司企业发行的债券和公司股票，获得投资收益，收回投资本金；(4) 甲公司通过信贷市场，从国内银行和非银行金融机构取得贷款，按期付息还本；(5) 甲公司与国内其他企业单位由于相互购销商品、提供劳务等而发生的款项收支结算；(6) 甲公司向本国税务机关缴纳税款。(7) ～ (16) 是甲公司的国际财务活动：(7)、(8) 甲公司与 B 国、C 国企业之间的财务活动包括商品进出口外汇收支、技术进出口外汇收支和款项借贷等；(9)、(10) 甲公司通过国际信贷市场从 B 国、C 国银行取得贷款，到期付息还本；(11)、(12) 甲公司通过 B 国、C 国证券市场向国外投资者发行股票、债券以筹集资本，到期向股东发放股利，向债权人支付利息，偿还债券本金；(13)、(14)甲公司通过 B 国、C 国证券市场购买外国政府、金融机构、公司发行的债券和外国公司股票，获得投资收益，收回投资本金；(15)、(16) 甲公司（母公司）与国外子公司之间的财务活动，包括投资、利润汇回和资本抽回以及款项借贷、商品进出口货款收支和技术转让费收支

等。(17) 甲公司所属各子公司之间的财务活动，包括商品进出口外汇收支、技术转让费收支和款项借贷等。(15)、(16)、(17) 是跨国企业内部财务关系，但这些财务活动跨越了本国国界，又涉及外汇资金收支，应属于国际财务范围；(18)、(19) 是子公司的国内财务活动，例如，(18) 是在B国的子公司与B国的企业、银行、证券投资者、筹资者、税务机关发生的财务关系。子公司的国际财务活动，例如甲公司在B国的子公司可以与C国、A国和其他国家的企业、银行、证券投资者、筹资者发生财务关系，在图内省略。

由于各企业的国际化进程有差别，因而它们的国际财务活动有多有少，有些企业目前只有商品进出口业务；有些企业还有技术引进或输出；有些企业已在国外投资办了企业，但投资少，子公司少且小，还不能称为跨国公司；而有些企业的国际化已进入高级阶段，成为跨国公司等。

三、对其他几种观点的评述

目前，国内外财务管理专家学者对于国际财务管理的定义存在着不同的看法。前面阐述的定义是一种比较流行和切合实际的观点，下面简要地评述其他几种观点。

有人认为，国际财务管理就是跨国公司财务管理，这一说法是不完全正确的。因为跨国公司的母公司和子公司是分别设在不同国家内，它们的财务活动既有国际方面（见图1-2的（7）~（17）），又有国内方面（见图1-2的（1）~（6）以及（18）、(19)）。国际财务管理的对象只包括跨国公司财务的国际方面，而不包括跨国公司财务的国内方面。此外，有人认为跨国公司的国际财务活动最为全面、复杂，其国际财务管理已积累了丰富经验，应作为国际财务管理学研究的主要内容，认为国际财务管理就是跨国公司财务管理，这一说法是不全面的。因为在现实中各国的企业中跨国公司只是少数，不是跨国公司的企业是绝大多数。跨国公司以外的许多公司企业也或多或少存在国际财务活动，因而也有国际财务管理。如果说国际财务管理就是跨国公司财务管理，那是把跨国公司以外的公司企业的国际财务管理排除在外了。我们认为国际财务管理的对象应包括跨国公司和跨国公司以外的公司企业的国际财务活动。

有人认为，国际财务管理就是国际企业的财务管理。这一看法也是不完全正确的。国际企业是指一切跨越国界从事生产经营的企业。国际企业包括跨国公司和跨国公司以外的其他国际企业，它们的财务活动都包括国内和国际两方面，国际财务管理的对象只包括国际企业的国际财务活动，而不包括国际企业的国内财务活动。

第三节　国际财务管理的内容

关于国际财务管理的内容，国内外财务管理著作的阐述有所不同。有的把属于国际金融的一些内容，如国际货币体系、国际收支、国际银行业务等，列作国际财务管理的内容；有的把属于国际会计的一些内容，如合并财务报表、通货膨胀会计、比较会计等，列作国际财务管理的内容。因此，要正确确定国际财务管理的内容，应划清国际财务与国际金融、国际会计的界限。

由于国际财务管理与国际金融有着密切联系，因而在美国的许多国际财务管理著作中，一般都介绍国际金融的一些知识，例如外汇汇率和外汇市场、国际货币市场和国际资本市场以及货币期货和期权等，有的还介绍国际货币体系和国际收支等，这些并不是国际财务管理的内容，而是学习国际财务管理应具备的基础知识，是应当了解的国际财务管理的金融环境。

根据前节对国际财务管理对象的分析，根据财务管理的基本职能是筹集资金和运用资金（包括投资和日常生产经营中资金的使用与收回），以及外汇风险是国际财务活动中特有的风险等方面的认识，本书将国际财务管理的内容归纳为下列四项：

第一，外汇风险管理。包括外汇汇率预测、外汇风险测量和外汇风险管理决策（主要是选择外汇风险管理的策略和方法）。这部分将在第二、三、四、五章说明。

第二，国际筹资管理。包括吸收外商直接投资、国际信贷筹资、国际证券筹资、国际租赁筹资和国际补偿贸易筹资等。关于吸收外商直接投资，本书不设专门章节论述，其基本概念可参阅本节专栏。关于国际信贷、证券、租赁和补偿贸易筹资，将在第六、七、八章论述。

第三，国际投资管理。包括国际直接投资的财务决策、国际直接投资的财务管理和国际证券投资等，这部分将在第九、十、十一章研究。

第四，国际贸易外汇收支管理。包括国际货物贸易和国际技术贸易外汇收支管理等，这部分将在第十二章介绍。

国际财务管理与国内财务管理一样，为了实现财务管理目标，也要做好财务预测、决策、计划、控制、调度、考核和分析等工作。这些环节相互联系，缺一不可，但财务决策是财务管理最重要的关键性环节。可以认为，国际财务管理学是着重研究企业如何进行国际财务决策，实现财务管理目标的一门科学。当然，国际财务决策要以正确的财务预测为基础，作出决策之后，还必须通过计划、控制、调度、考核分析等工作去贯彻执行，使决策的目标得以实现。

专 栏

关于吸收外商直接投资

吸引外商投资，涉及两个方面：对外商（外国公司、企业和其他经济组织或个人）来说，是将其资本投到国外以获取高额收益的重要途径；对吸收外商投资的国家和企业来说，则是筹集和利用外资，解决国内资金短缺，引进先进技术设备，发展本国经济的重要渠道。

投资，按投资者对投出资本的运用是否能直接控制、是否掌握经营决策管理权，可分为直接投资和间接投资两类。投资者对投出的资本的运用掌握一定经营管理控制权的，称为直接投资（Direct Investment），否则称为间接投资（Indirect Investment）。吸收外商直接投资（Foreign Direct Investment，FDI）是指吸引接收外商（境外投资者）在我国投资从事直接投资活动。我国企业吸收外商直接投资和间接投资的基本情况如图 1－3 所示。

有关组织和国家对国际投资中构成直接投资所需要拥有的最低所有权比例或具体条件

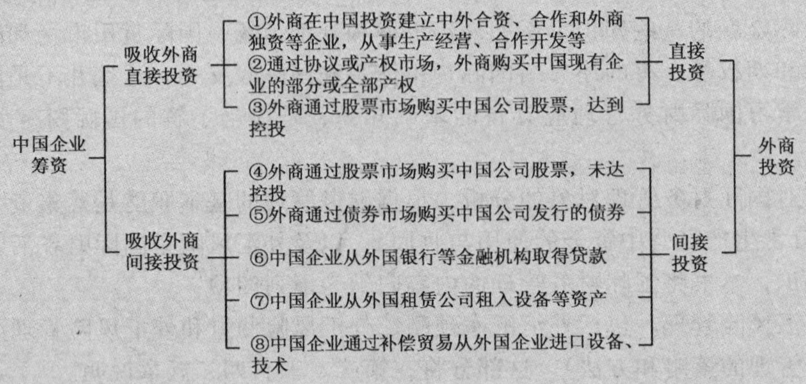

图 1－3　吸收外商直接投资、间接投资基本情况

作了规定，以区别于其他形式的投资。但是各方面对此的标准和解释不尽相同。例如，国际货币基金组织认为，在所投资的企业中拥有25%或更多的投票权，可以作为控制所有权的合理标准。法国的外资政策规定，拥有企业20%的所有权是合格的外国直接投资的最低股权标准。有些国家（例如美国）规定在国外企业拥有10%以上的股份即视作直接投资。还有的国家规定拥有股份虽低于25%，但属于下列情况之一者，均视为直接投资：(1) 向被投资的企业派遣管理或技术人员；(2) 提供技术；(3) 供给原材料；(4) 购买其产品；(5) 在资金上给予支持；(6) 以补偿贸易方式给予贷款或投资等。

小测试：

1. 什么是国际财务管理？它与国内财务管理有哪些不同？怎样评价国际财务管理定义的几种观点？

2. 国际财务管理包括哪些内容？国际财务管理学与国际金融、国际贸易、国际税收等学科有什么区别和联系？

第四节　国际财务管理的特点

国际财务管理和国内财务管理的基本原理和方法是一致的。但在大多数情况下，财务管理的原理和方法在国际范围内的应用比在国内应用更为复杂。国际财务管理具有以下三方面特点：

一、更复杂的环境因素

国内财务管理所处的是国内环境，因而比较熟悉，容易掌握。而国际财务管理所处的是国际环境，需与其他有关国家的企业、银行、证券市场、税务机关以及个人等发生财务关系。不同国家的政治、经济、法律、文化教育等环境千差万别，从政治环境来看，各国社会制度不同，思想政治观念不同，实行的政策不同，法律制度不同等。从经济环境来看，各国经济发展情况不同，使用的货币不同，外汇管制、银行信贷、证券市场、税法和会计制度都有很多差别。此外，各国语言、文字不同，风俗习惯也不同。在国际财务管理中，要遵循国际惯例，执行有关国家的法律、政策、制度；使用外国货币，要了解有关国家的利率、税率、汇率、通货膨胀率等的变化，分析汇率等因素对财务收支的影响。国际财务管理不仅范围比较广阔，而且情况更为复杂。因此，要正确地对国际财务进行管理，就必须十分熟悉有关国家政治、经济环境，在决策时必须要有国际眼光，要学会正确地在国际环境中作出筹资、投资和外汇风险管理决策，根据不同情况采取管理措施。

二、更特殊的风险来源

国内财务管理中的风险，按其来源可分为经营风险和财务风险。而国际财务管理除了上述风险以外，还存在以下新的风险来源：

（一）政治风险

政治风险是指由于政治方面的原因使企业资产发生损失的风险。主要是国有化风险、战争风险和转移风险等。国有化风险是指在某国投资办企业，该国政策发生变动，对外资企业加以没收或国有化，使投资者遭受损失。战争风险是指有关国家发生战争或暴动而使企业发生损失。例如，甲企业出口商品，因进口商所在地发生战争，进口商的企业遭破坏，无力支付货款而使甲企业受损失。转移风险是指企业在外国投资办企业，其投资原本、利润和其他合法收益由于东道国的各种限制而不能自由汇出。

（二）外汇风险

外汇风险是指由于汇率发生变动而对企业财务收支和成果发生影响的风险。例如，我国某企业从国外进口设备，货款 100 万美元，3 月 1 日成交，汇率为 1 美元 = 7.65 元人民币，按此汇率只需支付人民币 765 万元。6 月 1 日付款时，汇率变为 1 美元 = 7.75 元人民币，就需支付人民币 775 万元。由于汇率变动，使企业多支付人民币 10 万元。由于汇率变动使企业的支出可能增多或减少，或使企业的收入可能减少或增加，这种不确定性就是企业的外汇风险。外汇风险不仅存在于企业商品进出口外汇收支过程中，而且存在于国际筹资、国际投资等各个方面。

三、更多的经济机遇

企业财务管理如果总是局限在本国范围之内，就会丧失某些机遇，不利于企业发展和效益的提高。企业财务活动如果跨越本国国界，放眼世界，就会有许多新的经济机遇，主要体现在以下几方面：

第一，国际金融市场的发展为企业财务管理提供了很好的机会。20 世纪 60 年代以来，国际境外金融市场（欧洲货币市场、亚洲美元市场等）不断发展完善；80 年代，一些新的金融工具（如货币期货、货币期权、货币互换、利率互换和利率期权等）不断出现；90 年代，货币市场和资本市场全球一体化进程进一步发展，使企业可以在不增加风险的情况下，在全球范围内筹资或投资。国际金融市场有充沛的资本，企业在国内筹资困难的情况下，可以比较容易地从国外筹集到大量资本。企业向多个国家投资（直接投资、证券组合投资）也为股东提供了在世界范围内分散风险和增加收益的机会。

第二，各个国家的政治、经济情况存在许多差别。例如，货币有软硬；税种有多少；税率和利率有高低；劳动力和商品价格有差距；外汇和外贸管制有宽严；因而企业在经营和财务管理方面在国际上有许多可选择之处，有更多的获利机会。例如，企业可以利用国外众多的资本市场，从资本成本率最低的国家筹资，向利润率最高和税率最低的国家投资；从原材料价格最低的国家进口原材料，生产产品运到价格最高的国家销售；到劳动力和原材料价格低廉的国家建厂，并就地生产和销售，可获取更多的利润。

第三，跨国经营企业的资金还可以从整个公司体系内部单位的统筹调配中获得新的财务利益，这在第十章将详细论述。

以上三个特点是相互联系的，国际财务管理由于有着新的环境因素，因而出现了新的经济机遇和新的风险来源。机遇和风险总是并存的。财务管理应适应新的环境，善于抓住新的机遇，注意防范新的风险，才能达到提高企业生产经营和经济效益的目的。

由于国际财务管理有着新的环境因素、新的风险来源和新的经济机遇，因而它与国内财务管理相比，其内容和方法更为复杂。最复杂的因素是外汇问题，企业的国际业务和国外分支机构的财务活动要用有关国家的货币来计量，即财务资金要用不同的货币来表现，汇率变化对企业财务收支和财务成果产生重大影响，国际金融业务渗入企业财务管理各个方面，国际财务管理中的筹资、投资和收益分配都离不开外汇的收支，企业的财务管理与外汇管理密切结合，是国际财务管理的基本特点。

第五节　国际财务管理的目标

在拥有完善的资本市场的国家，一般认为财务管理的目标是股东财富最大化。这就是说，公司做出的所有投资、筹资和收益分配决策，都是为了最大限度地增加公司的价值，公司对其所控制的资产进行有效管理，实现企业的主人（股东）的财富最大化。股东财富最大化这一目标是制定财务决策合理化的宗旨。

国际财务管理是财务管理的一个重要方面，当然要以上述财务管理的目标作为自己的目标。根据上节所述国际财务管理的特点，可将国际财务管理的具体目标表述如下：**在国际环境下，正确处理公司面临的外汇风险和政治风险，充分利用国际经营中的各种有利机会，实现股东财富最大化**。以股东财富最大化作为目标的依据是：

第一，股东是公司法律上的所有者，他们承担了投资风险，只有获得相应的回报，才算是公平合理。公司管理者有责任按照股东的利益行事，尽管公司其他利益相关者有相应的权利，但这些权利与股东的权利是不相等的。

第二，追求股东财富最大化，实现更高的股票价格，很容易吸收权益资本投入，并防御被其他公司收购。如果公司采取其他目标，私有资本就不会进一步投入这一公司。

第三，股东不是公司成功的唯一受益者。实现了股东财富最大化，意味着公司创造了更多的价值，才有更多的钱用于分配给利益相关者。在股东和利益相关者群体之间没有实质上的经济冲突。股东财富最大化也是利益相关者群体获得经济利益最大化的唯一正确途径。

股东财富最大化并不是公司财务管理唯一的目标，公司还可以有其他目标，因为公司为了实现股东财富最大化这一主要目标，还必须同时完成其他有价值的目标，因而股东财富最大化是一个长远目标。如果公司经营管理不善，不善待员工，浪费原料和自然资源，生产劣质产品，不能满足客户需要，就不可能在经营中实现股东财富最大化。

公司聘任经理是为实现股东财富最大化，但并不是说被聘任的经理们一定会这么做。有些公司的经理们会在股东没有严密监控的情况下，以牺牲股东的利益为代价来换取个人利益，使股东和员工遭受损失，这就需要在公司股东和管理层之间建立严密的监控制度。

小测试：

1. 国际财务管理与国内财务管理相比有什么特点？国际财务管理有哪些新的环境因素？有哪些新的风险来源？有哪些新的经济机遇？

2. 怎样理解国际财务管理的目标？

第六节 国际财务管理的组织

国际财务管理的组织形态应根据公司规模的大小、国际经营的投入程度、管理经验的多少，以及整个国际经营所采取的组织形式等因素来确定。

一、发展阶段和管理模式

企业国际财务管理组织的发展，大体可分为三个阶段，采用三种管理模式。

第一阶段，公司刚向国外发展，国际经营业务量少，国际财务活动在公司财务管理中未占有重要地位。在这类企业中，国际财务大多由原来国内财务部门兼管，有的企业虽指定专人负责管理国际财务，但此时公司总部的国际财务管理人员很少。

第二阶段，公司的国际经营业务有了很大发展，在国外已有了若干个子公司，国际财务活动大量增多并越来越复杂，已不可能仍由原来的国内财务部门兼管，于是在公司总部建立起国际财务管理组织，专门管理国际财务活动。此时，公司一般实行集权式跨国财务管理模式，国际财务管理的决策权都集中在母公司（跨国公司总部），国外各子公司、分公司按照公司总部所制定的财务政策和财务决策来具体管理各自的财务活动。实行集权式财务管理，有利于在整个公司范围统一调度和合理使用资金。

第三阶段，公司国际经营业务继续发展成为一个庞大的跨国公司，在国外有了许多子公司，子公司的独立经营程度相对提高，资金的筹集和运用面临着更为复杂的环境因素，但公司已积累了相当多的国际财务管理经验。此时公司的国际财务管理面临集中与分散管理的矛盾，一方面，从公司集团整体利益着想，需要维持公司总部严密的中央控制，要求对全公司实行高度集中的资金调度和管理；另一方面，从各个相对独立的子公司考虑，它们都有各自的经营环境和利益，都有独立经营的理由和要求。在这类企业中，需要选择采用集权或分权或二者相结合的管理模式。

1. 有些企业仍然实行集权式跨国财务管理模式。虽然有前面说过的优点，但由于这时公司环境更为复杂，母公司对子公司财务的决策有可能不当或失误，因为它不能像子公司的财务经理那样深入掌握各子公司的具体情况，因此许多大的跨国公司实行分权式跨国财务管理模式。

2. 分权式跨国财务管理模式。这种模式是母公司给予子公司的管理者更多的财务决策和控制权。实行这种管理模式，有利于调动各子公司的积极性，及时因地制宜地作出决策。但如果子公司管理者作出的决策不能使跨国公司整体利益最大化，甚至与跨国公司的目标相背离，就会出现局部与全局的矛盾。

3. 集权与分权相结合的跨国财务管理模式。一些跨国公司权衡集权式和分权式管理两种模式的利弊，吸收两种模式的优点，实行集权与分权相结合的管理模式。具体有以下两种做法：一是母公司允许各子公司的管理者作出本公司的主要决策，但这些决策须由母公司管理者审批同意，保证跨国公司整体利益最大化；二是实行大权集中，小权分散，即母公司（跨国公司总部）通常制定财务政策，并就重大财务事项作出决策，至于次要财务事项的决策和日常财务活动的进行则交由各附属单位（各地区或产品部、各子公司）处理，把公司总部对全公司重大的国际财务决策同各附属单位的财务决策适当结合起来。许多主张实行集权与分权相结合管理模式的人认为，国外各子公司的经营环境各不相同，而且经常发生变化，只有授予国外子公司必要的财务决策权，才能在全球范围内及时地抓住机遇、避免风险、合理运用资金，进而从整体上提高公司的经济效益。

据对美国的一些跨国公司进行调查，凡是国际业务量占全部业务量的比例超过10%的大型企业（年销售额超过100万美元），有70%以上在公司中设立国际财务管理机构。至于更大的公司，很多在国外专门设立为公司的国际财务活动服务的分支机构或子公司，如境外财务公司、再开票中心、避税控股公司等（这些机构的职能与作用在第十章说明），以使跨国公司的资金流转和利用达到最佳状态。

二、管理模式的选择

实践证明，公司财务管理权的配置既不应走极端，也不能一成不变，而应根据公司国内外生产经营的特点和所处经营环境的不同，在集权与分权之间作出适当选择，并随情况的变化进行必要的调整。在确定集权或分权财务管理模式时，应考虑以下一些因素：

1. 公司规模的大小。美国有关部门曾经对跨国公司进行广泛调查，发现小型跨国公司因总部缺乏足够的资金来源和财务专家，往往较多地把财务管理决策权授予子公司经理，实行分权式的财务管理，子公司在财务上是相对独立的，要靠自己的财力扩大子公司的规模。中型跨国公司拥有较强的经济实力和较多的财务专家，大多数实行集权式财务管理。大型跨国公司资金雄厚，有大批财务专家，它们试图实行集权式的财务管理，但因其子公司多、规模大、分布广和所处环境复杂，而较多地实行集权与分权相结合或偏向于分权式的财务管理。

2. 公司的股权结构。如果跨国公司的国外子公司大多是独资经营的，那么其财务管理权就会相对集中；如果子公司大多是合资经营的，那么其财务管理权就会相对分散。

3. 公司的生产技术水平。在技术方面要求很高的跨国公司，公司总部大多把主要精力放在技术开发方面而不是财务管理方面，因此倾向于分权式财务管理；在技术方面要求较低的跨国公司，公司总部大多重视财务管理，因此倾向于集权式财务管理。

4. 不同国家的传统。美国大多数公司因管理上强调子公司的积极性和股权结构分散，一般不直接对国外子公司的财务活动实行集中管理，而是通过间接指导和干预的方法影响子公司的财务管理。而欧洲国家的许多跨国公司因其传统，对财务活动一般实行集权式管理。

5. 区别不同的财务内容。随着生产经营国际化的发展和国际竞争的加剧，跨国公司在外汇管理、利润规划、借款（尤其是向国际资本市场借款或由母公司担保的借款）、资金安置、转移价格制定、专利费和其他涉及公司整体利益的财务活动方面趋于集权式管理，而在其他财务活动方面则趋于分权式管理。

小测试：

国际财务管理组织有哪几种模式？怎样选择适合自己公司具体情况的模式？

案例

海尔集团公司的发展和国际化战略

海尔集团将公司的发展总结为以下四个阶段：

一、品牌战略阶段。启动于 1984 年，标志是砸毁不合格冰箱，树立质量意识，使海尔成为中国白色家电第一品牌。

二、多元化战略阶段。启动于 1992 年，标志是兼并黄山电视机厂，公司以跨行业资产重组方式进入黑色家电领域，以“吃休克鱼”的方式进行资本运营，以无形资产盘活有形资产，在最短的时间里以较低成本把规模做大。公司从 1984 年只生产冰箱一种产品发展到 1998 年生产彩电、电冰柜、空调、洗衣机、手机和计算机等几十种产品。

三、国际化战略阶段。启动于 1998 年，标志是在美国南卡罗来纳州建立美国海尔工业园，直接开拓海外市场。海尔在美国实现了“三位一体本土化”，即设计中心在洛杉机、营销中心在纽约、生产中心在南卡州。海尔在美国建厂前，在美国的年销售额不到 3 000 万美元，建厂项目的带动，使海尔在美国的年销售额三年内提高到 2.5 亿美元。在美国市场取得一定经验之后，海尔国际化目标转向欧洲、中东、亚太等市场。欧洲市场，海尔在法国里昂和荷兰阿姆斯特丹设立设计中心，在意大利米兰设立营销中心，收购了意大利一家冰箱厂作为生产基地，实现了“三位一体”的本土化经营。中东市场，在约旦、伊朗和叙利亚建立三个制造厂，生产冰箱、冰柜、空调、电视、微波炉等产品。在该地区许多国家建立了经销商网络和售后服务体系。南亚及东南亚市场，2001 年建立海尔巴基斯坦工业园，还分别在马来西亚、印尼、孟加拉、越南等国建立工厂，在新加坡建立贸易公司。至 2006 年 6 月末，海尔已在全球 30 多个国家建立了本土化的设计中心、生产基地和贸易公司，以自建为主形成了全球业务布局。海尔的高速发展离不开资本市场大量融资，公司于 1993 年在上海证券交易所上市融资。海尔境外上市融资采取了“借壳上市”的方法，2000 年 9 月海尔集团与香港中建电讯公司建立两家合资企业。海尔和中建先后将两个合资企业的股权，注入中建数码公司（香港上市公司，1169HK），海尔还将部分资产注入该上市公司。中建数码公司更名为海尔中建公司，正式在香港上市融资。至2005年初，海尔集团公司控股海尔中建公司的比例达50.3%，“海尔中建”更名为“海尔电器”，至此，海尔有了境外融资的平台。

四、全球化品牌战略阶段。启动于2006年，公司在创品牌方面从“中国辐射海外”模式转变为“多中心”模式，即根据不同地区、国家的具体情况创造本土化的海尔品牌，使海尔公司的高质量产品和高水平管理得到世界各地各国的欢迎和认可。

（资料来源：国务院发展研究中心企业研究所课题组著：《中国企业国际化战略》，人民出版社2006年版）

相关网站：

世界贸易组织（WTO）网站　www.wto.org

美国《金融时报》网站　www.ft.com

经济合作与发展组织（OECD）网站　www.oecd.org

中华人民共和国商务部网站　www.mof.com.gov.cn

第二章 DIERZHANG

外汇汇率与外汇风险

学习目标

□ 了解外汇汇率标价方法、汇率分类和外汇交易的基本知识
□ 明确外汇风险的定义、分类和外汇风险管理的基本内容

第一节 外汇汇率与外汇交易

外汇风险管理是国际财务管理的重要内容。由于外汇风险是由外汇汇率变动引起的，而且外汇风险的防范很多要通过外汇交易来进行，因此，先要对外汇汇率和外汇交易加以说明。

一、外汇的含义与内容

外汇一词有动态的和静态的含义。其动态的含义就是把一个国家的货币兑换成另一个国家的货币，借以清偿国际间债权债务的一种专门性的经营活动；静态的含义是指以外币表示的用于国际结算的支付手段。

我国《外汇管理条例》规定，外汇的具体内容包括：（1）外国货币，包括纸币、铸币等；（2）外币支付凭证，包括票据、银行存款凭证、邮政储蓄凭证；（3）外币有价证券，包括政府债券、公司债券、股票等；（4）特别提款权、欧洲货币单位；[①]（5）其他外汇资产。

有些人认为，外汇就是外国货币（钞票），是一切外国货币的统称。这种说法是不正确的。第一，外汇不仅包括外国货币，而且还包括外币支付凭证和外币有价证券等。第二，不是所有外币均能作为外汇，只有那些可以自由兑换用于国际结算的外币才可作为外汇。

目前世界上可以自由兑换的货币主要是美元、欧元、英镑、日元、瑞士法郎、瑞典克朗、加拿大元、澳大利亚元、新西兰元、新加坡元、港元等。在此还须强调，作为外汇是指用于国际结算的外国货币、外币支付凭证和外币有价证券等，而不包括用于国际结算的本国货币、本币支付凭证和本币有价证券等。众所周知，美元是国际收支最常用的货币，也是通常所说的主要外汇，但对美国的企业、单位和个人来说，因为美元是他们的本国货币，他们收入或支付了美元，都不算是外汇收支，只有在收入或支付了其他国家或地区的货币（例如

① 欧洲货币单位是欧洲共同体于1979年建立的货币单位，1999年1月欧元启动后，被欧元替代。

英镑、欧元、日元等）时，才算是发生了外汇收支。例如，美国 A 公司对英国 E 公司销售某种商品，以美元计价结算，E 公司向 A 公司支付美元，对美国 A 公司来说，收到的是本国货币，不算是外汇收入，但对英国 E 公司来说，支付的是外国货币，是它的外汇支出。如果上笔交易以英镑计价结算，则美国 A 公司收到的英镑是外国货币，是它的外汇收入，但对英国 E 公司来说，支付的英镑是本国货币，不是它的外汇支出。

目前，我国的人民币已经开始了国际化的进程，已经从经常项目转向了资本项目的可兑换改革，改革的一个重要方面就是将放松对资本流出的限制。

专　栏

欧洲货币单位和欧元

欧洲货币单位（ECU）是 1979 年 3 月欧共体 9 国创设的一种货币单位。早在 1950 年欧洲 6 国（法、德、意、荷、比、卢）建立了欧洲煤钢联盟，1957 年 3 月 25 日 6 国签订罗马条约，建立欧洲经济共同体和欧洲原子能共同体，这一天被定为欧洲联盟（简称欧盟）诞生日，1965 年 4 月 6 国签订布鲁塞尔条约，决定将三个共同体合并，统称欧洲共同体（简称欧共体）。随后丹麦、爱尔兰、英国加入共同体，成员国达 9 个。欧共体创设 ECU 的目的是为了建立一个比较稳定的欧洲货币区，摆脱美元的控制和美元危机爆发时汇率剧烈变动的不利影响，最终建立一种与美元相抗衡的欧洲货币——欧元。

ECU 是一种没有现钞在市场流通，但能发挥货币职能作用的国际货币单位，由欧共体各成员国货币按“一篮子货币”的方法定值。1984 ~ 1986 年希腊、西班牙、葡萄牙先后加入欧共体，我国外汇管理局 1986 年 10 月 14 日起正式公布人民币对 ECU 的外汇牌价。由于 ECU 采用“一篮子货币”法定值，因而具有相当的稳定性，可以分散和防范汇率风险。ECU 先是在欧共体内部使用，以后其使用范围逐渐扩大，用于国际贸易的计价结算，用于国际投资和筹资，例如，用 ECU 作为发行债券的面值，许多国际银行向客户提供 ECU 的存款、贷款、汇款和信用证等项业务，一些国家将 ECU 用于国际储备。

1991 年 12 月欧共体成员国领导人在荷兰举行特别会议，通过了“欧洲联盟条约”，规划最早于 1997 年但不晚于 1999 年 1 月 1 日发行单一货币——欧元(EURO)。1995 年奥地利、瑞典和芬兰加入欧盟，成员国达 15 个。1998 年 5 月欧盟 15 国首脑会议确认德、法、意、比、荷、卢、葡、西、奥、爱、芬 11 国为欧元创始国。1999 年 1 月 1 日欧元正式启动，当时欧元兑美元的汇率为 1 欧元 = 1.1665 美元，欧元兑人民币的汇率为 1 欧元 = 9.6805 元人民币。欧洲货币单位以 1:1 的兑换汇率全部转换为欧元。希腊和斯洛文尼亚先后于 2002 年、2007 年加入欧元区。2004 ~ 2007 年 1 月塞浦路斯、波兰、匈牙利、捷克、罗马尼亚、保加利亚等 12 个国家先后加入欧盟，成员国达 27 个。2008 年 1 月 1 日塞浦路斯、马耳他加入欧元区，欧元区成员国增至 15 个。经过几年的发展，欧元在国际金融市场中的地位逐步确立，已成为第二大国际货币，对美元的垄断地位形成了重大挑战，欧元已占国际债券市场的 50%，在国际储备中的比重已占 25%，在国际贸易结算中所占份额大幅上升，欧元的成功不仅有效地抵御了欧元区内的金融风险，而且对世界经济的发展发挥了积极作用。

（资料来源：《瞭望》新闻周刊，2007 年第 13 期第 58 ~ 59 页；《人民日报》，2008 年 1 月 2 日第 3 版）

二、外汇汇率

（一）汇率及其标价方法

外汇汇率又称外汇汇价或外汇行市，是两种货币兑换的比率，即一国货币用另一国货币表示的价格。例如：1 英镑 = 1.5683 美元，即指 1 英镑的价格是 1.5683 美元，或者说，1 美元的价格是 0.6376 英镑。汇率标价有以下两种基本方法：

1. **直接标价法**。是指以一定单位（1、100、1000、10000 等）的外国货币作为标准，折算成若干本国货币来表示其汇率的标价方法。例如，某日我国公布的人民币对美元的汇率为 100 美元 = 780.58 元人民币，此汇率对人民币来说是直接标价法。这种标价法的特点是外币数额固定不变，折合本币的数额根据外币与本币币值对比的变化而定，如果一定数额的外币折合本币数额增加，就是外币升值，本币贬值；相反，如果一定数额的外币折合本币数额减少，则是外币贬值，本币升值。

2. **间接标价法**。是指以一定单位的本国货币为标准，折算成若干数额的外国货币来表示其汇率的标价方法。例如，某日纽约外汇市场美元对中国人民币的汇率为 100 美元 = 772.80 元人民币，此汇率对于美元来说是间接标价法。这种标价法的特点是本币的数额固定不变，折合外币的数额根据本币与外币币值对比的变化而定，如果一定数额的本币折合外币的数额增加，就是本币升值，外币贬值，相反，如果一定数额的本币折合外币的数额减少，就是本币贬值，外币升值。

采用间接标价法的主要是英镑和美元。英国是资本主义发展最早的国家，英镑曾经是世界贸易计价结算的中心货币，因此，长期以来伦敦外汇市场的英镑采用间接标价法。美元早期采用直接标价法，第二次世界大战后，美国的经济势力迅速扩大，美元在国际收支和国际储备方面取得统治地位。为了便于计价结算，从 1978 年 9 月 1 日开始，纽约外汇市场美元改用间接标价法，以美元为标准公布美元与其他货币之间汇率，但是对英镑和爱尔兰镑仍沿用直接标价法。在实践中往往同时采用两种标价法公布美元汇率。

直接标价与间接标价是倒数关系，例如 1 美元 = 0.7340 欧元，则 1 欧元 = 1/0.7340 = 1.3624 美元。从国家、地区来说，两者的关系也刚好调个位置，如在上例中，1 美元 = 0.7340 欧元，对美元来说是间接标价，而对欧元来说则是直接标价。同样，1 欧元 = 1.3624 美元，对美元来说是直接标价，而对欧元来说则是间接标价。

（二）汇率的种类

1. 按制定汇率的方法可分为以下两种：

（1）**基准汇率**（Basic Rate）。又称为基础汇率或基本汇率，是指本国货币与基准货币或关键货币的汇率。各国制定本国货币的汇率时，由于外币种类很多，通常选择某种货币作为基准货币，首先制定本币对此种货币的汇率，叫做基准汇率；然后，根据基准汇率套算出本币对其他货币的汇率。基准货币应具备的条件是：国际上普遍接受的可兑换货币；本国国际收支使用最多的货币；本国外汇储备中比重最大的货币。目前，作为基准货币的通常是美元。把本国货币对美元的汇率作为基准汇率。

（2）**套算汇率**（Cross Rate）。是指在基准汇率制定出来以后，通过各种货币对基准货币的汇率套算出来的本币对各种货币的汇率。例如，某日我国人民币对美元的基准汇率为 1 美元 = 7.6013 元人民币，瑞士法郎对美元的基准汇率为 1 美元 = 1.2197 瑞士法郎，则人民币对瑞士法郎的套算汇率为：

1 瑞士法郎 = 7.6013 ÷ 1.2197 = 6.2321（元人民币）

2. 从银行买卖外汇的角度汇率可分为以下几种：

（1）**买入汇率**（Buying Rate）。是银行从客户那里买入外汇时所使用的汇率。

（2）**卖出汇率**（Selling Rate）。是银行向客户卖出外汇时所使用的汇率。

银行买入外汇时，一般以较低的价格买入，卖出外汇时，一般以较高的价格卖出。低价买入和高价卖出之间的差价，即为银行的经营费用和利润。

（3）**中间汇率**（Middle Rate）。是外汇买入价和卖出价的平均数。中间汇率经常作为汇率的一般水平在报刊电台上报道，套算汇率时也用有关货币的中间汇率计算。人们在了解和研究汇率变化时往往参照其中间价。

（4）**现钞汇率**（Bank Notes Rate）。是银行买入或卖出外币现钞时所使用汇率。从理论上讲，现钞买卖价同外币支付凭证、外币有价证券等外汇形式的买卖价应该相同。但由于一般国家都规定不允许外国货币在本国流通，需要把买入的外币现钞运送到各发行国或能够流通的地区去，这就要花费一定的运费和保险费，这些费用需要由客户来承担。因此，银行在收兑外币现钞时使用的汇率，稍低于其他外汇形式的买入汇率，而银行卖出外币现钞时使用的汇率则与外汇卖出价相同（见表 2-1）。

表 2-1　中国工商银行人民币外汇牌价

日期：2008 年 3 月 22 日　　单位：人民币/100 外汇

货币名称	现汇买入价	现钞买入价	卖出价	基准价
美元（USD）	704.52	698.87	707.34	705.93
港币（HKD）	90.58	89.85	90.94	90.761
日元（JPY）	7.0721	6.8449	7.1289	7.0901
欧元（EUR）	10.8391	1 049.08	1 092.61	1 087.59
英镑（GBP）	1 395.39	1 350.55	1 406.59	1 399.97
瑞士法郎（CHF）	697.39	674.98	702.99	—
加拿大元（CAD）	686.96	664.89	692.48	—
澳大利亚元（AUD）	633.15	612.81	638.23	—
新加坡元（SGD）	505.91	489.65	509.97	—
丹麦克朗（DKK）	145.30	140.63	146.46	—
挪威克朗（NOK）	133.45	129.17	134.53	—
瑞典克朗（SEK）	115.14	111.44	116.06	—
澳门元（MOP）	88.01	87.31	88.37	—
新西兰元（NZD）	555.95	538.09	560.41	—
韩元（KRW）	—	0.6648	0.7378	—

资料来源：http: //www.icbc.com.cn.

3. 按外汇交易的期限汇率可分为以下两种：

（1）**即期汇率**（Spot Rate）。指银行进行即期外汇交易所使用的汇率。

（2）**远期汇率**（Forward Rate）。指银行进行远期外汇交易所使用的汇率。银行对不同期限的交易规定不同的汇率，在汇率表上一般规定1个月、3个月、6个月三种期限的远期汇率。

如果某种货币的远期汇率高于即期汇率，就称为远期升水；如果远期汇率低于即期汇率，则称为远期贴水。例如，即期汇率1美元＝1.2560瑞士法郎，一个月远期汇率1美元＝1.2440瑞士法郎，美元远期是贴水，瑞士法郎远期是升水。

远期汇率有全价报价和小数点报价两种方式（见表2－2）。

表2－2　某日美元与瑞士法郎、欧元的全价报价和小数点报价

	瑞士法郎/美元		欧元/美元	
	买价	卖价	买价	卖价
全价报价：				
即期汇率	1.3040	1.3053	0.8430	0.8438
1个月远期汇率	1.2864	1.2884	0.8545	0.8558
3个月远期汇率	1.2760	1.2778	0.8670	0.8688
6个月远期汇率	1.2690	1.2713	0.8760	0.8775
小数点报价：				
1个月远期汇率	176	169	115	120
3个月远期汇率	280	275	240	250
6个月远期汇率	350	340	330	337

在电传、电话报价时，为了节省时间加速信息传递，远期汇率往往不报全价，而用小数点报价。这时，在即期汇率基础上加减小数点报价，就可求得远期汇率的全价。其方法是：如果买入价低于卖出价，例如表2－2中330<337，则表示远期汇率为溢价，应在即期汇率基础上加小数点报价，即：远期汇率买入价1美元＝0.8430＋0.0330＝0.8760欧元，卖出价1美元＝0.8438＋0.0337＝0.8775欧元。如果买入价高于卖出价，例如表2－2中350>340，则表示远期汇率为折价，应在即期汇率基础上减小数点报价，即远期汇率买入价1美元＝1.3040－0.0350＝1.2690瑞士法郎，卖出价1美元 ＝1.3053－0.0340＝1.2713瑞士法郎。

4．按银行外汇汇兑的方式，汇率可分为以下三种：

（1）**电汇汇率**（Telegraphic Transfer Rate，T/T Rate）。电汇是指银行卖出外汇后，即以电报电传委托其国外分支机构或代理行将汇款付给收款人的一种汇兑方式。由于电汇付款快，银行无法占用客户的资金，因此电汇汇率比其他汇率高。目前，国际间的支付大多数都使用电汇，电汇汇率成为基础汇率，一般外汇市场公布的外汇汇率，都是电汇汇率。

（2）**信汇汇率**（Mail Transfer Rate，M/T Rate）。信汇是指银行卖出外汇后，开具付款委托书，用信函方式邮寄给国外分支机构或代理行，委托其将汇款付给当地收款人的一种汇兑方式。由于通过邮局传递付款委托书需一定的时间，在这段时间里，汇出行可以占用客户的资金，因此，信汇汇率比电汇汇率低。

（3）**票汇汇率**（Demand Draft Rate，D/D Rate）。票汇是指银行在卖出外汇时，开立一张由其国外分支机构或代理行付款的汇票交给汇款人（买汇人），由其自带或寄给国外收款人取款的一种汇兑方式。由于银行从卖出外汇到支付外汇有一段间隔时间，银行在这段时间内

可以占用客户的资金，所以票汇汇率总是比电汇汇率低，而与信汇汇率相当。

5. 按汇率决定机制可分以下两类：

（1）**官方汇率**（Official Rate）。是外汇管制比较严格的国家授权其外汇管理当局制定并公布的本国货币与其他各种货币之间外汇牌价。这些国家一般没有外汇市场，外汇交易必须按官方汇率进行。官方汇率相对固定，缺乏灵活性。

（2）**市场汇率**（Market Rate）。是外汇管制比较放松的国家自由外汇市场上进行外汇交易的汇率。这些国家的外汇市场，外汇交易不受国家限制，汇率受外汇供求关系的影响，自发地、经常地变动。官方不能规定市场汇率，而只能通过参与外汇市场活动干预汇率变化，避免汇率出现过度频繁或大幅度波动。

在一些逐步放松外汇管制，建立外汇市场的国家里，可能会出现官方汇率与市场汇率并存的状况，在政府规定的范围内使用官方汇率，在外汇市场上使用由供求关系形成的市场汇率。

6. 按汇率受政府控制程度可分为以下两类：

（1）**固定汇率**（Fixed Rate）。是指一国货币兑换别国货币的比率基本固定，或者只允许在很小的范围内波动。如果汇率开始大的波动，政府就进行干预，以使其保持在一定波动范围内。1993年后，各国政府普遍停止了为维持固定汇率而采取的干预活动，固定汇率制度退出了历史舞台。

（2）**浮动汇率**（Floating Rate）。是指一国货币的汇率在外汇市场上可以根据供求关系自由波动的一种汇率制度。在这种汇率制度下，各国汇率的波动幅度不限，也不承担维护浮动幅度的义务。国际收支的不平衡通过汇率变动自动调节。1971年8月，国际主要货币之间开始实行浮动汇率制，到1973年3月各国完全公开实行了浮动汇率制。有些实行浮动汇率制的国家根据各自经济政策的需要，对汇率变动进行干预或施加影响，因此，国际上对浮动汇率根据有无干预，分为“自由浮动”汇率和“管理浮动”汇率。实行自由浮动汇率制，汇率完全由市场力量确定，而不受各国政府干预。实行管理浮动汇率制，介于固定汇率和自由浮动汇率之间，它类似于自由浮动汇率制，允许汇率每日波动，不存在官方设限，但又类似于固定汇率制，政府能够而且有时要进行干预，以防止汇率朝某一个方向剧烈波动。

汇率制度对企业的跨国经营有着直接影响。固定汇率制为国际贸易、国际投资和国际筹资提供了稳定的环境，各国的跨国公司正是在这种货币制度下发展起来的。实行浮动汇率制以后，过去几年才变更一次的汇率，现在天天在变，有时汇率大幅度波动，外汇风险对企业的国际化经营产生了巨大的震荡。

（三）人民币汇率

在1985—1993年期间，我国实行官方汇率与外汇调剂市场汇率并存的制度。例如，1993年末，官方汇率1美元兑换人民币5.80元左右，调剂市场汇率1美元兑换人民币8.70元左右。为了适应我国建立市场经济体制的需要，同时符合国际货币基金组织和世界贸易组织对成员国和缔约方关于汇兑安排的规定，1993年11月14日《中共中央关于建设社会主义市场经济体制若干问题的决定》中要求：“改革外汇体制，建立以市场供求为基础的、单一的有管理的浮动汇率制度和统一规范的外汇市场，逐步使人民币成为可兑换货币”。1993年12月28日中国人银行发布了《关于进一步改革外汇管理体制的公告》，从1994年1月1日起，人民币汇率实行并轨，以1993年末外汇调剂市场汇率1美元合8.72元人民币作为全国统一的人民币市场汇率，按官方汇率计算，人民币贬值33%。中国人民银行以前一天外汇市场交易价格为基础，参照国际金融市场主要货币汇率的变动情况，公布人民币汇率，各外汇指定银行以中国人民银行每日公布的人民币对美元及其他主要货币的汇率（中间价）为依据，在中国人民银行规定的浮动幅度范围内，自行确定挂牌汇率，对客户买卖外汇。同时，在上海成立中国外汇交易中心，银行间的外汇交易统一由该中心进行，人民币汇率由国内外汇市场上的供求决定，中国人民银行在中国外汇交易中心设立公开市场操作室，根据宏观经济政策目标进行市场干预，调节供求。至此，人民币汇率的确定进一步走向市场化。从1994年1月起，国有企业退出外汇调剂中心。1998年10月，中国人民银行、国家外汇管理局发布“关于停办外汇调剂业务的通知”，取消外商投资企业外汇调剂业务，将外商投资企业外汇买卖全部纳入银行结售汇体系。

为了进一步完善人民币汇率形成机制，中国人民银行于2005年7月21日发布公告，作出以下规定：(1) 自2005年7月21日起，我国开始实行以市场供求为基础、参考一篮子货币进行调节、有管理的浮动汇率制度。人民币汇率不再钉住单一美元，形成更富弹性的人民币汇率机制。(2) 中国人民银行于每个工作日闭市后公布当日银行间外汇市场美元等交易货币对人民币汇率的收盘价，作为下一个工作日该货币对人民币交易的中间价格。(3) 2005年7月21日19时，美元对人民币交易价格调整为1美元兑8.11元人民币，作为次日银行间外汇市场上外汇指定银行之间交易的中间价，外汇指定银行可自此时起调整对客户的挂牌汇价。(4) 现阶段，每日银行间外汇市场美元对人民币的交易价仍在人民银行公布的美元交易中间价上下3‰的幅度内浮动，非美元货币对人民币的交易价在人民银行公布的该货币交易中间价上下一定幅度内浮动。中国人银行将根据市场发育状况和经济金融形势,适时调整汇率浮动区间,对人民币汇率进行管理和调节,维护人民币汇率的正常浮动,保持人民币汇率在合理、均衡水平上的基本稳定,促进国际收支基本平衡,维护宏观经济和金融市场的稳定。

专　栏

我国人民币的国际化和可自由兑换问题

人民币的国际化和可自由兑换是我国经济和金融发展的大方向。人民币国际化是指人民币跨越国界在境外流通，逐步成为国际上普遍认可的计价、结算及储备货币的过程。现在，人民币在部分领域已有了一些国际化的趋势，表现在中国部分周边国家和地区已把人民币作为交易媒介和国际清算手段而大量使用。在东南亚地区，人民币已在越南全境和老挝的东北三省及首都万象流通，越南国家银行已开展了人民币存储业务。在中缅边贸和旅游活动中已大量使用人民币，例如，禅邦的小勐拉镇每年流出、流入的人民币多达十多亿元。在西北地区，人民币主要在中亚五国、俄罗斯地区和巴基斯坦流通。在东北地区，人民币主要是跨境流通到俄罗斯、朝鲜和蒙古国，特别是蒙古国已把人民币作为主要的外国货币，该国的各银行都开展了人民币储蓄业务。进入21世纪以来，人民币在部分发达国家和地区开始使用，在美国、加拿大和欧洲一些国家的机场、饭店已开展人民币兑换业务，在纽约和日本华人比较集中的地区已开始收人民币。

人民币在我国周边国家流通是中国经济成长到新阶段的表现。由于我国自改革开放以来，经济快速稳定持续地发展，经济实力大大增强，人民币的币值稳定和坚挺，人民币已在许多国家树立了良好信誉，因而其在国际交易中愿意接受和使用人民币。完全可以预期，随着我国经济进一步持续发展和国际化程度不断地提高，将进一步增强国际交易的参与者和普通公众对人民币的信心，并进一步增加对人民币的需求，人民币必将在世界货币体系中发挥越来越重要的作用，必将成为国际上普遍认可的可自由兑换的国际货币。

我国人民币成为可自由兑换的货币以后，将进一步提升我国的国际地位，增强对世界经济的影响力，进一步促进我国国际贸易和投资的发展。我国企业的进出口贸易和对外投资可以使用人民币计价和结算，同时在境外发行债券也可用人民币计值，有利于避免企业在国际贸易、投资和筹资中的汇率风险。

（资料来源：《瞭望》新闻周刊，2007 年第 47 期第 34～35 页）

（四）汇率改变的百分率

外汇汇率会受各种经济和政治因素的影响而改变。可按一定的方法计算贬值或升值百分比。联系人民币对美元的汇率来说，美元升值或贬值率的计算，是用美元的人民币价值增加或减少来表示的，其一般公式为：

$$\text{美元升（贬）值率} = \frac{\text{变动后美元的人民币价值} - \text{变动前美元的人民币价值}}{\text{变动前美元的人民币价值}} \times 100\%$$

$$= \frac{U_1 - U_0}{U_0} \times 100\%$$

人民币升值或贬值率的计算，是用人民币的美元价值增加或减少来表示的，其一般公式为：

$$\text{人民币升(贬)值率} = \frac{\text{变动后人民币的美元价值} - \text{变动前人民币的美元价值}}{\text{变动前人民币的美元价值}} \times 100\%$$

$$= \frac{1/U_1 - 1/U_0}{1/U_0} \times 100\% = \frac{U_0 - U_1}{U_1} \times 100\%$$

三、外汇交易

（一）外汇交易的种类

1. **即期外汇交易**（Spot Transaction）。指外汇买卖双方以当天的外汇市场价格（即期汇率）成交，于当日或两个营业日内办理收付的外汇交易。进行即期外汇交易的市场就是即期外汇市场（又称为现汇市场），其基本功能是进行货币兑换，在最短时间内，实现购买力的国际转移。

2. **远期外汇交易**（Forward Transaction）。指外汇买卖成交后，根据合同规定，买卖双方在约定的到期日，按约定的汇率（成交日的远期汇率）和数额，办理收付的外汇交易。远期外汇交易的期限一般分为 1 个月、3 个月、6 个月、9 个月和 12 个月等几种，长于 1 年的远期外汇交易有 3 年、5 年甚至 10 年期。进行远期外汇交易的市场就是远期外汇市场（又称为期汇市场），其基本功能是避免汇率变动的风险，固定进出口贸易和国际借贷的成本。

以上两种外汇交易是外汇市场的基本交易活动。

3. **套汇交易**。包括地点套汇、时间套汇和利息套汇。

（1）地点套汇。是利用不同外汇市场的汇率差异，以低价买进、高价卖出的方法牟取利益的外汇交易。地点套汇可分为两角套汇和三角套汇。两角套汇涉及两个外汇市场。例如，在某一时间法兰克福市场 1 美元 = 0.84 欧元，巴黎市场 1 美元 = 0.87 欧元。套汇者在法兰克福市场卖出 84 万欧元，买进 100 万美元，同时在巴黎市场卖出 100 万美元，可买进 87 万欧元，可赚取 3 万欧元（87 - 84）。三角套汇涉及三个外汇市场，例如，在某一时间纽约市场 1 美元 = 0.86 欧元。伦敦市场 1 英镑 = 1.39 欧元，法兰克福市场 1 英镑 = 1.65 美元。套汇者在纽约市场用 100 万美元买进 86 万欧元（100 × 0.86），同时在伦敦市场卖出 86 万欧元，买进 61.8705 万英镑（86 ÷ 1.39），又在法兰克福市场卖出 61.8705 万英镑，买进 102.0863 万美元（61.8705 × 1.65）可赚取 2.0863 万美元（102.0863 - 100）。

（2）时间套汇。又称外汇调期交易。是利用不同期限外汇汇率差异在买进或卖出即期外汇的同时，卖出或买进远期外汇的方法谋取利益的外汇交易。时间套汇常被用做防范汇率变动风险损失而采取的一种货币保值手段。例如，甲企业 7 月 1 日拥有外汇 100 万欧元，暂时不使用。7 月 1 日的即期汇率 1 美元 = 0.73 欧元，远期汇率（60 天）1 美元 = 0.75 欧元。从即期汇率来看 100 万欧元可兑换 136.9863 万美元（即 100 ÷ 0.73），从远期汇率来看，欧元将贬值，如果 60 天后即期汇率变为 1 美元 = 0.76 欧元，100 万欧元只能兑换 131.5789 万美元（100 ÷ 0.76），将损失 5.4074 万美元。为了进行保值，甲企业在 7 月 1 日同时进行以下两笔交易：

即期交易（7 月 1 日交割）：卖出 100 万欧元，买入 136.9863 万美元。

远期交易（8 月 30 日交割）：买入 102.7397 万欧元，卖出 136.9863 万美元。

8 月 30 日拥有 102.7397 万欧元，仍相当于 136.9863 万美元，达到了保值目的。以上两笔交易一为即期，一为远期，方向相反，金额一致。

（3）利息套汇。又称套利交易。是利用在不同国家进行短期投资的利率差异，将资金由利率较低的国家转移到利率较高的国家进行投资，以赚取利息差额的外汇交易。将在第三章第三节在阐述利率平价时具体说明。

此外，还有外汇期货交易、外汇期权交易等，这两种交易将在第五章具体说明。

小测试：

1. 什么是外汇汇率的直接标价法和间接标价法？我国人民币采用哪种标价法？美元采用哪种标价法？哪些国家的货币采用间接标价法？
2. 什么是基准汇率和套算汇率？我国人民币的基准汇率有哪几种？
3. 什么是固定汇率和浮动汇率？目前我国人民币实行何种汇率制度？

第二节 外汇风险的定义、分类与管理

一、外汇风险的定义与成因

（一）外汇风险的定义

外汇风险（Foreign Exchange Risk）是由于汇率变动引起的，因此又叫汇率风险

(Exchange Rate Risk)。汇率变动必然对企业以外币计价的资产、负债和经营成果发生影响，这种影响是双向的，既可能是有利影响，使资产和经营成果增加、负债减少，也可能是不利影响，使资产和经营成果减少、负债增加。这种汇率变动的不确定性可能带给企业的影响，称为外汇风险。由于我们在谈到外汇风险时，首先或着重考虑的是汇率变动可能对企业资产、负债和经营成果产生的不利影响，因此，把外汇风险定义为：**外汇风险是因汇率变动有可能受到的影响，特别是意味着有可能蒙受的损失。**

（二）外汇风险的成因

外汇风险是由外币、时间和汇率变动三个因素同时存在而形成的。以产品出口为例，如果产品外销的应收货款以本币计价结算，成交到收款的时间不论多长，由于不涉及到外币，与汇率变动无关，故不存在外汇风险；如果产品外销的应收货款虽以外币计价结算，但成交日立即收到货款（不存时间因素），汇率无变动，因而也不存在外汇风险；如果产品外销的应收货款以外币计价结算，成交到收款经过一段时间，但在这一段时间内汇率无变动，也不存在外汇风险；只有产品外销的应收货款以外币计价结算，成交到收款经过一段时间，而且这一期间汇率发生了变化，在三个因素同时存在的情况下，才形成外汇风险。从成交到收款时间越长，汇率变动的可能性越大，因而外汇风险就越大，外币与本币的汇率变动幅度越大，外汇风险也越大。

二、外汇风险的分类

企业的外汇风险一般可分为以下三类：

1. 交易风险（Transaction Exposure）。指企业以外币计价的各种交易过程中，由于汇率变动使折算为本币的数额增加或减少的风险。各种交易包括：以信用方式进行的商品进出口交易、外汇借贷交易、外汇买卖、远期外汇交易等。

2. 折算风险（Translation Exposure）。亦称会计风险。所谓折算是指将国外附属公司的外币会计报表，采用一定的方法，按照一定的汇率进行折算，以母公司所在国的货币来表示，以便汇总编制整个公司的合并会计报表。折算风险就是指由于汇率变动，报表的不同项目采用不同汇率（现行汇率、历史汇率、平均汇率）折算，因而产生损失或利得的风险。

3. 经济风险（Economic Exposure）。指由于汇率发生未能预料的变动对公司价值的影响。公司的价值主要取决于它能实现的利润和现金净流量。汇率变动会使公司未来的销售数量、价格和成本等经济指标发生变动，从而引起公司未来一定时期的利润和现金净流量减少或增加，因而就可能引起公司价值（股份有限公司的价值表现为股票价格）下降。经济风险不包括那些可预期的汇率变动的影响，因为这些变动的影响已由投资者和管理者在预期的经营结果和市场价值中予以考虑。

应当认识到，一个公司即使没有任何跨国经营活动，也会面临经济风险。因为各国的商品和金融市场相互联系和影响。一个纯国内公司的生产、购销都只在国内进行，虽然没有外汇收支，但会受到本国货币升值的不利影响，因为本国货币升值后，一些跨国经营的企业从国外以外汇购买的原材料的成本也低了，这会使纯国内公司在竞争中处于不利地位而遭受损失。

经济风险的影响力是长期性的，而交易风险和折算风险都是一次性的。评价一个企业的长期经营能否健康发展，经济风险的意义比交易风险和折算风险更为重要，因为它所测量的正是汇率变动对企业效益的长期影响。

上述三类外汇风险存在着明显的区别，但又有密切的联系，有时又是重叠的。

三、外汇风险管理的内容

外汇风险管理包括以下内容：

1. 外汇汇率预测。据以事先了解外汇汇率变动的方向和幅度。

2. 外汇风险测量。据以事先了解外汇汇率变动使企业可能发生损失（或收益）的数额。

3. 外汇风险管理决策。在外汇汇率预测和外汇风险测量的基础上，根据企业具体情况，选择适当的防范外汇风险的策略和方法。

4. 实施决策。根据决策采取外汇风险管理的有效措施、方法，避免或减少外汇风险损失。

小测试：

1. 什么是外汇风险？形成外汇风险的因素有哪些？
2. 什么是交易风险、折算风险和经济风险？它们有什么区别和联系？
3. 企业的外汇风险管理包括哪些内容（环节）？

案例

人民币对港币汇率变动率

2007 年 1 月 11 日以前，港币价值大于人民币价值，例如 2002 年 8 月 16 日 100 港元 = 106.1115 元人民币（即 1 元人民币 = 0.9424049 港元），2007 年 1 月 4 日 100 港元 = 100.293 元人民币（即 1 元人民币 = 0.9970785 港元）。2007 年 1 月 11 日港币价值开始低于人民币价值，该日 100 港元 = 99.97 元人民币（即 1 元人民币 = 1.0003 港元），2007 年 7 月 12 日 100 港元 = 96.931 元人民币（即 1 元人民币 = 1.0316616 港元）。

2007 年 1 月 4 日至 2007 年 7 月 12 日期间：

$$\text{港币贬值率} = \frac{96.931 - 100.293}{100.293} \times 100 = -3.35217\%$$

$$\text{人民币升值率} = \frac{1.0316616 - 0.9970785}{0.9970785} \times 100\% = 3.46844\%$$

$$\text{或} = \frac{100.293 - 96.931}{96.931} \times 100\% = 3.46844\%$$

港币贬值率与人民币升值率不同，是因为一种货币的价值是另一种货币价值的倒数，因此变化度量的基础不同，用百分比表示的货币变化也不同。上述贬值与升值率存在以下关系：

$$Y = \frac{-X}{1 + X}$$

式中，X 代表一种货币对另一种货币的升值或贬值率，Y 代表另一种货币对这种货币贬值或升值率，根据上例数字，令 X = 3.46844%，则

$$Y=\frac{-3.46844\%}{1+3.46844\%}=-3.35217\%$$

如果令 $X=-3.35217\%$，则

$$Y=\frac{-(-3.35217\%)}{1+(-3.35217\%)}=3.46843\%$$

（资料来源：www.icbc.com.cn）

习　题

1. 外汇市场即期汇率为：1美元＝0.62英镑，1美元＝140日元，1美元＝1.5瑞士法郎。要求：计算100英镑可兑换多少美元？1 000日元可兑换多少美元？200瑞士法郎可兑换多少美元（精确到小数点后两位）？

2. 已知1美元＝7.61元人民币，1美元＝0.73欧元。要求：计算1欧元等于多少人民币？

3. 某日，纽约市场1美元＝1.2130欧元/1.2145欧元，法兰克福市场1英镑＝1.5141欧元/1.5153欧元，伦敦市场1英镑＝1.8300美元/1.8320美元。套汇者用100万美元进行三角套汇。要求：计算该套汇者获得的套汇收益。

4. 2007年1月1日1英镑＝12.5港元，2008年1月1日1英镑＝12.7港元。要求：计算英镑升值百分比和港元贬值百分比。

5. 某日，法兰克福市场，即期汇率1美元＝1.2130欧元/1.2145欧元，3个月远期汇率点数为38～33。伦敦市场即期汇率1英镑＝1.6955美元/1.6965美元，3个月远期汇率点数为50～60。要求：根据远期报价点数计算远期汇率。

相关网站：

美国联邦储蓄银行网站　www.federalreserve.gov

欧盟网站　www.eu.int

中国人民银行网站　www.pbc.gov.cn

中国外汇管理局网站　www.safe.gov.cn

中国银行网站　www.boc.cn

第三章 DISANZHANG

外汇汇率预测

学习目标

☐ 明确外汇汇率预测的必要性和预测的方法
☐ 掌握自由浮动汇率预测的基本理论与方法
☐ 了解管理浮动汇率或固定汇率预测的方法

第一节 预测汇率的原因

汇率预测是国际财务管理人员应负责的重要工作之一。企业需要对汇率进行预测的原因主要有以下几点：

一、外汇风险管理决策的需要

任何正确的决策都必须以科学的预测为依据。外汇风险是由外汇汇率变动引起的，因此，为了正确地进行外汇风险管理，首先必须对外汇汇率进行预测，据以了解汇率变动的趋势和幅度。

以交易风险管理为例，在进出口贸易中，对于外币应收应付账款，应预测汇率变动，采取外汇风险管理措施。例如，我国甲企业向A国出口一批商品，以A元计价结算，预计60天后收到货款。如果甲企业预测A元对人民币将升值，甚至高于60天远期A元汇率，使甲企业收到A元货款折合人民币数额增多，不仅不会发生损失，而且有利，因此甲企业对这笔交易不需要采取任何管理措施。如果甲企业预测A元将贬值，而且贬值幅度较大，使甲企业收到A元货款折合人民币数额减少，甲企业就应采用适当的措施，避免或减少可能发生的外汇风险损失。在折算风险管理和经济风险管理时，也都必须首先进行外汇汇率预测，才能正确地进行决策，这将在第五章具体阐述。

二、国际筹资、投资决策的需要

企业从外国银行取得外汇借款或通过国际证券市场发行外币债券，除了考虑利息率高低以外，还须考虑外汇汇率变化。从汇率来看，企业希望借入趋于贬值的货币（软货币），因为付息还本时，可付出较少的本币，为此就需要进行汇率预测。

企业在国外进行投资特别是长期投资，进行财务可行性研究时，预测投资项目的现金流量，包括资本投出、利润汇回和资本抽回等，都要折合为本国货币，汇率变化对投资项目的现金流量发生影响，如果外汇贬值，使汇回的利润和收回的资本折合为本国货币的数额减少，因而遭受损失。显然，正确地预测汇率变动，才能正确地测算投资项目的现金流量，从而提高投资项目财务可行性研究和投资决策的准确性。对外进行直接投资，在国外办生产性企业，现金流出流入情况更为复杂，更需进行外汇汇率预测，这将在第九章第四节实例说明。

三、跨国经营企业制订经营计划的需要

跨国经营的企业由于既有本币收支，又有外币收支，因而必须对外汇汇率进行预测，据以将外币收支折合为本币收支，然后与本币收支合并，才能制订出企业未来一定时期的综合经营计划，并安排预算。企业的经营计划、预算是综合评价企业经营业绩的重要标准。

汇率的短期预测（时间跨度不超过一年）比长期预测更为普遍。预测的时间跨度越长，预测结果的准确性越差。要准确地预测汇率，的确十分困难，但许多公司为了防止汇率变动可能造成的损失，往往重金聘请金融财务专家，设立专门的研究机构，从事经济趋势和汇价变动的预测。企业还可以从外部的汇率预测机构或大银行购买汇率预测信息。

第二节　预测汇率的方法

一、技术分析预测法

技术分析预测法是利用汇率的历史数据来预测未来汇率的方法，它采用两种主要的方法：图表法和趋势分析法。图表法绘制和运用多种图表，例如：

1. 条形图。是图表分析法最基本的图表。其横轴表示时间，纵轴表示汇价。汇价的绘制是由最高价、最低价（用垂直竖线连接）和收盘价（用一条横线标在竖线上）组成。反映三种汇价的变动趋势，比较全面。

2. 线形图。是只在图上绘出每日的收盘价（横轴表示时间，纵轴表示汇价），并用折线连接相邻的两点，形成高低起伏的线条。只反映一种汇价的变动趋势，比较简单清晰。

3. 移动平均图。假设移动平均的跨越期为5天，如把前四个交易日的收盘价之和与当日收盘价相加，再除以5，便得到5天移动平均值。注意移动平均的跨越期越长，曲线越平滑，反映趋势的效果越好，但比实际值的滞后越明显；跨越期越短与实际值越接近，但反映趋势不理想。在图中一般绘制两条移动平均线，一条跨越期较长（简称甲线）另一条跨越期较短（乙线）。

4. 主图。是在一张条形图或线形图上迭加一张移动平均图，形成主图。两条移动平均线的关系是：当两线相交甲线开始位于乙线下面时，表明汇价趋于上升，是买进信号；当两线相交甲线开始位于乙线上面时，表明汇价趋于下降，是卖出信号。当收盘价线突破两条移动平均线而居于上面时，是买进信号，反之则是卖出信号。

趋势分析预测法主要利用各种数学模型来确定汇率变动的趋势。技术预测法主要借助统

计分析进行预测。预测人员可以通过电脑程序的帮助。能更好地探测汇率变动的趋势。如果能够发现汇率变动的某些趋势，并确定这些趋势以后还会重复，那么对预测未来的汇率变动将大有帮助。

二、基本因素分析预测法

基本因素分析预测法，是根据经济变量（因素）与汇率之间的基本关系来预测未来汇率的方法。它是预测汇率最常用的方法。

影响汇率变动的基本因素包括以下两项：

第一，货币所代表的价值量的变化。以A、B两国的货币来说，假设A国货币每元代表的价值量为60，B国货币每元代表的价值量为10，则这两种货币的汇率为1A元=6B元。以后由于某些原因使A元和B元所代表价值量都发生了变化，则这两种货币的汇率就会发生相应的变化。

第二，货币供求状况的变化。如果在外汇市场上，A元需求大于供给，而B元供给超过需求，则A元会升值，B元会贬值。

影响货币所代表价值的多少和货币供求状况的具体因素是多方面的，既有经济因素，又有政治因素和心理因素等。主要有以下几个因素：

1. 国际收支状况。当一国出现较大的国际收支逆差时，说明本国外汇收入比外汇支出少，对外汇的需求大于外汇的供给，使外汇汇率上升，本币对外贬值；反之，则本币对外升值。

2. 通货膨胀率差异。通货膨胀率较高的国家，其物价上涨较快，该国货币的汇价就下跌；反之，一国通货膨胀率较低，物价上涨较慢，该国货币的汇价就会上升。

3. 利率差异。一般来讲，短期资金总是从利率低的地方流向利率高的地方。例如，A国的利率较高，其他一些国家的短期资金就会流向A国（向A国投资），外国资金在流入A国之前，都要兑换为A国货币，会引起外汇市场上A元供不应求，A元汇价就会趋于上浮。在投资期满时，投资者将本利（A元）兑换为所需的外币汇回各自的国家，会引起外汇市场上A元供大于求，使A元汇价趋于下浮。利率差异与汇率关系详见第三节利率平价说。

4. 财政收支状况。如果一国的财政赤字巨大，政府支出过度，大量增加货币发行，就会导致通货膨胀加剧，其货币汇价将会下降。如果财政赤字不是通过增加货币发行来弥补，而是通过提高利率向国际市场借款来弥补，国际资金的流入就会避免该国货币汇价的下浮。

5. 各国中央银行的市场干预。为了避免汇率的变动对本国经济造成不利影响，各国中央银行往往对汇率进行干预。干预的方法是在外汇市场上买进或抛出外汇，使本币汇率的剧烈变动趋于缓和，稳定在对本国有利的水平上。

6. 市场预期心理。如果人们预期某国的通货膨胀率比别国高，国际收支将出现较大逆差，担心该国货币贬值，就会在市场上抛售这种货币，其汇价就会下跌。

7. 国际政治形势的变化。当国际政治局势出现剧烈动荡时，处于不利地位的国家，其货币汇价表现为下浮；处于有利地位的国家，其货币汇价表现为上浮。

基本因素分析预测法就是要分析以上各种因素对汇率变动的影响，估计汇率变动的趋势和幅度。这种方法又可具体分为以下两种：

第一，专家分析预测法。是依靠一些了解情况的外汇专家，运用集体智慧，对未来一定期间汇率变动的情况进行预测。

第二，计量模型预测法。将影响汇率变动的一些基本因素列入数学模型，据以测算汇率变动的方向和幅度。下面举例说明一种汇率预测模型的运用：

$$S = b_0 + b_1X_1 + b_2X_2 + \cdots + b_nX_n$$

式中：S 为某两种货币汇率预测变动百分比；b_0为常量；$b_1 \sim b_n$为回归系数；$X_1 \sim X_n$为影响汇率的各种因素。

【例 3-1】 某公司要预测 A 元与 B 元在 6 个月内汇率的变动幅度，据调查，影响这两种货币汇率变动的主要因素是：（1）A、B 两国通货膨胀率差异（INF）；（2）A、B 两国利率差异（INT），其预测模型如下：

$$S = b_0 + b_1 INF + b_2 INT$$

式中：b_1为 A 元汇率对 INF 变化的敏感率；b_2为 A 元汇率对 INT 变化的敏感率。

根据 S、INF 和 INT 的历史数据，通过回归分析，确定：$b_0 = 0.004$，$b_1 = -0.5$，$b_2 = 0.8$。这说明在其他条件不变的情况下，INF 每变动 1%，A 元汇率就向相反方向变动 0.5%；INT 每变动 1%，A 元汇率就同方向变动 0.8%。据统计最近 A、B 两国的 INF 为 4%，INT 为 7%，根据以上数据可计算出 $S = 0.004 + (-0.5 \times 4\%) + (0.8 \times 7\%) = 4\%$。即在 6 个月后，A 元相对 B 元将升值 4%。

上述汇率预测模型的局限性，主要表现在有些影响汇率的因素因不能数量化而不能列入模型内；列入模型内的各因素发生作用的时间很难确定，各因素可能不在同一时间发生作用；根据历史数据求出的回归系数不一定适合未来的情况，这些都会影响汇率预测的准确性。

三、市场预测法

采用市场预测法预测汇率变动时，最简单的方法就是利用当前的远期汇率。例如，现在（3 月 1 日）的即期汇率为 1A 元 = 7.70B 元，一年期远期汇率（到期日次年 3 月 1 日）为 1A 元 = 7.55B 元，就可将此汇率作为次年 3 月 1 日的即期汇率。

由于远期汇率的期限一般局限于 1 年，而两国利率之差可用来预测 1 年以上的汇率水平，例如，美元和人民币 3 年期利率分别为 6% 和 5%，如果美元对人民币当前的即期汇率为 1 美元 = 7.75 元人民币，则今天对人民币证券投资 3 年后的价值为：$7.75 \times (1 + 5\%)^3$；如果对美元证券投资，投资 1 美元 3 年后的价值为 $(1 + 16\%)^3$。假设投资者要求美元和人民币的投资收益率相等，则

$$3\text{ 年后的即期汇率} = 7.75 \times \frac{(1+5\%)^3}{(1+6\%)^3} = 7.5327$$

即 1 美元 = 7.5327 元人民币。

利用两国的利率差异预测未来汇率，详见第三节利率平价说和无差异理论。

四、混合预测法

由于各种汇率预测法各有优缺点，因而许多公司便综合运用各种汇率预测方法，被称为混合预测法。它运用不同预测方法得出某一外汇汇率不同预测值，给不同的方法分配权数使权数合计为 100%，对比较可靠的方法给予较高的权数，这样，公司预测的外汇汇率便是各

种预测值的加权平均数。

小测试：

1. 为什么要进行汇率预测？
2. 什么是技术分析预测法？采用什么具体方法？
3. 什么是基本因素分析预测法？分析哪些因素？采用什么具体方法？

第三节 自由浮动汇率的预测

在自由外汇市场，汇率完全自由浮动，完全没有政府的干预。许多经济学家为了说明汇率变动的原因，创立了一系列经济理论，主要是分析通货膨胀率、利率等因素对即期汇率和远期汇率的影响，据此可预测浮动汇率变动的趋势和幅度。通货膨胀率、利率、目前即期汇率、未来即期汇率和远期汇率的理论关系可用图 3－1 来表示。

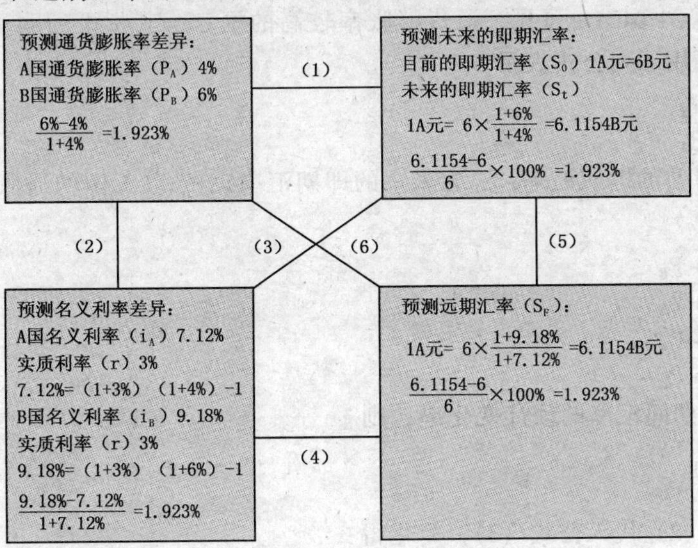

图 3－1 通货膨胀、利率与汇率的相互关系

对图 3－1 中的各种理论关系分别说明如下：

一、购买力平价说

购买力平价说由瑞典经济学家 K.G.Cassel 于 1916 年提出，又于 1922 年加以系统阐述。这一学说是在第一次世界大战后，各国相继放弃金本位制，实行纸币流通制而提出的汇率理论。20 世纪 70 年代以来，由于世界各国都存在不程度的通货膨胀，于是这一学说在汇率决定理论中便显示出其重要地位，并对西方发达国家的汇率政策产生了重大影响，被公认为是汇率长期预测的重要基础。

购买力平价理论认为，如果国际商品市场和金融市场是有效的话，那么相同商品在国际上的价格应该都一样。如果A国的甲商品比B国的便宜，那么B国的商人就会到A国购买甲商品，运回B国出售，获得利润。例如，A元与B元的现行汇率为1A元 = 6B元，A国甲商品的价格为1 000A元，折合6 000B元，B国甲产品价格7 000B元，折合1 167A元。B国商人到A国购买甲商品，运回B国出售可获利1 000B元（7 000 - 6 000）。为了简化举例，省略了运费和销售费等支出。B国许多商人不断地进行上述交易，就会使A国甲商品的价格上升，B国甲商品的价格下降，也可能使A元升值。以上交易会持续到A国甲商品的价格与B国甲商品的价格相同为止。例如，A国甲商品的价格由1 000A元升为1 040A元，B国甲商品的价格由7 000B元降为6 360B元，汇率变为1A元 = 6.1154B元。此时，B国商人从A国购买甲商品运回B国出售已无利可图（6 360 - 1 040 × 6.1154 = 0），形成了购买力平价。

购买力平价说的主要观点是：一国货币对另一国货币的汇率，主要是由两国货币分别在两国的购买力决定的，而各国通货膨胀的变化直接影响各国货币购买力的变化，而货币购买力变化又必然影响外汇汇率发生变化。例如，A、B两国货币的汇率原来是1A元 = 6B元，购买一定商品价格，A国为1 000A元，在B国为6 000B元。假如两国都发生了通货膨胀，通货膨胀率为：A国4%，B国6%。两国货币的购买力都下降了，但下降的程度不一致，购买上述一定商品价格，A国为1 040A元，B国为6 360B元，这时汇率将变为1A元 = 6.1154B元（6 360 ÷ 1 040）。可见，通货膨胀率较高的国家，其货币的购买力下降较多，就会相应地贬值。可用下列公式表示：

$$\frac{S_t}{S_0} = \frac{1 + P_B}{1 + P_A}$$

式中：S_0 为目前的即期汇率；S_t 为未来的即期汇率；P_A 为A国的通胀率；P_B 为B国的通胀率。

$$S_t = S_0 \frac{1 + P_B}{1 + P_A} \tag{1}$$

$$S_0 = S_t \frac{1 + P_A}{1 + P_B} \tag{2}$$

设Δ为 $0 \sim S_t$ 期间汇率的预计变化率，则

$$\Delta = \frac{S_t - S_0}{S_0} \tag{3}$$

将公式（1）、（2）代入公式（3），简化得：

$$\Delta = \frac{P_B - P_A}{1 + P_A} \tag{4}$$

将例中有关数据代入公式（1）可得：

$$S_t = 6 \times \frac{1 + 6\%}{1 + 4\%} = 6.1154$$

将例中有关数据代入公式（4）和（3），可得：

$$\Delta = \frac{6\% - 4\%}{1 + 4\%} = 1.923\%$$

$$\Delta = \frac{6.1154 - 6}{6} \times 100\% = 1.923\%$$

从以上计算可看出，A元通货膨胀率比B元通货膨胀率低1.923%，因而A元对B元的汇率A元升值1.923%。

S_t 也可按下列方法计算：$S_t = 6 \times (1 + 1.923\%) = 6.1154$

在 P_A 较小的情况下，通常忽略公式（4）的分母项，即得购买力平价的近似公式：

$$\Delta = P_B - P_A \tag{5}$$

公式（5）表明，汇率的预计变化率等于两国通货膨胀率之差。

购买力平价理论能很好地理解汇率的变动，各国的中央银行经常按照这一理论制定新的汇率平价，许多公司也常用这一方法对未来的汇率进行预测。

二、费雪效应

费雪效应是美国经济学家欧文·费雪（Irving Fisher）提出的关于利率与通货膨胀率的关系的一种理论。他认为每一国家的名义利率（i）、实质利率（r）和通货膨胀率（P）之间存在如下关系：

$$(1+i) = (1+r)(1+P)，简化可得：i = r + P + r \cdot P$$

通常 $r \cdot P$ 数值很小，在实际操作中可忽略不计，进一步简化为：$i = r + P$。

费雪认为，名义利率充分反映了投资者对通货膨胀的集体预期，这样做可以使他们由于通货膨胀效应而造成的实际投资的损失得到补偿。这种现象现在被称为“费雪效应”。根据费雪效应，如果一位投资者希望获得的实质利率（真实利率，即无物价变动条件下的利率）为3%，预计通货膨胀率为6%，那么名义利率应为9.18%，其中3%是要求的真实利率，6.18%是对通货膨胀率的调整。费雪效应认为各国的实质利率（以 r 表示）趋于一致，之所以如此，是因为如果某国的真实利率高于其他国家，那么其他国家的资本就会流入这个国家，在政府不干涉的情况下，这种套利活动就持续进行，直到各国真实利率相等为止。尽管对费雪效应的实证研究结果各异，但普遍的观点是主要工业国家的实质利率长期看大约是3%。两个国家通货膨胀率相差越大，它们名义利率相差就越大。

A、B 两国的名义利率、实质利率和通货膨胀率的关系分别表示如下：

$$(1+i_A) = (1+r)(1+P_A) \tag{6}$$

$$(1+i_B) = (1+r)(1+P_B) \tag{7}$$

从上式可得：$(1+r) = \dfrac{1+i_A}{1+P_A} = \dfrac{1+i_B}{1+P_B}$

$$或 \frac{1+i_B}{1+i_A} = \frac{1+P_B}{1+P_A} \tag{8}$$

费雪效应有时可简化成以下形式（参见公式（5）和公式（12））：

$$i_B - i_A = P_B - P_A$$

即两国名义利率之差等于两国通货膨胀率之差。

将例中有关数据代入公式（6）、（7）和（8），可得：

$$(1+7.12\%) = (1+3\%)(1+4\%)$$

$$(1+9.18\%) = (1+3\%)(1+6\%)$$

$$\frac{1+9.18\%}{1+7.12\%} = \frac{1+6\%}{1+4\%} = 1.01923$$

三、国际费雪效应

购买力平价说建立了汇率与预期通货膨胀率之间的关系，而费雪效应表达了名义利率与预期通货膨胀率之间的关系，把这两种关系联系起来可得：

$$\frac{S_t}{S_0}=\frac{1+P_B}{1+P_A}=\frac{1+i_B}{1+i_A}$$

从上式可得国际费雪效应的公式：

$$\frac{S_t}{S_0}=\frac{1+i_B}{1+i_A}$$

$$S_t=S_0\,\frac{1+i_B}{1+i_A} \tag{9}$$

$$S_0=S_t\,\frac{1+i_A}{1+i_B} \tag{10}$$

将公式（10）代入公式（3），简化可得：

$$\Delta=\frac{i_B-i_A}{1+i_A} \tag{11}$$

在 i_A 较小的情况下，就可得到近似的国际费雪效应公式：

$$\Delta=\frac{S_t-S_0}{S_0}=i_B-i_A \tag{12}$$

将例中的数据代入公式（9）、(11)，可得：

$$S_t=6\times\frac{1+9.18\%}{1+7.12\%}=6.1154$$

$$\Delta=\frac{9.18\%-7.12\%}{1+7.12\%}=1.923\%$$

$$S_t=6\times(1+1.923\%)=6.1154$$

上述公式和计算说明，浮动的即期汇率会随着两国的利率差别而改变；改变的幅度会和利率的差别一样，但改变的方向刚好相反。例中，A国名义利率比B国名义利率低1.923%，在市场平衡的情况下，A元对B元的即期汇率A元将升值1.923%，主要是因为持有A元的投资者受到B国高利率的吸引，把A元兑换成B元在B国投资，在投资后期，都会把B元本利兑换为A元，在市场上会引起A元对B元的即期汇率A元升值。

四、利率平价说

利率平价说又称远期汇率理论，是由英国经济学家凯恩斯（J.M.Keynes）首先提出又经过西方一些经济学家发展而形成的关于两国利率差异引起汇率变动的理论。这一学说认为，不同国家的利率差异必然引起利息套汇，许多套汇者不断地进行利息套汇，会出现利率平价。

【例3-2】 设A国利率为7%，B国利率为9.2%。1月1日的即期汇率为1A元=6.03B元，远期汇率（1年期）为1A元=6.06B元。1月1日某套汇者在A国借100万A元，按当日即期汇率兑换为603万B元，到B国投资，期限1年。12月31日，投资本金和利息为658.476万B元即603×（1+9.2%），按1月1日远期汇率兑换108.6594万A元（658.476÷6.06）。12月31日，套汇者归还借款本金和利息107万A元即100×（1+7%），套汇者获得1.6594万A元（108.6594-107）。

上述利息套汇可用计算式表示如下：

$$100\text{万A元}\times(1+7\%)<100\text{万A元}\times6.03\times(1+9.2\%)\div6.06$$

简化为：（1+7%）<6.03×（1+9.2%）÷6.06

$$\frac{1+7\%}{1+9.2\%}<\frac{6.03}{6.06}$$

上式的右边大于左边，说明套汇者在A国借款到B国投资而获利。

许多套汇者不断地套汇，会出现利率平价，即市场平衡，因为套汇会引起以下变化：(1) 1月初投资，A国资金流入B国时，都要用A元兑换B元，会引起B元升值（A元贬值），例如由1A元=6.03B元变为1A元=6B元；(2) A国资金流入B国，一方面使A国资金供应量减少，会引起A国利率上浮，例如由7%变为7.12%，另一方面使B国资金供应量增加，会引起B国利率下浮，例如由9.2%变为9.18%；(3) 12月31日套汇者将投资本利B元汇回A国，都要将B元兑换为A元，引起B元贬值，例如由1A元=6.06B元变为1A元=6.1154B元。这时形成下列计算等式：

$$\frac{1+7.12\%}{1+9.18\%}=\frac{6}{6.1154}$$

上式右边与左边相等，表明利率平价已经出现，此时，套汇者已无利可图。上式用前面的代号表示，即为：

$$\frac{1+i_A}{1+i_B}=\frac{S_0}{S_F}\text{或}\frac{S_F}{S_0}=\frac{1+i_B}{1+i_A}$$

上式表明在市场平衡的情况下，远期汇率和即期汇率的比率会和两国（例如，A国和B国）的名义利率比例相同。从上式可得：

$$S_F=S_0\frac{1+i_B}{1+i_A} \tag{13}$$

$$\Delta=\frac{S_F-S_0}{S_0}=\frac{i_B-i_A}{1+i_A} \tag{14}$$

如果 i_A 较小，忽略公式的分母项，则得利率平价说的近似公式：

$$\Delta=\frac{S_F-S_0}{S_0}=i_B-i_A$$

前例，A国利率7.12%，B国利率9.18%，即期汇率1A元=6B元，代入公式（13），即可求出远期汇率为：

$$1A\text{元}=6\times\frac{1+9.18\%}{1+7.12\%}=6.1154\text{（B元）}$$

将两国名义利率代入公式（14）即得：

$$\Delta=\frac{9.18\%-7.12\%}{1+7.12\%}=1.923\%$$

A元对B元的远期汇率变化（A元升值）也是1.923% $\left(\frac{6.1154-6}{6}\times100\%\right)$。

五、无偏差理论

这一理论说明远期汇率与未来即期汇率之间的关系。将国际费雪效应与利率平价说联系起来，可得：

$$\frac{St}{S_0}=\frac{1+i_B}{1+i_A}=\frac{S_F}{S_0}$$

由上式可得：$S_F=St$

即目前的远期汇率应该等于未来的即期汇率。另一种表达式为：

$$\frac{S_F - S_0}{S_0} = \frac{St - S_0}{S_0}$$

即外汇远期升水或贴水等于预计的外汇升值或贬值。无偏差理论说明，在没有干扰的情况下，当前的远期汇率应等于将来的即期汇率。就是说，根据远期汇率可以无偏差地预测到期时的即期汇率。例如，当前的远期汇率（一年期）为 1A 元 = 6.1154B 元，由此可预测未来（一年到期时）的即期汇率也是 1A 元 = 6.1154B 元。虽然未来的即期汇率与当前远期汇率可能有所不同（表示根据后者并不能完全正确预测前者），但究竟如何不同，目前不能预知，而且认为预测的误差其高估或低估的频率和数量基本相等，误差之和等于零，故称之为“无偏差”理论。

六、远期汇率与通货膨胀率的关系

如果证明图 3-1 中（1）~（5）的关系存在，则图中（6）的关系（通货膨胀率与远期汇率的关系）也存在。

为了进一步明确上述各项汇率理论的相互关系，现将各项计算公式集中列示，见表 3-1。

表 3-1　　各项计算公式表

购买力平价说	费雪效应	国际费雪效应	利率平价说	无偏差理论
$\frac{St}{S_0} = \frac{1+P_B}{1+P_A}$	$\frac{1+i_B}{1+i_A} = \frac{1+P_B}{1+P_A}$	$\frac{St}{S_0} = \frac{1+i_B}{1+i_A}$	$\frac{S_F}{S_0} = \frac{1+i_B}{1+i_A}$	$S_F = St$

上述几种经济关系是外汇市场充分发达和完全开放情况下外汇汇率变化的规律。这些经济关系全由市场调剂作用完成，外汇可自由买卖的程度，决定了这些关系可应用的程度。

学术界对上述这些经济关系在实际中成立的程度看法不一，但对任何想预测未来汇率变动方向的人来说，这些经济关系确实为之提供了一个基本的分析框架。

小测试：

1. 什么是购买力平价？它是怎样形成的？怎样认识通货膨胀率对利率和汇率的影响？
2. 什么是利率平价？它是怎样出现的？怎样认识利率对汇率的影响？

第四节　管理浮动汇率或固定汇率的预测

在实行管理浮动汇率或固定汇率制度的情况下，即期汇率、远期汇率与通货膨胀率、利率实现市场平衡关系的趋势仍然存在，但受到政府及中央银行不同程度的干预，市场平衡关系受制约，中央银行为了稳定汇率宁愿承担外汇损失，其损失达到一定程度时，政府也会屈服于市场的压力而允许汇率变动，使本国货币升值或贬值。企业要预测汇率变动的时间和幅度是十分困难的，因为汇率变动是由政府决定的，有关当局将保守汇率变动的消息作为绝密。如果事前透露了这种消息，社会就会出现外汇投机，造成市场混乱和巨大损失。尽管对政府关于汇率变动的政策、导向难以捉摸，但仍然可以从以下两个方面的分析来预测未来汇率的变动。

一、影响政府意向的经济指标分析

由于管理浮动汇率或固定汇率受政府的干预或管制，因而汇率预测需要分析一些有关的经济指标来了解政府对汇率变动的意向，这类指标主要有以下几项：（1）国际收支状况；（2）通货膨胀率差异；（3）利率差异；（4）货币供应量；（5）外汇储备的变化；（6）外汇黑市汇率。

上面（1）～（3）项指标已在第二节说明，下面只对后三项指标加以说明。

关于货币供应量。许多经济学家都认为当国家货币供应量超过实际经济的需要时，通货膨胀便会出现。外汇预测专家也都认为这是影响通货膨胀的因素之一。所以，货币供应量被用来度量价格变化，作为汇率按照购买力平价说而改变的参考。

关于外汇储备的变化。在管理浮动汇率或固定汇率制度下，国家须拥有一定数量的外汇储备，以备随时干预外汇市场，将汇率维持在对本国有利的适当水平。长期的国际收支逆差将导致外汇储备下降，要求本国货币贬值的压力随之增加。但是，如果国家的外汇储备相当充裕，就可以忍受较长时间的国际收支逆差，而不必使本国的货币贬值。

关于外汇黑市汇率。在实行外汇管制的国家，如果官方汇率与市场平衡汇率出现差异，就可能引发外汇黑市市场。由于外汇黑市交易的非法性，黑市汇率不是完全由市场的供求关系决定的，黑市交易是有风险的，因此，黑市汇率不能作为无外汇管制时的市场平衡汇率，一般认为，市场平衡汇率在官方汇率和黑市汇率之间某一位置。如果政府决定要改变汇率，黑市汇率可以指明官方汇率改变的方向，官方汇率应朝着接近黑市汇率的方向移动，但不应期望它与黑市汇率相同。

在管理浮动汇率或固定汇率制度下，预测汇率变动可采取下列步骤：

1. 根据各项基本的经济指标测算出均衡汇率（指没有受干预或管制的汇率）并与目前的实际汇率比较，明确二者差异。

2. 预计国家的国际收支平衡状况，并估计国家外汇储备水平，据以预测政府可以坚持多久而不必改变目前汇率。设 R 代表外汇储备水平，B 表示国际收支逆差，则政府最多可以坚持的年数为 R/B。

3. 预测政府可能采取的对策。除了改变汇率以外，政府还可能采取外汇管制，紧缩货币、吸引外国资本投入和从国外借款等对策，分析改变汇率的概率大小。

如果一个国家的进出口业务严重失衡、外汇收支连年逆差、利率差异过大、通货膨胀率过高、货币供应增长速度超过经济增长速度、外汇储备严重不足、政府财政赤字扩大、官方汇率与黑市汇率相差过大，这些情况的出现，往往是政府调整汇率使本国货币贬值的先兆。

二、政治方面因素的分析

在这方面主要需考虑政府本身的稳定程度和政府政策（包括对外关系、贸易和投资以及外汇政策）的效果。假如政府政策只治标而不治本，那么管理浮动汇率或固定汇率改变的可能性便提高了。政府抵抗通货膨胀的政策是否会导致经济收缩？政府对改进外汇收支平衡的政策是否强调改善本国的出口条件，或是只会管制外汇和征收进口税？如果政府的政策不能解决这些基本问题，这可能是本国货币贬值的先兆。

管理浮动汇率或固定汇率的改变还受政府收支情况的影响。例如政府收入的主要来源是否稳定，政府是否开源节流。如果政府过量支出（如超过本身能力的外援、参加战争等），一定会动摇市场人士对其货币的信心，本国货币贬值的可能性就会提高。

小测试：

在实行管理浮动汇率或固定汇率制度时，怎样预测汇率变动？

案例

人民币汇率预测

2006年年末，人民币与美元的汇率达1美元=7.807元人民币，该年年末年初相比，人民币兑美元累计升值3.28%，其中，一季度升值0.66%，二季度升值0.31%，三季度升值1.18%，四季度升值1.15%。对2007年人民币汇率预测，各方意见不尽相同。

国家发改委经济研究所认为，就汇率政策而言，要继续保持汇率基本稳定，但可放宽浮动的限制，增加市场的灵活性。目前，我国经济和金融两方面都不具备汇率大幅升值的条件。汇率升值（无论是缓慢性的大幅升值还是快升值）将影响工业竞争力的形成。

新华社经济分析师预计2007年人民币升值总体上将加快，其中上半年较快，下半年减缓，全年升值5%，美元兑人民币降至7.42。人民币汇率短期变动受美元兑其他货币汇率等因素影响，但中长期升值幅度主要取决于我国汇改"主动性、渐进性和可控性"三条原则，稳步小幅升值是普遍预期。

中国银河证券研究中心预计2007年人民币将继续保持升值态势，升值速度可能加快，升值4.5%左右，到2007年末，1美元兑换人民币可能达到7.46元左右。原因有三：(1) 我国国际收支顺差将继续扩大；(2) 由于美元在外汇市场上大幅贬值，目前人民币兑美元的升值幅度小于美元对主要货币（欧元、英镑）的贬值幅度，人民币升值潜力仍然较大；(3) 美国民主党在国会中期选举获胜，极力主张减少中美贸易赤字，可能对我国施加更大压力，促使人民币加速升值。

高盛公司预测2007年中国央行将两次实施升息措施，每次27个基点，同时人民币将升值5.7%，在2008年中国央行还将加息27个基点，人民币将再次升值5.3%。根据中国2007年第一季度贸易顺差，货币供应量和外汇储备显著增加，高盛公司于2007年5月上调了它对人民币升值的预期，预计人民币在未来13个月内（2008年6月末之前）会升值9.6%，达到约1美元兑换7元人民币。

上述预测的原则和方法基本上是正确的，但预测数与实际数不可能100%的准确。到2007年末美元兑人民币已突破7.30关口，人民币升值达6.54%。

美国《纽约时报》2008年1月6日刊登文章"美元今年会升值吗？"分析家认为美元也许已经跌到谷底，可能正在反弹，预言美元将在2008年升值，与欧元、英镑和加元相比尤其如此。现在我们需预测今后一、两年人民币对美元是否会继续升值？汇率将是多少？

（资料来源：《瞭望》新闻周刊，2007 年第 3 期 32—33 页）

习 题

1. 如果预期的通货膨胀率为 10%，实质利率为 5%，根据费雪效应，名义利率是多少？

2. 设 1 年期利率英镑为 12%，美元为 9%。

(1) 若目前的汇率为 1 英镑 = 1.42 美元，预测 1 年后的汇率是多少？

(2) 假设对美国未来通货膨胀率的预期的变动引起预期的未来即期汇率下降至 1 英镑 = 1.52 美元，美国利率会有什么变化？

3. 假设 A、B 两国货币现在即期汇率为 1A 元 = 5B 元，预测通货膨胀率 A 国为 5%，B 国为 8%。要求：预测两种货币的汇率将是多少？

4. 预测 A 国的通货膨胀率 5%，实质利率 6%，B 国的通货膨胀率 8%，实质利率 6%。现在的即期汇率为 1A 元 = 5B 元。要求：根据“利率平价说”测算远期汇率。

5. 已知美国的利率为 8%，英国利率为 6%，即期汇率为 1 英镑 = 1.64 美元。要求：计算远期汇率 1 英镑等于多少美元。

6. 已知美国通货膨胀率为 5%，即期汇率 1 英镑 = 1.56 美元，远期汇率 1 英镑 = 1.50 美元。要求：计算英国的通货膨胀率。

7. 设美国年利率为 10%，英国年利率为 12%，即期汇率 1 英镑 = 1.4 美元，远期汇率（3 个月）1 英镑 = 1.5 美元。某利息套汇者在美国借 14 万美元（借款期 3 个月）进行利息套汇。要求：计算其套汇损益。

相关网站：

美国《金融时报》网站 www.ft.com/cgi - bin/pft/intcrates.pl/report

中国人民银行网站 www.pbc.gov.cn

中国外汇管理局网站 www.safe.gov.cn

中国银行网站 www.boc.cn

第四章 DISIZHANG

外汇风险测量

学习目标

- ☐ 掌握企业交易风险测量的方法
- ☐ 明确企业折算风险测量的方法
- ☐ 了解企业经济风险测量的方法

第一节 交易风险测量

一、交易风险的分项测量

（一）商品进出口交易的外汇风险

商品进出口交易的外汇风险是指企业进行商品进出口交易过程中，用外币计价结算，由于成交日到结算日汇率变动，使折算为本币的收入、支出可能增加或减少的风险。

1. 商品出口交易的外汇风险。如果出口以美元计价结算，当美元升值时，收回的美元货款折合为人民币的数额会增加，当美元贬值时，则收回的美元货款折合为人币的数额会减少。

【例 4-1】 设某企业出口商品两批，货款各为 100 万美元。其中一批为远期一次收款，另一批为远期分次收款，其汇率、收款数额和时间及外汇风险情况见表 4-1。

表 4-1　　商品出口交易的外汇风险

远期一次收款	受险部分
①成交时（3 月 1 日） 外币计价的出口货款 100 万美元 汇率：1 美元 = 7.7 元人民币 货款折合人民币 770 万元	100 万美元
②结汇时（6 月 1 日） 汇率：1 美元 = 7.6 元人民币 货款折合人民币 760 万元 风险损失：10 万元人民币	0

续表

远期分次收款	受险部分
①成交时（3月1日） 外币计价的出口货款100万美元 汇率：1美元=7.7元人民币 货款折合人民币770万元	100万美元
②分次结汇时 第一次收款20万美元（4月1日） 汇率：1美元=7.65元人民币，20万美元合153万元人民币 第二次收款40万美元（5月1日） 汇率：1美元=7.63元人民币，40万美元合305.2万元人民币 第三次收款40万美元（6月1日） 汇率：1美元=7.60元人民币，40万美元合304万元人民币 合计　762.2万元人民币 风险损失7.8万元人民币	 80万美元 40万美元 0

2. 商品进口交易的外汇风险。进口交易的外汇风险，其原理与出口相同，不过方向相反。如进口以美元计价结算，当美元升值时，付出的人民币会增多；当美元贬值时，则付出的人民币会减少。设某企业进口一台设备，用美元计价结算，货款为100万美元，可以有远期一次付款和远期分次付款两种情况，其汇率、付款数额和时间以及外汇风险情况见表4-2所示。

表4-2　商品进口交易的外汇风险

远期一次付款	受险部分
(1) 成交时，(5月1日) 设备价款100万美元，合人民币750万元 (汇率：1美元=7.50元人民币)	100万美元
(2) 结汇时（11月1日） 汇率：1美元=7.60元人民币 用人民币760万元购买美元100万元，对外支付 风险损失：10万元人民币	0
远期分次付款	**受险部分**
(1) 成交时（5月1日） 同上	100万美元
(2) 分次结汇时 第一次付款30万美元（7月1日） 汇率：1美元=7.53元人民币 购买30万美元，支付人民币225.9万元	 70万美元

续表

远期分次付款	受险部分
第二次付款 30 万美元（9 月 1 日） 汇率：1 美元 = 7.56 元人民币 购买 30 万美元，支付人民币 226.8 万元	40 万美元
第三次付款 40 万美元（11 月 1 日） 汇率：1 美元 = 7.60 元人民币 购买 40 万美元，支付人民币 304 万元	0
合计　756.7 万元人民币 风险损失：6.7 万元人民币	

（二）外汇借款的汇率风险

外汇借款的汇率风险是指企业借入某种外汇，由于借入日到偿还日汇率变动，使企业还本付息折合本币数额增多或减少的风险。

【例 4－2】 我国某企业从银行借款 100 万美元，期限 1 年，年利息率 5%，借款时汇率为 1 美元 = 7.6 元人民币。

当汇率变为 1 美元 = 7.8 元人民币时，外汇风险损益为：

100 万美元 ×（1 + 5%）×（7.6 − 7.8）= − 21 万元人民币（损）

当汇率变为 1 美元 = 7.5 元人民币时，外汇风险损益为：

100 万美元 ×（1 + 5%）×（7.6 − 7.5）= 10.5 万元人民币（益）

（三）外汇买卖的汇率风险

外汇买卖的汇率风险是指企业买入外汇，持有一段时间后卖出，由于买入到卖出这一期间汇率发生变动从而使本币数额增多或减少的风险。

【例 4－3】 某公司 1 月初买入一笔美元，汇率 1 美元 = 8 元人民币，用 800 万元人民币买入 100 万美元，存入银行，美元存款年利息率 6%，人民币存款年利息率 8%。7 月初将美元 103 万元（其中包括利息 3 万美元）卖出，汇率为 1 美元 = 7.90 元人民币。这笔交易的损失为：100 ×（1 + 6% ÷ 2）× 7.90 − 800 ×（1 + 8% ÷ 2）= − 18.30（万元人民币）。其中：

本金的汇率风险损失 = 100 ×（7.90 − 8）= − 10（万元人民币）

利息的汇率风险损失 = 100 × 6% ÷ 2 ×（7.90 − 8）= − 0.3（万元人民币）

利息率差异损失 = 100 × 6% ÷ 2 × 8 − 800 × 8% ÷ 2 = − 8（万元人民币）

二、交易风险的综合测量

在实际工作中，不仅要测量每笔外币应收款、应付款、外汇借款的汇率风险，而且还应综合测量整个企业交易中全部外币债权与外币债务相抵后净债权或净债务的汇率风险。

第一，当企业只有一种外汇债权债务时，交易风险的综合测量比较简单。设我国甲企业只有美元债权债务，外汇债权（外汇应收款）600 万美元，外汇债务（外汇应付款、外汇借款）500 万美元，两者相减外汇净债权 100 万美元。如果预测外汇将贬值，比如汇率由 1 美元 = 7.9 元人民币变为 7.8 元人民币，在这种情况下，企业将发生汇率风险损失 10 万元人民币（100 万美元 ×（7.8 − 7.9））。当企业的外汇债权少于外汇债务时，设外汇债权为 500 万美元，外汇债务为 600 万美元，两者相减后外汇净债务为 100 万美元。如果预测外汇将升值，比如汇率由 1 美元 = 7.9 元人民币变为 7.95 元人民币，在这种情况下，企业将发生汇率风险损失 5 万元人民币（100 万美元 ×（7.9 - 7.95））。假如上述两种情况中汇率变化方向相反，则企业都将从中获得收益。

第二，当企业有多种外汇债权债务时，交易风险的大小不仅要看汇率变动的方向和变动幅度，而且还要看各种外汇汇率变动的相关性。两种外汇对本国货币的汇率同时升值或同时贬值，称为“正相关”。例如，美元对人民币的汇率升值 3%，欧元对人民币的汇率也升值 3%，称为“完全正相关”，相关系数为 1；如果美元对人民币升值 3%，欧元对人民币升值 2%，则相关系数为 0.67；如果美元对人民币升值 3%，欧元对人民币升值 1%，则相关系数为 0.33……两种外汇对本国货币的汇率，一种外汇升值，另一种外汇贬值，称为“负相关”。如果美元对人民币升值 3%，欧元对人民币贬值 3%，称为“完全负相关”，相关系数为 - 1；如果美元对人民币升值 3%，欧元对人民币贬值 2.5%，相关系数为 - 0.83；如果美元对人民币升值 3%，欧元对人民币贬值 1.5%，则相关系数为 - 0.5……下面举例说明各种外汇汇率变动的相关性对交易风险的影响。

【例 4 - 4】 设我国甲企业有美元和欧元两种外汇债权债务，可能有以下四种情况：

1. 美元为净债权，欧元为净债务。例如，净债权 100 万美元，净债务 80 万欧元，美元和欧元对人民币的汇率变动可能有以下两种情况：

（1）美元和欧元都贬值或升值。先看美元和欧元都贬值。预测美元对人民币的汇率由 1 美元 = 8.10 元人民币变为 1 美元 = 8 元人民币，美元贬值 1.23%，欧元对人民币的汇率由 1 欧元 = 10 元人民币变为 1 欧元 = 9.88 元人民币，贬值 1.20%，两种外汇对人民币都贬值，具有高度正相关。美元贬值使甲企业的人民币收入减少 10 万元（损失），即 100 万美元 ×（8 - 8.1） = - 10（万元人民币），欧元贬值使甲企业的人民币支出减少 9.6 万元（得利），即 80 万欧元 ×（10 - 9.88） = 9.6（万元人民币）。损失的 96% 被得利抵消，在这种情况下企业的交易风险很小。相反，当美元和欧元都升值时，两种外汇与人民币的汇率变动也是正相关。美元升值会使甲企业的人民币收入增加（得利），欧元升值会使甲企业的人民币支出增加（损失），得利与损失也能相互适当抵消，因而企业交易风险较小。

从上述可以看出，在一种外汇是净债权，另一种外汇是净债务的情况下，当两种外汇都贬值或升值，即汇率变动正相关时，损失能全部或部分被得利所抵消，从而降低外汇风险。至于两种外汇对人民币汇率变动的损失与得利相互抵消的程度（可能是得利大于损失，抵消全部损失还有余，也可能是得利小于损失，只能抵消损失的一部分），取决于以下两种差异，一是两种外汇折合人民币金额的差异，前例中，美元 100 万折合人民币的金额为 810 万元（100 × 8.1）；欧元 80 万折合人民币的金额为 800 万元（80 × 10）。二者不一致是影响损失与得利抵消程度的因素之一。二是两种外汇与人民币汇率变动幅度的差异，前例中，美元贬值 1.23%，欧元贬值 1.20%，两者高度正相关，但不完全一致。前例中由于上述两种差异都不大，因而损失的绝大部分（96%）被得利所抵消。如果两种外汇折合人民币的金额都是 810 万元，汇率贬值率都是 1.20%，则损失与得利正好全部抵消。

（2）美元升值、欧元贬值，或美元贬值，欧元升值。当美元升值、欧元贬值时，两种外汇对人民币的汇率变动是负相关。美元升值会使甲企业的人民币收入增加（得利），欧元贬值会使甲企业的人民币支出减少（得利），两种外汇汇率变动的影响之和使甲企业得利加大。

相反，当美元贬值、欧元升值时，两种外汇对人民币的汇率变动也是负相关，美元贬值会使甲企业的人民币收入减少（损失），欧元升值会使甲企业的人民币支出增多（损失），两种外汇汇率变动的影响之和使甲企业损失加大。从上述可以看出，在一种外汇是净债权，另一种外汇是净债务的情况下，当一种外汇升值另一种外汇贬值，即汇率变动负相关时，使企业的得利或损失加大，从而提高外汇风险。

2. 美元为净债务、欧元为净债权。两种外汇与人民币的汇率变动对企业交易风险的影响与前述1相同，不再重述。

3. 美元和欧元都是净债权。例如，美元净债权100万，欧元净债权80万。如果两种外汇与人民币的汇率变动是负相关，即一种外汇升值，另一种外汇贬值。例如，美元汇率由1美元 = 8.03元人民币变为1美元 = 8.10元人民币，美元升值会使甲企业的人民币收入增加7万元（得利），即100×（8.10 - 8.03）。欧元汇率由1欧元 = 10.15元人民币变为1欧元 = 10.05元人民币，欧元贬值会使甲企业的人民币收入减少8万元（损失），即80×（10.05 - 10.15）。损失的87.5%被得利抵消使企业外汇风险降低。如果两种外汇都升值，会使甲企业的人民币收入大大增加，但如果两种外汇都贬值，会使甲企业的人民币收入大大减少，损失加大，这就是说，两种外汇与人民币汇率的变动正相关，会提高企业的外汇风险。

4. 美元和欧元都是净债务。如果两种外汇与人民币的汇率变动是负相关，即一种外汇贬值，会使甲企业的人民币支出减少（得利），而另一种外汇升值，会使甲企业的人民币支出增多（损失），损失被得利全部或部分抵消，使企业的外汇风险降低。如果两种外汇都贬值，会使甲企业的人民币支出大大减少，得利加大，但如果两种外汇都升值，使甲企业的人民币支出大大增加，损失加大，可见两种外汇与人民币的汇率变动正相关，会提高企业的外汇风险。

小测试：

1. 企业进出口商品以美元计价结算，美元贬值对企业的人民币收支会发生什么影响？

2. 企业借入欧元，当欧元升值时，对企业的人民币支出会发生什么影响？

3. 什么是各种外汇汇率变动的相关性？举例说明在综合测量企业交易风险时怎样考虑汇率变动的相关性？

第二节　折算风险测量

一、外币会计报表的折算方法

为了具体了解会计折算风险，需将母公司对国外附属公司外币会计报表进行折算的方法做一些说明。损益表中的项目通常是按该表所列时期的平均汇率（经过适当加权）折算；资产负债表中的项目则有四种折算方法可以使用，即流动/非流动法、货币/非货币法、现行汇率法和时态法四种。

1. 流动/非流动折算法。所有流动资产（现金、应收账款、存货等）和流动负债都照现行汇率折算（现行汇率也叫当前汇率或本期期终汇率，是指本年年末12月31日的汇率），其他的资产和负债则统一按历史汇率折算（历史汇率是指在资产和负债项目发生时第一次记在企业账上所采用的汇率）。此法的缺点主要是存货与现金和应收账款一样将因当地通货贬值而出现外汇损失，不甚合理。

2. 货币/非货币折算法。所有金融资产及一切负债（包括流动负债和长期负债）都按现行汇率折算，而物质资产或非货币资产则按历史汇率折算。如果所有物质资产均以历史成本表示，则此法比较正确；但如果物质资产已按当前市价重新估价，则此法将不能表示真实情况。

3. 现行汇率法。此法将所有资产和负债都按现行汇率折算。

4. 时态法。此法与货币/非货币折算法唯一不同的地方，在于对存货和投资项目的处理。对存货和投资都适用成本与市价孰低原则，如果存货和投资项目是按历史成本计量，则应按历史汇率折算，如果存货和投资项目是按当前市价计量，则应按现行汇率折算。当存货和投资项目按历史成本计量按历史汇率折算时，时态法与上述货币/非货币法完全相同。

上述四种折算方法的异同见表4-3。

表4-3　　四种折算方法的比较

资产负债表项目	流动与非流动法	货币与非货币法	时态法	现行汇率法
现金	C	C	C	C
应收款	C	C	C	C
存货				
按成本	C	H	H	C
按市价	C	H	C	C
投资				
按成本	H	H	H	C
按市价	H	H	C	C
固定资产	H	H	H	C
无形资产及其他资产	H	H	H	C
应付款	C	C	C	C
长期负债	H	C	C	C
实收资本	H	H	H	H
留存收益	*	*	*	*

说明：C为现行汇率，H为历史汇率，*轧算的平衡数字。

以上四种方法中，现行汇率法属于单一汇率法，其他三种方法均属于多种汇率法。

外币会计报表的折算主要涉及两大问题，一是采用何种汇率对外币会计报表项目进行折算，二是外币会计报表折算差额（损益）如何处理。《国际会计准则第21号》要求，境外企业外币报表的折算方法应根据境外经营的业务和财务特点来确定。该准则将境外经营分为以下两类：第一类为境外实体。由于汇率的变动不会直接影响母公司的现金流量，而会影响母公司在境外经营中的投资净额，该《准则》认为，折算后的报表应尽可能保留其境外报表所反映的财务成果和比例关系，因此应采取单一汇率法即现行汇率法进行折算，折算发生的差额不应计入损益，而应记作股东权益。第二类为母公司经营有机组成部分的经营单位，由于汇率变动会直接影响母公司经营的现金流量，相当于母公司从事该项经营所受的影响，应采用时态法对不同性质的项目分别按不同汇率进行折算，折算发生的差额一般计入当期损益。

以上四种方法中，现行汇率法是目前最流行的折算方法。我国财政部 1995 年 2 月颁布的《合并会计报表暂行规定》中规定我国企业对子公司外币会计报表折算采用现行汇率法。

二、折算风险的测量

折算风险是通过对境外企业外币会计报表折算的结果来测量的，下面用我国香港甲公司对其境外子公司会计报表的折算为例来说明折算风险测量方法。

【例 4－5】 设我国香港甲公司在 A 国设一子公司，该公司用 A 元记账。2008 年初，甲公司将该子公司 2007 年会计报表中的 A 元按适当汇率折算为港元。其有关汇率如下：

股份发行时日的汇率	1A 元＝4.20 港元
固定资产取得时的汇率	1A 元＝4.19 港元
2006 年 12 月 31 日的汇率	1A 元＝4.15 港元
2007 年 12 月 31 日的汇率	1A 元＝4.10 港元
2007 年平均汇率	1A 元＝4.13 港元
2006 年第 4 季度平均汇率	1A 元＝4.165 港元
2007 年第 4 季度平均汇率	1A 元＝4.12 港元
股利支付日的汇率	1A 元＝4.105 港元

本例为了对不同的折算方法加以比较，在折算表中列出现行汇率法和时态法两种折算方法。

资产负债表的折算见表 4－4。

表 4－4　　**2007 年资产负债表的折算表**　　金额单位：万元

项　目	金额（A 元）	按现行汇率法折算		按时态法（货币/非货币法）折算	
		汇　率	港　元	汇　率	港　元
现金	200	4.10	820	4.10	820
应收账款	400	4.10	1 640	4.10	1 640
存货（按成本、先进先出）	600	4.10	2 460	4.12	2 472
固定资产	4 000	4.10	16 400	4.19	16 760
资产合计	5 200		21 320		21 692
应付账款	600	4.10	2 460	4.10	2 460
长期负债	400	4.10	1 640	4.10	1 640
实收资本	3 000	4.20	12 600	4.20	12 600
留存收益	1 200	—	5 036①	—	4 992③
累计折算调整额	—	—	－416②	—	—
负债及股东权益合计	5 200	—	21 320	—	21 692

说明：①根据损益表折算表填列；②21 320－（2 460＋1 640＋12 600＋5 036）＝－416（万元）；③21 692－（2 460＋1 640＋12 600）＝4 992（万元）。

损益表的折算见表 4－5。

表 4－5 **2007 年损益表的折算表** 金额单位：万元

项目	金额（A 元）	按现行汇率法折算		按时态法折算	
		汇率	港元	汇率	港元
销货收入	10 000	4.13	41 300	4.13	41 300
销货成本	7 000	4.13	28 910		28 930②
折旧费	400	4.13	1 652	4.19	1 676
其他费用	600	4.13	2 478	4.13	2 478
折算损益	—	—	—		20⑦
税前利润	2 000	—	8 260		8 236⑥
所得税	600	4.13	2 478	4.13	2 478
税后利润	1 400	—	5 782		5 758⑤
留存收益(2006.12.31)	1 000	—	4 180①		4 160③
股利分配	1 200	4.105	4 926	4.105	4 926
留存收益(2007.12.31)	1 200	—	5 036		4 992④

注：①根据 2006 年损益表的折算表填列；②销货成本的计算：期初库存商品 = 400 × 4.165 = 1 666；本期购入商品 = 7 200 × 4.13 = 29 736；期末库存商品 = 600 × 4.12 = 2 472；本期销售商品 = 7 000 × 4.1329 = 28 930；1 666 + 29 736 － 2 472 = 28 930;28 930 ÷ 7 000 = 4.1329；③根据 2006 年损益表的折算表填列；④根据 2007 年资产负债表的折算表填列；⑤4 992 + 4 926 － 4 160 = 5 758；⑥5 758 + 2 478 = 8 236；⑦41 300 －（28 930 + 1 676 + 2 478）= 8 216；8 236 － 8 216 = 20。

上述两种折算方法由于所用汇率及折算损益处理方法有所不同，因而折算损益及留存收益就不一致。按现行汇率法折算的结果是损失 416 万港元，但不列作当期损益，而以累计折算调整额项目列于资产负债表中，做递延处理，年末留存收益为 5 036 万港元。按时态法折算的结果为利得 20 万港元，作为当期损益，列于损益表之内，年末留存收益为 4 992 万港元。流动/非流动法和货币/非货币的折算方法及折算损益处理方法与时态法基本相同，只是某些项目的折算使用的汇率有所不同。

表 4－4 中，累计折算调整额 －416 万港元并不是本期的折算损失，而是逐年折算损益的累计数。为了测定本期的折算损益，需编制表 4－6。

表 4－6 **用现行汇率法测定的本期折算损益** 金额单位：万元

项目	金额（A 元）	A 元贬值前		A 元贬值后		本期折算损益
		汇率	港元	汇率	港元	
现金	200	4.15	830	4.10	820	－10
应收账款	400	4.15	1 660	4.10	1 640	－20
存货（按成本）	600	4.15	2 490	4.10	2 460	－30
固定资产	4 000	4.15	16 600	4.10	16 400	－200
资产合计	5 200	—	21 580	—	21 320	－260
应付账款	600	4.15	2 490	4.10	2 460	－30
长期负债	400	4.15	1 660	4.10	1 640	－20
实收资本	3 000	4.20	12 600	4.20	12 600	0
留存收益	1 200	—	5 036	—	5 036	0
累计折算调整额			－206		－416	－210
负债及股东权益合计	5 200	—	21 580	—	21 320	－260

表 4－6 中，资产共减少 260 万港元（损失），负债共减少 50 万港元（－30＋（－20））（利得），相抵消后，本期损失为 210 万港元。

同样可用时态法（货币/非货币法）测定本期的折算损益，见表 4－7。

表 4－7　　用时态法（货币/非货币法）测定的本期折算损益　　金额单位：万元

项　目	金额（A 元）	A 元贬值前		A 元贬值后		本期折算损益
		汇　率	港　元	汇　率	港　元	
现金	200	4.15	830	4.10	820	－10
应收账款	400	4.15	1 660	4.10	1 640	－20
存货（按成本）	600	4.12	2 472	4.12	2 472	0
固定资产	4 000	4.19	16 760	4.19	16 760	0
资产合计	5 200	—	21 722	—	21 692	－30
应付账款	600	4.15	2 490	4.10	2 460	－30
长期负债	400	4.15	1 660	4.10	1 640	－20
实收资本	3 000	4.20	12 600	4.20	12 600	0
留存收益	1 200	—	4 972	—	4 992	＋20
负债及股东权益合计	5 200	—	21 722	—	21 692	－30

表 4－7 中，资产共减少 30 万港元（损失），负债共减少 50 万港元（（－30）＋（－20））（利得），相互抵消后，本期折算利得为 20 万港元。

在实践中，测定本期折算损益，不必像表 4－6 和表 4－7 那样按资产负债表每个项目一一计算和加减。只要将受险资产合计减去受险负债合计，求出受险资产或负债净额，乘汇率变动差异，就可求得本期折算损益额。受险资产或负债净额的计算见表 4－8。

表 4－8　　受险资产或负债净额的测定　　金额单位：万 A 元

项　目	资产负债数额	用现行汇率法测定的数额	用时态法、货币/非货币法测定的数额	用流动/非流动法测定的数额
现金	200	200	200	200
应收账款	400	400	400	400
存货（按成本）	600	60	—	600
固定资产	4 000	4 000	—	—
资产合计	5 200	—	—	—
受险资产		5 200	600	1 200
应付账款	600	600	600	600
长期负债	400	400	400	—
股东权益	4 200	—	—	—
负债及股东权益合计	5 200	—	—	—
受险负债		1 000	1 000	600
受险资产或负债净额		4 200	－400	600

本期折算损益的计算：

采用现行汇率法时：4 200×（4.10－4.15）＝－210（万港元）（损失）

采用时态法或货币/非货币法时：－400×（4.10－4.15）＝20（万港元）（利得）

采用流动/非流动法时：600×（4.10－4.15）＝－30（万港元）（损失）

小测试：

1. 资产负债表的折算有哪几种方法？它们有什么区别？
2. 采用现行汇率法怎样测量企业本期的折算损益？

第三节 经济风险测量

经济风险涉及面广，它不仅包括财务内容，而且还涉及市场营销、供应和生产等各个方面，因此，经济风险的测量与管理乃是整个公司经营管理的责任。

经济风险测量要运用经济分析方法，是企业从整体上进行预测、规划和分析的过程。经济风险预测不可避免地含有主观成分，因为要估计汇率变动对未来一段时期经济财务成果的影响。经济风险分析很大程度上取决于公司的预测能力，预测的准确程度将直接影响该公司在融资、销售与生产方面的战略决策。下面举例说明经济风险对现金流量的影响。

【例4－7】 我国甲公司生产的甲产品主要向A国出口，从A国进口部分原材料。该公司今年10月预测明年全年将会产生的利润和现金流量如表4－9所示。

表4－9　　甲公司损益及现金流量预测表

项　　目	金额（万元）
销售收入：内销40万件，单位售价100元	4 000
外销40万件，单位售价100元，折合10A元	4 000
合　计	8 000
销售成本　　800万件，单位成本75元	6 000
现金营业费用：固定费用	560
变动费用（销售收入的10%）	800
折旧	240
税前利润	400
所得税（25%）	100
税后利润	300
加回折旧	240
现金净流量	540

在次年年初，甲公司尚未开始营业活动之前，A元对人民币的汇率出人意料地发生较大的变动，由1A元＝10元人民币变为1A元＝8元人民币，A元贬值20%，人民币升值25%。汇率的这一变动对甲公司的利润和现金流量将产生何等影响，这要看汇率变动对产品销售、

售价和成本等指标的影响情况而定。

1. 对产品销售量的影响。甲公司生产的甲产品，单价 100 元人民币，汇率变动前折合为 10A 元（100 ÷ 10），汇率变动后折合为 12.50A 元（100 ÷ 8），如不降低价格，A 国进口商觉得甲产品价格比过去提高了，就有可能减少进口，因而甲公司出口销售量有可能减少。另一方面，由于 A 元贬值，人民币升值，我国有些企业从国外进口甲产品，单价 10A 元，A 元贬值前需支付人民币 100 元，贬值后只需支付 80 元，使有些企业不在国内购买甲产品，改为从国外进口，使国内对甲产品的需求减少，因而甲公司国内销售量也可能减少。甲公司的甲产品外销和内销数量都可能减少，并相应地减少产量，这将使甲公司的利润和现金净流量减少。

2. 对产品售价的影响。如果甲公司为了不减少出口销售量，就应适当降低产品售价，例如，降到 80 元人民币，仍相当 10A 元（80 ÷ 8），A 国进口商仍愿购买。产品售价降低，将使甲公司利润和现金将流量减少。

3. 对产品成本的影响。假设甲公司从 A 国进口原材料 40 万美元，A 元贬值前折合人民币 400 万元（40 × 10），贬值后折合人民币 320 万元，生产甲产品的原材料成本降低了。人民币升值后，中国国内的物价可能下降，使甲公司的采购支出减少。产品成本费用降低，将使甲公司的利润和现金净流量增加。

如果汇率变动是 A 元升值，人民币贬值，则会发生相反结果，可能使出口销售量增加，相应地增加产量，使产品售价适当提高，使成本升高。

例 4 – 7 中，A 元贬值和人民币升值，对甲公司销售量、售价和成本的影响，有多种可能，下面只从以下几种可能情况测定汇率变动导致销售量、售价、成本三者变化对利润和现金净流量的影响：

1. 销售量减少，价格和成本不变。如果用人民币表示的价格不变，仍为 100 元，折合为 12.50A 元（100 ÷ 8），预测销售量可能减少 16 万件（内销减少 2 万件，外销减少 14 万件）。在这种情况下，甲公司的损益和现金净流量见表 4 – 10 所示。

表 4 – 10　　甲公司损益和现金流量预测表

项　　目	金额（万元）
销售收入：内销 38 万件，单位售价 100 元	3 800
外销 26 万件，单位售价 100 元，折合 12.50A 元	2 600
合　计	6 400
销售成本　64 万件，单位成本 75 元	4 800
现金营业费用：固定费用	560
变动费用	640
折旧	240
税前利润	160
所得税（25%）	40
税后利润	120
加回折旧	240
现金净流量	360

由于出口销售量减少 16 万件，使甲公司的现金将流量减少 180 万元（360 - 540）。

2. 销售量不变，价格降低，成本不变。如果产品内销价格降为 98 元，外销价格降为 9.75A 元，折合人民币 78 元（9.75 × 8），有可能使销售量不减少，在这种情况下，甲公司损益和现金净流量见表 4 - 11 所示。

表 4 - 11 甲公司损益和现金流量预测表

项 目	金额（万元）
销售收入：内销 40 万件，单位售价 98 元	3 920
外销 40 万件，单位售价 78 元，折合 9.75A 元	3 120
合 计	7 040
销售成本 80 万件，单位成本 75 元	6 000
现金营业费用：固定费用	560
变动费用	704
折旧	240
税前利润	- 464
所得税（25%）	0
税后利润	- 464
加回折旧	240
现金净流量	- 224

由于出口产品价格降低，使甲公司的现金净流量减少 764 万元（ - 224 - 540）。

3. 销售量减少，价格和成本降低。销售量、价格、成本等因素可能都发生变化。例如，内销减少 1 万件，外销减少 2 万件，内销单价降为 99 元，外销单价降为 9.95A 元，折合人民币 79.60 元（9.95 × 8），单位成本降为 73 元，在这种情况下，甲公司的损益和现金净流量见表 4 - 12 所示。

表 4 - 12 甲公司损益和现金流量预测表

项 目	金额（万元）
销售收入：内销 39 万件，单位销价 99 元	3 861
外销 38 万件，单位销价 9.95A 元，折合人民币 79.60 元	3 024.8
合 计	6 885.8
销售成本 77 万件，单位成本 73 元	5 621
现金营业费用：固定费用	560
变动费用	688.58
折旧	240
税前利润	- 223.78
所得税（25%）	0
税后利润	- 223.78
加回折旧	240
现金净流量	16.22

由于销售量减少和销售单价降低，使利润和现金净流量减少，由于单位成本降低使利润和现金净流量增加，三个因素综合起来使甲公司的现金净流量减少 523.78 万元（16.22 -

540）。

上例甲公司只预测了今后第一年的损益及现金流量，一般还应预测第二年、第三年的损益及现金流量，并计算近三年现金流量的现值，以观察一定时期内公司经济风险的发展变化，据以采取适当的管理措施。

小测试：

人民币对美元升值对我国企业的利润和现金流量会发生什么影响？

案例4-1

一笔交易涉及两种外汇的汇率风险

我国华美公司从日本进口设备，以日元计价结算，货款 33 000 万日元，结算时华美公司用美元支付这笔货款。由于涉及两种外汇，这就存在着一种外汇（美元）与另一种外汇（日元）汇率变动的风险和人民币与外汇（美元）汇率变动的风险。成交时汇率为 1 美元 = 110 日元，1 美元 = 7.8 元人民币，这笔货款折合 300 万美元，折合人民币 2 340 万元。付款时汇率变为 1 美元 = 100 日元，1 美元 = 7.9 元人民币。付清这笔货款需支付 330 万美元，折合人民币 2 607 万元。汇率风险损失 30 万美元（330 - 300），267 万元人民币（2 607 - 2 340）。美元与日元汇率变动风险和美元与人民币汇率变动风险可用以下方法计算：

（1）成交时：33 000 ÷ 110 × 7.8 = 300 × 7.8 = 2 340（万元人民币）

（2）假设美元与日元汇率已变，美元与人民币汇率未变：33 000 ÷ 100 × 7.8 = 330 × 7.8 = 2 574（万元人民币）

（3）付款时：33 000 ÷ 100 × 7.9 = 330 × 7.9 = 2 607（万元人民币）

由于美元与日元汇率变动引起的风险损失：2 574 - 2 340 = 234（万元人民币）

由于人民币与美元汇率变动引起的风险损失：2 607 - 2 574 = 33（万元人民币）

合计：234 + 33 = 267（万元人民币）

案例4-2

日元升值使日本电视机生产企业发生经济风险损失

1985—1995 年期间，日元对美元不断升值，对日本电视机生产企业造成很大的不利影响。1985 年美元对日元汇率曾是 1 美元 = 240 日元，到 1995 年汇率变为 1 美元 = 100 日元。在日本生产一台彩色电视机的成本约 10 万日元，加上正常的利润（20%），在 1985 年可以按 500 美元（120 000 ÷ 240）售出，但到了 1995 年，日本企业如果想保本，价格不得不提高到 1 000 美元（100 000 ÷ 100）。这使日本电视机生产企业处于两难境地，即如果日本企业提高其产品的美元价格，以补偿日元升值造成的损失，由于其他美国同类产品价格并未像日本产品的价格上升得如此之高，美国人就会减少对日本彩色电视机的购买，于是以日元表示的收入减少。如果日本电视机生产企业将价格保持在500美元不变，从而保证其在美国的市场占有率，那么他们就不得不将电视机的日元价格降至约5万日元（500×100），每台电视机就亏损5万日元（收入5万日元减成本10万日元）。

（资料来源：［美］艾伦·C. 夏皮罗，《跨国公司财务管理》（第七版），中国人民大学出版社2005年版）

习　　题

1. 某公司9月1日出口一批商品，货款250万美元，将于12月1日收到货款。9月1日汇率1美元＝7.3元人民币，预测12月1日汇率变为1美元＝6.9元人民币。要求：计算该公司这笔交易可能发生的外汇风险损失。

2. A企业从德国进口设备，以欧元计价结算，货款8 500万欧元，A企业只有美元，用美元支付这笔货款。成交时1美元＝0.85欧元，1美元＝7.80元人民币。付款时1美元＝0.80欧元，1美元＝7.85元人民币。要求：计算美元与欧元汇率变动的风险损失和美元与人民币汇率变动的风险损失。

3. 甲公司从银行借入100万欧元，期限1年，年利息率7%，借款时1欧元＝9.55元人民币，还款时1欧元＝9.65元人民币。要求：计算这项借款的汇率风险损益。

4. 甲公司在美国设立子公司A，其有关资料见表4－13。

表4－13　**2007年子公司A受险资产和负债净额测定表**　金额单位：万美元

项　　目	金　额	用现行汇率法测定的数额	用时态法、货币/非货币法测定的数额	用流动/非流动法测定的数额
现金	1 000			
应收账款	5 000			
存货（按成本）	10 000			
固定资产	100 000			
资产合计	116 000			
受险资产				
应付账款	3 000			
长期负债	10 000			
股东权益	103 000			
负债及权益合计	116 000			
受险负债				
受险资产或负债净额				

2006年12月31日的汇率1美元＝7.85元人民币；2007年12月31日的汇率1美元＝7.50元人民币。要求：(1) 填写受险资产和负债净额测定表；(2) 计算折算损益数额。

相关网站：

财务会计准则委员会网站　www.rutgers.edu/Accounting/raw/fasb/

包括2 200多家公司的年度报告的链接网站　www.reportgallery.com

第五章 DIWUZHANG

外汇风险管理的策略和方法

学习目标

- □ 认识企业外汇风险管理的策略以及怎样选择适当的策略
- □ 重点掌握交易风险管理方法以及怎样选择适当的方法
- □ 了解折算风险管理方法
- □ 认识企业经济风险管理的对策和方法

第一节 外汇风险管理的策略

一、实践中的三种策略

外汇风险管理策略是企业根据自己的利益和具体情况在外汇风险管理方面所采取的对策与谋略。在实际工作中，企业外汇风险管理策略主要有以下几种：

1. 保守策略。是一种安全第一，不留下任何不利因素的策略。企业的跨国经营业务少，承受外汇风险的能力弱，管理者厌恶风险，往往采取保守策略，其管理目标是避免承担任何外汇风险损失，为此，对所有存在外汇风险损失的经营活动都采取管理措施或拒绝某些可能带来外汇风险损失的业务，这种做法可能需要支付较多的外汇风险管理费用，可能丧失一些较好的筹资和投资机会。

2. 冒险策略。又称随意策略，是一种消极的、听其自然的策略。对涉及外汇的各项经营业务不采取任何外汇风险管理措施，当汇率变动有利时坐享利益，汇率变动不利时宁可蒙受损失。在这种情况下，企业不会发生外汇风险管理费用。采取这种策略的企业，一般是涉及外汇经营业务较少或相对其他经营业务来讲不重要，管理者乐于冒风险，企业的承受能力强，而且预测计划期内汇率变动不大，认为汇率偶尔变动造成的损失是企业经营的正常成本，不影响企业的正常经营。采用现金结算或只按短期商业信用进行交易的进出口商可以较安全地采取这种态度。已充分实行经营多元化和财务多元化的大型跨国公司，由于风险已相当分散，企业的外汇风险损失可能被外汇风险收益抵消，在任何时间汇率变动造成的净损失较小，因而可采取这种策略。但是，在实际工作中，采取冒险策略的企业是比较少的。

3. 中间策略。是一种介于前两种极端策略之间的策略，是大多数企业采用的通行的外汇风险管理策略。如果企业涉及外汇的经营业务很多，在其全部经营中占有重要地位，并且涉外业务的现金流入涉及的外国货币与现金流出涉及的外国货币不密切相关，外汇风险损失不能被外汇风险收益抵消。最佳的政策应该按照成本效益原则，对企业涉及外汇的各项业务区别对待，分清主次，对某些受险程度大的主要经营业务采取外汇风险管理措施，对某些受险程度小的次要经营业务可不采取外汇风险管理措施。

二、外汇风险管理策略的选择

各企业应根据跨国经营规模大小、涉及外汇的经济活动数量多少、面临外汇风险大小、外汇风险管理费用多少、承受外汇风险能力强弱和管理者对外汇风险所持的态度等因素，选择采取适当的外汇风险管理策略。

企业不论采用何种策略，在进行外汇风险管理时，都必须遵循成本效益原则。企业涉及外汇的各项业务，汇率变动可能会使企业受损，也可能使企业受益，外汇风险管理目的主要在于防止外汇风险损失的发生。为了防止外汇风险损失，往往会发生相应的费用(成本)，主要包括外汇汇率预测、咨询费用；在经营决策时采取外汇风险管理措施付出的代价和为了防范外汇风险在金融市场进行各种外汇交易、外汇借款等方法时所付出的交易费用；借款利息等。外汇风险管理的效益指采取管理措施使外汇风险损失减少的数额。显然只有成本低于效益时，采取管理措施才是必要的。以下两种情况下可以不采取任何防范措施：(1)预测汇率变动时企业不会发生损失，还能给企业带来收益；(2)外汇风险管理的成本大于外汇风险管理的效益。

小测试：

企业外汇风险管理的策略一般有哪几种？怎样选择外汇风险管理策略？

第二节　交易风险管理

许多国际财务专家认为，对折算风险不必刻意管理，而对直接影响企业价值的交易风险和经济风险则必须加以控制。大部分公司中交易风险由财务主管监控，且交易风险对企业利益的影响是最直接的。

交易风险管理的方法可分为事先防范法和事后防范法两类。前者是指在经营决策时，在签订交易合同前就采取措施防范外汇风险，如选择有利的计价货币、适当调整商品价格、在合同中订立货币保值条款和汇率风险分摊条款等；后者是指已经用软货币签订了出口合同或用硬货币签订了进口合同，无法在合同条款上加以弥补，就只能通过外汇市场进行远期外汇交易、外汇期货交易和外汇期权交易，或通过国际货币市场、资本市场进行借款和投资等方法来防范外汇风险。

一、经营决策时防范外汇风险的方法

(一) 选择货币法

1. 企业的外汇收支，原则上应争取收汇用硬货币，付汇用软货币。在取得外汇借款时，

一般应争取借软货币。选择使用什么货币是一个比较复杂的问题，这是因为：(1) 各种货币的“软”或“硬”不是一成不变的，特别是在中、长期支付的活动中，汇率的预测更困难；(2) 货币的选择并不是凭一方的意愿来决定，而是需要交易双方共同协商才能达成协议；(3) 货币的选择性往往是与贸易条件和该货币利息率的高低紧密相连的。因此，选择哪种货币，要根据实际的交易情况及交易双方所处地位的强弱权衡利弊得失，作出适当决定。

2. 在商品进出口时，选择使用哪种货币，除了考虑货币软硬（汇率变化）以外，还要考虑商品贸易的具体情况。既要防止选用货币不当而受到汇率风险的损失，又要避免因为单纯考虑货币风险而影响商品出口和急需物资的进口。如果出口商品是畅销货，国际市场价格趋涨，用硬货币报价，即使不便宜一些，对方也容易接受。如果出口商品是滞销货，国际市场价格趋跌，用硬货币报价，就不易成交，为了打开销路，出口商也可以接受用软货币计价成交。对急需物资进口，如对方坚持用硬货币，而买方又急于成交，也可以接受用硬货币计价结算。

3. 在取得外汇借款时，选择货币除了考虑货币软硬以外，还应考虑利息率高低。一般来说，借硬货币利息率较低，借软货币利息率较高，有时两者相差很大，需进行预测、计算、比较，然后加以选择。关于国际信贷的货币选择将在第六章第三节详细阐述。

4. 选择货币还可采用以下几种具体方法：(1) 多种货币法。由于只用一种货币很难准确判断其汇率变动情况，不利于避免或降低风险。因而企业出口收汇或进口付汇使用多种货币计价结算，即使有的货币贬值，有的货币升值，汇率风险也可适当抵消。企业借入多种货币，汇率有升有降，利率有高有低，也可以分散风险。(2) 软硬货币组合法。为了使交易双方分担汇率风险，还可以采取软硬货币各半的方法，硬货币币值上升，软货币币值下降，相互抵消，以减少汇率变动风险。(3) 进出口平衡法。它是在一笔交易发生后，再进行一笔同币种、同金额、收付日期也相同，但资金流向相反的交易，使两笔交易所面临的汇率风险相互抵消。(4) 借汇、用（付）汇和收汇同种货币法。例如，用借入的美元支付进口的美元货款，用出口的美元收入偿还美元借款，避免了货币兑换，有利于避免或减少外汇风险。

5. 商品进出口如果采用本国货币计价，则不论汇率如何变动，也没有外汇风险。交易双方的实力对于决定合同货币影响很大，此外还有按照国际惯例决定计价货币的情况。如果某国的货币可以与其他货币自由兑换，则该国的货币成为计价货币的机会就较多。

（二）货币保值法

货币保值法是在交易谈判时，经过双方协商，在合同中订立适当的保值条款，以防止汇率多变的风险。国际收付中，常用的保值方法有以下几种：

1. 硬货币保值法。它是指在交易合同中规定，货款用某种软货币结算，用某种硬货币保值，合同中载明两种货币当时的汇率。收付货款时，如果结算货币贬值超过合同规定幅度，则按结算货币与保值货币的新汇率将货款加以调整。例如，甲企业对A国出口一批商品，合同规定货款用A元结算，用美元保值（当时美元与A元相比，美元较硬）如A元兑美元贬值达3%时，就按照A元对美元的汇率变化幅度，相应调整A元价格，A元贬值不到3%时，价格不变。假设某出口商品合同单价21A元，用美元保值折合为3美元（当时汇率为1美元=7A元）。到收款时，汇率变为1美元=7.4A元，由于汇率变动超过3%，故单价应改为22.20A元（3美元×7.4）。仍相当于3美元，使甲企业避免了汇率风险损失。

2. “一篮子”货币保值法。“一篮子”由多种货币组成，由于各种货币的汇率有升有降，其综合汇率相对稳定，因此，用“一篮子”货币保值，可有效地避免或减少风险，把汇率风险限制在一定的幅度内。用“一篮子”货币保值的做法与上述硬货币保值法相同。

3. 黄金保值法。它是指在订立合同时，按当时的黄金市场价格将支付货币的金额折合为若干盎司的黄金，到实际支付日，如黄金市场价格上涨，则支付货币的金额相应增加，反之则相应减少。

（三）调整价格法

前已指出，商品出口一般应坚持出口收硬货币、进口付软货币的原则，但有时由于某些原因使出口不得不用软货币成交，进口不得不用硬货币成交。这样就存在外汇风险，为了弥补风险，可采取调整价格法，有加价保值和压价保值两种。

1. 加价保值法。此法用于出口交易中，它是出口商接受软货币计价成交时，将汇价损失加入出口商品价格中，转嫁汇价风险。加价保值可按下列公式计算：

加价后的商品单价 = 原单价 × 即期汇率 ×（1 + 货币升值率）

或 = 原单价 × 远期汇率

【例 5-1】 我国某企业的一种商品对法国出口，估计 3 个月后可收回货款。这种商品原来以美元标价，每台 2 000 美元。在订合同时，即期汇率为 1 美元 = 0.90 欧元，按此汇率，2 000 美元折合 1 800 欧元。3 个月远期汇率为 1 美元 = 0.945 欧元。预计在这一期间美元升值率为 5%，即欧元贬值率为 4.76%，法国进口商要求用欧元报价。在这种情况下，如果我方按每台 1 800 欧元对外报价，则将遭受欧元贬值的损失。3 个月后收回的 1 800 欧元只能兑换 1 904.76 美元（1 800 ÷ 0.945），损失 95.24 美元。因此，我国企业的该种商品以美元为底价，以具有下浮趋势的欧元报价时应适当加价。

加价后商品单价 = 2 000 × 0.90 ×（1 + 5%）= 1 890（欧元）

或 = 2 000 × 0.945 = 1 890（欧元）

3 个月后 1 890 欧元可兑换 2 000 美元（1 890 ÷ 0.945），则我国企业不会遭受外汇风险损失。

2. 压价保值法。此法用于商品进口交易中，它是进口商接受硬货币计价成交时，将汇价损失从进口商品价格中剔除，以转嫁汇价风险。压价保值可按下列公式计算：

压价后的商品单价 = 原单价 × 即期汇率 ×（1 - 货币贬值率）

或 = 原单价 × 远期汇率

（四）风险分摊法

当使用某一种货币计价成交时，可在合同内加列风险分摊条款，注明如计价货币汇率发生变动，即以汇率变动幅度的一半，重新调整货价，由双方分摊汇率变动带来的损失或利益。其计算公式为：

调整后的货价 = 原定货价 ±（原定货价 × 汇率变动幅度）÷ 2

【例 5-2】 我国甲企业向 A 国 A 公司购买商品，用 A 元计价，货价为 2 万 A 元，签订合同时的汇率为 1A 元 = 8.00 元人民币，货价折合人民币 16 万元。预测 A 元将升值，结算时汇率变为 1A 元 = 8.40 元人民币。货价折合人民币 168 000 元。如不订风险分摊条款，甲企业将发生汇率风险损失 8 000 元。加列风险分摊条款的计算结果为：

A 元升值幅度 =（8.40 - 8.00）÷ 8.00 × 100% = 5%

调整后的货价 = 20 000 -（20 000 × 5%）÷ 2 = 19 500（A 元）

19 500A 元折合人民币 163 800 元（19 500 × 8.40），比 168 000 元节省了 4 200 元。

上述计算方法，从表面上看好像是双方均摊了损失，但由于A公司是用A元直接计算损失，不需要折算为人民币，而甲企业是折成人民币计算损失，实际上损失分摊不够均等。各方的损失是：

A公司损失：（19 500 - 20 000）÷20 000×100% = -2.5%

甲企业损失：（160 000 - 163 800）÷160 000×100% = -2.375%

由于上述计算方法A公司损失较多，A公司不同意，可改按下列公式计算：

$$调整后的A元货价=\frac{签订合同时的A元货价折合人民币数\times 2}{签订合同时A元与人民币汇率+结算时A元与人民币汇率}$$

将前例的第一种情况代入公式：

调整后的货价：160 000×2÷（8.00 + 8.40）= 19 512.22（A元）

A公司损失：（19 512.22 - 20 000）÷20 000×100% = -2.439%

甲企业损失：（19 512.22×8.4 - 160 000）÷160 000×100% = -2.439%

按以上方法计算，双方均摊了损失。

如果预测A元将贬值，则甲企业将获得汇率风险收益，可按上述方法在甲企业和A公司之间进行分摊。

汇率风险分摊还有其他一些比较简便的方法，例如，我国某公司与外国公司协商确定：如果人民币升值不超过2%，汇率风险损失仍由出口商承担；超过3%的，2%由出口商承担，1%由进口商承担；超过4%的，由双方各承担50%。

（五）提前或推迟结算法

提前或推迟结算法是根据预测汇率变动情况，通过合理确定收付款时间或改变原定的收付款时间来避免或降低汇率风险损失。

1. 企业进行进出口贸易在签订交易合同时，应合理确定外汇应收应付款时间。在预测外币趋于贬值、本币升值的情况下，对于出口商来说，应选择采用预收货款、即期或近期结汇的方法，尽可能早日收回外汇应收款，可折合为较多的本币，以避免外币贬值的损失。对于进口商来说，应实行远期结汇，适当推迟支付外汇应付款的日期，可折合为较少的本币，以享受本币升值的好处。

2. 对于现已存在的外汇应收应付款，应设法改变合同原定的收付款时间。这时，提前结算是指应收账款在到期日之前收回，应付账款在到期日之前支付；推迟结算是指应收账款在到期日过后才收回，应付账款在到期日过后才支付。例如，我国甲公司有一笔A元应收款，其到期日是6月30日，预测A元将于4月份贬值，为了避免汇率风险损失，决定提前于3月份收回。如果预测A元将于8月份升值，则应推迟到8月份收回，可获得汇率风险收益。又例如，甲公司有一笔B元应付款，其到期日是8月1日，预测B元将于7月初升值，为了避免汇率风险损失，决定提前于6月份支付。如果预测B元将于9月份贬值，则应推迟到9月份支付，可获得汇率风险收益。

提前或推迟结算有以下两种类型：（1）跨国企业内部母子公司相互之间提前或推迟结算；（2）各独立企业之间提前或推迟结算。

在各独立公司之间，采用提前或推迟结算的方法比较困难，需采取一些措施。例如，美国A公司想提前收取在日本H公司以日元结算的货款，因为日元对美元可能贬值。但日本H公司可能不愿意提早付款，因为信用的融通是日本H公司向美国公司购货的主要原因。

为了使日本 H 公司愿意提前支付，美国 A 公司就要提供一定的优惠折扣。各独立企业之间为保值目的而提前或推迟结算，都是有偿的，其应用范围有限。

二、通过各种外汇交易防范外汇风险的方法

（一）远期外汇交易法

企业在进行远期外汇交易时，须与银行签订合约，合约中规定买入卖出货币名称、金额、远期汇率、交割日期等。由于在签订合约时就确定了未来的交割日买入或卖出外汇的汇率，因而可及早确定企业本币收支数额，排除日后汇率变动的风险。

1. 企业在进口商品时，当合同签妥后，如以硬货币计价，可通过远期外汇交易按远期汇率购买硬货币，以避免硬货币币值上升的风险。

【例 5－3】 我国甲企业 9 月 1 日从 A 国 A 公司购买设备，用 A 元计价，货款 1 000 万 A 元，付款期 90 天。9 月 1 日的即期汇率 1A 元＝7.95 元人民币，远期汇率（11 月 30 日）为 1A 元＝8.05 元人民币，甲企业预测 11 月 30 日的即期汇率为 1A 元＝8.08 元人币。根据预测，9 月 1 日甲企业与银行签订远期外汇交易合约，约定于 11 月 30 日支付人民币 8 050 万元换取 1 000 万元 A 元，以支付到期货款。甲企业这一笔进口货款应付人民币数额在 9 月 1 日（签订远期外汇交易合约时）就已固定，不受今后汇率变动（11 月 30 日实际即期汇率高低）的影响，从这一点来看，是避免了汇率风险。但远期外汇交易本身是存在风险的，如果甲企业的预测是正确的，11 月 30 日的即期汇率是 1A 元＝8.08 元人民币，如不进行远期外汇交易，兑换 1 000 万 A 元就必须支付人民币 8 080 万元，这就说，这一远期外汇交易使甲企业少支付了 30 万元人民币。但是，甲企业的预测也可能不准确，如果 11 月 30 日的即期汇率为 1A 元＝8.03 元人民币，如不进行远期外汇交易，到 11 月 30 日只需支付人民币 8 030 万元，就可以兑换 1 000 万元 A 元。进行远期外汇交易支付了 8 050 万元人民币，反而多支付了 20 万元人民币。可见，企业能否避免损失和获得利益，关键在于汇率预测是否正确。

为了决定是否买入远期外汇（A 元），可通过表 5－1 进行可行性分析。

表 5－1　　买入远期外汇（A 元）的可行性分析　　单位：万元

11 月 30 日 A 元可能的即期汇率	概率（%）	不买远期外汇，按即期汇率买入 1 000 万 A 元应付人民币数额	按远期汇率买入 1 000 万 A 元应付人民币数额	损益（负为损正为益）
		（1）	（2）	（3）＝（1）－（2）
7.95	5	7 950	8 050	－100
8.01	10	8 010	8 050	－40
8.03	15	8 030	8 050	－20
8.05	25	8 050	8 050	0
8.08	20	8 080	8 050	＋30
8.11	15	8 110	8 050	＋60
8.12	10	8 120	8 050	＋70
—	—	—	—	—

从表 5-1 可看出，买入远期外汇（A 元）发生损失的可能性为 30%，获得利益的可能性为 45%，不盈不亏的可能是为 25%。根据表内资料可计算损益的期望值为：

$$\begin{aligned}损益的期望值 &= (-100) \times 5\% + (-40) \times 10\% + (-20) \times 15\% + 0 \times 25\% + 30 \\ &\times 20\% + 60 \times 15\% + 70 \times 10\% \\ &= 10\end{aligned}$$

根据以上分析，可以认为上例买入远期外汇（A 元）是可行的。

2. 企业在出口商品时，如果合同规定以软货币计价，则可通过远期外汇交易按远期汇率卖出软货币，避免软货币币值下降的风险。例如，我国甲企业 6 月 1 日向 A 国出口商品，应收货款 1 000 万 A 元，11 月 30 日到期，6 月 1 日即期汇率 1A 元 = 7.95 元人民币，远期汇率（180 天）1A 元 = 7.93 元人民币，甲企业预测 11 月 30 日即期汇率 1A 元 = 7.90 元人民币。甲企业与银行签订远期外汇合约，将 1 000 万 A 元的应收款转换为确定的人民币金额。6 月 1 日就确定了这笔外汇收入折合人民币 7 930 万元，不再受汇率变动的影响。如甲企业预测 11 月 30 日即期汇率也可能不正确，11 月 30 日的即期汇率可能高于或低于远期汇率 7.93 元人民币，因而发生损益，也应进行卖出远期外汇（A 元）的可行性分析。

3. 由于外汇市场不断发展，现在一些国家的大银行已提供长期的远期外汇合约，公司取得中长期借款时，如果利用长期远期外汇合约，买进支付利息和偿还本金所需要的外汇，就可以固定以本币计算的融资成本，避免借款的外汇风险。

（二）外汇期货交易法

1. 外汇期货交易概述。世界上最早的外汇期货市场是 1972 年开始附设于美国芝加哥商品交易所中的国际货币市场（IMM）。目前世界各主要金融中心都已建立外汇期货市场，例如，伦敦国际金融期货交易所（LIFFE）、法兰克福的 Dentsche Termin Borse（DTB）、巴黎的 MATIF、新加坡国际货币交易所（SIMEX）、香港期货交易所（HKFE）和东京的国际金融期货交易所等。

外汇期货交易是在期货交易所内交易双方通过公开竞价达成在规定的将来日期、地点、价格、买进或卖出规定数量外汇的合约交易。期货合约是在未来特定的日期交割货币的标准合约。各种货币每个期货合约的标准金额是不同的，例如，英镑期货每个合约的标准金额为 62 500 英镑，欧元期货每个合约的标准金额为 12.5 万欧元，外汇期货交易的数量用合约个数来表示，最少是一个合约，最多可达几百个合约，合约价格都用一个外币等于多少美元来表示。合约的到期日一年中只有 3 月份、6 月份、9 月份和 12 月份的第三个星期三，目前最远的可作 15 个月的期货合约。目前国际上外汇期货交易通常涉及的货币有美元、英镑、欧元、日元、瑞士法郎、加拿大元和澳大利亚元等。期货市场包括两部分：一是交易所，二是清算所。凡是想做外汇期货交易的合格成员都要到交易所进行，一旦成交，买卖双方就立即向清算所登记成交的合约，并按规定交纳保证金，作为结算盈亏的存底。到期由清算所负责交割，买卖双方都不用担心对方信誉。清算所作为买方和卖方的中介者，这意味着所有的交易是由清算所做的，而不是由买卖双方直接交易。

外汇期货的价格经常在变动，某企业买进外汇期货，表示它预计未来外汇期货的价格将上升；反之，如卖出外汇期货，则表示它预计外汇期货的价格将下跌。外汇期货随时可以买进或卖出，因此，它不必等到合约到期日结算，而是在每天交易所营业终了时就能结算出盈亏额。很少的外汇期货合约在到期日实际交割，更多的期货合约采取对冲平仓方法，买进后再卖出同样的期货合约可以相互换冲抵，只需结算其差价。

外汇期货交易与远期外汇交易的区别是：（1）外汇期货合约是在期货交易所内买卖成交，需交保证金，而远期外汇交易一般是通过银行进行的，不需交保证金；（2）期货合约的金额是标准化的，而远期合约的金额是随意的；（3）期货合约只是几个固定的到期日，而远期合约无固定到期日的规定；（4）外汇期货交易可经常结算盈亏，而远期外汇交易是在合约到期日结算；（5）外汇期货交易可以采取对冲平仓方法进行差价结算，而远期外汇交易到了交割日必须按合约金额进行全额实际交割；（6）远期外汇交易合约比较适用于大额交易，而外汇期货交易合约更适合规避较小金额交易的风险；（7）远期外汇交易只交手续费，而外汇期货交易费用较多。

2. 利用外汇期货交易防范风险。有以下两种情况：

（1）外汇期货合约在到期日实际交割的情况下，其实际做法和作用与远期外汇交易基本相同。

（2）企业可将现货市场交易与期货市场交易结合起来进行，用外汇期货交易的利得来弥补外汇现货交易的损失。

【例 5－4】 我国某公司在美国的子公司 A 于 6 月 1 日从英国进口设备，货款 130 万英镑，当时即期汇率 1 英镑＝1.2600 美元，该公司担心 9 月 1 日支付货款时英镑会升值，因而必须用更多的美元来即期买进所需的英镑。为抵补这一外汇风险，决定在 6 月 1 日购买英镑期货合约，英镑期货合约的标准金额为 62 500 英镑，应购买的英镑期货合约份数为1 300 000 ÷62 500＝20.8 份，实际购买 20 份，价格 1 英镑＝1.2755 美元。9 月 1 日卖出英镑期货合约。抵补结果见表 5－2。

表 5－2　　外汇现货与期货市场比较情况表

外汇现货市场	外汇期货市场
6月 1 日，A 公司从英国进口设备，货款 130 万英镑，成交时汇率为 1 英镑＝1.2600 美元，折合 163.8 万美元。 9 月 1 日，即期汇率 1 英镑＝1.2914 美元，A 公司须支付 1 678 820 美元，以购进所需的英镑。 损失：1 678 820－1 638 000＝40 820（美元）	6 月 1 日购买 20 份 9 月份到期的英镑期货合约，价格为 1 英镑＝1.2755 美元，需付 1 594 375 美元（20×62 500×1.2755）。 9 月 1 日卖出 20 份 9 月份到期的英镑期货合约，价格为 1 英镑＝1.2995 美元，可收入 1 624 375 美元（20×62 500×1.2995），缴纳期货交易佣金 310 美元。 收益：1 624 375－1 594 375－310＝29 690（美元）

$$抵补效率=\frac{29\ 690}{40\ 820}\times 100\%=72.73\%$$

现货市场的损失没有全部被期货市场的收益所抵补，相差 11 130 美元，其原因是：

（1）货款金额大于期货合约金额，未抵补金额为：1 300 000－62 500×20＝50 000 美元，造成的损失为：50 000×（1.2914－1.2600）＝1 570 美元。

（2）支付外汇期货交易佣金 310 美元。

（3）期货市场与现货市场的汇率变动幅度不一致。

6 月 1 日期货汇率与现货汇率相差：1.2755－1.2600＝0.0155

9 月 1 日期货汇率与现货汇率相差：1.2995－1.2914＝0.0081

由此造成的损失为：20×62 500×（0.0155－0.0081）＝9 250（美元）

上述三个原因造成的损失合计为：1 570 + 310 + 9 250 = 11 130（美元）

（三）外汇期权交易法

1. 外汇期权交易概述。外汇期权交易也是一种远期的外汇交易，它与前述一般的远期外汇交易和外汇期货交易的不同之处，主要是外汇交易中包括期权的买卖。期权买方买到期权后，在合约到期时（或到期前）可选择是否执行期权合约拥有选择权。可以在对自己有利时，选择执行期权合约买入或卖出外汇。相反，在对自己不利时，可以选择不执行期权合约而到即期外汇市场按即期汇率买入或卖出外汇。期权买方获得这种权利必须付出相应的代价，即要对期权卖方支付期权费。期权卖方收取期权费后应尽的义务是：当期权买方购买外汇时，期权卖方必须出售外汇，当期权买方出售外汇时，期权卖方必须买入外汇。不管期权买方是否执行期权合约，都不退还期权费。

外汇期权分为看涨期权和看跌期权。前者是买外汇的权利，后者是卖外汇的权利。按行使期权合约的时间不同，期权又可分为欧式期权和美式期权。前者是指期权买方只能在合约到期日决定是否执行期权合约，后者是指期权买方可以在合约到期日之前任何时间决定是否执行期权合约。

外汇期权交易市场可分为有组织的交易所市场和场外交易市场（over - the - counter market）。外汇期权交易于1982年前后起源于欧美金融市场。当时，阿姆斯特丹、蒙特利尔和费城交易所最早进行外汇期权交易。目前美国的费城股票交易所的联合货币期权市场和芝加哥期权交易所是当今具有代表性的全球外汇期权交易市场。由于外汇期权交易有很强的保值作用，现已广泛应用于世界各主要外汇市场。交易所的期权交易合约的协定价格预先设定，有固定的到期期限（3个月、6个月、9个月、12个月和2个月短期），每个合约有标准金额，例如，英镑为31 250，欧元为62 500，日元为6 250 000等。场外期权交易市场由商业银行和投资银行提供。交易的合约由交易双方协商确定，协商的内容包括币种、金额、价格和到期日等，期限一般为2～6个月，极少有超过一年的期权合约。现在，费城股票交易所也为客户提供订做的货币期权，允许使用者决定期权各个方面的内容，包括协定价格、到期日（可以长达2年以上）和期权费以单位货币或基础价值百分比报价等。

外汇期权交易与远期外汇交易相比，具有一定的灵活性，到期是否执行合约可以选择，能使企业避免汇率不利变动的损失，又能从汇率有利变动中获得好处，但支付的费用较多。而远期外汇交易合约签订后，到期企业必须执行。

2. 运用外汇期权交易法防范外汇应收、应付款的汇率风险。

（1）在竞标时运用外汇期权交易法防范外汇应收款的汇率风险。前述远期外汇交易法适用于防范已知（确定的）外汇应收或应付款的汇率风险，而外汇期权交易法则适用于防范未来可能发生的（不确定的）外汇应收或应付款的汇率风险。例如，甲公司出口一种大型设备，1月1日参与竞标，而最后宣布竞标结果要到4月1日。如果中标，才能确定这一出口交易正式成交，形成将于12月31日到期的应收款100万欧元。但如果未中标，就不会发生这笔外汇应收款。这就是说，在1月1日至3月31日期间，甲公司无法知道是否会发生这笔外汇应收款。在存在这种不确定性的情况下，就不宜采用远期外汇交易法来防范汇率风险。如果甲公司在1月1日进行远期外汇交易，卖出100万欧元，到期日12月31日，远期汇率1欧元 = 1.23美元，到期可收到123万美元。但到了4月1日，甲公司没有中标，到12月31日要进行实际交割，为了准备到期交割时需要的100万欧元，甲公司于4月1日进行远期外汇交易，买进100万欧元，到期日12月31日，远期汇率1欧元=1.28美元，到期须付出128万美元，结果损失5万美元。上述在竞标日出口交易外汇应收款不确定的情况下，进行外汇期权（看跌期权）交易，是防范外汇应收款汇率风险最佳方法。

【例5-5】 甲公司1月1日进行外汇期权交易，将100万欧元卖出，协定汇率1欧元=1.23美元，期权费率每1欧元0.02美元，到期日12月31日。如果4月1日甲公司未中标，可不执行期权合约，它的损失最多不过是已在1月1日支付的期权费（100万欧元×0.02美元=2万美元）。如果甲公司中标了，其有关数据详见表5-3。

表5-3 通过外汇期权交易卖出100万欧元应收美元总额

预测应收账款（100万欧元）到期日的即期汇率的几种可能	期权协定价格（汇率）	执行汇率	期权费率	每欧元应收美元数	卖出100万欧元应收美元总额（万元）
(1)	(2)	(3)	(4)	(5) = (3) - (4)	(6) =100万欧元×(5)
⋮	⋮	⋮	⋮	⋮	
1欧元=1.21美元	1.23	1.23	0.02	1.21	121
1.22	1.23	1.23	0.02	1.21	121
1.23	1.23	1.23	0.02	1.21	121
1.24	1.23	1.24	0.02	1.22	122
1.25	1.23	1.25	0.02	1.23	123
1.26	1.23	1.26	0.02	1.24	124
⋮	⋮	⋮	⋮	⋮	⋮

表5-3中，当应收账款在到期日的即期汇率低于协定价格（汇率）时，按协定价格执行，当即期汇率高于协定价格时，按即期汇率执行，总之是就高不就低。

甲公司执行期权合约，卖出100万欧元，应收美元总额121万美元，即100万欧元×(1.23-0.02)。

如果应收账款到期日的即期汇率为1欧元=1.24美元，1欧元=1.25美元，1欧元=1.26美元……高于协定价格（汇率），甲公司应选择不执行期权协定价格，到即期外汇市场按即期汇率卖出欧元，可得122、123、124万美元或更多。

如果应收账款到期日的即期汇率为1欧元=1.22美元或1欧元=1.21美元……低于协定价格（汇率），甲公司如果不执行期权协定价格，到即期外汇市场按即期汇率卖出欧元，只能收入120万美元［即100万欧元×(1.22-0.02)］或119万美元或更少。因此，甲公司应选择执行期权协定价格，可得收入121万美元。

为了具体说明外汇期权交易在防范应收账款外汇风险方面的作用，可将进行和不进行外汇期权交易进行比较（表5-4）。

从表5-4可以看出，不进行外汇期权交易，卖出100万欧元应收美元总额最少是118万元或更少，最多是125万元或更多，两头都不肯定，风险较大。而进行外汇期权交易，卖出100万欧元，应收美元总额，最少是121万元，最多是123万元或更多，因而风险较小。

表 5-4　　进行与不进行外汇期权交易的比较

应收账款（100 万欧元）到期日的即期汇率	卖出 100 万欧元应收美元总额（万元）		损　益
	不进行外汇期权交易	进行外汇期权交易	
	(1)	(2)	(3) = (2) - (1)
⋮	⋮	⋮	⋮
1 欧元 = 1.18 美元	118	121	+3
1.19	119	121	+2
1.20	120	121	+1
1.21	121	121	0
1.22	122	121	-1
1.23	123	121	-2
1.24	124	122	-2
1.25	125	123	-2
⋮	⋮	⋮	⋮

设上例的盈亏平衡汇率为 X，根据例中的数据列出下式：100 万欧元 × （1.23 - 0.02）= 100 万欧元 × X，可求得：X = 1.21，即应收账款到期日的即期汇率为 1 欧元 = 1.21 美元时，进行外汇期权交易与不进行外汇期权交易的应收美元总额相等，从表 5-4 中可以看到损益为 0；当即期汇率低于 1.21 时，进行外汇期权交易产生收益，高于 1.21 时，则发生损失。

（2）在竞标时运用外汇期权交易法防范外汇应付款汇率风险。

【例 5-6】 当甲公司拟收购一家英国公司，1 月 1 日参加竞标，4 月 1 日宣布竞标结果，如果中标，这项交易正式成交，发生外汇应付款 100 万英镑；如果未中标，就不会发生这笔应付款，在竞标时这项交易和外汇应付款不确定的情况下，甲公司应在 1 月 1 日进行外汇期权交易防范外汇应付款的汇率风险。买入 100 万英镑，协定价格 1 英镑 = 1.58 美元，期权费率每英镑 0.03 美元，到期日 12 月 31 日。如果 4 月 1 日甲公司未中标，它的损失最多不过是已在 1 月 1 日支付的期权费（100 万英镑 × 0.03 美元 = 3 万美元）。如果甲公司中标了，其有关数据详见表 5-5。

表 5-5 中，当应付账款到期日的即期汇率低于协定价格（汇率）时，按即期汇率执行，当即期汇率高于协定价格（汇率）时，应按协定价格（汇率）执行，总之是就低不就高。

甲公司执行期权合约，购买 100 万英镑，应付美元总额为 161 万美元，即 100 万英镑 × （1.58 + 0.03）。

如果应付账款到期日的即期汇率为 1 英镑 = 1.57 美元，或 1 英镑 = 1.56 美元……低于协定价格（汇率），甲公司支付 160 万美元［即 100 万英镑 × （1.57 + 0.03）］，或 159 万美元或更少。

如果应付账款到期日的即期汇率为 1 英镑 = 1.59 美元或 1 英镑 = 1.60 美元……高于协定价格（汇率），甲公司如果不执行期权协定价格而到即期外汇市场按即期汇率购买英镑需支付 162 万美元［即 100 万英镑 × （1.59 + 0.03）］或 163、164、165 万美元或更多。因此，甲公司应选择执行期权协定价格购买英镑，只需支付 161 万美元。

表 5-5　　通过外汇期权交易购买 100 万英镑应付美元总额

预测应付账款（100 万英镑）到期日的即期汇率的多种可能	期权协定价格（汇率）	执行汇率	期权费率	每英镑应付美元数	买入 100 万英镑应付美元总额（万元）
(1)	(2)	(3)	(4)	(5) = (3) + (4)	(6) = 100 万英镑 × (5)
⋮	⋮	⋮	⋮	⋮	⋮
1 英镑 = 1.56 美元	1.58	1.56	0.03	1.59	159
1.57	1.58	1.57	0.03	1.60	160
1.58	1.58	1.58	0.03	1.61	161
1.59	1.58	1.58	0.03	1.61	161
1.60	1.58	1.58	0.03	1.61	161
1.61	1.58	1.58	0.03	1.61	161
1.62	1.58	1.58	0.03	1.61	161
⋮	⋮	⋮	⋮	⋮	⋮

为了具体说明外汇期权交易在防范应付账款外汇风险方面的作用，可将进行不进行外汇期权交易进行比较（表 5-6）。

表 5-6　　进行与不进行外汇期权交易的比较

应付账款（100 万英镑）到期日的即期汇率	买入 100 万英镑应付美元总额（万元）		损益（正为益负为损）
	不进行外汇期权交易	进行外汇期权交易	
	(1)	(2)	(3) = (1) - (2)
⋮	⋮	⋮	⋮
1 英镑 = 1.56 美元	156	159	-3
1.57	157	160	-3
1.58	158	161	-3
1.59	159	161	-2
1.60	160	161	-1
1.61	161	161	0
1.62	162	161	+1
1.63	163	161	+2
⋮	⋮	⋮	⋮

从表 5-6 可看出，不进行外汇期权交易，购买 100 万英镑应付美元总额最少数可能是 156 万美元或更少，最多数可能是 163 万美元或更多，两头都不肯定，风险较大。而进行外汇期权交易，购买 100 万英镑应付美元总额，最少数可能是 159 万美元或更少，但最多数肯定不超过 161 万美元，因而风险较小。

设上例的盈亏平衡汇率为 X，根据例中的数据列出下式：100 万英镑 ×（1.58 + 0.03）= 100 万英镑 × X，可求得：X = 100 ×（1.58 + 0.03）÷ 100 = 1.61 美元，即应付账款到期日的即期汇率为 1 英镑 = 1.61 美元时，进行外汇期权交易与不进行外汇期权交易的应付美元总额相等，从表 5-6 中可以看出，损益为 0；当即期汇率高于 1.61 时，进行外汇期权交易产生利益；低于 1.61 时，则发生损失。

（3）在外汇应收、应付款已确定，但难以预测该种外汇是升值还是贬值时，运用外汇期权交易法防范应收款或应付款的汇率风险。

【例 5-7】 甲公司 1 月 20 日进口设备，应付 100 万美元，6 月 20 日付款，现在公司无美元，只有日元。目前即期汇率 1 美元 = 100 日元，预测美元将升值，变为 1 美元 = 110 日元或更多。公司决定现在就购买 100 万美元，支付 1 亿日元。但应付款到期时，美元不但未升值，反而贬值，变为 1 美元 = 90 日元，此时购买美元 100 万只需支付 9 000 万日元，由于汇率预测不正确，发生损失 1 000 万日元。当对汇率变化趋势预测无把握时，应采用外汇期权交易法来防范汇率风险。其具体做法与上述竞标时相同。

假设甲公司 1 月 20 日进行外汇期权交易，买入 100 万美元，协定价格 1 美元 = 105 日元，期权费率 1 美元为 2 日元。如果 6 月 20 日 1 美元的即期汇率超过 105 日元，甲公司选择执行期权合约。如果 6 月 20 日的即期汇率 1 美元 = 90 日元，甲公司选择不执行期权合约，而到即期外汇市场购买 100 万美元，只需支付 9 200 万日元，即 100 万美元 ×（90 + 2）。比 1 月 20 日按即期汇率（1 美元 = 100 日元）购买 100 万美元支付的日元数（1 亿日元），少付 800 万日元。

三、国际信贷和投资法

（一）短期信贷和投资法

1. 短期外汇应收款汇率风险的防范。当企业有短期外汇应收款，预测该种外汇将贬值，可以用借款和投资方法来融通资金和防范外汇风险。借款渠道包括国外商业银行贷款、票据贴现（短期融资方法）、出口信贷、欧洲美元融资和国际债券融资等。借款和投资法的步骤如下：（1）借入应收款计值货币。借款期限应等于应收款的期限，借款金额的确定有以下两种做法：一是借款金额加上利息正好等于外汇应收款数额；二是借款金额等于外汇应收款数额。（2）将借入的外汇按借款时的即期汇率兑换为本国货币。（3）在本国投资。可购买国库券或其他短期债券，如果本企业利润水平高而且需要补充资金，也可以投资在企业内部。如果投资获利应缴纳所得税，应计算投资的税后利润。（4）用收回的外汇应收款偿还外汇借款。如果借款金额的确定采用第二种方法，还需另外计算应付利息，并按还款时的即期汇率用本币购买外汇进行支付。

【例 5-8】 我国甲公司于 7 月 1 日将一批商品卖给 A 国 A 公司，应收货款为 100 万 A 元，A 公司将于 12 月 31 日付款。7 月 1 日的即期汇率为 1A 元 = 10 元人民币，这笔货款折合人民币 1 000 万元，预测 12 月 31 日的即期汇率为 1A 元 = 9 元人民币，如不采取对策，则 12

月 31 日收到的 100 万 A 元，只能折合为人民币 900 万元，将损失人民币 100 万元。甲公司为了避免汇率变动可能造成的损失，7 月 1 日向 A 国银行借款（年利息率 8%），以当天的汇率汇回甲公司，在国内投资可获利 14%（年利率），所得税税率 25%，在 A 国的借款将于 12 月 31 日用应收 A 公司的到期货款归还。这一对策是否有利，应进行计算比较。

当借款金额加上利息正好等于外汇应收款时，其计算过程如下：

（1）7 月 1 日借款，借款额为：100 ÷（1 + 8% ÷ 2）= 96.15（万 A 元）

（2）7 月 1 日将 A 元借款兑换为人民币：96.15 × 10 = 961.50（万元人民币）

（3）投资获利（假设此项获利需缴纳所得税）：961.50 × 14% ÷ 2 ×（1 − 25%）= 50.48（万元人民币）

共收入 = 961.50 + 50.48 = 1 011.98（万元人民币）

多收入 = 1 011.98 − 100 × 9 = 111.98（万元人民币）

上述计算是假定甲公司年初预测 12 月 31 日的即期汇率 1A 元 = 9 元人民币是准确的，在这种条件下，甲公司通过借款和投资等办法，不仅可以避免外汇风险损失，而且还能使公司的收入增多。但如果 12 月 31 日的即期汇率不是 1A 元 = 9 元人民币而是 1A 元 = 10.20 元人民币时，则会出现少收入 13.41 万元人民币。

当借款金额等于外汇应收款数额时，其计算过程如下：

（1）7 月 1 日借款 100 万 A 元，并兑换为人民币：100 × 10 = 1 000（万元人民币）

（2）投资获利：1 000 × 14% ÷ 2 ×（1 − 25%）= 52.50（万元人民币）

（3）12 月 31 日支付利息：100 × 8% ÷ 2 × 9 = 36（万元人民币）

共收入 = 1 000 + 52.50 − 36 = 1 016.50（万元人民币）

多收入 = 1 016.50 − 900 = 116.50（万元人民币）

上述计算如果 12 月 31 日的即期汇率，1A 元不等于 9 元人民币，而是等于 10.20 元人民币时，则会出现少收入 13.9 万元人民币。

2. 短期外汇应付款汇率风险的防范。当企业有短期外汇应付款，并预测该种外币将升值，也可采用借款和投资方法来防范外汇风险。

【例 5 − 9】 我国甲公司在美国的子公司 A 从加拿大 C 公司进口设备，应付货款 4 000 万加元，90 天到期。即期汇率 1 加元 = 0.7312 美元，远期汇率（90 天）1 加元 = 0.7341 美元。加拿大 90 天利率（年）4.64%，美元 90 天利率（年）5.50%。

子公司 A 将于 90 天后支付 4 000 万加元，按利率 4.64% 计算，其现值为 3 954.1633 万加元［即 4 000 ÷（1 + 4.64% ÷ 360 × 90）］，按即期汇率折合为 2 891.2842 万美元。

（1）子公司 A 借入 2 891.2842 万美元，90 天后应还本付息：

还本付息 = 2 891.2842 ×（1 + 5.5% ÷ 360 × 90）= 2 931.0191（万美元）

（2）将借入的美元兑换为加元：2 891.2841 ÷ 0.7312 = 3 954.1632（万加元）

（3）将加元投资，90 天后所得本利归还欠加拿大 C 公司货款：

归还欠款 = 3 954.1632 ×（1 + 4.64% ÷ 360 × 90）= 4 000（万加元）

（4）子公司 A 应付货款如果进行远期外汇交易，则

应付美元 = 4 000 × 0.7341 = 2 936.40（万美元）

将（1）与（4）比较，可见采用借款和投资法比较好，可少付 5.3809 万美元。

（二）出口信贷法

出口信贷是一种中长期信贷，包括卖方信贷、买方信贷和福费廷（forfaiting）等多种方式，这部分将在第六章第一节详细阐述，在此只说明它们在避免外汇风险方面的作用。

1. 卖方信贷。出口商（卖方）向进口商发货后，可从银行取得外汇借款，将该外币款项在即期外汇市场卖出，换成本国货币，以满足本币资金周转的需要。出口商的外汇借款用进口商所欠外汇货款陆续偿还。这样，出口商的外汇负债（即向银行的借款）为其外汇资产（即应向进口商收回的货款）所轧平，即使以后汇率有变动，出口商也不会受到损失。

2. 买方信贷。进口商（买方）从国外进口商品，可从出口国的银行获得贷款，立即支付货款，使出口商很快收到货款，不受以后汇率变动的影响。

3. 福费廷[①]。出口商将进口商承兑和银行担保的远期汇票无追索地卖给金融机构，提前收到货款，不受以后汇率变动的影响。

利用出口信贷防范外汇风险，大多对出口商有利。进口商作为付款人，出口信贷给他们带来了推迟支付外汇货款的机会，融通了资金，但同时也增加了他们的外汇风险，他们一般会使用远期外汇交易等方法来防范风险。

四、交易风险管理的其他方法

1. 对销贸易法。对销贸易是把进口贸易与出口贸易联系起来进行货物交换的贸易方法，包括易货贸易、补偿贸易、记账贸易等。由于进口商品价值与出口商品价值相一致，债权与债务相抵消，无需支付外汇，或只需支付少量外汇，因而不存在外汇风险，或外汇风险很小。

2. 货币风险保险法。目前，许多国家的保险公司都对某些外汇风险提供保险服务。企业向保险公司缴纳保险费，在汇率波动超过一定幅度时，汇率风险的损失由保险公司赔偿。

3. 货币互换法。参阅第六章第二节。

4. 背对背贷款、平行贷款和前向贷款法。参阅第十章第二节。

5. 保付代理法。参阅第十二章第二节关于国际保理业务部分。

五、交易风险管理方法的选择

从前述可知，交易风险管理有许多种方法，根据交易风险的具体情况选择适当的管理方法，是外汇风险管理决策的重要内容。决策的方法是在调查、预测的基础上，对拟采用的几种管理方法的情况和数据进行计算、分析、比较，选择效益较大（收入较多或支出较少）且风险较小的管理方法。

【例 5－10】 我国甲公司在美国的子公司 A 于 6 月 1 日向英国出口一批商品，货款 100 万英镑，9 月 1 日收回货款。6 月 1 日即期汇率 1 英镑＝1.8100 美元，90 天远期汇率 1 英镑＝1.8050 美元；英国借款利率 5.5％，美国国库券利率 8％；美国费城交易所 9 月份到期的期权交易价为 1 英镑＝1.8200 美元，期权交易费为每英镑 0.02 美元。6 月 1 日，子公司 A 预测 90 天后英镑对美元的即期汇率有以下三种可能：1 英镑等于 1.8070 美元（概率 15％）、

① “福费廷”一词源于法文的“a forfait”，有“放弃权利”之意。英文为“forfaiting”，俗称“包买票据”，是指出口地银行通过向出口商买断经过承兑的远期票据的形式，向出口商提供融资的一种业务品种。

1.8030（75%）、1.8000（10%）。子公司A对于英镑的汇率风险拟采用下列四种方法：

第一，远期外汇交易法。采用此法卖出100万英镑可得美元数为：$100 \times 1.8050 = 180.5$（万美元）。

第二，外汇期权交易法。（1）子公司A需买32个期权合约，即100万英镑 $\div 3.1250 = 32$；（2）支付期权费：$32 \times 3.1250 \times 0.02 = 2$（万美元）；（3）是否履行期权合约的选择：①期权合约到期时，如果即期汇率低于期权交易价，子公司A应选择履行期权合约，可得美元数为：100万英镑 $\times 1.8200 - 2 = 180$（万美元）；②期权合约到期时，如果即期汇率高于期权交易价，子公司A可选择不履行期权合约，到即期外汇市场按即期汇率卖出英镑，可得较多美元。如果即期汇率1英镑 = 1.8210美元，按此汇率卖出100万英镑，可得180.1万美元（即 $100 \times 1.8210 - 2$）；如果即期汇率为1英镑 = 1.8260美元，按此汇率卖出100万英镑，可得180.6万美元（即 $100 \times 1.8260 - 2$）……6月1日子公司A曾预测90天后即期汇率最高数是1英镑 = 1.8070美元，认为超过期权交易权价的可能性较小。

第三，短期借款和投资法。（1）借款98.6436万英镑，即100万英镑 $\div (1 + 55\% \div 12 \times 3)$，借款本金加利息等于100万英镑；（2）将英镑借款兑换为美元，$98.6436 \times 1.8100 = 178.5450$（万美元）；（3）投资购买美国国库券，本利和：$178.5450 \times (1 + 8\% \div 12 \times 3) = 182.1159$ 万美元；（4）9月1日子公司A用收回的应收款100万英镑偿还借款本息。

第四，不采取防范风险措施。90天后，子公司A收回的货款100万英镑，能兑换多少美元，取决于那时的即期汇率。根据6月1日预测的即期汇率，可能获得美元的最高数为180.7万美元（即100万英镑 $\times 1.8070$），最低数为180万美元（即 100×1.8000），期望数为：100万英镑 $\times 1.8070 \times 15\% + 100 \times 1.8030 \times 75\% + 100 \times 1.8000 \times 10\% = 180.33$ 万美元。

上述第一种方法可得美元数虽然不是最多，但具有确定性，简便易行；第二种方法最低可得180万美元，具有确定性，虽然最高可得180.6万美元或更多，在本例中这种可能性较小；第四种方法获得美元数都是可能数，风险大；第三种方法可得美元数最多，且风险小，因此，可选择这种方法。上例是公司出口商品，应选择收入较多和风险较小的方法，如果公司进口商品，则应选择支出较少和风险较小的方法。

交易风险管理方法的选择，除了从以上几种方法中进行选择以外，还可以对其他各种方法进行一种或多种选择。例如，某年初，日元是硬货币，某日即期汇率为1美元 = 100日元，一年期远期汇率为1美元 = 95日元，日元升值，美元较软。美国A公司出售一种电机，按美元计价为400万美元，结算期一年。A公司财务主管提出要销售部门用硬货币计价，以日元计价货款为4亿日元（400万美元 $\times 100$），并且成交后立即进行一年期的远期外汇交易，卖出4亿日元。到期时，肯定能收到421.05万美元（4亿日元 $\div 95$），这比直接用美元计价多21.05万美元。此例说明，在一笔交易中防范外汇风险同时选用了选择货币法（出口收汇选择用硬货币计价）和远期外汇交易法。

小测试：

1. 我国甲企业出口某种商品，在人民币对美元升值的情况下，与外商谈判时，要求以人民币计价以美元结算，是否可行？这种计价结算方式对甲企业有什么好处？如果以美元计价结算对甲企业有何不利？

2. 怎样利用外汇期货交易法防范外汇应付款的汇率风险？

3. 外汇期权交易法适用于什么情况？利用此法防范外汇应付款与防范外汇应收款的汇率风险有何区别？

4. 怎样利用借款和投资法防范外汇应收款和外汇应付款的汇率风险？

第三节　折算风险管理

管理折算风险主要采用资产负债平衡法。此外，远期外汇交易法以及借款和投资法也可用于折算风险管理。

一、资产负债平衡法

资产负债平衡法要求将有风险的资产与有风险的负债作一平衡，当受险资产与受险负债相等时，例如，某公司的A元资产与A元负债相等，假如A元贬值的话，一方面A元资产价值会减少，但另一方面A元负债也相应减少；假如A元升值的话，一方面是A元负债增加，但另一方面A元资产价值也相应增加，风险可以抵消。此法通常用于减少折算风险，但也用来抵消交易风险和经济风险。

在管理折算风险时，如果是在年初对上年的实际会计报表进行折算，这时折算风险损益已经形成，要想避免或减少风险损失，已为时过晚，因此，为了进行折算风险管理，就必须事先对受险资产净额和受险负债净额、汇率变动和折算风险损益进行预测，及时采取措施，使受险资产和受险负债趋于平衡。下面以我国香港甲公司在A国的子公司为例说明折算风险管理的方法。

【例5-11】 香港甲公司设在A国的子公司10月初根据9月30日资产负债表实际数预测12月31日的资产负债数额和折算风险损益，见表5-7。

表5-7　　香港甲公司在A国的子公司预测12月31日资产负债数额

预测日期：10月初　　金额单位：万A元

项　目	资产负债数额	用现行汇率法测定的数额	用时态法或货币/非货币法测定的数额
现金	220	220	220
应收账款	440	440	440
存货（按成本）	640	640	—
固定资产	4 100	4 100	—
资产合计	5 400	—	—
受险资产	—	5 400	660
应付账款	640	640	640
长期负债	460	460	460

续表

项　　目	资产负债数额	用现行汇率法测定的数额	用时态法或货币/非货币法测定的数额
股东权益	4 300	—	—
负债及股东权益合计	5 400	—	—
受险负债	—	1 100	1 100
受险资产或负债净额	—	4 300	－440

上年12月31日的即期汇率1A元＝4.15港元，预测本年12月31日即期汇率为1A元＝4.10港元。预测折算风险损益为：

采用现行汇率法时：4 300×（4.10－4.15）＝－215（万港元）（损失）

采用时态法或货币/非货币法时：－440×（4.10－4.15）＝22（万港元）（利得）

当在A国的子公司的受险资产数额大于受险负债数额，A元将贬值时，为了避免或减少可能出现的折算风险损失，有以下两种类型的资产负债平衡法可以应用：

（一）在资产方面采取措施

在A国的子公司可在A元负债不变的情况下，尽量减少A元资产。例如，将A元现金兑换为港元或其他某种硬货币（趋于升值的货币）；尽快收回A元应收款，并兑换为港元或其他某种硬货币。采用现行汇率法时，应尽量处理多余的存货和固定资产，并将收到的A元兑换为港元或其他某种硬货币。本例在A国的子公司的报表在采用时态法或货币/非货币法时，由于受险资产数额小于受险负债数额，就不需要采取减少资产的措施。假如在采用时态法或货币/非货币法时，受险资产数额大于受险负债数额，而且A元将贬值的情况下，可将现金（货币资金）购买存货或固定资产，因为在采用时态法（存货和投资按成本计量的情况下）或货币/非货币法折算时，这些资产按历史汇率折算，不产生折算风险。

（二）在负债方面采取措施

在A国的子公司，在尽量减少A元受险资产后，其数额仍大于受险负债数额的情况下，应设法增加A元负债，分为以下两步：（1）借入A元（货币）；（2）将A元变为无风险资产。在采用不同折算方法时，具体做法略有不同。

1. 在现行汇率法下，在A国的子公司增加A元负债的方法是：（1）借入A元，其数额等于受险资产净额，由于这一借款在公司财务报表上是现金（受险资产）和借款（受险负债）同时增加，受险资产净额并没有被抵消，因此，还必须进行第二步。（2）把借入的A元兑换为港元。这里又有两种方法可以运用：第一是将借入的A元兑换成港元，并持有港元。第二是将借入的A元作为股利或内部贷款转移到香港母公司，后者再将A元转换成港元。

2. 在时态法或货币/非货币法下，由于本例受险资产数额小于受险负债数额，不需要增加A元负债，相反，应设法适当减少负债，增加受险资产，求得基本平衡。假如在A国的子公司受险资产为500万A元，受险负债为300万A元，受险资产净额为200万A元，A元将贬值，为了避免折算风险损失，除了在资产方面采取措施适当减少受险资产以外，也可以在负债方面采取措施适当增加负债。子公司可借入200万A元，同现行汇率法一样，可把借入的A元兑换为港元，不同的是在时态法（存货按成本计价，按历史汇率折算）和货币/非货币法下，可用A元借款购买存货和固定资产，因为在用时态法和货币/非货币法折算时，这些资产不产生折算风险。

二、远期外汇交易法

企业采用远期外汇交易法时，应与银行签订卖出风险货币（前例中为A元）的远期合约。如A元按预测的方向变动（即贬值），在远期合约到期日，企业就可在即期外汇市场上按比较便宜的价格（即期汇率低于远期汇率）买进同一货币（A元），并用以办理远期卖出合约的交割。

出售A元远期合约的金额可按下列公式计算：

$$\text{A元远期合约金额}=\frac{\text{以港元表示的预测折算风险损失}}{\text{远期汇率（港元/A元）}-\text{预测未来即期汇率（港元/A元）}}$$

在本例中，企业预测12月31日的即期汇率为1A元＝4.10港元，而现在3个月的远期汇率报价为1A元＝4.12港元，签订远期合约的金额应为：215÷（4.12－4.10）＝10 750万A元。

由于企业预测A国货币将贬值，因此，在目前以远期外汇合约形式按1A元＝4.12港元出售A元，待以后在即期汇率降为1A元＝4.10港元时买进A元，这样，一卖一买，每A元可赚0.02港元，全部合同可赚：10 750×（4.12－4.10）＝215万港元。

利用远期外汇交易合约赚得的利益正好抵消折算风险损失，达到了保值的目的。但必须注意，未来即期汇率是预测的，远期外汇交易合约的盈利能否完全抵消折算风险损失，完全是由汇率预测的准确性决定的，因此说远期外汇交易合约保值带有一定的投机性。如果12月31日的即期汇率为1A元＝4.095港元，则远期外汇交易的利得为：10 750×（4.12－4.095）＝268.75万港元，抵消折算风险损失之后，还有盈余53.75万港元（268.75－215）；如果12月末的即期汇率为1A元＝4.11港元，则远期外汇交易的利得为：10 750×（4.12－4.11）＝107.5万港元，只抵消折算损失215万港元的50%（即107.5÷215×100%）；如果12月31日的即期汇率为1A元＝4.122港元，则远期外汇交易的损失为：10 750×（4.12－4.122）＝－21.50万港元，与预想的目标背道而驰。

三、货币市场借款和投资法

在货币市场采用借款和投资法防范折算风险损失，保值的对象是受险资产净额的预计价值。

【例5－12】 在例5－11中，以现行汇率法测定的受险资产净额为4 300万A元，A国子公司就应在事先借款4 300万A元，具体步骤如下：

1. 借款4 300万A元，3个月利率3%，应还本付息＝4 300×（1＋3%）＝4 429万A元。

2. 将借款4 300万A元以当时即期汇率（1A元＝4.135港元）兑成港元：4 300×4.1350＝17 780.5万港元。

3. 将17 780.5万港元投资购买12月31日到期的政府债券，3个月利率3.3%，3个月后的本利和为：17 780.5×（1＋3.3%）＝18 367.26万港元。

4. 预计12月31日的即期汇率为1A元＝4.10港元，应归还银行借款的本利和折合成港元为：4 429 × 4.10 = 18 158.9 万港元。

5. 以港元投资所得归还银行借款尚能得到：18 367.26 − 18 158.9 = 208.36 万港元。

抵消折算风险损失的 96.91%（即 208.36 ÷ 215 × 100%）。

采用借款和投资法保值，简便易行，但有投机性。因为采用保值措施后究竟能否保值，是得利还是损失，最终决定于到期日的即期汇率。如果 12 月 31 日的即期汇率为 1A 元 = 4.1150 港元，则应归还银行借款本利和 4 429 万 A 元折合为 18 225.34 万港元（4 429 × 4.1150），投资所得归还借款本利之后尚能获利 141.92 万港元（18 367.26 − 18 225.34）。如果 12 月 31 日的即期汇率变为 1A 元 = 4.1480 港元，则应归还银行借款本利和折合成港元 18 371.49万元（4 429 × 4.148），大于投资所得，损失 4.23 万港元（18 367.26 − 18 371.49），不但折算风险分文未抵消，反而发生了新的损失。

小测试：

1. 管理折算风险可采用哪些方法？

2. 资产负债平衡法可用于防范哪些外汇风险？怎样运用这种方法来管理折算风险？

第四节　经济风险管理

一、经济风险管理的策略

经济风险涉及销售、生产、原料供应和财务等各个方面，因此，对经济风险管理的决策虽然与财务有关，但超越了财务经理的职能，需在总经理领导下各有关部门参与决策。经济风险管理好坏，对企业的生存和发展至关重要。经济风险的管理目标，是预测汇率变动对未来现金流量的影响，并采取防范风险的措施。如果企业使它的国际经营活动和财务活动多元化，就有可能避免风险，减少损失。因此，经济风险管理重要的策略是走多元化路线。包括经营方面和财务方面的多元化。

（一）经营多元化

经营多元化既是指在不同业务领域经营（如生产、流通、服务、金融等业务领域，而且在生产领域生产多种产品，在流通领域买卖多种商品），又是指在不同地区、不同国家经营（如在若干个国家设立工厂、销售机构，从不同国家购买材料、设备等）由于不同国家、地区和不同业务领域的具体情况不同，在某一国家从事某些业务的子公司，汇率变动可能使它的现金流量减少，而在另一国家从事另一些业务的子公司，汇率变动可能使它的现金流量增加，将减少数加以抵消，产生不同国家和业务的组合效应。由于公司经营多元化，母公司管理人员就可能从比较中了解到设立在不同国家经营不同业务的子公司由于汇率变动所引起的销售量，价格、成本等变化的不同趋势，对形势有利的子公司，可扩大它们的经营业务，以增加经营利润，对形势不利的子公司则缩减其经营业务，以减少经营损失，从而增加整个公司的利润和现金流量。

（二）财务多元化

1. 筹资多元化。企业从多个国家的金融市场筹集资金，用多种货币计算，如果有的外币贬值，另外的外币升值，就可以使外汇风险相互抵消。

2. 投资多元化。企业可以向多个国家投资，创造多种外汇收入，就可以适当避免单一投资带来的风险。

3. 经营收支货币多元化。企业的出口收汇和进口付汇，如果都只用某一种外币计价结算，汇率变动预测不正确，就容易产生汇率风险损失。如果使用多种货币计价结算，由于其中有的货币贬值，有的货币升值，汇率风险可以适当抵消。

财务方面的多元化不只是对避免外汇风险有帮助，同时可以提高资金获得率和降低资金成本，还可以减少政治风险。

二、经济风险管理的方法

1. 经济风险管理的对策和方法。我们通过一些实例来叙述：

【例5-13】 德国VW公司的经济风险管理。在1969—1972年德马克（DM）先后三次对美元和其他主要货币升值，1969年的汇率为1美元=4马克，1972年末的汇率为1美元=2.70马克，德国马克对美元的升值幅度高达48%。德国马克升值使VW公司的产品在美国市场的竞争力下降，其销售量从1968年的57万辆下降到1973年的20万辆。1969年VW公司的营销净利润3.3亿美元，到1973年亏损8.07亿美元。VW公司如何对付这种经济风险呢？由于德国马克升值，价格竞争对手十分强硬，VW公司几乎没有价格上的灵活性。VW公司对美国销售的收入是美元，而成本是德国马克，当德国马克升值时，该公司用德国马克表示的收入下降了，但用德国马克表示的成本却无变化。因此VW公司改变地位的关键问题不是价格，而是要使现金流入所采用的货币与现金流出所采用的货币相一致。针对这种情况，VW公司在美国市场降低经济风险所采用的对策主要有以下两项：

（1）VW公司通过在美国建立生产部门和购买美国的零部件等方法，尽量使过去的马克成本变为美元成本，与对美国销售所得的美元收入取得一致，从而避免外汇风险。

（2）将过去的借款全部用德国马克的政策，改为借款多元化政策，即部分借款是美元借款的方法。这样，尽管德国马克升值，VW公司的德国马克收入下降，但同时借入美元的债务成本也在下降，部分弥补了德国马克升值带来的收入上的损失。

【例5-14】 英国航空公司Laker Airways的经济风险管理。Laker公司过去大部分收入是英镑，但大部分开支（例如燃料、汽油及债务）以美元支付，由于当时美元不断地升值，该公司需要用更多的英镑来支付各项以美元标价的开支。1981年初，该公司从美国银行和欧洲银行借入2亿美元，借款本金和利息也需要美元偿还，该公司的经济风险进一步增大了。随着美元进一步升值，公司的收入已弥补不了其美元支出，连年亏损，Laker公司面临破产。此时该公司开始重视经济风险管理，正确采取措施，一方面减少美元费用开支（例如，用英镑购买汽油等）和减少美元借款(改借英镑)，另一方面增加美元收入，才逐步转危为安。

【例5-15】 日本本田公司经济风险的管理。20世纪80年代后期以来，日元对美元不断升值，曾对企业经济造成了重大影响。比如，1985年本田公司在日本设计了一种新型汽车，成本为238万日元，把它运到美国，标明售价为1.2万美元，当时1美元=238日元，1.2万美元的售价就相当于285.6万日元（238×1.2），那么本田公司有20%的成本加价。但是三年后，美元贬值为1美元=128日元，现在如果这种汽车仍卖1.2万美元的话，本田公司就只能得到153.6万日元了（128×1.2），该公司每卖一辆汽车就会损失35.46%。美元的价格影响了本田公司，美元对日元贬值了46%，使公司本来的盈利变成了现在亏损。实际上如果本田公司仍想保持20%的成本加价率的话，就得在美国卖到22 312.50美元（2 856 000÷128），就会因为汽车价格太高，无法在美国销售出去。到1996年，这种情况就变得更糟了。于是促使本田公司在美国俄亥俄州的Marysville建厂生产最受欢迎的Accord型号的汽车，其成本为1万美元左右，价格不高于1.2万美元，并在美国畅销，本田公司基本上保持了原有的盈利水平。

【例5－16】 日本家用电器公司的经济风险管理。日本某电器公司生产的A产品单位成本为20万日元，对美国销售价格0.15万美元，当时汇率为1美元＝200日元，折合为30万日元，获利润10万日元。当汇率变为1美元＝100日元时，A产品的成本为19万日元，价格为0.14万美元，折合为14万日元，亏损5万日元。该公司避免经济风险的主要措施是：减少在本国的生产，在亚洲某些国家建立子公司生产A产品，利用当地廉价的劳动力和原材料进行生产，成本表现为当地货币，折合为0.12万美元，销往美国，价格为0.14万美元，获利0.02万美元。这些子公司的产品也可销往日本，其成本折合为12万日元，价格为14万日元，获得2万日元。据日本机械工业会1997年3月公布的数字显示，日本1996年进口的电视机数量第一次超过了本国生产的电视机数量，1996年进口751万台，国产电视机量为648万台。许多进口产品来自迁往外国（马来西亚、泰国等）的日本厂家，它们是因为日本高劳动力成本和坚挺的日元（日元升值）而迁往国外的。

2. 管理经济风险的一种具体方法——经营收支货币结构调整法。这里所说的经营收支货币结构，是指企业经营收支软硬货币使用状况。如果企业的销售收入大部分使用软货币计价，而成本、费用和借款大部分使用硬货币计价，就会遭受汇率风险损失，使企业的收入减少，成本费用和借款的支出增多，从而使利润减少，甚至发生亏损时，就必须进行收支货币结构调整，使销售收入多用硬货计价，成本、费用和借款多用软货币计价，从而扭亏增盈。经营收支货币结构调整法的具体案例见案例5－1。

小测试：

管理经济风险可采取哪些对策和方法？

案例5－1

通用电气公司出口商品与进口方分担汇率风险

通用电气公司（GE）卖给汉莎公司涡轮机零部件，商定共同分担交易中的汇率风险，为此在交易的基础合同中加列价格修正条款，根据汇率变动情况调整商品的基础价格。例如，该批商品基础价格为100万欧元，交易双方将分担中性区之外的汇率风险，中性区是指风险不由双方分担的汇率范围。设中性区的汇率范围是1欧元＝1.08美元至1欧元＝1.12美元，基础汇率1欧元＝1.10美元。汇率在中性区内，汉莎公司应以基础汇率向GE公司支付100万欧元等值的美元，即110万美元（即100万欧元×1.10）。这样，在中性区汉莎公司支付的价款将在98.2143万欧元（110万美元÷1.12）至101.8519万欧元（110万美元÷

1.08）之间。但如果欧元贬值，比如从 1 欧元 = 1.10 美元降为 1 欧元 = 1 美元，实际汇率比中性区的下限（1 欧元 = 1.08 美元）降低了 0.08 美元，这个差额要由双方等额分担，由此货款结算时所使用的实际汇率就是 1.06 美元（即 1.10 美元 − 0.08 ÷ 2），GE 公司出口商品的新价格 106 万美元（即 100 万欧元 × 1.06），汉莎公司支付的价款上升到 106 万欧元（即 106 万美元 ÷ 1）。如果没有汇率风险分担协议，GE 公司的价款只有 100 万美元（即 100 万欧元 × 1）。反之，如果欧元升值超过了中性区的上限，比如 1 欧元 = 1.20 美元，GE 公司也不能获得欧元升值的全部好处，由此货款新的结算汇率变成了 1.14 美元（即 1.10 + 0.08 ÷ 2），GE 公司收到货款 114 万美元（即 100 万欧元 × 1.14），汉莎公司支付的货款是 95 万欧元（即 114 万美元 ÷ 1.20）。

（资料来源：[美] 艾伦·C. 夏皮罗，《跨国公司财务管理》（第七版），中国人民大学出版社 2005 年版）

案例5-2

经济风险管理的一种具体方法——经营收支货币结构调整法

美国 A 公司在加拿大有一部分业务，在加拿大销售产品和购买原料都用加元计价，还有加元借款。该公司 10 月份预测下年度的销售收入、成本、费用和利润的资料见表 5－8。

表 5－8　　经营收支货币结构调整表　　单位：万元

项　目	预测明年的收支与利润		汇率变动的影响		收支货币结构调整后	
	(1)		(2)		(3)	
汇率	1 加元 = 0.80 美元		1 加元 = 0.85 美元		1 加元 = 0.85 美元	
货币	加元	美元	加元	美元	加元	美元
销售收入：						
美元		60 800		60 800		60 800
加元	800	640	800	680	4 000	3 400
合　计		61 440		61 480		64 200
销售成本：						
美元		10 000		10 000		28 400
加元	40 000	32 000	40 000	34 000	18 840	16 014
合　计		42 000		44 000		44 414
毛利		19 440		17 480		19 786
经营费用：						
固定费用		6 000		6 000		6 000
变动费用（销售收入的10%）		6 144		6 148		6 420
合　计		121 440		12 148		12 420
息税前利润		7 296		5 332		7 366
利息支出：						
美元		600		600		1 400
加元	2 000	1 600	2 000	1 700	1 000	850
合　计		2 200		2 300		2 250
税前利润		5 096		3 032		5 116

从表5－8第（1）栏和第（2）栏可看出，该公司预测加元将升值，由目前1加元＝0.80美元变为0.85美元，由于该公司加元收入少（例中为800万加元，只占总收入的1.04%），而支出多（例中为4.2亿加元，占总支出的74.54%），加元升值将使A公司发生汇率风险损失：

800×（0.85－0.80）＝40（万美元）（增加收入）

42 000×（0.85－0.80）＝2 100（万美元）（增加支出）

二者相抵，损失2 060万美元。

从表5－8第（1）栏和第（2）栏的税前利润相比，可以看出由于汇率变动使利润减少2 064万美元（5 096－3 020）。比上述损失数2 060万美元多4万美元，这是由于变动费用第（2）栏数比第（1）栏数多了4万美元。

为了避免上述汇率风险，A公司可采用经营收支货币结构调整法，在收入、成本费用规模基本不变的情况下，调整美元与加元的收支数额，其具体措施如下：

（1）增加加元销售收入，例如由原预测数800万加元增加到4 000万加元。

（2）减少加元销售成本，例如由原预测数4亿加元减少为1.884亿加元。

（3）增加美元销售成本，例如由原预测数1亿美元增加到2.884亿美元。

（4）增加美元借款使利息支出由原预测数600万美元增加到1 400万美元，减少加元借款使利息支出由原预测2 000万加元减少为1 000万加元。

经营收支货币结构调整后，税前利润5 116万美元（见表5－8第（3）栏），不但未发生损失，还增加了利润20万美元（5 116－5 096）。

（资料来源：［美］Jeff Madura，《国际财务管理》（第八版），北京大学出版社2006年英文影印版）

习　题

1. 我国甲企业的某种商品向美国、加拿大、日本等国出口，以美元标价，每台1 000美元，加拿大进口商要求用加拿大元报价，当时即期汇率1美元＝1.36加拿大元，按此汇率商品单价应为1 360加拿大元。预测3个月后收款时，汇率将变为1美元＝1.428加拿大元，考虑到汇率变化，商品应适当加价。要求：计算加价后的商品单价。

2. 本年初，美国A公司对法国F公司出售一批木材，原来以美元标价，这批木材的总价格为100万美元，木材将分季度四次等量装运和结算，每季价款25万美元。法国进口商要求用欧元计价付款。A公司需要根据欧元对美元汇率的变动幅度将美元价格调整为欧元价格。美元与欧元的汇率如下：即期汇率1欧元＝0.9772美元，90天远期汇率1欧元＝0.9767美元，180天远期汇率1欧元＝0.9761美元，270天远期汇率1欧元＝0.9758美元，360天远期汇率1欧元＝0.9751美元。要求在年初将每季的价格（25万美元）和全年的价格（100万美元）调整为欧元价格。

3. 我国甲企业从美国A公司购买商品，货款100万美元。成交时1美元＝7.7元人民币，3个月后付款时，汇率变动为1美元＝7.8元人民币。甲企业将发生汇率风险损失。要求：将汇率风险损失在我国甲企业和美国A公司之间进行合理分摊。

4. 我国A公司6月1日从德国进口设备，货款100万欧元，付款期6个月。6月1日即期汇率1欧元=10.03元人民币，远期外汇（6个月）1欧元=10.06元人民币，A公司预测11月30日即期汇率有以下几种可能：1欧元=10.03元人民币（概率5%）、10.04元人民币（10%）、10.05元人民币（15%）、10.06元人民币（30%）、10.08元人民币（20%）、10.10元人民币（15%）、10.12元人民币（5%）。A公司考虑买入远期（6个月）外汇（100万欧元），用于支付货款。要求：对这一远期外汇交易进行可行性分析。

5. 我国A公司在美国的子公司于3月1日从日本进口设备，货款6 250万日元，当时即期汇率为1美元=110日元，该公司担心9月1日支付货款时日元会升值，为了抵补可能发生的外汇风险损失，决定在3月初购买9月份到期的日元期货合约。日元期货合约的标准金额为1 250万日元。应购买5份日元期货合约（6 250÷1 250），价格为1美元=108日元。9月1日，即期汇率1美元=100日元，A公司卖出5份日元期货合约，价格为1美元=98日元。支付期货交易佣金0.5万美元。要求：计算外汇现货市场的损失和外汇期货市场的收益，并说明二者不一致的原因。

6. 我国甲公司从德国进口一批商品，应付货款100万欧元，预测欧元可能升值，也可能贬值，很难预测准确，因而采用期权交易方式用美元买欧元，有关资料如下：(1) 期权协定价格（汇率）1欧元=1.23美元，每欧元期权费0.02美元；(2) 应付账款到期日的即期汇率有以下几种可能：1欧元=1.19美元、1.21美元、1.23美元、1.25美元、1.27美元。要求：计算在各种可能的即期汇率情况下买入100万欧元应付美元数额，并说明在何种情况下应不执行期权合约。

7. 我国甲公司1月1日出口商品一批，货款100万A元，A国乙公司将于6月30日付款。1月1日即期汇率1A元=8.00元人民币，远期汇率（6个月）1A元=7.80元人民币。按1月1日即期汇率，这笔货款折合800万元人民币。甲公司预测6月30日即期汇率1A元=7.70元人民币。如不采取措施，到6月30日收到的100万A元，只能折合770万元人民币，将损失30万元人民币。甲公司为避免汇率变动的风险损失，有以下三种做法：(1) 进行远期外汇交易。(2) 利用借款和投资方法（1月1日从A国银行借款，年利息率14%，借款额加上借款期利息正好与应收货款相等。将借款按当日即期汇率汇回甲公司，折算为人民币，在国内投资可获利18%，所得税税率25%）。(3) 不采取任何防范风险的办法。要求：计算比较，说明采用哪种方法收入较多。

8. 我国甲公司1月1日卖给B国B公司商品一批，货款10万B元，B公司将于3月31日付款。1月1日即期汇率1B元=5.00元人民币，远期汇率（3个月）1B元=4.92元人民币。甲公司预测3月31日的即期汇率为1B元=4.90元人民币。甲公司为了避免汇率变动风险损失，决定采用借款投资方法：1月1日在B国借款10万B元，年利息率10%，将借款额汇回甲公司，按当日汇率兑换人民币，在国内投资可获利13%，所得税税率25%。要求：计算采用这种方法的收入是多少。

相关网站：

包括讨论货币风险管理的网站　http://www.florin.com/v4/valore4.htm/

包括2 200多家公司年度报告的链接网站　www.reporagallery.com

中国外汇管理局网站　www.safe.gov.cn

中国人银行网站　www.pbc.gov.cn

第六章 DILIUZHANG

国际信贷筹资

学习目标

- □ 了解国际信贷筹资的各种方式
- □ 了解影响国际信贷筹资成本的因素，掌握预测国际信贷筹资成本的方法
- □ 明确国际信贷筹资的风险，掌握防范国际信贷筹资风险的方法
- □ 深入了解国际信贷筹资的货币选择和利率选择

第一节 国际信贷筹资的方式

国际信贷广义上包括国际贷款、国际债券发行、国际租赁和国际补偿贸易等，狭义上只包括国际贷款。国际贷款按贷款来源和方式不同，可分为外国政府贷款、国际金融组织贷款、国际商业贷款（包括国际商业银行贷款和出口信贷等）①、混合贷款（由政府贷款和出口信贷或商业银行贷款混合组成的贷款等）和国际项目融资（其资金来源由股本投资和多种贷款组成）等。

一、外国政府贷款

政府贷款是指一国政府利用财政资金向另一国政府提供的优惠性贷款，具有以下特点：

1. 一般是在两国政治、外交关系良好的情况下进行，为一定的政治、外交关系服务。易受贷款国外交、财政政策的影响，且受贷款国财政经济状况制约，贷款数额不会太大。

2. 属于主权外债，强调贷款的偿还。我国政府借用的外国政府贷款，除经国务院批准由国家统还者外，其余由项目业主偿还且多数由地方财政担保。

① 国务院《关于进一步加强国际商业贷款宏观管理的通知》（1995 年）中将外国商业银行（机构）贷款、出口信贷、境外发行外币债券、国际融资租赁和以现汇方式偿还的补偿贸易、国际项目融资及其他形式的商业性筹融资，都包括在国际商业贷款内。

3. 贷款条件优惠。贷款利率一般为0.2%～0.3%，个别贷款无息。贷款偿还期限通常在10～40年之间，并含有2～15年的宽限期。

4. 限制性采购。外国政府贷款的第三国采购比例一般为15%～50%，即贷款总额的50%～85%用于购买贷款国的设备和技术。通常不能自由选择贷款货币，汇率风险较大。

5. 投向限制。外国政府贷款主要用于政府主导型项目建设，领域集中于基础设备、社会发展和环境保护等。

外国政府贷款在实践中不断发展，许多国家对某些行业和项目制订了特定的贷款计划，如环保项目贷款计划、特别通讯贷款计划和小型工业特别贷款计划等。在我国，这部分贷款主要用于非国有中小企业的发展。我国规定，根据国家合理利用外国政府贷款的总体要求，在规范担保方式的条件下，允许境内各类企业（包括外商投资企业和私营企业）借用外国政府贷款。

我国利用外国政府贷款，首先由项目单位提出项目建议书可行性研究报告，经计划等部门审核，完成立项手续后，由省市财政部门对贷款项目的有关情况进行审查，落实还款责任，对符合条件的项目向财政部提出利用外国政府贷款的申请。经财政部审核报经国务院同意后，与外国政府谈判签约，取得外国政府贷款，经银行转贷给项目单位使用，项目建设完成后，按规定及时还本付息。

二、国际金融组织贷款

国际金融组织可分为世界性国际金融组织和地区性国际金融组织。前者主要有国际货币基金组织（IMF）和世界银行集团，后者包括亚洲开发银行、非洲开发银行、泛美开发银行和欧洲投资银行等。

（一）世界银行集团贷款

世界银行（World Bank）即国际复兴开发银行（International Bank for Reconstruction and Development，IBRD），它是根据1944年7月联合国金融会议的决议于1945年12月与国际货币基金组织同时成立的，后来又先后成立了两个附属机构：国际金融公司（International Finance Corporation，IFC）和国际开发协会（International Development Association，IDA）。这三个机构统称为世界银行集团。世界银行总行设在华盛顿，在纽约、巴黎、伦敦、日内瓦、东京和北京等地设有办事处。

1. 世界银行贷款。世界银行贷款的资金来源主要有成员国认缴的股金、发行债券取得的借款、留存的业务净收益和其他资金来源。与一般商业银行贷款相比，世界银行贷款有以下一些特点：

（1）只向成员国政府或由成员国政府、中央银行担保的公私机构发放贷款。贷款的重点是大型基础设施项目，近几年来，贷款侧重于帮助借款国缓解其国际收支问题。

（2）贷款必须用于经世界银行审定批准的项目。

（3）贷款不是以营利为主要目的，而是为了协助成员国发展经济。

（4）贷款期限长，最长可达30年，平均为17年，宽限期4年左右。2001年9月世界银行重新公布了贷款的还款期限，国际复兴开发银行的硬贷款还款期限以借款国人均国民收入为标准[①]：人均国民收入 1 445 美元以下的国家 20 年，人均国民收入 1 446 ~ 2 995 美元的国家 17 年，人均收入 2 996 美元以上的国家 15 年。人均国民收入 5 225 美元以上的国家开始实施从 IBRD 的毕业程序。

(5) 贷款利率参照市场利率，但一般低于市场利率，贷款费用只收 0.75% 的承担费。

(6) 贷款申请、审批手续严密，从提出项目到取得贷款，一般需一年半到两年。

(7) 世界银行一般只提供项目建设所需外汇资金。

(8) 贷款都以美元计值，如借用和偿还使用其他货币，借款者需承担汇率风险。

2. 国际金融公司贷款。由于世界银行贷款主要是以成员国政府为对象，而对私人公司贷款必须由政府担保，因而在一定程度上限制了世界银行的业务范围。为了扩大以私人公司为对象的国际贷款，世界银行于 1956 年下设了金融公司。其宗旨是：通过向成员国私人企业提供不需要政府担保的风险资本，促进不发达国家私人企业的发展。它通过贷款和投资入股的形式，向成员国特别是发展中国家的私人企业（重点是生产企业）提供资金，这些企业有合理的机会获得投资者要求的收益率并为国家带来经济效益。该公司总部设在华盛顿。

国际金融公司的资金来源主要包括：(1) 成员国认缴的股金；(2) 从世界银行和其他金融市场取得的借款；(3) 公司积累的利润。

国际金融公司的资金运用主要有以下几项：

(1) 贷款。主要为发展中成员国私人企业（现已扩大到公私合营、本国与外国合营企业、集体所有制企业、对私营企业提供资助的国营企业）的新建、改建、扩建提供贷款，一般不需要政府担保。期限一般为 7 ~ 12 年，包括宽限期 1 ~ 4 年，利率略高于世界银行，手续费 1%。例如，1988 年 3 月国际金融公司向我国黑龙江省东方企业集团（非国有企业）的财务公司提供 3 000 万美元贷款，向集团内部的企业发放中长期贷款。

(2) 投资参股。向发展中成员国的非国有企业投资入股。例如，2003 年国际金融公司向中国民生银行投资参股 2 350 万美元，2004 年向福建兴业银行投资入股 5 200 万美元。

(3) 转售对私人企业的投资，以加速资金周转。国际金融公司对中国企业的投资是贷款还是参股，由企业根据实际需要来决定。

2002 年国际金融公司在四川成都建立“中国中小企业发展项目中心（CPDF）”从事贷款、投资入股和转售投资等活动，支持中国内地众多私营企业的发展。

3. 国际开发协会贷款。由于世界银行贷款条件较严，数额有限，不能帮助贫困的发展中国家摆脱贫困，故于 1960 年 9 月成立国际开发协会，专门对不发达国家提供援助。该协会总部设在华盛顿。

国际开发协会的资金来源包括：成员国认缴的股金；各国政府提供的补充资金；世界银行从净收益中的拨款；借款和协会本身经营业务的净收益等。国际开发协会每年拿出 120 亿美元帮助不发达国家，其中 20% 是无偿捐助，其余的用来发放贷款。国际开发协会的主要活动是向不发达国家的公共工程和发展项目提供比世界银行贷款条件较宽的长期贷款。该协会发放的贷款有以下特点：贷款是无息的，只收 0.75% 的手续费；贷款期限最长的可达 50 年，宽限期 10 年；贷款需要政府的担保；借款国偿还贷款时，可以部分或全部用本国货币

① 世界银行贷款因条件严格且利率相对较高，因而称为“硬贷款”，而国际开发协会发放的优惠贷款是无息的或利息很低，所以被称为“软贷款”。

偿付。2001 年 9 月 17 日世界银行重新公布规定，人均国民收入 885 美元以上的国家不享受国际开发协会的软贷款。中国在世界银行 2000 财年起从国际开发协会的软贷款毕业。

国际开发协会每三年要增扩充“金库”，要求富国提供援助并共同确定援助项目，2007 年 12 月国际开发协会确定 2008—2011 年将拿出 416 亿美元援助人均年收入不足 1 065 美元的穷国。8 年前还向国际开发协会借贷的中国，第一次成为该协会 45 个援助国中的一员，由过去的受援国变成了援助国。

中国财政部是国务院批准的世界银行贷款的对外窗口和对内归口管理部门。各地方或部门若需要贷款，地方和中央行业主管部门应根据本地区或本部门的经济发展战略和优先重点，向国家计划部门和财政部提出利用世界银行贷款的计划与申请，国家发改委和财政部据以制订出全国利用世行贷款的计划。财政部负责具体组织、安排和协调与世界银行的贷款协定谈判、签署工作，并与项目单位签署转贷协议。项目单位应按计划完成项目建设，及时偿还贷款本息。

（二）亚洲开发银行贷款

亚洲开发银行（Asian Development Bank，ADB）是由联合国所属机构亚洲及远东经济委员会（即现在的亚洲及太平洋经济社会委员会）创办的，于 1966 年 12 月开业，行址设在菲律宾的马尼拉，其成员除亚太地区的国家外，还有德、法、意、英、荷等国。我国于 1986 年 3 月成为亚洲开发银行的正式成员。2000 年 6 月亚洲开发银行在北京成立代办处。亚洲开发银行的主要任务是促进公私资本对本地区开发的投资，为本地区发展中成员的发展筹集和提供资金。亚洲开发银行的资金来源主要有以下几项：

1. 普通资金，主要包括：（1）成员国认缴的股本；（2）借款（主要是发行债券）；（3）业务净收益。它主要用于硬贷款。

2. 亚洲开发基金，主要来源于亚洲开发银行发达成员国的捐款，还来源于亚洲开发银行从其他渠道取得的一部分捐款。它主要用于软贷款。

3. 技术援助特别基金，主要来源于各成员国的捐款，此外还有亚洲开发基金拨给的款项。主要用于以赠款形式进行的技术援助。

4. 日本特别基金，由日本政府捐赠，主要用于以赠款形式进行的技术援助。

5. 联合融资，指亚洲开发银行与外部经济实体共同为某些开发项目进行的融资。

亚洲开发银行贷款，按资金来源和贷款条件可分为以下两类：

第一类，普通资金贷款（硬贷款）。贷款对象是收入较高的发展中国家，主要用于基础设施项目。浮动利率每半年调整一次，根据当时贷款资金的平均成本加 0.5% 的利差来确定利率，目前年利率 6.5% 左右，贷款期限 10～30 年，宽限期 2～7 年。

第二类，开发基金贷款（软贷款）。贷款对象是低收入成员国。期限长达 40 年，含宽限期 10 年，宽限期之后 10 年每年还本 2%，再以后 20 年每年还本 4%。不收利息，每年只收 1% 的手续费。

除了贷款以外，亚洲开发银行还提供技术援助赠款。

亚洲开发银行贷款按用途和方式可分为：（1）项目贷款，为某些具体的发展项目提供资金；（2）规划贷款，为某一需要优先发展的部门提供资金；（3）开发金融机构贷款，又称中间贷款，指亚洲开发银行贷款给成员国的开发性金融机构，由其转贷给私营企业和小型企业；（4）特别项目执行援助贷款，用于解决借款国在亚行贷款项目执行过程中遇到未曾预料的困难；(5) 私营部门贷款，对私营部门那些促进经济发展并且获利较多的项目提供资金。

三、国际商业银行贷款[①]

(一) 国际商业银行贷款的种类

国际商业银行贷款按期限长短可以分为短期银行贷款和中长期银行贷款。

1. 国际商业银行短期贷款。指借贷期限在1年以内的信贷，借贷期限最短的为1天（称为日拆），最长为1年。这种信贷可分为银行与银行间的信贷（称为同业拆放）和银行对非银行客户（公司企业、政府机构等）的信贷。对非银行客户的贷款主要包括定期贷款、信用额度和透支等。

2. 国际商业银行中长期贷款。指借款期限在1年以上的信贷，1年以上至5年的为中期信贷，5年以上的为长期信贷。由于中长期信贷的期限长、金额大，因而风险大，借贷双方应签订贷款协议。国际商业银行中长期贷款主要有以下几种：

(1) 双边贷款，指一家境外银行向我国境内金融机构或企业提供的贷款。其贷款金额较小，但贷款条件较为优惠，每笔贷款金额为几千万美元，最多为1亿美元。这种贷款的优点是灵活方便，贷款利息也略低一些，而且由一家银行贷款可以减少一些管理费用。

(2) 联合贷款，指由一家或数家外国银行与我国的金融机构联合对某一项目提供的贷款。其贷款金额一般小于银团贷款。

(3) 国际银团贷款，银团贷款是由一家或几家银行牵头，多家银行参加而组成的银行集团，由它按照分工和各自的贷款份额向某一借款人（一国政府或中央银行、大公司企业、国际金融组织等）发放的贷款。又称辛迪加贷款。在银团贷款中，如果涉及不同国家的贷款人或借款人，就称为国际银团贷款。

专　栏

国际银团贷款

银团贷款起源于第二次世界大战后的美国。20世纪60~90年代银团贷款发展迅速，到1981年在国际资本市场上长期贷款总额为1 854亿美元，其中银团贷款就占74.2%，到1997年银团贷款又增长到3 904亿美元，为1981年的2.84倍。

银团贷款的优点是贷款金额大、分散贷款风险、银行之间避免同业竞争，加强业务合作。其缺点是涉及银行较多，贷款程序较复杂，获得贷款时间较长。

银团贷款的期限比较灵活，短则3~5年，长则10~20年，一般常见7~10年。在整个贷款期内又分为三个阶段：提款期、宽限期和还款期。在宽限期内只付利息，不还本金。

银团贷款的利率分为固定利率和浮动利率两种。固定利率由借贷双方协商确定，在整个贷款期内不变。浮动利率一般以6个月的LIBOR作为基础利率，再加一个利差（附加利率）加以确定。基础利率LIBOR是按照每个利息期开始前两个营业日的伦敦时间上午11

① 包括银行以外的商业金融机构贷款。

点由银团贷款协议规定的参考行所报 LIBOR 的平均数，上浮一个幅度，最终由代理行确定。例如，五家参考行所报 LIBOR 经计算平均数为 15.15%，上浮 0.0375%，加利差 0.625%，最终确定浮动利率为 15.8125%（15.15% + 0.0375% + 0.625%）。在亚太地区，银团贷款利率多是按 HIBOR 或 SIBOR 加 1% 左右来确定。

在银团贷款中，借款人要支付以下几种费用：

1. 承担费。关于承担费在前面已经说明，银团贷款承担费率一般为 0.375% ~ 0.5%。

2. 管理费。是借款人向银团的牵头行支付的。由于牵头行负责组织银团、起草文件、与借款人谈判等，所以要额外收取的一笔费用，费率一般为 0.25% ~ 0.5%，通常是贷款协议签订后 30 天内支付。

3. 代理费。是借款人向代理行支付的报酬。作为对代理行管理贷款、计算利息、调拨款项等工作的补偿，费率一般为 0.25% ~ 0.5%，一般是每年按固定费率收取一次。

4. 安排费。是借款人支付给安排行的报酬。作为对安排行安排银团贷款，如了解借款人的意图、征求银团成员的意见，做市场调查等工作的补偿，费率一般为 0.375% 左右。

5. 杂费。是借款人向牵头行支付的费用，用于通讯费、印刷费、律师费、谈判费、签字仪式费等，费率一般为 0.0625%，也可规定一个最高额，一次支付。

贷款利息和实际利率计算：我国中远公司筹借到一笔 4 年期总额为 3 亿欧洲美元银团贷款，银团由瑞士信贷银行和法兰西银行牵头，贷款时一次支付的银团费用占贷款总额的 2.5%。LIBOR 每 6 个月调整一次，附加利率为 1.5%。第一个半年之初 LIBOR6 的水平为 6%。

中远公司得到的贷款净额 = 30 000 – （30 000 × 2.5%） = 29 250（万美元）

第一个半年应付利息 = 30 000 × （6% + 1.5%） ÷ 2 = 1 125（万美元）

第一个半年的实际年利率 = 1 125 ÷ 29 250 × 100% = 7.69%

我国中国银行于 20 世纪 80 年代初开办银团贷款，作为牵头行、代理行，组织多家外国银行参加银团，先后向北京香格里拉饭店、深圳赛格彩管、广州乙烯、珠江电厂、广东大亚湾核电站、攀枝花钢铁公司和长春一汽大众等许多建设或技术改造项目提供了巨额贷款。我国银行业还对国外借款人提供银团贷款用于其购买中国的机电产品、成套设备和高新技术，例如，对伊朗德黑兰地铁项目贷款 2.7 亿美元，这些项目完成，都取得了显著的效益。

（资料来源：邹小燕：《国际银团贷款》，中信出版社 2002 年版）

（二）国际商业银行贷款的特点

国际商业银行贷款与其他国际贷款方式相比，有以下几个特点：

1. 贷款可以自由使用，不受贷款者的限制。国际商业银行贷款可由借款者根据需要灵活使用，可以用来购买任何国家的货物。

2. 贷款方式灵活，手续简便。符合贷款条件的企业可直接从银行取得贷款，每笔贷款金额可多可少，借款比较容易。

3. 国际金融市场信贷资金供应充沛，允许选择借款货币。只要借款人资信可靠，有足够的偿还能力，就可以从商业银行筹措到自己所需要的资金，而且借款者可以灵活选择借用货币的种类，避免借款的外汇风险损失。

4. 贷款利率较高，期限较短。国际商业银行贷款的利息按国际金融市场的利率计算，随行就市，其利率高于其他各种贷款，而且借款的费用较多，因此借款成本较高。

(三) 国际商业银行贷款的条件

贷款条件是指对借贷双方的权利义务所作的规定，主要包括贷款利息、费用、期限、偿还方式以及货币选择等几个方面。

1. 贷款利率。国际商业银行贷款的利率因贷款市场、期限、货币种类等不同而有所差别。由于欧洲货币市场是世界上最主要的国际金融市场，因而下面主要介绍欧洲货币市场的银行贷款利率。

欧洲货币存款利率一般高于同一货币国内银行存款利率，而欧洲货币贷款利率一般低于同一货币国内银行贷款利率。例如，伦敦银行美元存款利率5.6%，美国国内银行美元存款利率5.4%；伦敦银行美元贷款利率6.5%，美国国内银行美元贷款利率6.8%。欧洲货币市场存款利率较高和贷款利率较低的原因是：一是欧洲货币存贷款不受存贷款货币所属国家的法律约束，接受欧洲货币存款的银行不需向中央银行转存一定比例的准备金，因而银行可以把更大部分的欧洲货币存款用于贷款，能获得较多的利息收入；二是欧洲货币银行存贷的利率也不受货币发行国家国内利率的限制，银行为了增加欧洲货币的存贷款数额，增加收益，一般都适当提高欧洲货币的存款利率，适当降低欧洲货币的贷款利率；三是欧洲货币市场的交易通常是大宗的存款和贷款（100万美元或更多），可以降低银行的营运费用。

由于欧洲货币市场是自由市场，利率受供求关系的影响，供不应求时利率上升，反之则利率下跌。货币的软硬也会影响利率的高低。一般来说，软货币的利率比硬货币要高，因为一般借款者倾向于借软货币，以期偿还时可以降低偿还成本，由于借者较多，其利率自然会上升。硬货币因借者较少，利率就低一些。贷款期限的长短也影响利率水平，一般而言，贷款期限越长利率越高，反之越低，这主要是由借贷风险、通货膨胀等因素决定的。欧洲货币贷款有一个重要特征，即贷款利率采用浮动利率制。

(1) 银行短期贷款利率。银行短期贷款包括银行同业之间的短期贷款和银行对最终客户（如政府、公司等借款者）提供的短期贷款。银行同业之间的短期贷款所使用的利率称为银行同业拆放利率。例如，伦敦银行同业拆放利率是London Interbank offered rate（LIBOR），在德国、法国等欧元区，银行同业拆放利率为EURIBOR，东京银行同业拆放利率为TIBOR，新加坡银行同业拆放利率为SIBOR，香港银行同业拆放利率为HIBOR，上海银行同业拆放利率SHIBOR，等等。例外的是美国，它的银行同业拆放利率采用联邦基金利率。银行对最终借款者提供短期贷款的利率，要在银行同业拆放利率的基础上加一附加利率。短期贷款按期限不同（隔夜、7天、1个月、3个月、6个月、12个月）规定不同的利率。

(2) 银行中长期贷款利率。在伦敦市场以伦敦银行拆放利率作为计算基础,加一附加利率。一般是以3个月期或6个月期的LIBOR作为长期贷款的计息基础,6个月的LIBOR用LIBOR6表示。LIBOR受多种因素影响而波动,而附加利率比较固定。由于中长期贷款期限较长,而市场利率经常变动,借贷双方都想避免因利率变动而造成的风险损失,因此,中长期贷款一般采用浮动利率。LIBOR随银行贷款资金成本变动作相应的调整,一般是每隔3个月或半年调整一次。附加利率的高低因贷款额多少、期限长短、贷款货币的风险大小、借款人和担保人的信用等级高低而有所不同,它由银行根据这些因素予以一次性固定,高的可达3%,低的仅为0.15%，平均在1%～2%之间。贷款期限较短的，采用一个附加利率，贷款期限较长，可分段确定附加利率，如一笔7年期的贷款，前4年和后3年采用不同的附加利率。

贷款利息一般是在每一计息期（通常是6个月）的期末支付，按实际用款额和实际用款天数计算，其计算公式为：

$$应付利息=实际贷款额（本金）\times 贷款年利率\times\frac{实际计息天数}{全年基础天数}$$

公式中的天数计算主要有两种方法，一是欧洲货币法，以365/360表示，二是英国法，以365/365表示。

第一种方法使用较普遍，我国银行的外汇贷款业务就是采用这种方法。例如，一笔贷款本金为500万美元，实际用款天数为181天，利息率LIBOR为5%，利差为0.5%。如按欧洲货币法计算，应付利息为：$500\times 5.5\%\div 360\times 181=13.826388$万美元；如按英国法计算，应付利息为13.636986万美元。可以看出按欧洲货币法计算，借款人多付（银行多收）利息0.189402万美元。

第二种方法是，计算应付利息时不按实际用款天数，而是将年利率除以2或4，变为以半年利率或3个月利率计算。

2. 借款费用。在国际金融市场上，借款人借入中长期贷款，除了要支付利息以外，还要支付一些费用，如承担费（Commitment Fees）。在借用银团贷款时还要支付管理费、代理费、安排费和杂费等。

在贷款协议中规定承担期（如某笔贷款期限5年，承担期半年），贷款协议签订后，银行就按协议准备了资金，在承担期内借款者可随时支用。承担期内已支用贷款开始计付利息，未支用贷款数额应计付承担费。承担期结束时，贷款未支用部分，由银行注销，借款企业不能再支用。承担费是指在承担期内，借款者未支用贷款金额按规定的承担费率计算应支付给银行的一种赔偿性费用。承担费按承担期内贷款未支用金额、实际未支用天数和承担费率计算，每季、每半年支付一次。承担费率一般为0.125%～0.25%。

【例6-1】 某年4月10日A公司与某国际银行签订了一项贷款协议，贷款额5 000万元，期限5年，承担期为半年（到10月10日止），并规定从贷款协议签订日一个月后（即5月10日起）收取承担费，承担费率（年度）为0.25%。借款人实际支用贷款情况和应付承担费计算见表6-1。

表6-1 借款人应付承担费计算表

日期		支用金额（万元）	未支用金额（万元）	应计算承担费用时间		承担费率（日率）	承担费金额（元）
月	日			起讫	天数		
		(1)	(2)	(3)	(4)	(5)	(6)=(2)×(4)×(5)
4	15	1 000	4 000	—	—	—	—
5	2	2 000	2 000	5月10日—6月11日	33	0.25%÷360	4 583.33
6	12	500	1 500	6月12日—8月7日	57	0.25%÷360	5 937.50
8	8	500	100	8月8日—10月9日	63	0.25%÷360	4 375.00
10	10	600	400	—	—	—	—
合计							14 895.83

从10月10日起，贷款未动用部分400万元由银行注销，借款人不能再支用。

3. 贷款期限。银行贷款期限的长短取决于贷款银行吸收资金的方式和借款人的用途。银行主要是采取吸收存款（包括短期存款和中长期存款）方式筹措资金，这就决定了银行中长期贷款的最高期限为10年左右。欧洲银行对不同的借款单位习惯上有不同的最高期限，对私人公司的中长期贷款一般最多以7年为限，而对政府的中长期贷款期限可稍长一些，可达10年或10年以上。从20世纪70年代初起，欧洲银行对公司企业和政府的长期贷款期限在10年以上的已不少见。在欧洲信贷市场可采用转期信贷技术，就是中长期贷款的利率每隔一定时期（一般为半年）根据市场利率重新商订一次，如果借贷双方达成协议，信贷可以继续下去，如果双方达不成协议，贷款可以终止。

4. 偿还方式。

(1) 到期一次还清。这一方式适用于贷款额较小、期限较短的中期贷款。

(2) 宽限期后，分次还清。每半年还本付息一次，直到还清本息。

(3) 逐年平均偿还。贷款期限内每年平均偿还一定数额的本金及利息，直到还款期最后一年末还清全部本息。

(4) 宽限期后，按一定百分比逐年偿还本金，余额最后一次全部还清。

(5) 提前还款。浮动利率贷款经提前预告后，在利率更改的日期进行偿还，一般可不付违约金，但在宽限期内原则上不允许还款。固定利率贷款原则上不允许提前还款。不得已时，可在宽限期过后，经过一定的预告期，以交付违约金为条件允许提前偿还。

四、出口信贷

（一）出口信贷的特点

国际贸易中的短期信贷只能满足商品周转较快、成交金额不大的项目的资金需要，而一些大型机械、成套设备的成交额大，周转期长，进出口商需要期限较长的信贷支持。出口信贷是指出口国的官方金融机构或由其政府给予补贴的商业银行以优惠利率向本国的出口商或进口国的银行（或进口商）提供的与出口项目（大型机械、成套设备、船舶、飞机等）相联系的中长期资金融通，目的是促进本国大型机械、成套设备等的出口，出口信贷有以下特点：

1. 出口信贷的利率低于相同条件资金贷放的市场利率，利差由国家补贴。在许多工业发达国家，大型机械制造业十分发达，其产品的国内市场已基本饱和，必须大量出口，能否出口对这些国家的生产和就业影响甚大。在国际贸易竞争日益激烈的情况下，这些国家的政府为了加强本国大型机械设备（资本货物）的出口竞争力，通过本国银行（商业银行和进出口银行或出口信贷机构）向本国出口商或外国进口商（或银行）提供利率较低的中长期信贷，其利率低于市场利率的差额由国家补贴。

2. 出口信贷的发放与信贷保险相结合。由于出口信贷金额大、期限长、风险较大，为了使贷款银行免受风险，一些国家设有国家信贷保险机构对银行发放的出口信贷给予保险，如发生贷款不能收回的情况，信贷保险机构利用国家资金给予赔偿，风险由国家负担。

（二）出口信贷的形式

出口信贷有两种基本形式：卖方信贷和买方信贷。此外，还有福费廷信贷方式等。

1. **卖方信贷**。卖方信贷是在大型机械或成套设备贸易中，出口商所在国的银行向出口商（卖方）提供的信贷。贷款协议由出口商与银行签订，而出口商对外国的进口商提供中长期延期付款的便利。出口商付给银行的利息、费用（信贷保险费、承担费和管理费等），一般包括在货价内，转嫁给进口商负担。

卖方信贷的基本做法是：(1) 在签订买卖合同后，进口商先支付货款 10% ~ 15% 的定金。定金是履约的一种保证金。在分批交货、验收和保证期满时，再分期支付 10% ~ 15% 的货款，其余 70% ~ 80% 的货款在全部交货后若干年内分期偿还。(2) 出口商（卖方）与其所在地的银行签订贷款协议，取得贷款（贷款金额不超过合同金额减定金）。(3) 进口商（买方）分期向出口商支付其余货款和延期付款的利息。(4) 出口商分期向银行还本付息。

卖方信贷的优点是：出口商在发货后不能即时收到货款，这时银行对出口商发放贷款（卖方信贷），可以解决出口商资金周转困难，保证其生产经营不间断地进行，卖方信贷是由本国银行对本国出口商发放贷款，做法比较简便易行。但这种贷款存在以下缺点：(1) 出口商作为借款人承担中长期债务负担，使资产负债率升高，会增加持续获得贷款和担保的难度；(2) 出口商将付给银行的利息、费用以及货币汇率风险损失等都加入商品价格内，使货价升高，不透明，不利于与进口商达成交易。

2. **买方信贷**。在大型机械或成套设备等的贸易中，由出口国银行贷款给进口国的银行转贷给进口商或直接贷款给进口商，用以支付货款，这种信贷叫买方信贷。进口商对出口商采用即期付款的方式。

(1) 买方信贷的两种形式。

第一种形式：出口国的银行贷款给进口国的银行转贷给进口商。其程序如下：进口商与出口商洽谈贸易，签订合同，进口商先交定金，一般为合同金额的 15%；以贸易合同为基础，出口国银行与进口国银行签订贷款协议，给予贷款（贷款金额不超过合同金额减定金）；出口商发货；进口国银行将借到的款项转贷给进口商；进口商向出口商支付货款；根据贷款协议，进口国银行向出口国银行偿还贷款本金，并支付利息、费用；进口商向本国银行还本付息。

第二种形式：出口国银行直接贷款给外国进口商（买方）。其程序如下：进口商与出口商洽谈贸易，签订合同（规定为即期付款）后，进口商支付定金，一般为合同金额的 15%；以贸易合同为基础，进口商与出口国银行签订贷款协议（由进口国银行担保）贷款金额不超过合同金额减定金；出口商发货后将发货单据交银行；出口国银行根据贷款协议规定，凭出口商提交的发货单据，代进口商将货款付给出口商；在将货款付给出口商的同时，将款项记入进口商贷款账户；按贷款协议的条件，进口商对出口国银行分期偿还本金和支付利息。

(2) 买方信贷的贷款条件。①贷款使用的要求。进口商接受买方信贷，只能向贷款国的出口商支付，不能用于第三国，有些国家提供的出口信贷允许 20% 左右的设备在其他国家采购；进口商利用买方信贷限于进口资本货物，如大型单机、成套设备和有关劳务等，一般不能用于进口原材料、消费品等。②贷款使用的货币。一般有以下三种情况：一是使用提供买方信贷国家的货币；二是使用美元；三是提供买方信贷国家的货币与美元共用。③贷款利率。一般低于国际金融市场的利率，利差由出口国政府补贴。目前，利率按国际商业参考利率（CIRR）执行。④贷款费用。使用买方信贷要支付管理费（费率为1‰～5‰）。⑤贷款期限。一般8～12年左右，建设期为宽限期，宽限期满后开始分期还款，一般是按等份金额每半年还本付息一次。

（3）买方信贷的优缺点。买方信贷有以下优势：①对外国进口商提供贷款，可以增强外国进口商购买本国产品的吸引力，提高产品出口的竞争力。②买方信贷的借款人是外国进口商，因而本国出口商不存在中长期债务负担，可以改善资产负债状况，不会出现贷款和寻求担保难的问题。③本国出口商发货后，外国进口商利用贷款即期支付货款，因而可以即期收到货款，避免了收汇风险。④由于是银行向进口商提供贷款，因而本国出口商不直接承担进口国的国家风险。⑤买方信贷对外国进口商也有好处，一是出口商发货后，进口商可以立即付款，保证交易顺利进行；二是进口商可将信贷合同与商务合同分别考虑，出口商报出的货价内不含借款利息、费用、汇率风险损失等内容，融资成本和货物价格透明，便于货比三家，在谈判中处于主动地位。

但买方信贷也存在一定缺点，主要是买方信贷是由出口国银行发放贷款，它直接承担进口国的国家风险和进口商的信用风险，需要对这些风险进行调查和办理保险，因此贷款程序比较复杂，办理时间较长。

3. **福费廷**（forfaiting）。福费廷就是在延期付款的大型设备贸易中，出口商把经进口商承兑、进口商所在国的银行或政府部门作付款担保的远期汇票（或进口商开出的本票）无追索权地售给出口商所在地的银行（或金融公司），提前取得现款的一种资金融通方式。其基本做法是：

（1）出口商与进口商在洽谈贸易时，如欲使用福费廷应事先和其所在地的银行或金融公司约定，以便做好各项信贷安排。

（2）进口商应确定一个资信高的担保银行，保证在进口商不能履行支付义务时，要由其最后付款。担保行确定后，进出口商才签订贸易合同。

（3）出口商发运设备以后，将汇票和货运单据通过银行的正常途径，寄送给进口商，汇票经进口商承兑（或由进口商收到货运单据后开具本票）并取得银行担保后，寄交出口商。

（4）出口商取得进口商承兑的并经有关银行担保的远期汇票（或本票）后，按照与买进这项票据的银行（或金融公司）的原约定，办理该票据的贴现手续，取得现款。

福费廷业务与普通的贴现业务不同，银行买入出口商的远期汇票或本票之后无追索权，即万一进口商不能支付货款，银行不能向出口商追索此款。

通过福费廷业务，出口商与进口商之间的信用交易转变为现金交易，有利于出口商资金融通，而且可以将有可能发生的外汇风险转嫁给办理福费廷业务的银行，使出口商不受汇率变动和债务人偿还能力的风险影响。由于办理福费廷业务的银行或金融公司承担了各种风险，因而福费廷的贴现率高于一般贴现业务，而且还要向出口商收取各种费用：（1）管理费，须一次支付。（2）从出口商银行确认做福费廷业务之日起，到实际买进票据之日止，按一定费率和天数收取承担费。（3）如出口商未履行或撤销贸易合同，以致福费廷业务未能实现，银行要收取罚款。现在许多国家特别是欧洲国家，福费廷已成为贸易融资的有效方式。

（三）中国的出口信贷

中国的出口信贷最早是由中国银行办理的。1994年4月我国成立了中国进出口银行，它是重点支持大型机电产品和成套设备等资本性货物出口的政策性银行；其贷款利率和期限等与商业银行相比有较大的优惠。它的主要业务是办理出口信贷，包括出口卖方信贷、出口买方信贷等。

中国进出口银行的出口卖方信贷主要包括：（1）对我国大型机电产品、成套设备、船舶、飞机、卫星、软件等产品出口的企业发放贷款；（2）对带动成套设备、施工机械、技术和劳务出口的对外承包工程的企业发放贷款；（3）对带动成套设备、技术出口进行海外投资的企业发放贷款。例如，中国进出口银行曾为华源集团公司在墨西哥建设10万锭棉纺织厂、海尔集团在美国建立电冰箱生产基地等项目分别提供了6.5亿、16.5亿人民币大额信贷。

中国进出口银行的出口买方信贷，是中国进出口银行为了支持我国企业的大型机电产品、成套设备、船舶等产品出口而向外国进口商（买方）发放的贷款，发放这种贷款的目的是为了吸引外国进口商购买我国的产品，而且在我国出口商发货后很快就能收到货款，避免出口收汇风险。由于我国是全世界生产和出口船舶的大国之一，因此中国进出口银行把支持我国造船企业的船舶出口作为出口买方信贷工作的一个重点。例如，曾向挪威的两家公司提供了出口买方信贷，用于支持其从我国进口6艘液化石油汽船。由于造船企业交船后就能及时收汇，解除了出口收汇风险的后顾之忧。

中国进出口银行还办理进口买方信贷。这是指某外国（如A国）为了支持该国企业向我国出口成套设备等产品，向中国进出口银行提供贷款，转贷给我国进口商，从A国进口设备等产品。从A国来看，这是出口买方信贷；而从我国来看，则是进口买方信贷。

（四）我国对国际商业贷款的管理

我国从1979年开始在国际金融市场举借外债，其中国际商业贷款所占比重甚大。我国对境内机构借用国际商业贷款一直持谨慎态度，制定了一系列控制管理办法。经中国人民银行批准，国家外汇管理局于1991年9月公布了《境内机构借用国际商业贷款管理办法》，1995年10月，国务院发出了《关于进一步加强借用国际商业贷款宏观管理的通知》。

1. 对外借用国际商业贷款的境内机构限于：经国家外汇管理局批准经营境外借款业务的金融机构；经批准的工贸企业或企业集团。外商投资企业可直接对外借用国际商业贷款。

2. 中国人民银行是国际商业贷款的审批机关。中国人民银行授权国家外汇管理局及其分局具体负责对国际商业贷款的审批、监督和管理。

3. 国有企业及企业集团为筹集出口所需的外汇流动资金，直接对外借用一次性短期国际商业贷款，须逐笔报国家外汇管理局批准。

4. 境内机构借用中长期国际商业贷款必须列入国家利用外资计划。中长期国际商业贷款应用于引进先进技术设备，提高创汇能力，并符合国家利用外资政策。借款时须向国家外汇管理局申请，经批准才能实施。

5. 偿还国际商业贷款实行谁借谁还原则。下列外汇可用于偿还国际商业贷款本息：（1）利用国际商业贷款新增加的产品出口收汇和非贸易创汇项目新增加的外汇收入；（2）将国际商业贷款用于新开发项目的外汇收入；（3）自有外汇；（4）外汇管理部门同意的其他外汇。

五、外国政府混合贷款

外国政府混合贷款简称“混合贷款”，是由外国政府和该国银行共同提供的结构性贷款。

它包括以下两个部分：(1) 外国政府贷款，有的还给予部分赠款；(2) 出口信贷或商业银行贷款。各种贷款的比例根据两国关系及实施的项目确定，多数国家提供的政府混合贷款的比例为50%的低息或无息的政府贷款及50%的出口信贷。

外国政府混合贷款是20世纪80年代在出口信贷基础上发展起来的一种贷款形式。20世纪70年代初，大型机械、成套设备等资本货物的出口竞争加剧，各国在提供出口信贷时，为了加强政府支持力度，竞相采取降低利率、延长偿还期、降低收取现汇定金的比例等措施，企图削弱对方，占领市场。经济合作与发展组织（OECD）为了协调其成员国的行为，曾规定出口信贷的最低利率、最长期限、进口商支付现汇定金的最低比例。从20世纪70年代到现在，经济合作与发展组织对出口信贷利率作了多次调整，有调高趋势，有时甚至超过国际市场利率。因此，一些西欧国家开始提供部分政府贷款与出口信贷、商业银行贷款混合使用的贷款。例如，贷款总额1 000万美元，其中政府贷款500万美元，年利率2%，期限20年；出口信贷500万美元，年利率10%，期限4年。其目的包括：(1) 降低贷款利率（上例平均为3.33%），延长贷款期限（上例平均为12年），借款人可以用部分政府贷款支付出口信贷的定金，从而提高其产品的出口竞争能力；(2) 增进贷款国与借款国在政治、经济、技术和金融等方面的合作。混合贷款首先由法国推出，随后其他西方国家纷纷效仿。意大利是第一个给中国提供混合贷款的国家。

外国政府混合贷款因有政府贷款、赠款成分，涉及双方政府间行为，申请与使用的程序比一般的出口信贷、商业银行贷款复杂一些。我国企业要使用混合贷款应向本省、自治区、直辖市有关部门提出申请，经国家有关部门批准立项，报财政部向贷款国提出贷款要求，由财政部指定银行从外国借入，再转贷给项目单位。

六、国际项目融资

(一) 国际项目融资的定义与特点

项目融资（Project Finance）并非人们通常泛指的为建设项目进行的融资。为建设项目进行融资，其实有两种方式，即“公司融资”和“项目融资”。1997年4月16日我国颁布的《境外进行项目融资管理暂行办法》中，将项目融资定义为：“以境内建设项目的名义在境外筹措外汇资金，并仅以项目自身预期收入和资产对外承担债务偿还责任的融资方式。”

项目融资与公司融资的区别主要是以下两点：

第一，融资主体不同。项目融资以建设项目作为融资主体，以建设项目的名义融资，项目发起人通过招标确定投资者，投资者投入资本建立项目公司，通过项目公司获得贷款。投资者和贷款者对建设项目投入资金，完全是根据项目的预期收入和资产，项目有稳定的预期收入。贷款记入项目公司的账表，表现为项目公司的负债。公司融资是以公司作为融资主体，以公司的名义融资（借款），银行贷款时主要依据公司资产、收入和信誉。新建项目的贷款记入公司的账表，表现为公司负债。

第二，债务的追索形式不同。项目融资实行有限追索形式，债权人的追索权限于本项目的资产和收入，对本项目以外的资产和收入没有追索权，即对项目发起人和投资者本项目以外的资产和收入不能追索。贷款者对建设项目的贷款同意实行有限追索形式是因为：(1) 建设项目有政府的授权和支持；(2) 建设项目有稳定的收入；(3) 有各项合同保证项目按期保质完工，及时投入运营。公司融资实行完全（无限）追索形式，贷款者对项目以外的资产和收入有追索权，即当建设项目的资产和收入不够偿还贷款时，可要求公司用该建设项目以外的资产和收入偿还贷款。

从上述可以看出，国际项目融资具有以下特点：

1. 债权人对于建设项目以外的资产和收入没有追索权；

2. 境内机构不以建设项目以外的资产、权益和收入进行抵押或偿债；

3. 境内机构不提供任何形式的融资担保（不包括政府提供的专营特许和市场保障等）。

国际项目融资的资金来源包括以下两个方面：一是境外投资者投入的股权资本，二是从境外获得的各种贷款，前者是吸收外商直接投资，后者则属于国际信贷。

（二）国际项目融资的适用范围

国际项目融资主要适用于资金密集型的基础设施，这类项目收入稳定，运行费用和收入易于事先预测，财务风险较小。例如，发电设施、高等级公路、铁路、桥梁、隧道、城市供水及污水处理、港口、机场等基础建设项目，以及其他投资规模大，且具有长期稳定预期收入的建设项目。主要投资者应具有足够的经济能力和履约能力，外方主要投资者还应有较强的国际融资能力和进行项目融资的业绩。

国际项目融资在我国是一种新的融资方式，不论项目规模大小，均需报国家相关部门审批纳入国家利用外资计划。

（三）国际项目融资的模式

项目融资有多种模式，例如，投资者直接安排融资的模式，投资者通过项目公司安排融资的模式，以设施使用协议为基础的融资模式，以“杠杆租赁”为基础的融资模式，以“生产支付”为基础的融资模式和 BOT 项目融资模式等。其中，BOT 是 Build（建设）、Operate（经营）、Transfer（转让）三个英文单词第一个字母的缩写，**典型的 BOT 模式是指：大型项目的发起人（项目所在国的政府或政府指定的公司企业）在缺乏资金、技术的情况下，吸引外商来投资和经营（属于直接投资）**。一般是通过招标确定投资者，发起人与投资者签订特许权协议。由投资者建立项目公司，负责项目的筹资、建造，在协议规定的期限内行使经营权，偿还该项目的债务，收回对该项目的投资，并赚取商业利润，协议期满后，项目公司将该项目无偿转让给项目发起人。BOT 是项目融资的一种新模式。

（四）BOT 项目融资的基本程序

以某电力总公司为例，该公司现有三个电厂：A 厂、B 厂和 C 厂，为了解决电力供不应求问题，经政府批准，该公司发起建一新电厂——D 厂，采用 BOT 项目融资，其基本程序如图 6 - 1 所示。

小测试：

1. 外国政府贷款、世界银行贷款、国际金融公司贷款、国际开发协会贷款、国际商业银行贷款、出口信贷和混合贷款等在贷款性质、期限和利率水平方面有何区别？

2. 什么是硬贷款和软贷款？世界银行集团的贷款和亚洲开发银行的贷款哪些属于硬贷款，哪些属于软贷款？

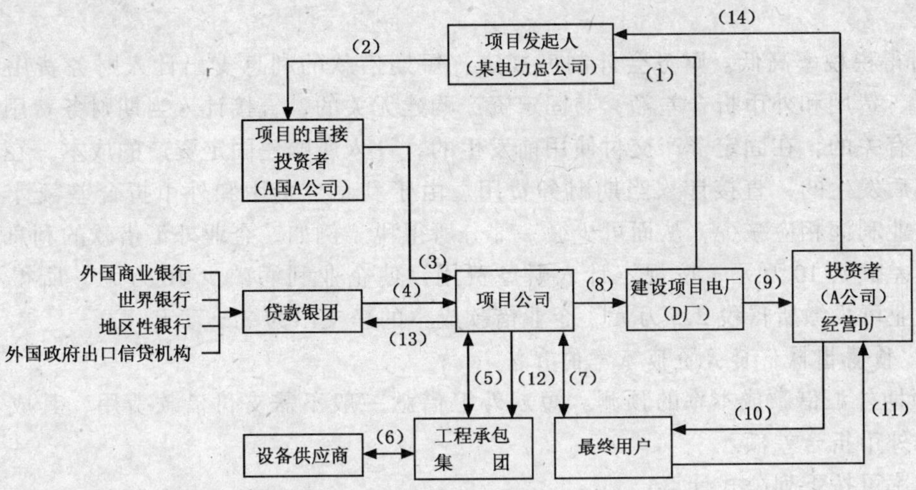

图 6－1　BOT 项目融资的基本程序

说明：(1) 某电力总公司经政府批准发起建设一新电厂——D 厂；(2) 通过招标、投标，A 国 A 公司中标，电力总公司授予中标者建设、经营 D 厂的权利，签订特许权协议；(3) A 公司投资建立项目公司；(4) 项目公司从境外银团获得贷款；(5) 项目公司与工程承包集团签订工程承包合同；(6) 工程承包集团与设备供应商签订供应合同；(7) 项目公司与产品或服务最终用户签订购销合同；(8) 项目公司进行施工，建设 D 厂；(9) D 厂建造完工，由投资者（A 公司）经营；(10) D 厂向用户供应电力；(11) D 厂获得销售收入；(12) 项目公司向工程承包集团支付工程款；(13) 项目公司向贷款银团还本付息；(14) 协议经营期满，A 公司将 D 厂转让给项目发起人。

第二节　国际信贷筹资的成本与风险

一、国际信贷筹资的成本

（一）预测国际信贷筹资成本的必要性

国际信贷筹资的成本是指企业从国外筹借和使用外汇借款所付出的代价，包括支付的利息、费用和外币折合差额等。外汇借款的成本额与借款额的百分比，称为“外汇借款成本率”。对外汇借款成本进行预测，是外汇借款筹资决策的需要。

1. 企业的借款成本率应当低于企业资金利润率，企业才能获得财务杠杆利益，提高自有资金利润率。因此，应预测借款成本率，并与资金利润率比较，以确定外汇借款的使用是否有利于提高企业经济效益。

2. 当企业取得外汇借款有两种以上货币可供选择时，就需要分别预测各种外币借款的成本率，加以比较，选择借款成本率最低的那种货币。

（二）影响国际信贷筹资成本率的因素

1. 利息率高低。这是影响借款成本率高低的基本因素。

2. 费用率高低。借款支付的费用项目越多，费用率越高，则借款成本率越高。

3. 汇率变化。这是外汇借款一个特有的因素，指外汇借款从借入到偿还期间由于汇率变化使偿还的本金和利息折合为人民币的金额增多或减少，其差额称为外币折合差额，即汇率风险损益。当借入的外汇升值时，企业会发生汇率风险损失，使外汇借款成本率升高，反之则降低。

4. 所得税税率高低。财务会计制度规定：短期借款的利息支出计入财务费用；长期借款的利息、费用和外币折合差额，与固定资产购建无关的，直接计入当期财务费用，与购建固定资产有关的，在固定资产交付使用前发生的，计入所购建固定资产的成本，在固定资产交付使用后发生的，直接计入当期财务费用。由于利息、费用和外币折合差额计入财务费用，使企业利润相应减少，从而可少缴一部分所得税。例如，企业外汇借款的利息、费用和外币折合差额共10万元，按规定计入财务费用，使企业利润减少10万元，所得税税率为25%，企业可少缴所得税2.5万元，企业借款成本的净支出为7.5万元。

（三）预测国际信贷筹资成本率的方法

1. 短期外汇借款成本率的预测。短期外汇借款一般不需支付借款费用，其成本包括利息支出和外币折合差额。

成本率可按下列公式计算：

公式（1）：$$K_g=\frac{B\times i\times r_1+B\ (r_1-r_0)}{B\times r_0}\times 100\%\times\ (1-T)$$

简化为：$$K_g=\frac{i\times r_1+\ (r_1-r_0)}{r_0}\times 100\%\times\ (1-T)$$

公式（2）：$$K_g=\frac{B\times i\times r_0\ (1+r')\ +B\times r_0\times r'}{B\times r_0}\times 100\%\times\ (1-T)$$

简化为：$$K_g=[i\ (1+r')\ +r']\ (1-T)$$

公式（3）：$$K_g=\frac{B\ (1+i)\ \times r_0\ (1+r')\ -B\times r_0}{B\times r_0}\times 100\%\times\ (1-T)$$

简化为：$$K_g=[\ (1+i)\ (1+r')\ -1]\ \times\ (1-T)$$

式中：K_g为外汇借款成本率；B为外汇借款本金；i为年利息率；r_0为借款时汇率；r_1为预测还款时汇率；r'为预测汇率变动百分比（即（r_1-r_0）÷$r_0\times 100\%$）；T为所得税税率。

【例6-2】 甲公司从银行借入短期外汇贷款1 000万美元，年利息率5%，借款时汇率为1美元 =7.90元人民币，预测从借款到还款期间美元将升值2%，还款时汇率为1美元=8.058元人民币，所得税税率为25%。

按公式（1）计算：

$$K_g=\frac{1\,000\times 5\%\times 8.058+1\,000\times\ (8.058-7.90)}{1\,000\times 7.90}\times 100\%\times\ (1-25\%)$$

$$=\frac{560.9}{7\,900}\times 100\%\times 75\%=7.10\%\times 75\%=5.325\%$$

按简化公式计算：

$$K_g=\frac{5\%\times 8.058+\ (8.058-7.90)}{7.90}\times 100\%\times\ (1-25\%)$$

$$=7.1\%\times 75\%=5.325\%$$

按公式（2）和公式（3）计算的结果与上相同。

2. 长期外汇借款成本率的预测。长期外汇借款的成本包括利息支出和外币折合差额，有些长期外汇借款的成本还包括各种借款费用。企业在取得借款时支付的各项费用可称为**筹资费**，这些费用占借款额的百分比叫**筹资费率**。由于长期借款从借款到以后付息还本一般要经过若干年，各种的利息率和汇率都发生变化，需分别计算各年的利息，借款期间不同时点的收支（收入贷款、支付筹资费、利息、到期还本）不能简单地相加减，因而长期外汇借款成本率应根据货币时间价值原理，采用现值法，按下列公式测算：

$$B(1-f)r_0 = \sum_{t=1}^{n}\frac{B\times i_t\times r_t(1-T)}{(1+K_g)^t}+\frac{B\times r_0+B(r_n-r_0)(1-T)}{(1+K_g)^n}$$

式中：f 为筹资费率；i_t 为第 t 年的平均利息率，r_t 为第 t 年的平均汇率；r_n 为期满还款时的汇率；K_g、B、r_0、T 的含义与短期外汇借款成本率的公式相同。

公式的左边是外汇借款减去筹资费后所得资金净额按借款时汇率折合人民币数额。公式右边第一项的分子是各年利息按各种汇率折合为人民币（减去节税额以后）的数额，除以 $(1+K_g)^t$，是各年利息（人民币）的现值之和；第二项的分子是本金（外汇折合人民币）加本金的外币折合差额（减去节税额），即本金净偿还额，除以 $(1+K_g)^n$，是到期偿还本金的现值。

公式右边两项现值之和与左边的数额相等，说明净现值等于零，这时，折现率 K_g 对于借款者来说，就是借款成本率。当公式中的数据除了 K_g 以外均为已知时，就可以求得 K_g 的数值。

【例 6-3】 某企业从银行取得 1 000 万美元借款，期限 3 年，实行浮动利率，预测各年的平均利率为：第一年 5%，第二年 5.2%，第三年 5.4%。期满时一次还本。筹资费率 1.5%。借款时汇率为 1 美元 = 7.94 元人民币，预测各年平均汇率为：第一年 1 美元 = 7.96 元人民币，第二年 1 美元 = 7.98 元人民币，第三年 1 美元 = 8.00 元人民币。按财会制度规定该项借款的利息和外币折合差额可计入财务费用，所得税的税率为 25%。按前列公式计算如下：

$$\begin{aligned}1\,000\times(1-1.5\%)\times 7.94 &= \frac{1\,000\times 5\%\times 7.96\times(1-25\%)}{(1+K_g)}\\&+\frac{1\,000\times 5.2\%\times 7.98\times(1-25\%)}{(1+K_g)^2}\\&+\frac{1\,000\times 5.4\%\times 8\times(1-25\%)}{(1+K_g)^3}\\&+\frac{1\,000\times 7.94+1\,000\times(8-7.94)\times(1-25\%)}{(1+K_g)^3}\end{aligned}$$

设 $K_g=5\%$，按上式计算，净现值为 − 76.70；设 $K_g=4\%$，按上式计算，净现值为 + 140.33；

可求得：$K_g=4\%+\dfrac{140.53}{140.53+76.70}\times 1\%=4.647\%$

公式中的 $\dfrac{B\times r_0+B(r_n-r_0)(1-T)}{(1+K_g)^n}$ 可改为 $\dfrac{B\times r_n-B(r_n-r_0)T}{(1+K_g)^n}$，二者的计算结果是相同的。

以上公式和举例是假定期满时一次还本，如果是分次还本，则公式中的 $\dfrac{B\times r_0+B(r_n-r_0)(1-T)}{(1+K_g)^n}$ 应改为 $\sum_{t=1}^{n}\dfrac{B_t\times r_0+B_t(r_t-r_0)(1-T)}{(1+K_g)^t}$，式中的 B_t 表示各次还本额。

二、国际信贷筹资的风险

（一）国际信贷筹资的风险来源

企业利用国际信贷筹借外汇资金其风险来源主要有以下几方面：

1. 利率风险。在实行浮动汇率的情况下，如果在偿债期间利率不断地上升，就会使借款企业的利息支出不断增加，很可能超过企业的承受能力，使企业出现债务危机。在实行固定利率时，借款企业也存在着风险，即如果在偿债期间浮动利率不断下降，则原先确定的固定利率很可能变得较高，而使企业多负担利息。

2. 汇率风险。如果企业借款、用款和还款的币种不同，借入的外汇升值，就会发生汇率风险损失，使借款成本提高，从而增加偿还债务的困难。汇率风险有以下两种表现：外币与人民币之间的汇率风险和外币与外币之间的汇率风险。后者是借一种外币而用另一种外币偿还。例如，我国A公司某年7月为了从日本进口原材料从银行借款8 800万日元，当时汇率为1美元=110日元，此笔贷款折合80万美元。A公司出口产品的收入是美元，用美元来偿还借款，12月还款时，汇率变为1美元=100日元，还清此笔贷款的本金就需支付88万美元，由于汇率变动，A公司需多支付8万美元。

3. 项目建设风险。指外汇贷款项目在建设过程中由于施工和投资等方面存在较大问题而产生的风险，包括外汇贷款项目超支风险和投产拖期风险等。

4. 市场风险。指由于贷款项目所生产的产品由于国内外市场容量和销售价格方面的变化引起产品滞销积压或价格下跌、收入减少，从而使企业无力还本付息。

5. 生产技术风险。指利用外汇贷款引进的设备本身在技术、工艺流程和国内设备配套等方面存在较大问题，从而影响进口设备的正常运转，或利用进口设备生产的产品在技术、质量、规格等方面达不到标准，无法投放市场，从而使外汇贷款无法正常归还。

6. 经营管理风险。指使用外汇贷款的企业在经营管理方面存在严重问题，使企业收入减少，成本升高，亏损严重，从而影响外汇贷款不能按期偿还。

上面所说的国际信贷筹资风险都是从经济方面来分析的。此外，借款者无力偿还外汇借款本息，还可能有政治和其他方面的原因，例如，有的国家由于遭到外国军事入侵，发生内战或严重的社会动乱、特大自然灾害，经济遭受严重损失，使企业和国家无力偿还外债，这种风险一般称为政治风险或国家风险。

（二）国际信贷筹资风险管理

1. 在借、用、还三个阶段采用不同方法进行风险管理。

（1）借款阶段：在外汇贷款协议签订之前，对贷款项目在技术、经济、财务等方面认真进行可行性研究，对贷款项目的效益和风险进行预测和分析，正确进行筹资决策，正确选择借款的货币、利率和还本付息方式，合理安排借款期和还款计划，正确签订贷款协议，尽量争取对自己有利的条款。例如，在协议中规定多种货币、延期还款、提前还款和利率安排等条款，为资金的使用和偿还打好基础。其中，多种货币条款赋予借款人在贷款展期（或重新设立）时有从一种货币转变为另一种货币的权利，而且可以从规定的几种货币中任意选择。正确选择借款货币，可避免或降低利率风险和汇率风险损失。

（2）用款阶段：切实做好贷款项目的建设管理和投产后的生产经营管理，保证按期或提前投产，提高产品质量，扩大出口，增加收入，降低成本，增加利润，就能按期还本付息。

(3) 还款阶段：要按还款计划提前做好资金准备，及时办好还款手续。外债较多的企业应按债务余额的一定比例提存外汇，建立偿债基金，在银行开立专户存储。国家批准的专项还贷出口收汇，可直接记入该账户。专户资金只能用于对外支付本息，不得移做他用。

国际信贷筹资风险管理一般采用最佳资金来源结构法，注意正确安排自有资金和借入资金的比例，降低财务风险。

2. 运用金融工具防范利率风险和汇率风险。为了防范外汇借款的利率和汇率风险，在国际金融市场上常用货币互换、利率互换和利率期权等方法。

(1) **货币互换**（Currency Swap）。货币互换是指两个独立的筹资者将各自筹集到的等值的、期限相同的不同货币的债务进行货币调换，由银行作为中间人，调换双方达成协议。这种做法目的是将一种货币的债务换成另外一种货币的债务，以减少借款成本，或避免远期汇价变动所带来风险。

【例 6-4】 A公司借款，如借美元，利率为9.65%，如借日元，利率为6.95%；B公司借款，如借美元，利率为10.27%，如借日元，利率为6.35%。A公司的营业收入主要是日元，希望借日元，但利率相对较高（与B公司借日元的利率相比），B公司的营业收入是美元，希望借美元，但利率相对较高（与A公司借美元的利率相比）。为了避免外汇风险和降低借款成本，A公司按利率9.65%借美元70万，B公司按利率6.35%借日元8 400万（当时汇率1美元=120日元，8 400万日元与70万美元等值），然后通过中介银进行货币互换（见图6-2）。

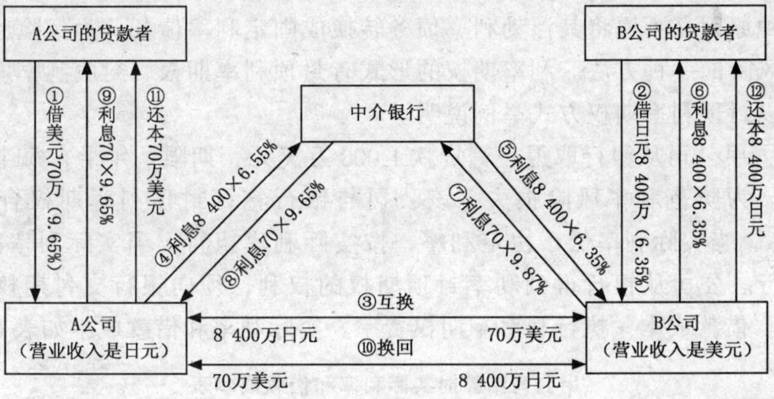

图 6-2　货币互换

通过上述货币互换，既避免了外汇风险，又降低了借款成本。A公司筹借到利率6.55%的日元，节省成本0.4%（6.95%-6.55%），B公司筹借到利率9.87%的美元，节省成本0.4%（10.27%-9.87%），中介银行获得收益0.42%［（6.55%-6.35%）+（9.87%-9.65%）］。

(2) **利率互换**（Interest Rate Swap）。利率互换是指两个独立的筹资者，利用各自的筹资优势，分别借入币种、金额和期限相同但计息方式不同的债务，然后双方通过中介人（通常是银行）互换付息方式，以期得到各自所期望的利率种类，从而达到降低借款成本或避免将来利率不利变化带来损失的目的。

利率互换的主要目的是为了避免利率风险。例如，一公司借了浮动利率贷款，它预测利率将上浮，为了避免利率上升多付利息的损失，希望调换为固定利率贷款。相反，另一公司借了固定利率贷款，它预测市场利率将下降，为了得到利率下浮少付利息的好处，希望调换为浮动利率贷款。这两个公司可以直接或间接地（通过一家银行作中介）进行利率互换。

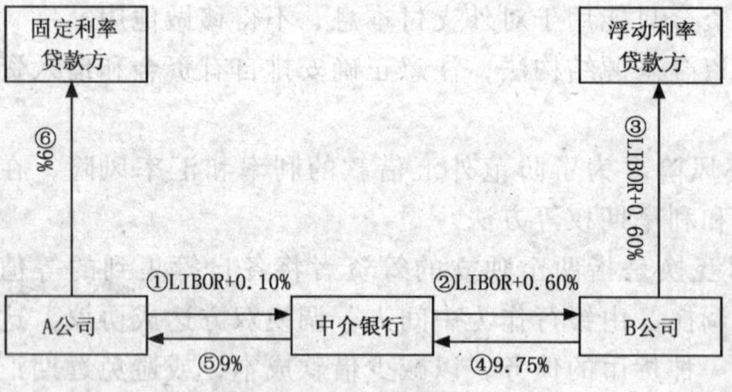

图 6－3　利率互换

【例 6－5】 A、B 两公司，A 公司的资信等级较高，银行贷款的浮动利率对 A 公司为 LIBOR＋0.35%，对 B 公司为 LIBOR＋0.60%；贷款银行的固定利率，对 A 公司为 9%，对 B 公司为 10%。根据各自的对优势，A 公司以固定利率 9% 借 100 万美元，B 公司以浮动利率 LIBOR＋0.60% 借 100 万美元。B 公司担心利率上浮，希望调换为固定利率，而 A 公司则认为市场利率会下浮，愿调换为浮动利率，双方由一家银行作中介进行了互换（见图 6－3）。

经过互换之后，A 公司的借款成本节省了 0.25%（0.35%－0.10%），B 公司的借款成本节省 0.25%（10%－9.75%），中介银行的收益为 0.25%［（9.75%－9%）－（0.60%－0.10%）］。B 公司按固定利率 9.75% 支付利息，避免了利率可能上浮的风险，A 公司按（LIBOR＋0.10%）支付利息，附加利率降低了，减少了利率风险。

（3）**利率期权**（Interest Rate Option）。实行浮动利率，借款人时刻都在为利率风险担忧，而借款人因某种原因又不愿将其浮动利率债务转换成固定利率债务。为保险起见，买进利率期权也是防范风险的一种方法。利率期权的形式有封顶利率期权、封底利率期权和两头封利率期权。下面以封顶利率期权方式举例说明。

【例 6－6】 甲公司从银行取得一笔贷款 1 000 万美元，期限一年半，每半年结算一次利息，利率浮动。为防范利率风险损失，该公司与银行签订封顶利率期权合约。协定利率（年）定为 10%，当实际利率低于协定利率，按实际利率执行，当实际利率高于协定利率，按协定利率执行。公司从银行得到利率封顶期权的权利，须向银行支付期权费，期权费率（年）为 0.2%。借款成本＝执行利率＋期权费率。实际利率和借款成本如表 6－2 所示。

表 6－2　　甲公司结算时实际利率和借款成本表

利息结算	第一次	第二次	第三次	平均
实际利率（%）	9	11	12	10.67
协定利率（%）	10	10	10	10
期权卖方付出的补偿（%）	0	1	2	—
执行利率（%）	9	10	10	9.67
期权费率（%）	0.20	0.20	0.20	0.20
借款成本（%）	9.20	10.20	10.20	9.87

甲公司购买了封顶利率期权，支付利息额为［1 000×（9%＋10%＋10%）÷2＝］145 万美元，支付期权费为［1 000×（0.20%＋0.20%＋0.20%）÷2＝］3 万美元，利息和期权费合并计算为［1 000×（9.20%＋10.20%＋10.20%）÷2＝］148 万美元。如果不购买此种

期权，应只支付利息，支付的利息为［1 000×（9%+11%+12%）÷2=］160万美元。节省了12万美元（160-148）支出。利率封顶使浮动利率的债务人既转移了市场利率上升导致借款成本增加的风险，又保留了市场利率下降时降低借款成本的机会，但期权费较高。

小测试：

1. 怎样测算短期外汇借款和中长期外汇借款的成本率？二者有何区别？
2. 国际信贷筹资有哪些风险？怎样利用金融工具防范利率风险和汇率风险？

第三节　国际信贷筹资决策

一、国际信贷的货币选择

（一）货币选择应考虑的主要因素

在浮动汇率制度下，汇率波动幅度很大，借款的外汇风险也增大，在此情况下，选择信贷所使用的货币就具有重要意义。对于借款人来说，取得借款时选用软货币比较有利，因为借款人能从软货币汇率下跌中得到好处，减轻债务负担。例如，某一时期欧元与美元比较，前者较软，年初汇率为1美元=0.85欧元，如年初借1 000万欧元，借期一年，年利率10%，一年后还款时，汇率变为1美元=0.95欧元，偿还本金1 000万欧元，如按年初汇率需支付（1 000÷0.85）1 176.47万美元，但按年末变动后的汇率只需支付（1 000÷0.95）1 052.63万美元，可少付123.84万美元。反之，如果借款人在借款时使用硬货币，就会从硬货币汇率的上升中蒙受损失，加重债务负担。对于贷款银行来说，发放贷款时使用硬货币比较有利，贷款银行能从硬货币汇率的上升中得到好处。可见借贷双方的利益是对立的。在银行信贷中，如果使用软货币，贷款银行为了弥补这种货币汇率下跌时发生的损失，就要求提高贷款利率；如果使用硬货币，借款人为了弥补这种货币汇率上升时发生损失，就要求降低贷款利率。因而在国际金融市场上，以软货币借贷的利率较高，以硬货币借贷的利率较低，两种货币借贷的利率有时差距很大。因此，借款人取得国际银行信贷时选用何种货币必须考虑货币软硬（汇率升降）和利率高低两个因素，如果顾此失彼，就可能发生错误，导致损失。

（二）选择的方法

【例6-7】　我国甲公司拟从银行取得一笔一年期外汇贷款，有A和B两种货币可供选择。有关资料如下：年利息率：A元6%，B元7%；汇率：借款时1A元=0.60B元，预测还款时1A元=0.62B元。拟借100万A元或60万B元。应借哪种货币？

有以下两种比较选择法：

1. 本利和比较法。分别计算借两种货币的本利和，选择较小者。

如借A元，到期应支付的本利和=100×（1+6%）=106（万A元）

如借B元，到期应支付的本利和=60×（1+7%）=64.20（万B元）

为了比较，将64.20万B元折合为A元：64.20÷0.62=103.55（万A元）

也可将 106 万 A 元折合为 B 元：106 × 0.62 = 65.72（万 B 元）

通过计算比较可知：借 B 元虽然利息率较高，但由于 B 元贬值，A 元升值，汇率变动的影响不仅抵消了利息率的差异，而且还使得借 B 元较为合算。

2. 成本比较法。分别计算借两种货币的成本，选择较低者。

(1) 以计算借 A 元的成本为基础，为了与借 A 的成本比较，在计算借 B 元的成本时，考虑汇率变动的影响。

借 A 元的成本额 = 100 × 6% = 6（万 A 元）

成本额就是年利息额，成本率就是年利息率 6%。

借 B 元的成本额 = 60 × 7% ÷ 0.62 + （60 ÷ 0.62 − 60 ÷ 0.60） = 3.5484（万 A 元）

借 B 元的成本率 = 3.5484 ÷ （60 ÷ 0.60） × 100% = 3.55%

(2) 也可以计算借 B 元的成本为基础，在计算借 A 元的成本时考虑汇率变动的影响。

借 B 元的成本额 = 60 × 7% = 4.2（万 B 元）

成本率就是年利息率 7%。

借 A 元的成本额 = 100 × 6% × 0.62 + 100（0.62 − 0.60） = 5.72（万 B 元）

借 A 元的成本率 = 5.72 ÷ （100 × 0.60） × 100% = 9.53%

以上两种计算都是借 B 元的成本额和成本率低于借 A 元的成本，与本利和比较法计算的结果是一致的。

如果甲公司确信还款时汇率预测是准确的，则可毫不犹豫地选择借 B 元。但汇率预测往往不完全准确，因此还须考虑汇率变动的多种可能性。

(三) 考虑汇率变动的多种可能性

【例 6-7】 承上例，还款时 A 元与 B 元的汇率，除了上述预测的 1A 元 = 0.62B 元之外，还可能是 1A 元等于 0.6240B 元、0.6220B 元或 0.60B 元、0.58B 元等。

在多种可能汇率的情况下，两种货币借款的本利和比较情况如表 6-3 所示。

表 6-3　两种货币借款本利和比较

预测还款时汇率	借 A 元本利和		借 B 元本利和	比较	
	万 A 元	折合为万 B 元			
(1)	(2)	(3) = (1) × (2)	(4)	(5) = (3) − (4)	
1A 元 = 0.6240B 元	106	66.1440	64.20	1.9440	借 B 元较合算
1A 元 = 0.6220B 元	106	65.9320	64.20	1.7320	
1A 元 = 0.6200B 元	106	65.7200	64.20	1.5220	
1A 元 = 0.60566 元	106	64.2000	64.20	0	借 A 元和借 B 元无差异
1A 元 = 0.6000B 元	106	63.6000	64.20	−0.6000	借 A 元较合算
1A 元 = 0.5800B 元	106	61.4800	64.20	−2.7200	

在多种可能汇率的情况下，两种货币借款的成本比较情况如表 6-4 所示。

(四) 平衡点时的汇率

平衡点时的汇率是指两种货币借款的成本相等时的汇率，它可按下列公式计算：

$$F(1+K_1) = P(1+K_2)S_b$$

表 6－4　　两种货币借款成本比较

预测还款时汇率（1A 元＝？B 元）	借 A 元利息		借 A 元本金的汇率折合差额（万 B 元）	借 A 元成本（万 B 元）	借 B 元成本（年利息万 B 元）	比较
	万 A 元	折合为万 B 元				
（1）	（2）	（3）＝（1）×（2）	（4）	（5）＝（3）＋（4）	（6）	（7）＝（5）－（6）
0.6240	6	3.7440	100×（0.6240－0.6）＝2.4000	6.1440	4.2000	1.9440 借 B 元比较合算
0.6220	6	3.7320	100×（0.6220－0.6）＝2.2000	5.9320	4.2000	1.7320 借 B 元比较合算
0.6200	6	3.7200	100×（0.6200－0.6）＝2.0000	5.7200	4.2000	1.5200 借 B 元比较合算
0.60566	6	3.63396	100×（0.60566－0.6）＝0.5660	4.2000	4.2000	0 借 A 元和借 B 元无差异
0.6000	6	3.6000	100×（0.6000－0.6）＝0	3.6000	4.2000	－0.6000 借 A 元比较合算
0.5800	6	3.4800	100×（0.5800－0.6）＝－2.0000	1.4800		－2.7200 借 A 元比较合算

或：$F(1+K_1)\div S_b=P(1+K_2)$，$S_b=\dfrac{F(1+K_1)}{P(1+K_2)}$

式中：S_b 为平衡点时的汇率；F 为 B 元借款额；P 为 A 元借款额；K_1 为 B 元借款利息率；K_2 为 A 元借款利息率。

将前例数据代入公式，求得：

$$S_b=\frac{60\times(1+7\%)}{100\times(1+6\%)}=0.60566$$

当还款时汇率（S）为 1A 元＝0.60566B 元时，借 A 元和借 B 元的成本是相等的，即当 $S=S_b$ 时，借 A 元和借 B 元都一样；当 $S<S_b$ 时，借 A 元借较合算；当 $S>S_b$ 时，借 B 元较合算。

平衡点时的汇率也可以按下面的另一种方法计算：先计算利率差异的影响，然后对汇率进行调整。例 6－7 由于利率差异，A 元贬值率为：

$$\text{A 元贬值率}=\frac{(1+6\%)-(1+7\%)}{(1+6\%)}\times100\%=0.94339\%$$

如果由于汇率变动，A 元升值率也为 0.94339%，使汇率变动与利息率差异二者平衡，则

平衡点时的汇率＝0.6×（1＋0.94339%）＝0.60566

（五）汇率变动的概率分析

在比较两种货币借款的本利和或成本时，除了应考虑汇率变动的多种可能性，还应考虑各种汇率出现的概率，如表 6－5 所示。

$$\begin{aligned}\text{概率 1 的平均汇率}&=0.6240\times5\%+0.6220\times10\%+0.6200\times25\%+0.6000\times35\%\\&\quad+0.5800\times25\%\\&=0.6034\end{aligned}$$

$$\begin{aligned}\text{概率 2 的平均汇率}&=0.6240\times25\%+0.6220\times35\%+0.6200\times25\%+0.6000\times10\%\\&\quad+0.5800\times5\%\\&=0.6177\end{aligned}$$

借 A 元的预期平均成本还可按下列方法计算：

按概率 1 计算：106×0.6034－60＝3.9604（万 B 元）

表 6－5　　两种货币借款与成本汇率变动的概率分析

预测还款时汇率 1A 元＝？B 元	概率		借 A 元成本（万 B 元）	借 A 元预期平均成本		借 B 元平均成本
	1	2		按概率 1 计算	按概率 2 计算	
(1)	(2)	(3)	(4)	(5) ＝ (4) × (2)	(6) ＝ (4) × (3)	(7)
0.6240	5%	25%	6.1440	0.3072	1.5360	
0.6220	10%	35%	5.9320	0.5932	2.0762	
0.6200	25%	25%	5.7200	1.4300	1.4300	
0.6000	35%	10%	3.6000	1.2600	0.3600	
0.5800	25%	5%	1.4800	0.3700	0.0740	
合　计	100%	100%	—	3.9604	5.4762	4.2000

按概率 2 计算：106×0.6177－60＝5.4762（万 B 元）

从表 6－5 可看出，借 A 元的预期平均成本，如果按第一种概率计算为 3.9604 万 B 元，低于借 B 元的平均成本（4.2000 万 B 元），应选择借 A 元。但如果按第二种概率计算为 5.4762 万 B 元，高于借 B 元的平均成本，这时应选择借 B 元。

（六）多种货币组合融资

国际信贷的货币选择，一般是从多种可供选择的货币中选择借其中的某一种货币。当很难确定借哪一种货币更适合时，可采用多种货币组合融资法。运用外币组合融资可能达到较低的借款成本，而且风险（外汇借款成本高于国内成本的可能性）较小的目的。

【例 6－8】　我国甲公司拟从国外取得外汇借款，可供选择的货币是 A 国的 A 元和 B 国的 B 元，有关资料如下：一年期贷款利息率为借 A 元 4%，借 B 元 5%（如果在国内借人民币，利息率为 7.5%）。汇率变动情况如表 6－6 所示。

表 6－6　　汇率变动预测

借款时汇率	预测还款时汇率	汇率变动（%）	概　率
1A 元＝4 元人民币	1A 元＝4.02 元人民币	＋0.5	0.25
	1A 元＝4.06 元人民币	＋1.5	0.55
	1A 元＝4.18 元人民币	＋4.5	0.20
1B 元＝5 元人民币	1B 元＝4.975 元人民币	－0.5	0.35
	1B 元＝5.075 元人民币	＋1.5	0.40
	1B 元＝5.175 元人民币	＋3.5	0.25

由于 A 元和 B 元贷款利息率都低于国内人民币贷款，甲公司可能想要借入外币，有以下三种选择：(1) 只借 A 元；(2) 只借 B 元；(3) 组合借入 A 元和 B 元。

1. 借入 A 元、B 元的成本测算。借 A 元的成本如表 6－7 所示。

表 6－7　　借 A 元的成本

三种可能	成本率	平均成本率
1	[4%×4.02＋(4.02－4)]÷4×100%＝4.52%	4.52×0.25＝1.13%
2	[4%×4.06＋(4.06－4)]÷4×100%＝5.56%	5.56%×0.55＝3.058%

续表

三种可能	成本率	平均成本率
3	[4% × 4.18 + (4.18 − 4)] ÷ 4 × 100% = 8.68%	8.68% × 0.20 = 1.736%
合　计		5.924%

表 6－7 和表 6－8 中成本率的计算方法见第二节公式（1）。借 B 元的成本如表 6－8 所示。

表 6－8　　借 B 元的成本

三种可能	成本率	平均成本率
1	[5% × 4.975 + (4.975 − 5)] ÷ 5 × 100% = 4.475%	4.475 × 0.35 = 1.566%
2	[5% × 5.075 + (5.075 − 5)] ÷ 5 × 100% = 6.575%	6.575% × 0.40 = 2.63%
3	[5% × 5.175 + (5.175 − 5)] ÷ 5 × 100% = 8.675%	8.675% × 0.25 = 2.169%
合计		6.365%

2. 借入 A 元、B 元的汇率风险衡量。在财务经济学中，风险可用标准离差表示。标准离差是用来测量变量围绕其期望值的离散程度的，标准离差越大，表示变量偏离其期望值的程度越大，即风险越大。上例甲公司借 A 元和 B 元的风险衡量如表 6－9 和表 6－10 所示。

表 6－9　　借 A 元的汇率风险

汇率（1）	概率（2）	（3）＝（1）×（2）	（4）＝（1）－4.074	（5）＝（4）^{2}	（6）＝（2）×（5）
4.02	0.25	1.005	−0.054	0.002916	0.000729
4.06	0.55	2.233	−0.014	0.000196	0.0001078
4.18	1.20	0.836	0.106	0.011236	0.0022472
合　计	1.00	4.074	—	—	0.003084

标准离差 $= \sqrt{0.003084} = 0.0555337$

标准离差率 = 0.555337 ÷ 4.074 × 100% = 1.36312%

表 6－10　　借 B 元的汇率风险

汇率（1）	概率（2）	（3）＝（1）×（2）	（4）＝（1）－5.065	（5）＝（4）^{2}	（6）＝（2）×（5）
4.975	0.35	1.74125	−0.09	0.0081	0.002835
5.075	0.40	2.03000	0.01	0.0001	0.00004
5.175	0.25	1.29375	0.11	0.0121	0.003025
合　计	1.00	5.06500	—	—	0.0059

标准离差 $= \sqrt{0.0059} = 0.0768114$

标准离差率 = 0.0768114 ÷ 5.065 × 100% = 1.15165%

例 6－8 中 A 元和 B 元的预计平均成本和汇率风险都相差不多，A 元的平均成本较低，但汇率风险较高。如果我国甲公司选择只借其中的某种外币，很难确定借哪一种货币更适合，因此可考虑组合融资法。

3. A 元和 B 元组合融资的成本。A 元和 B 元两种外币组合融资成本有几种可能，如表

6－11所示。

表 6－11　　**A 元和 B 元组合筹资成本**

筹资成本率组合的几种可能		综合概率	组合筹资的成本率（借款总额中 A 元占 40%B 元占 60%）
A 元	B 元		
4.52%	4.48%①	0.25×0.35＝0.0875	4.52%×0.4＋4.48%×0.6＝3.768%
4.52%	6.58%①	0.25×0.40＝0.10	4.52%×0.4＋6.58%×0.6＝5.756%
4.52%	8.68%①	0.25×0.25＝0.0625	4.52%×0.4＋8.68%×0.6＝7.016%
5.56%	4.48%	0.55×0.35＝0.1925	5.56%×0.4＋4.48%×0.6＝4.912%
5.56%	6.58%	0.55×0.40＝0.22	5.56%×0.4＋6.58%×0.6＝6.172%
5.56%	8.68%	0.55×0.25＝0.1375	5.56%×0.4＋8.68%×0.6＝7.432%
8.68%	4.48%	0.20×0.35＝0.07	8.68%×0.4＋4.48%×0.6＝6.16%
8.68%	6.58%	0.20×0.40＝0.08	8.68%×0.4＋6.58%×0.6＝7.42%
8.68%	8.68%	0.20×0.25＝0.05	8.68%×0.4＋8.68%×0.6＝8.68%

注：①表 6－8 中为 4.475%、6.575%、8.675%。

通过前面计算可看出，外币借款成本高于国内人民币借款成本（7.5%）的可能性，只借 A 元时为 20%（见表 6－7），只借 B 元时为 25%（见表 6－8），两种外币组合借款时只有 5%（见表 6－11）。

4. A 元和 B 元组合融资的风险。A 元和 B 元组合融资方差 VAR（r_p）可按下式计算：

$$\text{VAR}(r_p)=\omega_A^2\sigma_A^2+\omega_B^2\sigma_B^2+2\omega_A\omega_B\sigma_A\sigma_B\text{CORR}_{AB}$$

式中：ω_A 和 ω_B 分别代表 A 元、B 元在融资总额中所占的比例；σ_A^2 和 σ_B^2 分别表示 A 元、B 元融资汇率风险的方差，CORR_{AB}代表 A 元 B 元融资成本的相关系数。根据上例的有关数据（另设 CORR_{AB}为 0.15）计算如下：

$$\begin{aligned}\text{VAR}(r_p)&=0.40^2\times0.0555337^2+0.60^2\times0.0768114^2+2\times0.40\times0.60\times0.0555337\\&\quad\times0.0768114\times0.15\\&=0.0029244\end{aligned}$$

上述 A 元、B 元组合融资的标准离差为 $\sqrt{0.0029244}=0.0540777$，低于只借 A 元或只借 B 元的标准离差。

二、国际信贷的利率选择

利率选择可从以下两方面进行分析，一是按借款成本高低将外汇借款分为低利率借款和高利率借款，二是按借款风险大小将外汇借款分为固定利率借款和浮动利率借款。所以，对国际信贷利率的选择，主要指利率水平的选择和采用固定利率还是浮动利率的选择。

（一）利率水平的选择

利率水平高低与贷款来源有密切关系。外国政府贷款的利率最低，国际金融组织贷款和出口信贷的利率较低，而国际商业银行贷款的利率较高。国际商业银行贷款一般实行浮动利率，易受国际资本市场波动的影响，又由于还款期较短，因而风险较大。在各种来源的贷款中，利率较高的国际商业银行贷款所占比重过大，必然加大外汇借款的平均成本，如果企业效益不佳，就容易陷入债务危机。20 世纪 80 年代，墨西哥、巴西、阿根廷等国的国际商业贷款占外债余额的百分比高达80%以上，由于经济衰退，爆发了严重的债务危机。20世纪90年代末，亚洲金融危机的发生，一个重要的原因是一些东南亚国家（如泰国、马来西亚、菲律宾和印度尼西亚等）过多地借入国际商业贷款，盲目投资，经济陷入困境，无力偿还外债，引起本国货币贬值，一些企业破产倒闭。吸取已有的教训，我国政府比过去更强化了对借用国际商业信贷的严格控制。

借款者为控制利率水平，降低借款成本，防范外汇借款风险，应当选择适当的借款来源，注意以下几方面的问题：

1. 尽可能争取外国政府和国际金融组织的低息或无息贷款。

2. 属于中等利率水平的出口信贷和其他低于市场利率的优惠贷款也要充分利用。

3. 对于利率和费用较高的国际商业贷款，要根据其优点和企业的实际需要适当借用。要寻求利率最低的贷款，但不能只求减少利息支出而放弃效益好但利率稍高的借款机会。从企业来讲，使用国际商业贷款应持特别谨慎的态度，必须有良好的经济效益，充分的偿还能力。从国家来讲，应明确规定使用国际商业贷款的比例限制和审批权限，加强对国际商业贷款控制和管理。

在不同国家、不同金融市场，同一种货币的贷款利率往往是有差别的。例如，欧洲货币市场美元贷款的利率一般低于美国国内银行美元贷款的利率。因此，还应对不同国家、不同金融市场的贷款利率进行比较，选择借用利率较低的贷款。

（二）采用固定利率或浮动利率的选择

固定利率和浮动利率各有特点。固定利率的特点是利率水平固定不变，可使借款成本锁定。采用固定利率，如借款期内市场利率上浮，借款企业可避免多付利息，如借款期内市场利率下浮，借款企业付出的利息较多。浮动利率特点是灵活多变，风险较大，如利率上浮，借款企业将多支付利息，利率风险损失由企业负担，如利率下浮，则借款企业可少支付利息，利率风险损失由银行负担。如果借款期限较长，在此期限内，利率浮动有升有降，采用浮动利率可以使利率风险较合理地由借贷双方共同负担。

在国际资本市场上由于浮动利率随资金供求等情况而变动，当利率趋升时，风险很大，如不合理控制，就会加重债务负担，甚至造成债务危机。据经济合作与发展组织统计，发展中国家浮动利率债务的利息成本，1977年为7.8%，1982年为17.5%，而固定利率债务的利息成本，仅由5%上升到7.9%。由于发展中国家对外借款以浮动利率为主，支付利息总额由1977年的127亿美元增至1982年的630亿美元。20世纪80年代债务危机的发生与对外借款大量采用浮动利率有直接关系。

吸取历史教训，我们在从国外借款时，应科学地预测利率变动趋势，合理地控制浮动利率借款在借款总额中的比例。企业借款采用固定利率还是浮动利率，选择的关键在于正确预测借款期间利率变动的趋势。在国际金融市场利率处于低水平时，企业借款采用固定利率为宜；在国际金融市场利率处于高水平时，以采用浮动利率为宜。在选用浮动利率时，还要注意基础利率的选择，应根据具体情况选择以伦敦、欧元区、东京、新加坡、香港和上海等国际金融中心的银行同业拆放利率或美国的联邦基金利率作为基础利率。

三、国际商业银行贷款形式的选择

选择贷款形式是指企业在借用国际商业银行贷款时，是从独家银行贷款还是利用银团贷款，这取决于企业所需资金数额、期限和风险程度。贷款额度较大、风险程度较高的大型工程项目或大型基础设施项目，适宜于采用银团贷款；如果贷款额度较小，期限较短，则可采用独家银行贷款形式。独家银行贷款的成本较低，只包括利息和承担费，而银团贷款的成本较高，包括的费用项目较多。

小测试：

1. 怎样进行国际信贷的货币选择？
2. 什么是平衡点时的汇率？有何作用？怎样计算？
3. 多种货币组合融资有什么好处？怎样进行多种货币组合融资？
4. 怎样进行国际信贷的利率选择？

案例6-1

IFC对中国民营企业的贷款和参股

国际金融公司（IFC）对中国的投资包括贷款和参股（股权融资）。1985—1999年共投资31个项目，计6.64845亿美元。2000—2005年共投资49个项目，计11.35155亿美元，其中贷款6.666037亿美元，参股4.69118亿美元。IFC在中国的投资组合比例一般是60%贷款、40%参股，主要根据客户的需求来决定。在过去的几年，IFC一直致力于推动中国本土民营企业的发展，投资项目涉及制造业、金融业、建材、电力、医疗卫生、信息技术、农业、零售业、汽车及零部件、化工、石油、天然气等行业。例如，2004年对新奥燃气有限公司提供2 500万美元贷款，参股1 000万美元。IFC的这项投资是从中国的整体战略方向考虑的。在中国，天然气仅占能源消耗总量的3%，远远低于全球20%和亚洲9%的平均水平，中国计划至2010年将天然气消耗量提高到7%～10%。IFC的投资支持中国政府发展天然气行业、降低环境成本的政策，这一投资主要用于发展新奥在石家庄、蚌埠、湘潭的天然气配送设施。IFC选择新奥公司有以下三个原因：（1）新奥是一个很优秀的本土民营企业；（2）新奥的项目很符合IFC的投资战略，是IFC投资的一个重点，而且新奥所在领域是一个很重要的行业，使用天然气是改善中国能源结构的重要途径，可以降低中国的能源消耗和减少污染；（3）新奥的管理层与IFC有共同目标和追求方向，致力于改善公司法人治理结构、环境保护和为用户服务。

（资料来源：《国际融资》，2004年第7期，第10～13页）

案例6-2

中国进出口银行对船舶出口提供买方信贷和卖方信贷

我国东方造船厂和船舶出口代理商作为联合卖方与挪威某船东（买方）签订了两艘1万立方米液化气船的建造合同。每艘船合同价2 157万美元，船款分期支付：合同生效5%，交船前13个月5%，上船台5%，下水5%，交船时付80%。中国进出口银行对此项船舶建造和出口交易提供了买方信贷和卖方信贷两种贷款。(1) 在买方信贷款项下，中国进出口银行以挪威船东为借款人提供了相当于合同金额75%的贷款，期限9.5年，贷款利率在CIRR基础上略有下浮。船东提供了由两家欧洲一流银行提供的还贷担保。由于借款人是资信良好的船东，又有欧洲一流银行提供还款担保，因此没有要求船厂投保出口信用保险。(2) 在卖方信贷项下，由联合卖方作为借款人向中国进出口银行申请借款，金额为除船东现汇支付以外的相当于全部造船款的人民币资金，期限为16个月（建造期），利率为3.51%。(3) 船东（买方）向卖方提供了除合同生效款以外，交船前15%和占合同款额10%的银行预付款保函。这样在按时、保质交船后，70%的船款将由中国进出口银行直接支付给船厂（可理解为由银行贷款给买方，再由买方向卖方支付船款），船厂可以立即用收到的船款偿还卖方信贷项下的债务。(4) 船东将在未来9.5年内每半年等额向进出口银行偿还本金，并每半年支付一次利息。

（资料来源：《国际融资》，2002年第12期，第25页）

习　题

1. 某公司从美国某商业银行取得一笔贷款5 000万美元，于5月10日签订贷款协议，确定承担期为半年（到11月10日止），并规定从6月10日起支付承担费，承担费率（年率）为0.25%，该公司实际支用贷款情况如下：5月12日支用1 000万美元，6月5日支用2 000万美元，7月12日支用1 100万美元，8月9日支用700万美元，到11月10日还有200万美元未支用，自动注销。要求：计算该公司应支付的承担费（6月10日－7月11日为32天，7月12日－8月8日为28天，8月9日－11月9日为93天）。

2. 我国某公司从美国某银行借入1 000万美元，年利息率13%，期限1年，期满时一次还本付息。借款时1美元＝7.50元人民币，还款时1美元＝7.65元人民币。所得税税率25%。要求：计算这项借款的成本率。

3. 我国乙公司从德国银行借入100万欧元，年利息率8%，期限1年，期满时一次还本付息，借款时1欧元＝10.05元人民币，还款时欧元升值2%，所得税税率25%。要求：利用本章第二节公式（2）和公式（3）计算借款成本率。

4. 我国甲公司，今年年初从美国某银行借入200万美元，期限3年，预测各年的平均利息率分别为：第一年10%，第二年10.4%，第三年10.8%，借款费用6万美元。每年末付当年利息，期满时一次还本。借款时汇率为1美元＝7.50元人民币，预测各年年末汇率为：第一年7.55元，第二年7.60元，第三年7.65元。该项借款的利息、费用和本金的汇率折合差额可计入财务费用，所得税税率25%。要求：计算这项借款的成本率。

5. 甲公司从国外商业银行借款，可借A元或B元。年利息率为：借A元12%，借B元16%。借款时1A元＝6B元。甲公司拟借100万A元或600万B元，期限1年。预测还款时汇率1A元＝7B元。要求：(1) 计算比较借哪种货币比较合算？(2) 计算平衡点时的汇率。

6. 美国A公司拟借入1年期借款，其有关资料如下：

(1) 借款利息率：借美元15.5%，借日元9.5%，借欧元8.5%；

(2) 预测汇率变动：借款期内美元对日元、欧元即期汇率变动情况如表6－12所示。

表 6－12　　　　汇率变动预测表

货　币	汇率变动的几种可能（%）	概　率
日元升值	+1.5	0.30
日元升值	+2.5	0.50
日元升值	+8	0.20
欧元贬值	−1.5	0.35
欧元升值	+3	0.40
欧元升值	+6	0.25

要求：(1) 分别计算借日元和借欧元的成本率。(2) 计算日元和欧元组合融资的成本率，并说明组合融资的效用。

相关网站：

世界银行网站　www.worldbank.org

国际金融公司网站　www.ifc.org

亚洲开发银行网站　www.adb.org

欧洲货币联盟中央银行网站　www.ecb.int

美国进出口银行网站　www.exim.gov

中国进出口银行网站　www.eximbank.gov.cn

国际互换及衍生金融工具学会网站　www.isda.org

花旗银行网站　www.citigroup.com

第七章 DIQIZHANG

国际证券筹资

学习目标

- □ 了解国际证券的发行市场和流通市场
- □ 了解国际债券的类型和具体形式，掌握测算国际债券发行价格和成本率的方法
- □ 明确国际股票筹资利弊
- □ 了解国际股票发行上市的方式，认识美国存托凭证（ADR）
- □ 了解国际股票的发行价格和筹资成本
- □ 了解我国企业发行股票的种类和境外上市的几种模式
- □ 了解我国“合格境外机构投资者制度”（QFII）

第一节 国际证券的发行与流通

一、国际证券的发行市场

（一）国际证券发行市场的组成

证券发行市场又称证券一级市场、是证券初次交易的市场，是发行者（筹资者）向投资者出售证券的市场，由证券发行者、证券投资者和证券中介机构三部分组成。证券中介机构主要包括证券公司和证券服务机构（主要包括证券登记结算公司、证券投资咨询公司、会计师事务所、律师事务所、资产评估机构、证券信用评级机构等）。证券公司不仅是证券市场上最重要的中介机构，也是经营证券业务的重要单位，它从事证券经纪、证券投资咨询、与证券交易和证券投资活动有关的财务顾问、证券承销与保荐、证券自营以及证券资产管理等业务。上述经营证券业务的金融机构，在我国和日本等国都称为证券公司，而其他国家有所不同，在美国主要称为“投资银行”，也有叫“公司”的（如第一波士顿投资银行、摩根斯坦利投资银行、美林集团公司、雷曼兄弟公司等），在英国称为“商人银行”。但上述银行与一般的商业银行不同，不办理存贷款业务。以德国为代表的一些国家实行银行与证券业混业经营，没有专门的证券经营机构。

（二）国际证券的发行方式

1. 证券发行按是否经过中介机构，可分为以下两种方式：

（1）直接发行。是证券的发行者不委托中介机构承销，而由自己直接向投资者推销出售证券，适用于信誉特高的大企业和网点分布很广的金融机构。

（2）间接发行。是证券发行者通过承销商向投资者推销证券。这是各国最广泛采用的方法，因为专门的证券承销机构拥有广泛的发行网点、熟悉证券知识的专业人员和全面的信息。显然，间接发行较直接发行虽然加大了发行成本，但可使证券发行对象和范围扩大，使证券发行更迅速、更可靠。

2. 证券发行按对象不同，可分为以下两种方式：

（1）公募发行。向广泛的不特定的投资者公开发行证券。由于公募发行涉及众多的投资者，社会影响大，因此，各国证券管理机构对公募发行要求具备一定条件，如发行者必须向主管机关提交“发行证券注册申请书”，公开财务信息；接受证券评级机构的资信评定；如果发行者对重要事实作了不正确说明或有欺诈行为，必须承担法律责任等。这些要求使发行者接受社会的监督，并增加了一些费用，但公募发行证券，投资者众多，能筹集到更多的资金；有利于提高发行者的知名度；证券公募发行后，易于进入流通市场，进行转让买卖，具有较高的流动性，证券易于被社会投资者所接受。

（2）私募发行。是向少数特定的投资者（如公司的股东、职员以及与发行者有密切往来的企业、公司、金融机构等）发行证券。发行者一般是信誉极高的政府机构或风险较大的新企业。各国对私募发行都有一些限制性规定，如投资者在买了私募发行的证券后，两年不能转让，两年后若要转让，也只能在规定的范围进行。与公募发行相比，私募发行手续较简便、快捷，费用较少和具有保密性，因而越来越多的欧洲债券采用私募方式。但发行者往往要向投资者提供某种优惠条件。

（三）国际证券的发行程序

证券发行程序因证券种类不同（如股票和债券）而不同，在不同的国家、不同的金融市场也有差别。公募发行证券的一般程序如下：

1. 发行前的准备工作。包括：确定所需筹资数额和发行何种证券；了解发行证券所需文件资料、报批手续、中介机构、发行成本等情况；发行者聘请专门的信用评估机构对自己的信用评定级别；聘请会计师对会计账表进行审计，提出报告；编制上市申请书，聘请律师分析和解决发行证券的有关法律问题；与选定的证券承销机构进行磋商，起草承销合同。

2. 申请上市，公布信息。向证券管理机构提出书面申请，并提交财务信息和其他有关资料；经审查同意后，证券发行者与承销商研究确定证券发行价格，向社会公布公开说明书、财务信息等资料，说明发行证券的种类、额度、范围、筹资用途及效益。

3. 与承销商签订合同。其内容包括：委托发行金额、发行方式、起止日期、发行费用、款项分割以及违约责任等。

4. 承销者组织销售。将证券卖给投资者，并按规定时间将款项划付给证券发行者。

（四）国际证券的信用评级

进行证券信用评级的最主要原因，是方便投资者进行证券投资决策。目前，国际公认最具权威性的信用评级机构主要是美国的穆迪投资者服务公司和标准普尔公司，日本的日本公社债研究所、日本投资家服务公司和日本信用研究所。标准普尔公司将债券分为十级：AAA（债券质量最高，安全性最高，还本付息能力极强）；AA（高质量债券，安全性很高，有很强的还本付息能力）；A（中上级债券，安全性较高，有较强还本付息能力）；BBB（中级债券，安全性适中，有一定风险）；BB（中下级债券，具有投机因素，安全性不够）；B（投机债券，通常不值得正式投资）；CCC（完全投机债券，安全性极低，违约的可能性较大）；CC（最大投机债券，还本付息的可能性很小）；C（没有安全性，投资风险最大）；D（最低等级债券，完全不可能偿还）。标准普尔公司还将股票分为七级：A^+（最高级）、A（高级）、A^-（一般水平以上）、B^+（一般水平）、B（低于一般水平）、B^-（远低于一般水平）、C（需要改组的）。证券如获得较高信用等级，其证券就能在市场上畅销。

二、国际证券流通市场

证券流通市场又称证券二级市场，是证券发行结束后的再交易市场，是对已发行的证券进行买卖、转让和流通的场所。一些发达国家的证券流通市场由证券交易所（场内交易市场）和场外交易市场组成。

1. 证券交易所。集中进行证券交易的有组织的市场。在整个证券市场的构成中，证券交易所占有核心地位，是最重要、最集中的证券市场，它不仅为证券交易提供了固定的场所、人员和设施，同时还对证券交易进行周密的组织和严格的管理，它在固定时间内，接受和办理符合有关法令规定的证券上市买卖。

2. 场外交易市场（Over – the – Couter Market，OTC）。又称柜台交易或店头交易市场，是指在证券交易所外由买卖双方当面议价成交的市场。场外交易市场一般包括：

（1）柜台交易市场。它由分散在全国各地证券公司的交易柜台组成。除了在证券交易所上市交易的证券外，其他证券都在柜台市场交易。

（2）第三市场。它所买卖的股票都是在股票交易所登记上市的股票，但在场外进行交易。这是因为一些机构投资者经常进行大宗的股票买卖，如果在交易所内进行，要支付较多的佣金。为降低费用，他们常常倾向于寻求场外交易市场。与此同时，有些证券交易商为了争取这类巨额交易，常以较低费用吸引机构投资者，把那些已在股票交易所上市的股票拉到证券公司来做。

（3）第四市场。是指各机构投资者或大户投资者和证券持有者避开中介机构直接进行场外交易的市场。交易双方通过电子计算机网络直接交易，保密性强，而且可节省大笔佣金。

三、世界主要证券市场

（一）美国的证券市场

1. 纽约证券交易所（NYSE）。它成立至今（2008 年）已有 215 年历史，目前有来自全球的 3 600 多家公司在该所上市融资，其中来自国外的企业有 470 多家。该所对本国公司的上市条件主要是：（1）公司最近一年的税前盈利不少于 250 万美元；（2）社会公众手中拥有该公司的股票不少于 110 万股；（3）公司至少有 2 000 名投资者，每个投资者拥有 100 股以上的股票；（4）普通股的发行额按市场价格计算不少于 4 000 万美元；（5）公司的有形资产净值不少于 4 000 万美元。

纽约证交所接受外国公司挂牌上市的条件较美国国内公司更为严格，主要有：（1）由社会公众持有的股票数目不少于 250 万股；（2）持有 100 股以上的股东数不少于 5 000 名；（3）公司的股票市值不少于 1 亿美元；（4）公司必须在最近 3 个财政年度里连续盈利，且在最后一年盈利不少于 250 万美元，前两年每年盈利不少于 200 万美元或在最后一年盈利不少于 450

万美元，3 年累计盈利不少于 650 万美元；（5）公司的有形资产净值不少于 1 亿美元；（6）对公司的管理和操作方面的多项要求；（7）其他有关因素，如公司所属行业的相对稳定性、公司在该行业中的地位、公司产品的市场情况、公司的前景、公众对公司股票的兴趣等。

2. 纳斯达克市场（NASDAQ）。为了管理证券场外交易，1971 年美国场外交易市场的证券商成立了全国证券商协会（NASD）。1971 年以前，由于柜台交易十分分散，这些交易的行情是用电话通知全国报价局用印刷品（股票行情报单用粉红色纸，债券行情报单用黄色纸）公布的，不便于投资者及时掌握时刻变动的市场行情。为了解决柜台交易市场中信息不灵和价格不透明等问题，经过多年的研究设计，1971 年美国利用电子计算机系统建立了一个全国证券交易商协会自动报价系统，其英文全称为 "The National Association of Securities Dealers Automated Quotation System"，缩写为 NASDAQ，中文直译为纳斯达克。纳斯达克使柜台市场业务发生了根本性变革，它彻底改变了以前完全依靠电话报价的做法，通过计算机网络及时提供准确的行市，将股票经纪人、做市商、投资者和监管机构联系起来，形成了全球第一家电子化证券市场，是目前世界最大的证券交易市场。它服务的主要对象是中小企业和高科技企业，它对公司上市的最低标准为：（1）净有形资产 400 万美元；（2）上市前每年税前收益不少于 40 万美元；（3）公众持股不少于 50 万股；（4）无经营期限要求；（5）股东 400 个以上；（6）公众持股市值 300 万美元；（7）每股股价不低于 5 美元。

纳斯达克市场由 NASDAQ 全国市场（NNM）和 NASDAQ 小型资本市场（SM）组成。许多知名的大公司如 Microsoft、Intel、Yahoo、Apple、Dell 等都在 NNM 上市，外国企业如 Toyota、Ericsson、Canon、NEC、英国路透社、中国中华网、新浪网、百度公司也在此上市。SM 在 1992 年建立。NNM 和 SM 的主要区别在于对公司资本额的要求，NNM 的上市公司需有 1000 万美元净资本额，而 SM 的上市公司仅需有 400 万美元净资本额。目前，NNM 约有 5000 家上市公司，SM 约有 1800 家上市公司。

3. 电子公告板市场、粉红单市场和地方性的柜台交易市场。1990 年 6 月，为了加强 OTC 市场的透明度和交易的便利性，美国 SEC 根据《低价股改革法案》强令要求 NASDAQ 为既达不到 NASDAQ 全国市场上市标准，也达不到 NASDAQ 小型资本市场上市标准的其他 OTC 股票开设了 OTCBB 电子公告板市场（Over The Counter Bulletin Board）。一些初创业的公司想要上市，但未符合纳斯达克市场条件，退而求其次，只能选择在条件较低的 OTCBB 市场挂牌上市，随着公司的成长而升级，最著名的例子是微软公司（Microsoft Corp）在创业初期经过 OTCBB 上市融资，不断成长升级进入纳斯达克市场，而有今日的辉煌成就。我国的中国汽车配件公司 2003 年 3 月在 OTCBB 挂牌，股票价格由 7.5 美元涨到 18 美元，2004 年 8 月升板进入 NASDAQ 市场。北京科兴生物公司 2003 年 9 月在 OTCBB 挂牌上市，私募融资 475 万美元，2004 年 12 月升板进入 AMEX。粉红单市场（Pink Sheets）是比 OTCBB 更低一级的报价系统，由美国全国报价局管理。公司在此市场挂牌上市，不需要注册会计师审计财务报告，可省数万美元的审计费，挂牌上市的条件也较松。这个系统不是用电子报价，而是由市场管理者每周对交易公司用纸单报价。目前在粉红单市场挂牌上市的公司约有 5000 家。

（二）欧洲的证券市场

欧洲的证券市场主要有伦敦证券交易所、法兰克福证券交易所、巴黎证券交易所和苏黎世证券交易所等。

1. 伦敦证券交易所。成立至今（2008）已有 235 年历史，是欧洲最大的证券交易所，也是世界上最大的国际证券交易中心之一。兴旺时期，在该交易所挂牌交易的各种证券达7 000多种，其中股票4 000多种，债券3 000多种，挂牌的外国公司2 500多家。然而，由于经济全球化带来的资本市场之间的激烈竞争，尤其是美国证券市场的压力，使伦敦证交所不得不在变中求胜，把目标主要对准各国的中小企业。1995年该所成立了另类投资市场（Alternative Investment Marker，AIM），是继美国纳斯达克市场之后在欧洲成立的第一家二板市场，已有1 000多家公司在AIM市场上市，融资达数百亿美元。2005年伦敦证交所吸引了来自29个国家的129家公司在该所上市，至2006年3月，在该所上市的公司有3 100多家。

2. 巴黎证券交易所。该所将公司证券上市分为两类市场：（1）一级市场，主要吸引大企业上市融资；（2）二级市场，为满足中型企业上市融资于1983年建立。该所于1996年3月设立了“新市场”，相当于许多国家和地区的二板市场，为新兴中小型高新技术企业和具有高成长性的企业上市融资服务，与主板市场相比上市条件相对宽松。同时，德国、比利时、荷兰等国也建立了新市场，可以相互挂牌上市，统称为欧洲新市场（Euro – New Market）。

3. 法兰克福证券交易所。又称德交所，成立于16世纪，在欧洲仅次于伦敦证交所，在最兴旺时期，在该所挂牌上市的公司达6 670多家，被誉为世界第四大证券交易所。为吸引各国企业到该所上市融资，近年成立了名为“自由市场”的上市三部，上市条件较为宽松。如果企业能够在这个“自由市场”上市，企业进入欧洲主板上市将会更加容易。

4. 欧洲伊斯达克（EASDAQ）市场。是欧洲证券交易商协会自动报价系统（The European Association of Securities Dealers Automated Quotation）。它的总部设在比利时首都布鲁塞尔。1994年欧洲创业资本协会提议模仿美国纳斯达克，建立一个独立的欧洲股票市场，在欧盟委员会和比利时政府的支持下，1996年11月EASDAQ正式开始运作，宣告欧洲第一个为高成长性和高科技企业融资的独立电子化股票市场的诞生，它的操作方式与美国的纳斯达克基本相同。

5. 统一的欧洲证券市场。西欧和东欧有20多个国家性证券市场，欧元出现以后，这些国家的证券市场之间已达成了一些合并和交易的协议，但还没有形成一个能包括所有国家证券市场的统一的欧洲证券市场。现已达成的协议——Euronext可以看成是接近欧洲证券市场的一种形式。2000年9月，阿姆斯特丹、布鲁塞尔和巴黎交易所合并，分别以Euronext阿姆斯特丹、Euronext布鲁塞尔和Euronext巴黎的名称开展经营活动。2001年6月葡萄牙证券交易所与Euronext合并，同年，Euronext与卢森堡、赫尔辛基和华沙证券交易所签订了股票跨国上市和交易的协议，预计经过相当一段时间后，统一的欧洲证券市场将最终形成。

（三）亚洲的证券市场

亚洲的证券交易所主要有东京证券交易所、新加坡证券交易所和香港证券交易所等。

1. 东京证券交易所。建立于1878年。在世界前十名证券交易所中曾排名第二，仅次于纽约证交所（按1997年9月末各证券交易所上市公司股票市值大小排列）。该所内部设第一部和第二部，后者的上市标准低于前者，在第一部上市的都是收益好的一流企业，而新上市公司股票一般要先在第二部挂牌，然后才有可能进入第一部。反之，如果在第一部上市的公司股票指标下降到低于第一部的上市标准，则有可能降到第二部。1999年末，建立了以“Mothers”命名的创业板市场，专为新兴行业提供上市融资的机会，它的上市条件较低，看重上市公司的信息披露，要求上市公司每季都公布业绩，在上市后五年获得利润。

2. 新加坡的证券市场。

（1）新加坡证券交易所。成立于1973年5月，经过几十年的发展，已经成为亚洲最国际化的交易所和亚太地区各国公司首选的上市地之一。外国公司在新交所上市公司总市值中占了40%，来自中国大陆的企业占了外国企业的32%。公司在新交所上市首先需通过税前营利的要求，近三年累计税前营利需要超过新币750万元，并在这三年里每年税前营利不低于新币100万元，如果近两年累计税前营利超过新币1 000万元，也可达到上市要求。

（2）SESDAQ——新加坡股票交易自动报价市场，于1987年建立。其目的是使那些具有良好发展前景的中小企业能筹集资金以支持其业务发展。对申请上市的公司的税前盈利、上市市值、资本额等都没有量的要求，只要求公司具有发展潜力，公司有三年以上连续、活跃的经营记录，公众持股至少为50万股，至少500个公众股东。

3. 香港的证券市场。

（1）香港证券联合交易所。香港的证券交易可追溯至1866年，先后建立数家交易所，1986年3月将香港证券交易所与九龙、远东、金银三家证券交易所合并组成香港证券联合交易所，一些大型、基础性产业及有较好盈利记录的企业可以选择在香港联交所主板上市，公司必须要有三年业务经营记录，三年利润合计要达5 000万港元。在主板上市后，公司股票上市时市值应达到1亿港元，公众股票市值不能低于5 000万港元或不能低于已发总股本的25%。如果股票市值超过40亿港元，则最低公众股票可降至10%以下。

（2）香港创业板。1999年第四季度建立。它是香港联交所（主板）以外的一个完全独立的新的股票市场，其宗旨是创造一个让一些从事工业、创新科技行业等高增长的小规模公司上市融资的市场，帮助这类公司发展，从长远来看，香港创业板要发展成为亚洲的NASDAQ。在香港创业板上市，要求公司有增长性主营业务，在上市前有两年活跃业务记录；对公司不设营利要求；公司首次招股时，最低公众持股量至少300万港元及构成公司已发行股本的25%；公司在上市时其由公众持有的股份需由至少100名人士持有；季度及半年业绩报告需于有关期间结束后的45天内公布，经审核的全年业绩报告需于年结后三个月公布；新上市申请人需聘任一名创业板保荐人，为其呈交上市申请，聘任期需持续一段固定期间，包括上市后两个完整的财政年度。

4. 中国大陆证券市场的发展。中国大陆的证券市场是随着20世纪70年代末以来的改革开放而发展起来的，80年代初实行企业股份制改造和建立股票市场试点，在北京、上海等地陆续建立了一些股份有限公司，1990年末，上海、深圳证券交易所相继成立，标志我国大陆证券市场正式形成。经过近20年的发展，已取得了举世瞩目的成就，截至2008年2月14日，在两个交易所上市的公司达1 541家，上市股票数1 627只，其中A股1 518只，B股109只，股票市价总值达291 874亿元。与此相适应，我国的证券公司和证券投资基金也迅速发展。中国大陆的证券市场也在逐步对外开放：（1）1992年中国一些上市公司开始发行B股，在境内证券交易所上市，供境外投资者用外汇买卖；（2）从1992年开始就允许中外合资企业在我国证券市场上市；（3）从1993年起，我国批准数百家上市公司到香港和外国（美、英、德、日、新加坡等）的证券市场发行证券筹资和上市交易，取得了巨大成绩；（4）从2001年末开始在中国境内注册的外国股份有限公司可以申请在中国境内发行股票和上市；（5）从2002年12月起我国实行合格境外机构投资者（QFII）制度，允许经批准的境外机构投资者进入我国证券市场，买卖我国发行的某些证券；（6）从2006年4月起，我国实行合格境内机构投资者（QDII）制度，允许经批准的境内机构投资者进入国际证券市场进行投资；(7) 在对待外国筹资者到本国证券市场发行证券和上市这一问题，我国还处于研究和探索之中。

小测试：

1. 国际证券的发行市场和流通市场的组成有哪些区别？
2. 一板（主板）市场与二板（创业板）市场有什么区别和联系？

第二节 国际债券筹资

一、国际债券的类型

国际债券是指债券发行者（某国的政府、金融机构、工商企业以及国际组织机构）在国际金融市场发行的债券。国际债券的特点是它的发行人和投资者分属于不同的国家，债券总是卖给借款人以外的国家的投资者。国际债券一般分为外国债券和欧洲债券两类。20 世纪 90 年代出现了“全球债券”新概念。

（一）外国债券（Foreign Bond）

外国债券是指借款者（一国政府、金融机构、公司等）在某一外国债券市场上发行的，以该外国的货币表示面值的债券。外国债券的发行必须经该外国政府当局的批准，并受该外国证券法规的管辖，该债券的发售也是由债券市场所在国的金融机构组织。例如，中国的政府或金融机构、工商企业遵循日本的证券法规，在日本债券市场上发行日元债券，债券的发行工作由日本金融机构承包，发行的债券在日本市场上开价和买卖，购买人主要是日本的投资者。

外国债券市场的历史比较长，在 19 世纪初就已盛行了。在欧洲债券市场未出现以前，所有在国外发行的债券都属于外国债券。外国债券市场主要在美国、日本、德国、瑞士四个国家，占整个外国债券市场的 95%左右。外国借款者在美国市场公开发行的美元债券称为“扬基债券”（Yankee Bond），外国发行者在日本市场公开发行的日元债券称为“武士债券”（Smruai Bond）。

（二）欧洲债券（Euro Bond）

欧洲债券是指借款者（一国政府、金融机构、公司等）在外国（一国或几国）的债券市场上发行的，不是以该外国的货币表示面值的债券。例如，中国借款者在英国、德国和法国债券市场上发行美元债券，称为“欧洲美元债券”；中国借款者在德、法等国发行以英镑表示面值的债券，称为“欧洲英镑债券”；在英、德、法等国发行以日元表示面值的债券，称为“欧洲日元债券”，等等。

欧洲债券的主要特点是：(1) 借款人属于一个国家，债券发行市场在另一个国家，债券面值使用的货币可以是第三国的货币或综合货币单位（如特别提款权等）。(2) 欧洲债券的发行与其他债券不同，除须经借款人所在国政府批准外，不需向发行地国家办理批准手续，也不受发行地国家的法律约束和金融当局的管制，但在发行时要声明以后如果发生有关债券方面的纠纷应按哪国法律仲裁。(3) 欧洲债券通常是由国际银行辛迪加和证券公司包销，这种债券常常在债券票面货币以外的一些国家同时销售。

欧洲债券市场是20世纪60年代兴起的国际债券市场。欧洲债券市场是随欧洲美元债券的产生和发展而形成的。欧洲美元债券自20世纪60年代初首次由一家葡萄牙公司发行以来，其发行额年年递增，在国际债券发行总额中早已超过外国债券而占统治地位。

欧洲债券发展迅速，是因为它有以下一些优点：

1. 自由灵活。由于在欧洲债券市场发行债券不需要经发行地国家官方批准，无利率管制和发行数额限制，对财务公开的要求适宜，因而便于筹资者筹集资金。

2. 市场容量大。发行欧洲债券筹资数额较大，期限也较长。欧洲债券的发行总额约为外国债券的四倍。

3. 投资风险较小，收益较高。欧洲债券的发行人主要是各国政府、国际金融机构以及比较大的跨国公司，这些发行人都有较高的资信，因此在这些债券上投资比较安全。而且欧洲债券以不记名形式发行，且可保存在投资者所在的国家以外，这样有利于投资者逃避国内所得税。

4. 利息收入免税。投资者购买欧洲债券所得利息收入通常免缴所得税。

5. 成本较低。一是由于上述欧洲债券的第二个特点，因而发行债券的手续费和其他费用较低，发行费用大约是债券面额的2%～2.5%。欧洲美元债券的发行成本比在美国国内市场发行债券的成本大约低0.125%～0.25%。二是由于欧洲债券二级市场发达，以及在税收方面得到的好处，投资者愿意接受较低的利率。

6. 货币选择性强。发行人可以根据利率、汇率和筹资用途来选择某种主要货币作为债券的面值货币。

（三）全球债券（Global Bond）

全球债券是由单个借款者发行的大型国际债券，它同时在全世界各主要的债券市场（北美、欧洲和亚洲）出售。它的购买者主要是机构投资者，他们由于看重全球债券的高流动性而愿意接受全球债券相对较低的收益率。1989年世界银行发行了第一笔15亿美元的全球债券。1993年9月，美国电报电话公司发行的大型全球债券中，有20亿美元于2004年到期，利率为5.625%；有30亿美元于2009年到期，利率为6%；有30亿美元于2029年到期，利率6.5%。1997年7月，香港和记黄浦公司发行了20亿美元全球债券，按期限分为四种：10年的7.5亿美元，20年的5亿美元，30年的5亿美元，40年的2.5亿美元。2000年6月，德国电信公司发行了一笔美元、欧元、英镑和日元四种货币计值的全球债券，筹资146亿美元。

二、国际债券的具体形式

1. 固定利率债券（又称普通债券或纯粹债券）。这种债券的利率在偿还期限内固定不变。当金融市场利率变化不大时适于发行这种债券。近年来，由于市场利率波动剧烈，这种债券的发行有减少趋势。

2. 浮动利率债券。在还本期限内，这种债券的利率不是固定的，而要定期（通常为6个月）地进行调整。调整利率的根据是伦敦银行同业拆放利率（LIBOR），在这个利率的基础上，再增加一个附加利率，它是根据债券发行者的信用确定的超过 LIBOR 的违约风险溢价，一般为 0.25%左右，信用很高的债券发行者的违约风险溢价不超过 0.125%。近年来，由于市场上利率波动较大，浮动利率债券的发行有增加的趋势。

3. 零利息债券。这是 20 世纪 80 年代新上市的一种债券，它不附带息票，债券发行者不另外支付利息，而是根据规定的利率对债券进行折价发行，在债券到期日，债券购买者按票面金额兑现，其中包含了债券投资的收益。零利息债券受日本投资者欢迎，因为日本税法规定，债券的面值与打折后购买价之间的差额是免税的资本利得，而债券利息是要征税的。

4. 混合利率债券。发行这种债券时把还本期限分为两段。前一段债券的计息按浮动利率；后一段债券的计息按固定利率。

5. 可转换债券。也称为可转换股票债券，它的价格和利息支付等方面与普通债券相似，不同的是它可以在债券到期日之前将债券面额按事先确定的转换比率转换成债券发行公司的普通股股票。从 1994 年开始，我国的一些上市公司经国家批准在国外发行了可转换债券。例如，中国纺织机械公司在瑞士资本市场发行了 3 500 万瑞士法郎的可转换债券；1994 年，深圳南方玻璃公司、镇海炼油化工公司、庆铃汽车公司和华能国际电力公司，在香港、伦敦、纽约等地共发行 6 亿美元可转换债券，筹集了成本较低的建设资金。

6. 双币债券。它是指债券发行者以某种货币发行债券，以同一种货币支付利息，而以另一种货币偿还本金。例如，1985 年美国一家跨国公司的子公司曾经发行一种以瑞士法郎计值的债券，以瑞士法郎支付利息，而偿还本金却用美元支付。以后还发行过日元和美元为双重货币的债券。发行双币债券，实质上是把一个远期外汇合约列入债券条款中，把债券以外币表示的本金按预先规定的汇率（远期汇率）转换为本国货币，这一数额不再受汇率变动的影响。许多日本公司最愿意发行双币债券，债券以日元发行，用日元支付利息，而以美元偿还本金。对于那些想要在美国建立或扩张子公司的日本跨国公司来说，日元/美元双币债券是一种有吸引力的融资手段。发行债券得到的日元可以转换成美元，用于在美国投资，债券利息由母公司以日元支付。在到期日，债券本金可由子公司以其赚得的美元利润偿付。

7. “龙”债。这是在亚洲地区（日本除外）发行的一种以非亚洲国家货币计价的债券。多数“龙”债以美元标价，也有些以欧元、加元等其他西方国家货币标价。“龙”债的发行者来自亚洲、欧洲、北美洲和南美洲，债券的投资者则来自亚洲的主要国家。“龙”债多为长期固定利率债券，也有以伦敦同业拆放利率为基础利率定期浮动的债券。“龙”债的发行成本不高，其二级市场也比较活跃，是引人注目的新兴市场之一。

8. 商业票据。它属于短期证券，是信誉较好的大企业为了满足其流动资金的需要，公开发行的短期借款期票。其期限通常为 30 ~ 270 天，票面金额固定，票据按贴现方式发行。持票人可将商业票据持至到期日凭票取款，也可在票据到期前到市场出售。20 世纪 20 年代，美国一些企业就通过发行商业票据筹资，20 世纪 60 年代以来，商业票据发行量迅速增加。我国一些公司于 90 年代中期开始利用商业票据筹资，例如，中国五金矿产进出口总公司于 1996 年和 1997 年两次在纽约发行商业票据，共筹资 2 亿美元。

欧洲票据市场形成于 20 世纪 70 年代，1978 年以来，一些欧洲银行为了应付来自欧洲债券市场的竞争，创造了一种新的融资工具——票据发行便利（note issuance facility，NIF）。它是替代银团贷款的一种低成本融资，允许借款人发行自己的短期欧洲票据（Euronotes），这些票据由银团承销。作为票据发行便利的票据，与商业票据一样通常是由资信等级最高的大公司发行的无担保短期债务。票据发行者（借款人）与银团签订协议，由银团承销票据的总金额一般为5 000万美元至2亿美元，期限一般为5~7年，票据发行采取循环承销便利的形式，当借款人从便利中提款时，借款人可发行期限为1个月、3个月、6个月和12个月的欧洲票据，由银团成员竞标承销。欧洲票据大多数以美元标价，面值一般为50万美元，主要向专业投资者或机构投资者发行。

票据发行便利之下的欧洲票据实行折价发行，所报的收益率通常是票面折扣率，票据的折扣率和发行市场价格的计算公式如下：

$$折扣率=\frac{折价额}{面值}\times\frac{360}{n}$$

$$发行市场价格=面值\times\left[1-\left(折扣率\times\frac{n}{360}\right)\right]$$

式中：n表示距到期日的天数。

【例7-1】 德国银行出售面值为50万美元，到期日为90天的欧洲票据，折价额为8 000美元，折扣率计算如下：

$$折扣率=8\ 000\div500\ 000\div90\times360=6.4\%$$

以票据发行便利形式发行的票据有时被认做是欧洲商业票据（Euro - Commercial paper, Euro - cp），但是Euro - cp是专指那些未进行承销的短期欧洲票据。欧洲商业票据与欧洲票据不同之处，主要是它取消了由银行承销的做法。1985年欧洲商业票据市场建立。此后，越来越多的公司绕过金融中介直接向市场发行欧洲中期票据（Euro - MTN），其期限多数在5年期以内。有固定到期日，定期支付利息。现在，欧洲中期票据已成为流行的筹集中期资金的方式。

三、国际债券的发行主体

国际债券的发行主体即国际债券的发行者，可以是一个国家的政府、某一金融机构、跨国公司、工商企业（或其他企业），也可以是某一国际组织机构。据国际清算银行1997年公布的报告，债券发行主体的70%是金融机构。2001年年末未清偿的国际债券数额，金融机构发行的占58.93%，政府（含中央银行和地方政府）发行的占20.71%，国际机构发行的占5.52%，企业发行的占14.84%。

20世纪80年代初，我国刚进入国际债券市场时，对外发行债券的主体是财政部（代表国家政府）和国家指定的“十大窗口”（中国银行，中国国际信托投资公司，交通银行，中国投资银行以及广东、海南、天津、上海、福建和大连等省市的国际信托投资公司）。1992年以后，“十大窗口”以外的单位，如中国建设银行、工商银行、农业银行、国家开发银行、进出口银行、山东和深圳的国际信托投资公司以及少数大型工商企业，获准对外发行债券筹资。今后，我国将有一些大型和效益很好的跨国公司和工商企业，经过国家批准，根据自己发展需要，作为筹资主体，进入国际资本市场发行债券，筹集更多资金。

四、国际债券的发行条件

债券发行者的目的是要以最少的成本支出，获取最多的资金。而投资者的目的则是要以最少的投资获取最大的收益。为了使两者的目的适当地统一，就必须确定双方都能接受的条件，包括发行额、利率、期限、发行价格、偿还方式等。

（一）发行额

发行额是指发行债券的总额，即发行债券筹措资金的总额。发行额的多少与发行者的资金需求有关，同时要看当时的市场对这种债券的吸收能力如何。此外，发行者的资格、信用、知名度以及债券的种类也都是确定发行额的重要因素。发行额定得过高，不仅会造成销售的困难，而且对该债券发行后在流通市场的价格也会产生不利的影响。适当的发行数额，一般是由发行者与承销商事先根据上述各项因素共同商定。

（二）票面利率

票面利率是指债券的一年利息与票面金额的比率。利率对于发行者来说是越低越好，而对于投资者（债券购买者）来说则是越高越有吸引力。发行者应与承销商协商，在不影响债券销售的情况下，争取尽可能低的利率。在确定债券票面利率时，一般应考虑以下因素：(1) 当时的国际金融市场的形势、银行存款利率和资金的供求状况；(2) 发行者的信用程度；(3) 债券偿还期的长短；(4) 债券面值的不同货币；(5) 债券的计息方法（单利计息或复利计息）；(6) 支付利息的次数（一年付息一次或半年付息一次）。欧洲债券通常是每年付息一次，原因是欧洲债券的持有者在地理上很分散，每年付息一次比每年付息两次对债券持有者更方便，对债券发行者更省钱。

（三）偿还期限

偿还期限指债券从发行时起到付息还本全部结束为止经过的时间。按国际一般惯例，期限在 1 年以内的债券叫短期债券，期限为 1～5 年的债券称为中期债券，期限 5 年以上的债券为长期债券。决定债券的偿还期限时，应考虑下列各因素：

1. 发行者投资计划的时间。需要短期流动资金的，应发行短期债券；需要长期投资资金的，应发行长期债券。

2. 未来利率变化趋势。如果预测利率将下降，发行者应尽量缩短债券的期限，以发行短期债券为宜。因为若市场利率果然趋降，发行者便能以较低的利率发行新的债券，使筹资成本下降。反之，则应发行长期债券。

3. 流通市场的发育程度。流通市场发达，投资者就敢于购买长期债券，因为在必要时投资者可以很方便地将债券卖出以收回现金。流通市场不发达，长期债券在流通市场上不易转让，投资者存在后顾之忧，长期债券难以推销，发行者就只能发行期限较短的债券。

除上述因素之外，投资者的投资意向、心理状况、一国的消费倾向、物价状况以及证券市场上其他债券的期限构成等，也都是证券发行者选择债券期限时所要统筹考虑的因素。

外国发行者在美国债券市场发行美元债券的偿还期限过去一般为 5～25 年，但由于近年美国通货膨胀严重和债券行市下跌，期限在 10 年以上的债券购买者很少，故目前债券期限缩短。欧洲债券的期限通常是 15 年，最长的期限可达 30 年，但更多的比较短，如 6～8 年。

如果债券本金的偿还采用期满前分次偿还，则在偿还期满以前就已偿还一部分，因此企业实际使用债券本金的平均年限少于债券偿还期限。平均年限可按下列公式计算：

$$\text{平均年限} = \frac{\text{发行额} \times \text{偿还期限} - \sum \text{提前偿还本金数} \times \text{提前偿还年数}}{\text{发行额}}$$

【例 7－2】 某债券发行总额 2 000 万美元，偿还期限 10 年，第五年、第六年、第七年、第八年、第九年年末各偿还 300 万美元，第十年年末偿还其余 500 万美元。这一债券的平均年限为：

$$平均年限=\frac{2\,000\times10-(300\times5+300\times4+300\times3+300\times2+300\times1)}{2\,000}=7.75(年)$$

（四）发行价格

发行价格是指在债券发行市场上出售债券时所使用的价格。发行价格可以等于面额（即平价发行），也可以高于面额（即溢价发行）或低于面额（即折价发行）。测算债券发行价格可采用以下两种方法：

1. 现值法。发行债券，每年要支付利息，到期要偿还本金。按期等额支付利息是一种年金支出。现值法就是对每年支付的利息和到期偿还的本金进行折现（以市场流行利息率作为折现率），计算其现值总和，求得债券的发行价格。其计算公式如下：

$$B_1=\sum_{t=1}^{n}\frac{I_t}{(1+i)^t}+\frac{B_0}{(1+i)^n}$$

式中：B_1 为债券发行价格；n 为债券期限；I_t 为第 t 年利息；i 为折现率；B_0 为债券面额。

【例 7－3】 在日本发行某种新债券，面值 1 万日元，年利息率为 6%，一年付一次利息，5 年到期，到期一次还本。市场流行利息率为 7%。这一债券的出售价格最低应是多少？

分析：发行债券每年要支付利息 600 日元（即 10 000×6%），折现率 7%，5 年期 1 元的年金现值为 4.100，5 年后归还本金 1 万日元，其现值系数为 0.713，债券的最低出售价格是利息支出现值和本金（即面值）现值之和。计算方法如下：

$$B_1=\left[\frac{600}{(1+7\%)}+\frac{600}{(1+7\%)^2}+\frac{600}{(1+7\%)^3}+\frac{600}{(1+7\%)^4}+\frac{600}{(1+7\%)^5}\right]+\frac{10\,000}{(1+7\%)^5}$$

$$=600\times\left[\frac{1}{(1+7\%)}+\frac{1}{(1+7\%)^2}+\frac{1}{(1+7\%)^3}+\frac{1}{(1+7\%)^4}+\frac{1}{(1+7\%)^5}\right]+10\,000\times\frac{1}{(1+7\%)^5}$$

$$=600\times(0.935+0.873+0.816+0.763+0.713)+10\,000\times0.713$$

$$=600\times4.100+7\,130=2\,460+7\,130=9\,590(日元)$$

这时的最低出售价格为 9 590 日元。出售价格低于面值。

如果债券利率不是 6%，而是 8%，利息支出提高到每年 800 日元，则最低出售价格会高于面值，这时债券的最低出售价格为：800×4.100＋10 000×0.713＝3 280＋7 130＝10 410 日元。

如果债券的利息率为 7%（与市场流行利息率一致），则债券的出售价格等于其面值，即：700×4.100＋10 000×0.713＝2 870＋7 130＝10 000 日元。如果分次偿还债券本金，公式应改为：

$$B_1=\sum_{t=1}^{n}\frac{I_t}{(1+i)^t}+\sum_{t=1}^{n}\frac{B_t}{(1+i)^t}$$

$$或=\sum_{t=1}^{n}\frac{I_t+B_t}{(1+i)^t}$$

式中：B_t 为第 t 年偿还本金数。

假如例 7－3 中，第三年末还本 2 000 日元，第四年末还本 3 000 日元，第五年末还本

5 000日元，则：

$$
\begin{aligned}
B_1 &= [10\ 000\times 6\%\times 0.935 + 10\ 000\times 6\%\times 0.873 + 10\ 000\times 6\%\times 0.816 \\
&\quad + (10\ 000-2\ 000)\times 6\%\times 0.763 + (10\ 000-2\ 000-3\ 000)\times 6\%\times 0.713] \\
&\quad + (2\ 000\times 0.816 + 3\ 000\times 0.763 + 5\ 000\times 0.713) \\
&= 9\ 640.54(\text{日元})
\end{aligned}
$$

2. 分析法。是根据债券的期限、票面利率和发行时的市场年收益率等因素进行对比分析来确定发行价格。所谓市场年收益率是指在金融市场上多数投资者所能接受的债券投资收益水平。在按单利计算的情况下，债券发行价格可按下列公式计算：

$$B_1 = B_0 \times \frac{1 + B_i \times n}{1 + M_i \times n}$$

式中：B_i 为债券票面利率；M_i 为市场年收益率；其他符号同前。

【例 7－4】 某公司在日本发行日元债券，票面金额 1 万日元，票面利率 6%，期限 5 年，预测该债券市场年收益率为 7.11%，其发行价格计算如下：

$$\text{发行价格} = 10\ 000 \times \frac{1 + 6\% \times 5}{1 + 7.11\% \times 5} = 10\ 000 \times 95.91\% = 9\ 591\ (\text{日元})$$

债券的发行价格可以用债券的出售价格与票面金额的百分数来表示（见表 7－1）。

表 7－1 债券发行价格与发行类型

票面价格		发行（出售）价格		发行类型
金额	%	金额	%	
10 000	100	10 000	100	平价发行
10 000	100	9 590	95.90	折价发行
10 000	100	10 410	104.10	溢价发行

五、国际债券筹资的成本与风险

（一）国际债券发行管理费用

发行国际债券，除定期向债券持有人支付利息外，还须支付各种费用，一般包括以下两类：

1. 最初费用（发行费）。指债券发行前（准备阶段）和发行时发生的各项费用，具体包括：(1) 承购（代销）手续费。指支付给承购公司、包销集团承购、包销债券的费用。(2) 代理人手续费。指支付给受托公司、债券登记代理人等的手续费。(3) 印刷费。指印刷债券、文件、合同等支出的费用。(4) 律师费。指发行债券聘请律师而支付的费用。(5) 上市费用。指进入债券市场的手续费、广告宣传费等。(6) 其他各种杂费。

2. 期中费用（管理费）。主要包括：(1) 债券管理费，指财务代理人履行合同进行账簿管理等服务所收取的费用；(2) 付息手续费，一般为所付利息的 0.25%；(3) 还本手续费，一般为偿还金额的 0.125%。

（二）影响国际债券成本高低的因素

影响国际债券成本高低的因素，除了债券票面利息率高低、费用率（筹资费率）高低、所得税税率高低和汇率变化等因素（这些因素与第六章第二节国际信贷筹资成本基本上相同）外，还有债券发行差价率因素。发行差价是指债券的发行价格与票面金额之间的差额，如债券的票面金额为 1 000 元，发行价格为 980 元，则发行差价为 20 元，发行差价率为 2%（此为折价）。债券折价发行使发行公司实际收到的资金减少，因此，折价率的高低是影响债券成本率升高的一个因素。相反，溢价率的高低则是使债券成本率降低的一个因素。

（三）测算国际债券成本率的方法

测算国际债券成本率时，可以前述现值法计算债券发行价格的公式为基础，将筹资费、发行差价、节税额和汇率等因素加进去形成国际债券成本率计算的下列公式：

$$B_0(1-f-g)r_0=\sum_{t=1}^{n}\frac{I_t(1-T)r_t}{(1+K_B)^t}-\sum_{t=1}^{n}\frac{[B_0\times f+(B_0-B_1)]\div n\times T\times r_0}{(1+K_B)^t}+\frac{B_0\times r_n-B_0(r_n-r_0)T}{(1+K_B)^n}$$

式中：K_B 为债券成本率；B_0 为债券票面金额；B_1 为债券发行价格；f 为筹资费率；g 为发行差价率；I_t 为第 t 年的利息、费用（指期中费用）；n 为债券的偿还年限；T 为所得税税率；r_0 为发行债券时的汇率；r_t 为第 t 年的汇率；r_n 为还本时的汇率。

在国外发行公募债券，支付的费用数额较大，为了比较准确地计算债券成本率，应将费用中的最初费用和期中费用分别处理。最初费用应作为筹资费，从发行债券筹资总额中扣减，而期中费用属于债券资金管理费，应与利息一起列入债券成本率计算公式的分子。

【例 7-5】 某公司今年初在 A 国发行公募债券，发行总额 2 000 万 A 元，发行价格为面值的 98%，票面利率 8%，期限 3 年，发行费用 40 万 A 元，其中最初费用 20 万 A 元，期中费用 20 万 A 元（其中第一年 6 万 A 元，第二年 6 万 A 元，第三年 8 万 A 元），期满时一次还本，所得税税率 25%。发行债券时汇率为 1A 元 = 8.0 元人民币，预计今后三年 A 元对人民币将升值，每年递升 1%，即第一年末为 8.0×（1+1%）= 8.0800，第二年末为 8.0×（1+1%）^{2} = 8.1608，第三年末为 8.0×（1+1%）^{3} = 8.2424。

1. 发行债券净得 A 元数折合人民币数额。

例 7-5 中，B_0 为 2 000 万 A 元；f = 20 ÷ 2 000 × 100% = 1%；g = 100% − 98% = 2%（折价）；r_0 为 8.0 元人民币；

$$B_0(1-f-g)r_0=2\,000(1-1\%-2\%)\times 8.0=1\,940\times 8.0=15\,520\text{（万元人民币）}$$

2. 各年利息费用（A 元折合为人民币数额）的现值之和。

例 7-5 中，I_1 = 2 000 × 8% + 6 = 166（万 A 元）；I_2 = 2 000 × 8% + 6 = 166（万 A 元）

I_3 = 2 000 × 8% + 8 = 166（万 A 元）；r_1 为 8.0800；r_2 为 8.1608；r_3 为 8.2424；n 为 3；T 为 25%。

$$\sum_{t=1}^{n}\frac{I_t(1-T)r_t}{(1+K_B)^t}=\frac{166\times(1-25\%)\times 8.0800}{(1+K_B)}+\frac{166\times(1-25\%)\times 8.1608}{(1+K_B)^2}+\frac{168\times(1-25\%)\times 8.2424}{(1+K_B)^3}$$

$$=\frac{1\,005.96}{(1+K_B)}+\frac{1\,016.02}{(1+K_B)^2}+\frac{1\,038.54}{(1+K_B)^3}$$

3. 平均每年筹资费和发行差价摊销的节税额（A 元折算为人民币）现值之和。

例 7-5 中，B_1 为 2 000 × 98% = 1 960（万 A 元）

$$\sum_{t=1}^{n}\frac{[B_0\times f+(B_0-B_1)]\div n\times T\times r_0}{(1+K_B)^t}$$

$$=\sum_{t=1}^{n}\frac{[2\,000\times 1\%+(2\,000-1\,960)]\div 3\times 25\%\times 8.0}{(1+K_B)^t}$$

$$=\frac{40}{(1+K_B)}+\frac{40}{(1+K_B)^2}+\frac{40}{(1+K_B)^3}$$

4. 期满时偿还本金（A 元折合为人民币）的现值。

例 7－5 中，r_n 为 8.2424 元人民币。

$$\frac{B_0\times r_n-B_0(r_n-r_0)T}{(1+K_B)^n}=\frac{2\,000\times 8.2424-2\,000\times(8.2424-8.0)\times 25\%}{(1+K_B)^3}$$

$$=\frac{16\,363.6}{(1+K_g)^3}$$

将以上四项数据列入公式：

$$15\,520=\left[\frac{1\,005.96}{(1+K_B)}+\frac{1\,016.02}{(1+K_B)^2}+\frac{1\,038.54}{(1+K_B)^3}\right]-\left[\frac{40}{(1+K_B)}+\frac{40}{(1+K_B)^2}+\frac{40}{(1+K_B)^3}\right]+\frac{16\,363.6}{(1+K_B)^3}$$

经计算，$K_B=8.496\%$。

当企业发行外币债券，有两种以上的货币可供选择时，应分别测算各种外币债券的成本率，从中选择成本率最低那种货币的债券。

（四）一种比较简易的测算方法

上述计算国际债券成本率的公式考虑的因素比较全面。在实践中，为简化计算，一般采用下列公式计算债券的税前成本率：

$$B_0(1-f-g)r_0=\sum_{t=1}^{n}\frac{I_t\times r_t}{(1+K_B)^t}+\frac{B_0\times r_n}{(1+K_B)^n}$$

【例 7－6】 我国甲公司拟发行 1 000 万 B 元债券，发行价格 98%，票面利率 6%，费用率 1.5%期限 3 年，每年支付利息 60 万 B 元，第三年末还本。汇率第一年年初 1B 元＝8.00 元人民币，预测第一年年末 1B 元＝8.05 元人民币，第二年末 1B 元＝8.10 元人民币，第三年末 1B 元＝8.15 元人民币。该债券成本率计算如下：

$$1\,000\times(1-2\%-1.5\%)\times 8.00=\left[\frac{60\times 8.05}{1+K_B}+\frac{60\times 8.10}{(1+K_B)^2}+\frac{60\times 8.15}{(1+K_B)^3}\right]+\frac{1\,000\times 8.15}{(1+K_B)^3}$$

经计算，$K_B=8.01\%$。

（五）国际债券筹资的风险

国际债券筹资与国际信贷筹资都是从国外取得外汇借款，形成企业的负债，因此，国际债券筹资也存在与国际信贷筹资同样的风险，需采用的风险管理方法也基本上相同。波音公司在运用利率互换方法时有其特点，下面举例说明：

【例 7－7】 波音公司发行的浮动利率债券，总金额为 5 亿美元，期限 2.5 年，每半年按 LIBOR－0.5%支付利息。这里 LIBOR 是指 6 个月的 LIBOR，第一次利息支付在 2007 年 12 月末。由于波音公司愿意以固定利率支付，因此进入互换市场，于 2007 年 12 月 31 日与作为中介的美洲银行进行互换。波音公司同意以年利率 7.5%支付给美洲银行，而从美洲银行收到 LIBOR6。波音公司 2.5 年期利率互换的支付额如表 7－2 所示。

表 7－2　　波音公司 2.5 年期利率互换支付额

期　末	LIBOR	按固定利率支付给美洲银行的金额	从美洲银行收到的浮动利息额	对美洲银行的净支付额	对债券持有者的支付额	波音公司的净支付额
（1）	（2）	（3）	（4）	（5）＝（3）－（4）	（6）	（7）＝（6）＋（5）
2007 年 12 月	7%	1 875	1 750	125	1 625	1 750
2008 年 6 月	7.2%	1 875	1 800	75	1 675	1 750
2008 年 12 月	7.5%	1 875	1 875	0	1 750	1 750
2009 年 6 月	8.5%	1 875	2 125	－250	2 000	1 750
2009 年 12 月	8%	1 875	2 000	－125	1 875	1 750

表 7－2 中第（3）栏：50 000×（7.5%÷2）＝1 875

第（4）栏：50 000×LIBOR÷2，例如，50 000×7%÷2＝1 750

第（6）栏：50 000×（LIBOR－0.5%）÷2，例如，50 000×（7%－0.5%）÷2＝1 625

从表 7－2 中可见，波音公司每期支付利息净额固定为 1 750 万美元，年固定利率＝1 750×2÷50 000×100%＝7%，每年固定利息额为 3 500 万美元。从第（6）栏可求得 2.5 年共支付浮动利息 8 925 万美元，平均每半年支付 1 785 万美元，平均每年利息 3 570 万美元，平均年利率＝1 785×2÷50 000×100%＝7.14%，可看出波音公司通过利率互换降低了利率，减少了利息支出。

六、国际债券筹资决策

（一）国际债券筹资与国际商业银行贷款的比较与选择

与国际商业银行中长期贷款相比，发行国际债券筹资有下列优点：

1. 债券利率一般略低于银行贷款利率。

2. 债券筹资的资金来源很广，债权人分散，筹资者可完全自主地使用筹得的资金。而商业银行贷款是向某一银行或银团借款，贷款者集中，银行监督借款者合理有效地使用贷款。

3. 债券的还款期较长。债券的偿还期可以是 10 年、15 年到 20 年，最长的可达 30 年。而中长期银行贷款偿还期 10 年以上的较少。

4. 债券偿还方法比较灵活。发行者在债券期满前，趁债券市价下跌时，可从市场购回自己以前发行的债券，以较少的支出还清债券本金。如要延期偿还，可在债券未到期前发行新债券来更替。如借款人使用中长期银行贷款，必须事先签订提前还款条款或到期后要求延期还款，均不如债券方便。

5. 债券适合投资者的要求，借款人易于筹资。投资者一般都要求投资具有安全性、流动性、灵活性和赢利性。这几项要求之间往往存在一定矛盾，而投资于债券能比较全面地体现这些要求。因为：（1）债券是信用好的发行者在法律制约下发行的，具有安全性，购买债券的风险较小；（2）购买债券虽具有长期投资性质，但债券持有人可以在市场上出售债券，收回货币，转移投资；（3）购买债券的金额可大可小，比较灵活；（4）债券利率一般高于存款利率，投资于债券比存款可获得较多收益。由于债券具有上述优点，因而投资者愿意购买，发行者易于筹借到所需资金。

因此，近年国际债券市场的融资规模已超过了银行长期贷款规模。与国际商业银行贷款相比，国际债券筹资也存在某些不足之处，如准备工作时间长、审查严格、提供资料多、手续较复杂、发行后仍要注意债券市场动态等，而从银行借款比较方便、迅速。因此，一般认为期限较短的资金通过银行贷款方式筹借较为有利，而期限较长的资金用发行债券方式筹借较为合适。

（二）国际债券市场的选择

我国的债券发行者在20世纪80年代初进入国际债市首先尝试日本市场，主要因为从历史上看，日本的资本市场对中国更为友好，更为开放，所以中国筹资者在日本发行债券总是比较受欢迎。在20世纪90年代，美国市场、欧洲市场和亚洲其他市场对中国的经济政治情况的了解比较多了，我国的债券发行者于是根据需要逐步向其他市场发展。当今世界的大多数借贷中，美元居统治地位，为什么有的发行者发行全球债券？有的发行欧洲美元债券？有的发行扬基债券？这有多种原因。如果发行规模很大，人们通常发行全球债券，这样可以同时进入世界各主要市场；如果发行长期债券，一般来说，美国市场提供了最好的机会；如果发行浮动利率债券，亚洲市场提供了最佳机会；欧洲债券市场有多方面优点，对发行者极为方便有利。不同市场有不同特点，选择市场在一定程度上要看发行债券规模、期限和利率等因素。我国已进入东京、纽约、伦敦、法兰克福、香港和新加坡等债券市场，发行过日元、美元、马克、英镑、欧元、港币等债券。现在完全有机会选择进入最适当的市场。

（三）国际债券筹资的货币选择和利率选择

发行国际债券在货币、利率等方面的选择与国际银行信贷筹资基本上相同。需说明的是，目前欧元在债券市场已成为投资者和借款者的新宠，1999年1－9月以欧元标价的债券发行额折合美元已达3 000亿美元。在国际债市上，欧元和美元已并肩成为发行者的首选货币。美国公司也开始对发行欧元债券产生了兴趣，纷纷发行欧元债券筹集资金，其原因是利率差异，美国公司在欧洲债券市场可以5.5%的利率发行七年期欧元债券，而在美国同等的美元债券却需要支付7.5%的利率；二是许多美国公司与欧洲有重要的商业往来，因而他们希望资金中有相当一部分是以欧元形式来筹措，以满足其对欧元支付的需要，并与其欧元业务收入相对称，有利于降低外汇风险。一些新兴国家也开始进入欧元债券市场，其原因一是由于美元汇率过于波动，美元利率比欧元利率高出很多，这使得发行欧元债券比美元债券更具有吸引力；二是有些新兴国家（如巴西、阿根廷等）需要一定数量的欧元作为外汇储备，通过发行欧元债券，可直接获得所需的外汇。

（四）商业票据筹资与商业银行借款的选择

在欧洲和美国等票据市场上，信誉好的公司可以筹借到利率较低的资金，还可通过即期和远期外汇市场防范汇率风险。发行商业票据筹资在财务上是否适当，可与银行外汇借款相比较。

【例7－8】 A国某跨国公司拟为其在瑞士的子公司筹措一笔为期三个月的瑞士法郎，有以下两个方案：(1) 直接向瑞士银行申请贷款，当时瑞士法郎贷款利率为5.4%；(2) 发行以美元计价的欧洲商业票据。票据本金1 000万美元。当时贴现率为8.7%，票据到期天数为91天。通过即期外汇市场将发行票据所得美元转换为瑞士法郎，在远期外汇市场上买进到期偿还商业票据所需的美元。当时的即期汇率为1美元＝1.4000法郎，远期汇率（三个月）为 1 美元 = 1.3880 法郎。哪个方案较优？

设发行欧洲商业票据时所得美元数为 X，则：

$$X\left(1+8.7\%\times\frac{91}{360}\right)=1\ 000（万美元）$$

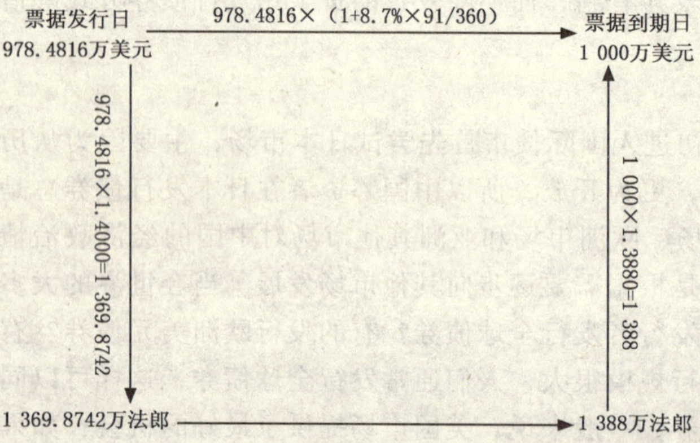

图 7－1

$$X=\frac{1\ 000}{\left(1+8.7\%\times\frac{91}{360}\right)}$$

$$=978.4816（万美元）$$

第二方案的运作过程如图 7－1 所示。

$$资金成本率=\frac{1\ 388-1\ 369.8742}{1\ 369.8742}\times\frac{360}{91}$$

$$=5.23\%$$

这说明，公司得到的瑞士法郎资金成本率 5.23%，比直接向瑞士银行申请法郎的贷款利率低 0.17%（即 5.4% －5.23%）。第二方案较优。

七、我国对发行国际债券的管理

我国发行国际债券始于 1982 年。该年 1 月，中国国际信托投资公司在日本东京发行 100 亿日元债券，期限为 12 年，利率为 8.7%，采用私募方式发行。20 世纪 80 年代中后期，福建信托投资公司、中国银行、上海国际信托投资公司、广东国际信托投资公司、财政部和交通银行等，先后在东京、法兰克福、香港、新加坡、伦敦发行国际债券，发行币种包括日元、港元、德国马克、美元等，期限 5～12 年，绝大多数采用公募方式发行。截至 2001 年 6 月，我国境内机构共有 18 家单位对外发行债券 123 笔，共筹资 240 亿美元，其中美元债券、日元债券各占 45%。2003 年 10 月，我国财政部发行了全球债券，包括 10 亿美元 10 年期债券和 4 亿欧元 5 年期债券，在国际资本市场上确定了我国主权信用债券的较高地位和等级。目前我国对国际债券发行采取比较严格的管理，主要包括以下几个方面：

1. 债券发行特许制度。在我国，只有得到国家授权特许的单位，才能到国外发行债券。

2. 计划管理制度。我国财政、金融机构和企业发行国际债券都必须纳入国家计划。

3. 发行审批制度。财政部发行国际债券，由金融司根据年度发债计划拟定发行方案，报国务院审批。各专业银行、其他金融机构以及企业发行国际债券，报国务院或其授权的监管部门（中国人民银行总行）审批。

4. 外债登记制度。各发行主体在发行国际债券时，应向国家外汇管理局办理登记，并定期向外汇管理局报告其外债偿还情况。

小测试：

1. 外国债券与欧洲债券有什么区别？

2. 怎样运用现值法或分析法测算债券的发行价格？

3. 测算国际债券成本率的方法与测算中长期银行外汇借款成本率的方法有何异同？
4. 在国际债券筹资决策时，怎样进行市场选择和货币选择？

第三节 国际股票筹资

一、国际股票筹资的利弊

20世纪90年代以来，我国一些公司发行股票筹集和利用外资已取得了良好效果。利用国际股票筹资具以下优点：

1. 可以为公司发展筹集更多外汇资金。我国经济正处在迅速发展时期，资金不足是制约经济增长的一个重要因素，利用外资是解决资金不足问题的一条重要渠道。过去，我们采取吸收外商直接投资，借用外国政府贷款和国际商业贷款，以及对外发行债券等方式利用外资。随着国内股票市场的建立发展，积极运用股票方式吸收外资。例如，2006年共有86家中国企业在海外上市，共筹资439.98亿美元，利用筹集到的大量资本从国外引进设备和技术，扩大生产经营规模，大大提高了经济效益。

2. 有利于改善企业财务结构。据统计，1993—1995年我国到香港和外国发行股票和上市的企业，发行股票筹资前，平均资产负债率在70%以上，发行股票后，企业增加了自有资本，资产负债率明显下降，1997年年末工业类上市公司平均资产负债率为47.7%，1998—2007年公司资产负债率进一步下降，改善了财务结构，资产负债率趋于合理水平，有利于企业正常运行和发展。

3. 可以扩大公司的股票投资者群，增加对其股票的需求，从而提高该公司股票的价格和流动性。

4. 可以提高公司在国际资本市场上的知名度，从而为向这些市场的投资者进行新的债务和权益融资铺平道路，而且有助于公司营销活动的开展。

5. 与借外债相比，发行股票筹集外资风险较小。因为发行股票筹集的资金是公司的自有资本，可以长期使用，股票可以转让，不退股，无需还本，股息红利发放由公司根据盈利情况决定。发行股票吸收的外资，不形成国家债务负担，即使公司破产，也不需要国家偿还。而借入外债必须按期还本付息，还容易受国际金融市场上利率和汇率变化的冲击，可能陷入债务泥潭。

6. 与从国外银行借款相比，发行股票筹集外资具有广泛性、公开性（公布公司财务经营状况）和灵活性（投资金额可多可少，股票可随时在流通市场转让变现），对国外投资者具有较大的吸引力，便于广泛吸收外国企业、单位、个人手中的闲散资金。因此，国际股票对于我国企业和海外投资者来说，都是一种更为便捷、更为灵活的形式。

7. 可以弥补中外合资经营企业的弱点。办中外合资企业时，往往存在着外资到位率低、现汇投入少，外商在以实物和无形资产出资时虚报价格，以及外商利用各种手段转移利润等问题。利用国际股票融资，由于企业收到的是现汇且资金一次性到位，不存在设备、技术作价折股问题，可克服中外合资企业存在的上述问题。

8. 有利于促进企业的国际化经营。我国企业走出去，到境外发行股票和上市前，要深入了解上市地政治、经济、金融等情况，向境外投资者公布经营、财务情况，上市后，要按照上市地的规则定期披露企业财务经济信息，使我国企业了解世界，使世界了解我国企业，为我国企业开拓国际市场创造条件。同时，股票发行者和境外投资者共担企业经营风险，境外股东必然关心企业的经营成果，帮助企业改善经营管理。

9. 可以为本公司股票创造出更宽的投资者基础，从而降低公司遭受恶意收购的可能性。

10. 公司股票跨国发行上市，可以使投资者在自己的国家或地区买卖外国公司的股票，从而使国际投资组合多样化的目的易于实现。

但是，企业股票在境外发行和上市也存在着一些不利之处，主要表现在：

第一，与举借外债相比，在境外发行股票融资成本较高。对外借款和发行债券，对投资者而言风险较小，故要求的报酬率也较低；利息费用税前列支，可获得节税利益，故借外债成本较低。而在境外发行股票筹资，因普通股股东投资风险较大，要求的报酬率也较高；股利在税后支付，无节税利益；境外发行股票的发行费用较多，一般为股票面额的2.5%～6.5%（欧洲债券发行费用一般为债券面额的2%～2.5%）；股票发行后，还要承担信息披露成本，因而在境外发行股票融资的成本较高。

第二，与发行国际债券相比，发行国际股票在技术上相对较难，所费时间较多。

第三，与外商直接投资相比，办中外合资企业不仅可以利用外资，还可以同时引进先进技术，而发行股票筹集外资，则不能同时引进技术。当然，有了足够的外汇资金就不愁买不到先进技术，只是要另外引进，成本可能会高一些。

第四，与其他利用外资的方式相比，公司在境外发行股票融资是以出让部分股权换取外方投资，要允许境外投资者拥有公司的部分所有权，分享我国公司的部分利润。

综上分析，企业股票在境外发行和上市既有利也有弊，但就整体而言，还是利大于弊。它的不利之处也正是我们在受益的同时所必须付出的一种代价，而这种代价远远小于企业从中所得到的益处。一些财务专家认为，发股和发债是国际资本市场融资的双翼，是公司财务平衡必不可少的两极，从战略上看，从长远观点看，公司必须在债与股之间取得适当的平衡。

二、国际股票的类型

国际股票与国际债券相似，也可分为外国股票、欧洲股票和全球股票。外国股票（Foreign stock）是指某国公司在某一外国股票市场上发行的以该外国货币标价的股票。例如，中国甲公司在美国股票市场上发行以美元标价的股票，称为“扬基股票（Yankee stock）”。欧洲股票（Euro stock）是指某国公司在某一（或几个）外国股票市场上发行的不是以该外国货币标价的股票。例如，中国乙公司在英国或德、法等国股票市场上发行以美元标价的股票，称为“欧洲美元股票”。全球股票（global share）是指某国大公司同时在全球多个股票市场上发行和交易的股票。例如，德国戴姆勒克莱斯勒公司1999年在法兰克福和纽约股票市场发行一种全球股票，在世界上20多个股票交易所进行交易。2001年8月，瑞士金融服务巨商UBS和德国化学制品公司分别发行了全球股票。

三、国际股票发行和上市方式

企业在境外发行股票和上市可采取多种方式，按不同的标准可进行多种分类。

（一）按股票是否向社会公开发行，国际股票融资分为私募和公募两种

关于私募和公募两种方式已在第一节详细说明。由于我国公司到境外发行股票是为了筹集尽可能多的外汇资金，并提高公司在世界上的知名度，因而大都愿意选择公募方式。

（二）按是否以本公司的名义上市，可分为直接上市方式和间接上市方式

1. 直接上市。指我国内地企业直接以本公司的名义到香港和国外股票市场发行股票并上市。利用这种方式，企业不仅可筹集到大量资金，而且有利于转换经营机制，提高知名度和促进企业的国际化经营，因而国家鼓励采用这种国际股票上市方式。

2. 间接上市。指我国内地企业以在香港或外国有关公司的名义发行股票和上市。由于直接到境外发股上市，会因证券法律、公司管理和会计制度等方面的差异而遇到障碍，采用间接方式则可绕过某些障碍，达到境外上市的目的。间接上市具体又可分为买壳上市、造壳上市和借壳上市等几种情况。与一般企业相比，上市公司的最大优势是能在证券市场上大规模筹集资金，促进公司规模迅速扩大，因此，上市公司的上市资格已成为一种“稀有资源”，所谓“壳”就是指上市公司的上市资格。

相关链接

买壳上市。指国内企业购买一家已在香港或国外上市、赢利水平较低、筹资能力已经弱化的上市公司，取得对该公司的全部股权或控股权，加以整顿、重组，注入国内业务和资产，扩展上市公司的规模，然后利用该公司的上市资格在国际股票市场上筹集资金，以达到国内企业境外上市的目的。买壳上市方式简便，能较快上市，但购买壳公司要支出大量外汇，如果购买不当，就会造成损失，风险较大。

造壳上市。指国内公司股东在境外离岸中心（如巴哈马、百慕大群岛、开曼群岛、英属维尔京群岛等国家或地区）注册建立一家离岸公司，然后以现金收购或股权置换方式取得对国内公司资产控制权，最后以该离岸公司的名义在境外目标证券市场融资上市。上述离岸中心的一些国家或地区以法律手段建立特别宽松的经济区域，称为离岸管辖区，允许外国企业或个人在区内建立国际业务公司，被称为离岸公司，它的优点是：(1) 享受免税待遇。它只交年管理费，免缴一切税款。(2) 享受保密权。公司的股东资料、股权比例和赢利状况可以不对外披露。(3) 国际大银行都承认这类公司，可以在这些银行开立账户。(4) 与世界发达国家都有良好的贸易关系。(5) 便于实现境外间接融资上市。此外，企业还可选择直接在美国通过 OTCBB 市场注册建立壳公司，借以在美国上市融资，因为美国公司受美国法规监管，对投资者来说风险较小，也较能得到投资者的信赖。

借壳上市。指国内母公司通过将资产注入到境外已上市的子公司，然后以该子公司的名义在境外募股上市。

（三）按股东持有股票的形式，可分为纸面形式的股票、记入股东账户的股票和股票的替代形式——存托凭证等

1. 纸面形式的股票。这是股票的基本形式，公司发行股票时，投资者购买股票交款，公司将股票交给投资者。现在，这种形式的股票一般只在采用私募方式时使用。

2. 记入股东账户的股票。采用公募发行时，公司一般不发给投资者纸面形式的股票，而是委托证券公司或股票交易所利用电脑为股东开设账户，股东买入和卖出股票数都记入该账户。

3. 股票的替代形式——存托凭证。存托凭证（Depository Receipt，DR），又称存券收据或存股证，指在一国证券市场流通的代表外国公司有价证券的可转让凭证，属于公司融资业务范畴的金融衍生工具。存托凭证一般代表公司股票，有时也代表债券。以股票为例，A 国的上市公司甲为使其股票在 B 国发行和上市，向 B 国证券管理部门提出申请，获得批准后，在 B 国找一家信誉好的银行作托管银行，由托管银行指定一家与其有关的在 A 国的银行作为保管银行，甲公司将一定数额的股票存入保管银行，在 B 国的投资者到托管银行交款购买 A 国甲公司的股票时，由托管银行签发存托凭证。投资者持有的不是甲公司的实际股票，而是代表甲公司股票的存托凭证，可据以领取股利，也可以在流通市场转让出去。存托凭证方式简便易行，对国际股票的筹资者和投资者都比较方便。

存托凭证按上市地不同，可分为美国存托凭证（American Depositary Receipt，ADR）、全球存托凭证（Global Depositary Receipt，GDR）、新加坡存托凭证（Singapore Depositary Receipt，SDR）等。美国存托凭证出现最早，运作最规范，流通量也最大，而且我国一些公司曾经采用这种方式，因此它是一种进入美国资本市场的有效途径。

四、美国存托凭证（ADR）

ADR 于 1927 年由摩根保证信托银行推出，现在办理 ADR 业务的美国银行主要是纽约银行、花旗银行和摩根保证信托银行等。ADR 市场发展很快，到 2002 年末，共有 2 200 种 ADR 项目，代表 80 多个国家公司发行的股份。

（一）ADR 的含义、种类和特点

ADR 即美国存托凭证，它是由美国银行签发的一种代表外国公司股权的证券，使外国公司的股票可在美国筹资和上市，其实质是外国公司股票的一种替代交易形式。根据外国公司与美国银行有无委托关系可将 ADR 分为委托 ADR 和非委托 ADR 两种。委托 ADR 是由希望在美国上市的外国公司委托美国托管银行发行的，外国上市公司要付给托管银行一定的托管费，目前新发行的 ADR 都是委托发行的。过去发行的 ADR 中，有些是非委托的 ADR，它不是根据外国公司的委托，而是为了满足美国投资者的需要由银行主动发行的，托管费由投资者支付。委托 ADR 的优点是外国公司直接参与 ADR 的发行，与美国银行签订托管协议，协议明确了发行公司、托管银行和 ADR 持有人之间的权利和义务关系。与非委托 ADR 相比，一方面，委托 ADR 使发行公司直接参与美国股票市场，为其今后可能在美国市场筹资作准备；另一方面，委托 ADR 明确表达了股票发行公司对境外投资者的承诺，有利于提高公司在境外投资者中的知名度，赢得海外股东的信任，加强公司与股东的交流和联系。

委托 ADR 根据能否公开交易以及交易市场的类型和能否募集资金又可分为一级 ADR、二级 ADR、三级 ADR 和私募 ADR 四种。

1. 一级 ADR，是外国公司进入美国资本市场的最简便方法之一。它是将公司现有已发行的股票通过一家托管银行，采用 ADR 方式在美国的场外交易市场（粉红单市场或电子公告板市场）交易。它有以下特点：(1) 不必遵循美国公认会计准则（USGAAP），不需改变其目前的会计报表编制方法；(2) 不必完全符合美国证券交易委员会（SEC）的公开性要求，

企业可避开美国证券法的严格要求，方便其股票在美国交易；（3）一级ADR本身作为证券在SEC注册登记，而ADR所代表的实际股票则不必在SEC注册登记，也不必服从其报告要求；（4）企业今后只要向SEC呈递年度报告表，获准之后便可升为二级ADR。

2. 二级ADR，它与一级ADR相同，也是将现有已发行的股票通过一家托管银行，由其根据托管协议签发ADR。与一级ADR相比，它具有如下特点：（1）它可以在美国全国性的证券交易所和纳斯达克市场公开上市交易，部分遵循美国的公认会计准则（USGAAP）的要求和编报会计报表的方法，还要符合全国性股票交易所或NASDAQ市场的上市条件；（2）不仅ADR本身作为证券要向SEC注册登记，而且实际股票也要在SEC注册登记；（3）股票报价系统可随时报告上市证券的价格，增加了二级ADR的流通性，也提高了企业在美国金融界的知名度，为公开发行股票筹资打下了基础。

3. 三级ADR，是可以在美国公开发行股票筹资，并在美国全国性证券交易所和纳斯达克市场上市的存托证券。因为三级ADR涉及增资发行新股，美国证券法对其要求比较严格，具有以下特点：（1）它是可以在美国初级市场公开发行股票筹资的ADR，这一点是一级ADR和二级ADR都不具有的；（2）完全遵循USGAAP的规定和上述对二级ADR的要求，还须向SEC呈交注册申请表，主要内容是陈述ADR公开发行股票和上市的条款；（3）可使股票发行公司更广泛接触投资者，允许投资者向公司管理层提出问题，最大限度地提高公司的声誉。

4. 私募ADR，是在《144A规则》下私募筹资的ADR。《114A规则》规定：在发行人向投资者提供一定信息的条件下，允许发行人不通过注册登记而向合格的机构投资者发行证券，与其他形式的ADR相比，私募ADR是对注册登记呈交报告要求最低的融资手段。私募ADR具有以下特点：（1）不必遵循USGAAP的要求，不改变其编制会计报表方法；（2）不必向SEC申请任何注册登记，其信息披露可向现有和潜在投资者提供一定的信息；（3）在发行后两年内不能进入美国公开市场，但可以在合格的机构投资者之间转让。

（二）ADR的发行和上市程序

我国甲公司在美国采用三级ADR方式募股上市的程序如图7-2所示。

（三）ADR方式的优点

1. 外国公司到美国发行股票和上市，一般都须符合美国证券法规的一系列要求，而采用ADR方式，外国公司可以避开美国证券法规在公司注册、信息披露、会计准则等方面的某些要求，比较容易进入美国资本市场募股上市。

2. 外国公司通过美国信誉高的银行办理ADR业务，有利于提高投资者购买股票的信心，促进有效融资。

3. 外国公司的股票在美国发行和上市交易，由ADR代替，可以减少发行和交易实际股票时可能发生的一些风险、延误、不便以及费用。

4. 采用ADR方式，既便于外国公司的股票在美国发行和上市交易，又便于美国投资者买卖外国公司的股票。

5. 外国公司先采用ADR方式进入美国资本市场，扩大影响，积累经验，创造条件，可为今后在美国直接发行股票和上市奠定基础。

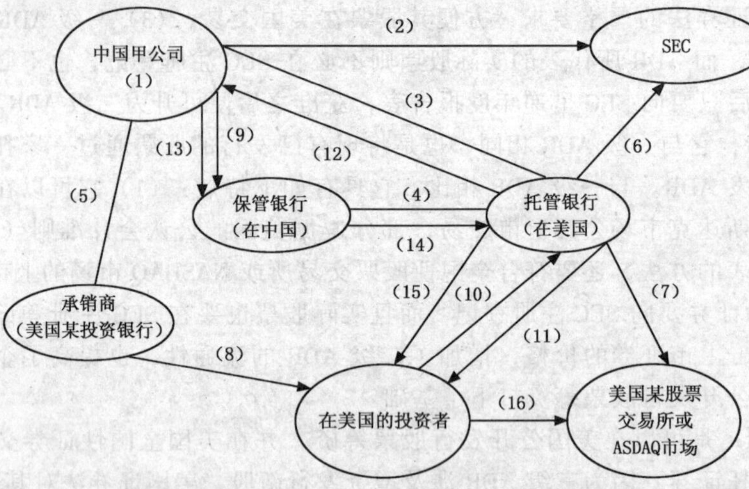

图 7-2 我国甲公司采用三级 ADR 募股上市的程序

图中：(1) 中国甲公司做募股上市前的准备工作；(2) 向美国证券交易委员会登记注册；(3) 中国甲公司与美国某银行签订托管协议；(4) 托管银行在中国指定一家保管银行；(5) 中国甲公司与承销商签订承销协议；(6) 托管银行向 SEC 登记注册；(7) 托管银行向美国全国性股票交易所或 NASDAQ 市场递交上市申请；(8) 承销商向美国投资者作巡回推介；(9) 中国甲公司将实际股票存入保管银行；(10) 投资者交款，购买中国甲公司股票；(11) 托管银行向投资者签发 ADR；(12) 托管银行将募股款项交给中国甲公司；(13) 中国甲公司定期将股利付给保管银行；(14) 保管银行将股利转交托管银行；(15) 托管银行向投资者支付股利；(16) ADR 在股票交易所或 NASDAQ 市场上市交易。

五、国际股票的发行价格

根据发行价格与票面金额是否相同，股票发行可分为面值发行和溢价发行。面值发行指股票发行价格等于股票面值，溢价发行指股票发行价格超过股票的面值。

确定股票发行价格常用的方式有以下两种：一种是固定价格方式。英国、香港等证券市场通常采用这种方式，是由发行公司和承销商在股票公开发行前根据决定股票发行价格的各种因素商定一个固定价格，然后根据此价格进行公开发售。另一种是累积订单方式。美国证券市场经常采用这种方式。是由承销商先与发行公司商定一个定价区间，再通过市场促销，征集在各个价位上的需求量（各投资者订购股票的数量和价格）。在分析需求数量和价格后，由主承销商与发行公司确定最终发行价格。国际股票筹资时，一般是将上述两种方式适当结合使用。

测定股票发行价格一般采用市盈率法，其计算公式如下：

$$P = E \times M$$

式中：P 为股票发行价格；E 为公司预期每股税后利润；M 为可比较证券市盈率。

公司预期每股税后利润以公司财务报表所提供的历史数据为基础，考虑公司今后一定时期的发展情况加以预测。市盈率是指普通股每股市价与每股税后利润的比率。发行公司与主承销商在确定公司股票市盈率时主要应考虑以下三个因素：

1. 上市地股市的市盈率。一般来说，上市地股票市场市盈率高，发行公司的市盈率可以高一些；反之，则应低一些。

2. 行业平均市盈率。行业平均市盈率的高低是决定发行公司股票市盈率的重要因素，所处行业平均市盈率高，则发行公司的市盈率可以高一些；否则，则应低一些。

3. 发行公司的知名度和发展潜力。如果企业的经营业绩好，竞争力强，知名度高，有较大的发展潜力，对投资者的吸引力大，则可以在行业平均市盈率的基础上，适当提高发行公司的市盈率。

六、国际股票筹资的费用与成本

（一）股票的发行费用和上市费用

1. 股票的发行费用。主要包括以下几项：（1）承销费用，指支付给股票承销机构的佣金；（2）其他中介机构费用，如支付给会计师事务所的审计费、律师事务所的律师费等；（3）印刷费用，为发行股票印刷各种文件而支付的费用；（4）宣传广告费，其中包括股票发行路演中发行的费用；（5）其他费用，如支付给代收款银行和股票登记托管机构的费用等。

2. 股票的上市费用。主要包括以下几项：（1）支付给交易所的上市费，包括入市费、上市年费和附加上市费；（2）支付给各类中介机构（包销商、律师、会计师、银行、股票登记机构）的费用。

（二）股票筹资成本

股票筹资成本是发行费用与筹资总额的比率，即单位资金筹资费用。

$$单位资金筹资成本 = \frac{发行费用总额}{发行股票筹资总额} \times 100\%$$

（三）股票的资金成本

公司在境外发行股票，筹集和使用外汇资金，其成本的测算方法与在境内发行本币股票的成本基本上相同，所不同的是将发行外币股票所收入的外汇按发行时的汇率折算为本币。下面以外币普通股股票为例加以说明。

如果预期每年股利固定，则可按以下公式计算：

$$K_e = \frac{D}{P_0\ (1-f)\ r_0}$$

式中：K_e 为股票成本率；P_0 为股票销售价格；D 为每年股利；f 为筹资费率①；r_0 为发行时的汇率。

如果预期每年股利按一定百分比递增，则可按以下公式计算：

$$K_e = \frac{D_1}{P_0\ (1-f)\ r_0} + g$$

式中：D_1 为第一年股利；g 为股利每年增长率。

【例 7-9】 某公司某年 3 月在纽约股票市场发行普通股股票，4 月上市，每股价格 15 美元，共发行 800 万股，总计金额 1.2 亿美元。发行和上市费用为 720 万美元，发行时汇率为 1 美元 = 8.10 元人民币。预计第 1 年每股股利人民币 14 元，以后每年股利递增 5%。

$$K_e = \frac{14}{15 \times \left(1 - \dfrac{720}{12\ 000} \times 100\%\right) \times 8.10} + 5\% = 17.26\%$$

① 筹资费包括股票发行费用和入市费。由于上市年费是在以后各年支付，不宜在发行时从筹资总额中扣减，可像股利一样列入公式的分子。

七、我国公司发行股票的种类

（一）A 股

A 股的正式名称是人民币普通股票，它是由我国境内的公司发行，供投资者以人民币认购和买卖，在境内（上海、深圳）证券交易所上市交易的普通股股票。它的投资者最初限于境内机构、组织或个人（不含台、港、澳投资者），2002 年末我国实行合格境外机构投资者制度（QFII），允许合格境外机构投资者买卖 A 股。

（二）B 股

B 股的正式名称是人民币特种股票，由我境内公司发行，以人民币标明面值，供投资者以外汇认购和买卖，在境内证券交易所上市交易。它的投资者最初限于外国自然人、法人其他组织；港、澳、台地区的自然人、法人和其他组织；定居在国外的中国人。我国从 1978 年改革开放以来，许多企业迫切需要外汇资金，但当时我国外汇很缺少，国家允许企业发行 B 股的目的就是为了利用国内股票市场筹集外汇资金。我国企业发行 B 股是从 1991 年末开始的。B 股的发行和上市在筹集外资、改善企业财务结构、转换经营机制和促进经营国际化等方面曾经发挥了一定的作用。后来由于国家批准许多企业直接到香港、美国、新加坡等地发行股票和上市，B 股的重要性就变得很小了。B 股市场存在着规模狭小，市场规则不够完善，交易不活跃，长期低迷等缺点。2001 年 2 月中国证监会公布决定允许境内居民用合法持有的外汇买卖 B 股。自 1991 年至 2007 年我国企业利用 B 股筹资仅 105 亿美元，现在已经多年未发行新股。发行 B 股是利用股票市场筹集外资的一种过渡形式，普遍预期将来在条件具备的时候，B 股市场将会以一种适当的方式（如 B 股与 A 股合并）消失。

（三）H 股、N 股和 S 股

在我国内地注册的公司，其股票在香港发行和上市，由于香港的英文为 Hong Kong，其第一个字母是 H，因而就叫做 H 股。依此类推，在内地注册的公司，其股票在纽约和新加坡发行和上市，由于纽约（New York）的第一个字母是 N、新加坡（Singapore）的第一个字母是 S，因而分别叫做 N 股和 S 股。

（四）红筹股

红筹股这一概念产生于 20 世纪 90 年代初期的香港股票市场。中华人民共和国在国际上有时被称为“红色中国”，因此香港和国际投资者把在境外注册在香港上市的那些带有中国大陆概念的股票称为“红筹股”。如何定义红筹股，存在不同意见，主要有两种观点，一种认为，应该从业务范围来看，如果某个上市公司的主要业务在中国大陆，其盈利也大部分来自该业务，那么，这家在中国境外注册、在香港上市的公司股票就是红筹股。国际信息公司彭博资讯所编的红筹股指数就是按照这一标准来选定的。另一种观点认为，应该从权益多少来看，如果一家上市公司的股东权益大部分直接来自中国大陆，或具有中国背景，也就是为中资所控股，那么，这家在中国境外注册、在香港上市的公司股票，才属于红筹股。1997 年 4 月恒生指数服务公司编制恒生红筹股指数时，就是按照这一标准来划定红筹股的。

早期的红筹股，主要是一些中资公司收购香港中小型上市公司后改造而形成的，例如，中信公司于 1990 年以 7 亿港元收购香港泰富发展公司，之后逐步注入资产，泰富发行了 14.9 亿股新股，每股 1.35 元，共筹资 20 亿港元，此后更名为中信泰富。还有内地一些省市将其在香港的窗口公司改组为股份有限公司，如上海实业、北京控股等公司在香港发行和上市的股票都称为“红筹股”。现在红筹股已经成为除B股、H股外内地企业进入国际资本市场筹资的一条重要渠道。根据香港交易所的数据，截至2007年5月末，共有89家红筹股公司在香港上市。

从2007年初开始，人们不断呼吁红筹股公司回归A股市场，因为很多红筹股公司都是非常优秀的大公司，其中包括中国移动、中国网通、联想等，它们回归在国内发行A股，投资者将有更多的好股可选，大量资金将投入到这些优质公司上，对充实国内资本市场、提高国内上市公司整体质量都有积极的作用。中国证监会发布的文件中提出境外红筹股回归A股市场的一些条件，主要包括：股票在香港证交所上市一年以上；股票市值不少于200亿港元；最近三个会计年度累计净利润不少于20亿港元；公司50%以上的经营性资产在境内，或50%以上的利润由境内业务贡献。

八、我国企业境外上市的几种模式

（一）大型国企经改组改制境外上市融资

我国大型国有企业在境外（或称海外）上市主要采用以下两种方式：一是境内企业经改组改制直接到香港、纽约、新加坡和伦敦等地上市；二是境内公司在海外注册成立公司在香港上市，这就是红筹股方式①。

在海外上市的国企大多是一些老企业，它们经过改组改制直接到海外上市。例如，青岛啤酒公司是国企第一家赴海外上市的公司，它是1993年6月以青岛一啤（国有青岛啤酒厂）作为发起人，与二啤（一啤与六家企业共建的合资公司）、三啤（一啤与香港华青公司共建的合作企业）、四啤（一啤的全资子公司）合并，经过股份制改造，建立青岛啤酒股份有限公司在香港联交所发行股票和上市（H股）。又例如，鞍山钢铁集团公司是我国最大的钢铁综合生产企业之一，由于规模特大，生产经营财务情况复杂，不宜于整体上市。鞍钢仅轧钢系统就有十多个工厂，当时决定选择冷轧厂、厚板厂和线材厂三个生产技术比较先进和效益优良的轧钢厂加以组合，经过股份制改造建立鞍钢新轧钢股份有限公司，于1997年7月在香港联交所发行股票和上市。

在海外上市的国企也有一些新企业。中国移动通信公司是新国企海外上市的典型。1997年广东、浙江两省的移动通信资产注入中国移动（香港）有限公司，在香港和纽约两地上市。2000年国家组建中国移动通信集团公司，按照整体上市、分步实施的计划，经过8年8次资本运作，先后收购全国各省区的通信资产，至2005年6月完成整体上市后，中国移动成为首家在中国内地31个省区经营电信业务的海外上市公司。

（二）优质民企绕道海外上市融资

我国民营企业在海外上市主要采取以下两种方式：一是境外注册企业上市，二是海外买壳上市。民企倾向于这两种方式，主要是因为国内审批严格复杂，而且给民企海外上市机会不多。

国内第一家采用上述第一种方式的民企是裕兴电脑公司，1999年该公司在百慕大注册“裕兴计算机科技控股有限公司”，将国内资产注入该壳公司，于2000年1月在香港创业板

---

① 1997年香港已回归祖国，我国内地企业的股票到香港上市，理应不再称为境外上市，但现在人们还沿用以前的概念。

成功上市，募集资金4.2亿港元。

在海外买壳上市的企业以国美电器公司为例，民营企业家黄光裕20世纪80年代末就开始经营国美电器，90年代已发展至五六家国美电器连锁店，为了重组国美电器，与北京、天津、广州、重庆等地的18家公司合并，黄光裕拥有国美电器公司35%股份以后，国美电器公司购买香港上市公司京华自动化，逐步提高持股比例，最终控制了该上市公司，这家公司后来成为国美电器在香港上市的壳公司。

（三）新技术公司与海外资本共成长

新技术公司从创建的风险投资到最终海外上市，始终与国外资本共舞。例如，我的新浪公司于1999年先后获得多家风险投资公司包括华登投资集团（Walden）、软银集团（Soft Bank）、高盛集团（Goldman Sachs）、戴尔（Dell）等的风险投资。2004年4月，新浪在纳斯达克市场正式挂牌上市，股价定于17美元，当日收盘价20美元以上，公司上市获得了很高的溢价。新浪上市后，风险资本开始择机退出，获得超常规投资回报。2004年多家风险投资公司（包括全球最大的搜索引擎公司Google和美国前三大风险投资商之一的DFJ）完成了对百度公司的风险投资，2005年8月百度公司在纳斯达克市场正式挂牌上市，股票发行价定为27美元，收盘价122.45美元，公司的市场价值达40亿美元。

（四）大型银行、企业上市融资A+H股模式

我国大型企业、银行是到海外上市还是留在国内上市，是一个争论了几年的问题。20世纪90年代，国内证券市场规模容量很小，证券市场不发达，承载不了大型国企上市融资，一些大型国企陆续到海外上市，争议不大。后来有些企业先在国内A股上市，然后到海外上市，还有企业先到海外上市，然后回归国内A股上市，争议少了。2000年以来许多大型国企只在海外上市，大型银行也计划到美国上市，过去一些企业海外上市暴露出一些缺点，于是争议又起，认为大型企业、银行只到海外上市，不利于国内证券市场的发展，而且到海外上市对企业、银行也有一些不利之处。随着我国经济的快速发展，国内A股市场经过深入改革，市场规模扩大，尤其是流动性不断改善；近几年香港股市有了很大发展，越来越多的国际资本流入香港，香港正在成为世界上首次公开募股（IPO）的最大市场。中国证监会鼓励企业在国内上市，融资额较大的企业应在内地和香港上市。A+H股模式成为我国大型企业特别是银行的选择，招商银行、交通银行分别于2002年4月、2005年6月实行了A+H股模式。2006年6月1日中国银行在香港上市，首次公开募股（H股）融资100亿美元，7月5日在国内A股上市。2006年10月中国工商银行A股和H股同步发行上市，在香港首次公开发行H股，筹资160亿美元，在上海A股上市筹资60亿美元。2007年4月中信银行在上海和香港同步上市，“绿鞋”前合计融资达54亿美元。预计今后我国将有不少企业、银行陆续在大陆和香港上市。

九、我国企业境外上市的程序

我国企业申请境外上市，不仅要遵守中国证监会规定的一些基本条件，还要符合上市地证券交易所规定的条件。上市程序一般分为以下几个阶段：

（一）企业改组和改制阶段

1.企业改组。又称企业重组，是指经过分析研究确定将原企业的哪些业务、资产、负债和人员划归将要建立的股份有限公司，哪些车间、分厂或子公司归属于将要建立的股份有

限公司，从而确立股份有限公司的基本框架和业务、资产范围，因为主要是资产的划分与组合，故又称资产重组。

企业改组的主要方法是：(1) 将一部分经济效益好、发展潜力大的业务和资产划归拟建的股份有限公司，把不宜进入股份有限公司的非经营性资产和不良资产按照企业改革的要求加以处理，以提高拟建股份有限公司的资本利润率；(2) 合理划分和妥善处理债务，适当减少拟建股份有限公司的负债，降低资产负债率；(3) 合理分配和安置职工，让部分素质良好的职工进入拟建的股份有限公司，提高劳动生产率。这样做的目的在于提高拟建股份有限公司的资本利润率，使它在资产规模、股权结构、负债水平和赢利水平等方面达到法规对股票发行和上市的要求，尽可能提高股票发行价格，最大限度地募集资本，并使公司具有良好的发展前景。

2. 企业改制。是指将经企业改组确定拟建的股份有限公司按照《公司法》规定的条件、要求和程序改建为股份有限公司。为了使公司的股票能在境外发行和上市，1994 年 8 月发布了《国务院关于股份有限公司境外募集股份及上市的特别规定》和《到境外上市公司章程的必备条款》，是企业改制的具体依据。至于境外上市地的公司条例与我国有差异的，应与上市地证券管理机构协商，将双方的法律衔接问题专门写在一份章程必备条款中，据此将企业改造成为既符合国内要求，又符合上市地规则的股份有限公司。

(二) 申请及审批阶段

境内企业经改组和改制为股份有限公司并符合上市条件的，均可自愿向中国证监会提出境外上市申请，由有办理上市业务资格的证券公司进行辅导、推荐，向社会公布，听取对申请上市公司的意见。公司申请到境外上市，须按规定向中国证监会报送有关文件，经证监会审核批准后到境外发行股票和上市。

(三) 境外募股和上市阶段

下面以企业到美国公开发行股票和上市为例加以说明。

1. 准备注册登记表。外国公司（非美国公司）到美国发行股票，应根据美国《1933 年证券法》第五节的要求注册登记。如果外国公司的会计准则不同于美国的公认会计准则，美国证券交易委员会（SEC）允许采用股票发行公司当地国可理解的会计准则，但必须就美国公认会计准则与股票发行公司当地国会计准则的重要区别进行说明。外国企业首次在美国发行股票，必须按 F1、F2 或 F3 表格登记注册。

2. 美国证券交易委员会审核。SEC 的公司财务部对公司提交的注册登记表进行审查，就其不足之处发出一份意见书，指出需要修改或补充的地方，股票发行公司和承销商对注册登记表进行修改、补充和澄清，达到要求后，SEC 才宣布注册登记表生效。

3. 听证。由主承销商召开股票承销会议，对注册登记表和募资说明书中的信息披露进行检查，承销商的律师向股票发行公司的经理、董事或其他高级职员提出有关问题，检查草拟注册登记表的有关内容，检查股票发行公司的经营管理情况，审查股票发行公司的有关合同等。发行公司的董事会和高级管理人员对提出的问题予以解答，并对注册登记表的错误信息或重要信息遗漏或听证的事项负法律责任。承销商通过听证可了解注册登记表的真实可靠性。

4. 根据《蓝天法》（Blue Sky Laws）注册。在美国发行股票，除了接受 SEC 的管制外，许多州还采用《蓝天法》保护投资者利益，该法律要求发行公司按规定进行证券发行登记，并向投资者提供必要的商业和财务信息，着重审查证券质量优劣。有时即使是SEC的公司财务部认为合格的注册登记表，如果不符合《蓝天法》的要求，这一证券也可能不能在相应的州发行。

5. 国际推介，又称为“路演”（Roadshow）。为了搞好股票发行，发行公司和主承销商应制定股票销售计划，制作销售备忘录，分发初始募资说明书和组织投资推介会。推介是否成功，对是否能达到股票发行的目的有着极为密切的关系。发行公司的高级管理人员应参加推介，回答投资者提出的有关问题。推介一般应在主要的国际金融中心进行。

6. 组织承销团。由主承销商选择几个销售能力强的证券承销商参与股票分销。承销方式一般分为包销（Firm Commitment）和尽力销售（Best Efforts）两种。

7. 股票定价。股票定价的协商会一般是在注册生效日之前的一天举行。参加协商会的人员包括主承销商的经理、高级财务代表和发行公司的高级职员，讨论股票发行规模、发行价格和承销折扣；根据协商的决定修改注册登记表，向SEC递交修改后的注册登记表；在SEC宣布修改后的注册登记表有效后，签署承销协议。承销团的每个成员都必须根据承销协议按规定的价格发售股票。

8. “绿鞋”条款（The Green Shoe Option）。这一条款规定，包销商在发行公司的许可下，可以在原定的股票发行规模基础上，视市场具体情况，超额发售一定数量的股票。股票上市后，如果股价下跌至发行价，包销商就按发行价购回超额发售的股票，以防止股价下跌，达到支持和稳定二级市场交易的目的。“绿鞋”一般是在市场气氛不佳、对发行结果不乐观或难以预料的情况下使用。“绿鞋”是美国一家公司的名称，该公司最早采用包销商超额发售方式，故把这种方式称为“绿鞋”条款。

9. 收款银行。发行公司可以在境外委托一家银行收存股票发行款，该银行可以是中国银行的国外分支机构，如果是外国银行，最好该银行在中国国内有分支机构。我国境内企业在境外发行股票，应当在外汇资金到位后10天内将所筹外汇资金全部调入中国境内，存入批准开立的外汇账户。

10. 股票在境外上市的申请。非美国公司在美国发行的股票，在交易所上市之前，必须按《1934年证券交易法》的规定注册。公司要求上市时，应向股票交易所提供有关资料，由上市审核委员会对公司进行上市资格评审。上市资格确认后，申请者可以向上市委员会提交正式上市申请。

十、境外股票筹资决策

境外股票筹资决策包括股票市场选择、上市时机选择、上市方式选择和股票发行价格决策等。关于上市方式问题在前面已有详细说明，下面对股票市场和上市时机的选择以及发行价格决策问题加以说明。

（一）股票市场选择

公司境外上市，在选择股票市场时，主要应考虑股票市场规模、主板和二板（创业板）的上市条件、股市流动性、上市成本、市盈率、再融资、法律影响、文化等因素。

我国内地企业在境外发行股票和上市，首选香港市场。因为香港是我国的领土，是世界十大证券市场之一，具有完善的市场体系和自由的投资环境，是亚太地区流动性最高的资本市场，也是国外资金进入内地的前哨站和内地企业进入国际市场的跳板。1991年我国证券管理部门就开始研究国有企业到香港发行股票和上市的可行性，认为这对内地和香港都大有好处。从 1993 年至 2005 年，我国内地已有 322 家企业（其中国有企业 172 家，民营企业 150 家），2006 年有 56 家企业（包括中国银行、中国工商银行等），2007 年有 70 家企业在香港发行股票和上市。

美国有世界上最发达的股票市场，具有规模大、技术先进、管理严密、资金富裕、市盈率高、稳定性好、行业齐全和知名度高等优势，是我国企业境外股票筹资优先选择的主要市场。从 1993 年至 2001 年，我国内地到美国证券市场发行股票和上市的企业逐年迅速增加。2002 年 7 月美国国会通过了《萨班斯法案》，由于该法案严刑峻法，并使上市成本上升，许多外国企业纷纷改投美国以外的证券交易所，中国企业到美国上市的明显减少，2003 年为 3 家，2004 年为 3 家，2005 年只有 1 家，2006 年 4 家，2007 年才达 19 家。截至 2007 年 12 月末，我国已有 180 多家公司在美国上市融资，其中 51 家在纽约证券交易所上市（39 家企业来自中国内地，7 家企业来自香港，5 家企业来自台湾），54 家公司在纳斯达克市场上市，80 多家公司在 OTCBB 市场上市。

专　栏

萨班斯—奥克斯利法案

《萨班斯—奥克斯利法案》（Sarbanes - Qxley Act，简称 SOX 法案）的产生缘于 2001 年最大的能源公司安然（Enron）申请破产保护，使国际资本市场遭受了巨大的经济损失，次年世通公司的财务欺诈案件，以及此后美国 338 家上市公司，总计 4 093 亿美元的资产申请破产保护，使投资者进一步丧失了对美国资本市场的信心，引起了美国股市剧烈动荡，投资者纷纷抽逃资金。为了防止和保证上市公司财务丑闻不再发生，由美国参议院银行委员会主席 Sarbanes 和众议院金融服务委员会主席 Oxley 联合提出了一项法案，该法案即以他们的名字命名。

《SOX 法案》共分 11 章，其主要容包括：（1）设立独立的上市公司会计监察委员会，负责监管执行上市公司审计工作的会计师事务所；（2）特别加强执行审计的会计师事务所的独立性；（3）特别强化了公司治理结构，并明确了公司的财务报告责任，同时增强了公司的财务披露义务；（4）大幅度加重对公司管理层违法行为的处罚措施；（5）增加经费拨款，强化 SEC 的监管职能。该法案中最严厉的是 302 条款和 404 条款。302 条款主要强调上市公司财务报告的真实性，要求 CEO 和 CFO 对公司财务报告的真实性负责并宣誓。如果公司 CEO 和 CFO 在明知公司向 SEC 报送的财务报告存在有不真实的财务信息的情况仍然签字，将被处以高达 100 万美元的罚款和上至 10 年的监禁；如果属于“有意欺诈”性质的提供虚假财务报告，将被处以高达 500 万美元的罚款和上至 20 年的监禁。404 条款规定，在美国上市的公司要建立健全内部控制体系，包括控制环境、风险评估、控制活动、信息沟通以及监督 5 个部分。它涵盖企业运作的各个领域，一旦投入实施，必将引起整个企业控管流程的改变。由于该条款的复杂性和很难操作，实施时要花费大量的人力、物力和财力，例如，通用电气公司为了达到 404 条款标准，就花费 3 000 万美元才完善了内部控制系统。从外部聘请注册会计师进行达标审计又构成企业的一笔庞大开支，据调查估计一个年销售额30亿美元的公司，其在审计上的费用可能从以前的200万美元增加到现在的600万美元。

由于《SOX法案》的苛严和使上市成本大升，使许多外国公司对到美国上市望而却步，从而放弃美国的资本市场，转而到香港、伦敦等地上市。2004年从美国股市中退市的外国公司多达135家。2006年中国共有86家公司在海外上市，近90%的公司在香港、新加坡和伦敦上市，在纽交所上市的公司只有3家，在纳斯达克上市的公司只有6家，说明美国股市吸引力下降，至2007年3月末，欧洲股市的总市值（15.72亿美元）已超过了美国股市总市值（15.64亿美元）。

从长期看，《SOX法案》为了提高上市公司的质量，更好地保护广大投资者权益，对上市公司进行严格监管，其方向是正确的，对加强本国资本市场的国际竞争力是有利的。但是短期内，必然会导致本国资本市场上现有上市公司退出和新增上市公司较少，对本国资本市场的国际竞争力造成不利影响。这就需要在严格监管与提高上市吸引力之间进行权衡。美国有关方面表示，要总结经验教训使《SOX法案》趋于完善，这对于中国具有重要的借鉴意义。

（资料来源：《国际融资》月刊，2006年第10期第40－42页，2007年第5期第58－60页）

我国企业到新加坡股票市场发行股票和上市有很多有利因素：新加坡是亚洲美元的中心，股票市场发达；78%的新加坡人具有华人血统，能更好地理解中国企业的经营理念；在新加坡发行股票和上市的门槛较低，上市费用不高，且上市过程短。2002年以前，我国国内大型国有企业一般以S股形式在新加坡证券交易所主板上市，以后多种成分的中小企业主要在新加坡SESDAQ上市。截至2007年12月末，中国内地在新加坡上市的企业130家。在此上市的缺点是发行市盈率较低，通常小于10倍。

在前几年中国企业掀起的海外上市热潮中，多数企业都将上市目的地选在香港、美国和新加坡，而忽视了英、德、日等国的证券市场。伦敦证券交易所是世界上历史最悠久的证券交易所，它的规模很大，有十分成熟的主板和创业板市场，接受多种会计标准，上市程序比较简单，费用较低。但几年前只有少数中国企业在伦敦上市。美国实行《萨班斯法案》以来，欧洲一些国家特别是英国趁机来中国寻找、培育和争取优质企业到该国去上市，因此，到伦敦上市的中国企业明显增多，截至2007年末，中国内地企业在英国上市的已超过66家，其中6家在主板上市，其余在创业板（ATM）上市。德国法兰克福证券交易所是世界第四大证券交易所，它以规范、稳健、发达而著称，该所为了吸引中国企业上市，提供一些优惠条件，如上市门槛要求较低、上门程序较简单、监管不像美国那样严厉、上市成本较低、上市成功率很高。该所CEO来华积极推动中国企业到德国上市，2007年3月山东工友集团股份有限公司在法兰克福证交所正式上市。中国企业在德国上市实现了零的突破，2007年7月和11月又有两家中国企业在法兰克福交易上市，可以预见，法兰克福将成为中国企业海外上市的新落点。东京证券交易所虽然是世界上最大的交易所之一，但到2007年4月亚洲传媒公司在东京证交所上市，才实现中国企业股票在日本上市的零突破，8月又有一家中国公司在东京证交所上市。

现在，欧盟证券市场正处于一体化的进程之中，在几年之内将基本实现一体化。统一的欧盟证券市场将为欧盟区外各国的筹资者提供更加广阔的资金来源。只要能够进入欧盟的一个成员国的证券市场发行股票和上市，就相当于进入了整个欧盟的证券市场，就能筹集到更多资金，并降低筹资成本。一体化的欧盟证券市场将是我国可选择的最佳海外证券市场之一。

许多跨国公司同时在多个国家的市场发行股票，可以避免全部股票在一国市场发行时产生的降价压力，可按一定价格发行更大数量的股票。一些跨国公司的股票同时在世界上许多股票交易所上市广泛交易，例如，可口可乐公司的股票在美国、法兰克福和瑞士的股票交易所交易，TRW公司的股票在美国、伦敦和法兰克福股票交易所交易，CPC跨国公司、联合信号公司和很多美国跨国公司的股票在境外5个以上不同的股票交易所上市。

（二）股票发行时机选择和价格决策

经验和教训证明，在境外发行股票和上市，必须选择经济繁荣、本行业持续发展、资本市场景气、资金供给充分、股市二级市场活跃、行情上升的有利时机。时机选对了，股票的发行和上市才能顺利进行，达到预期的目的，反之就会遭到失败。1993年至1997年上半年由于市场时机好，我国42家企业在香港和美国等市场发行股票都很顺利，筹资96亿多美元。而在1997年9月至1999年末，受亚洲金融危机影响，许多国家经济不景气，我国内地企业在境外上市的股票二级市场行情低迷，在这种情况下，我国有3家公司发行H股招股失败。例如，中国海洋石油股份公司1999年招股路演时只得到2张订单，被迫推迟上市。2000年宏观形势变好，中国一些巨型企业掀起境外募股上市高潮，获得巨大成功。

股票发行价格决策是否正确，关系到发行股票募集资金数额，甚至影响股票发行的成败。例如，2004年6月华润上华半导体公司（生产半导体芯片）在香港发行股票和上市时，由于股票发行价格定得过高，而且不愿根据市场情况进行适当调整，认为在市场情况较好的时候，可以把价格抬高一点。由于价格决策失误，使投资者不愿购买该公司的股票，最终被迫取消股票发行计划。

小测试：

1. 国际股票筹资有哪些利弊？
2. 什么是直接上市和间接上市？什么是买壳上市、造壳上市和借壳上市？
3. 什么是美国存托凭证（ADR）？委托ADR可分为哪几种形式？它们有何区别？ADR有何好处？
4. 怎样采用市盈率法测算股票价格？国际股票的成本包括哪些内容，怎样计算股票成本率？
5. 什么是A股、B股、H股、N股、S股和红筹股？
6. 我国企业股票境外发行和上市有哪几种模式？
7. 企业股票境外发行和上市时怎样进行市场选择、时机选择和价格决策？

第四节　吸收外商证券投资

一、开放证券市场引进外资

发达国家一般都开放本国证券市场，积极吸引外国投资者来国内进行证券投资。例如，2000 年外国投资者进入美国股票市场购买美国公司股票的净额约 1 749 亿美元。我国自 1978 年改革开放以来，在吸收外商直接投资方面已取得了很大成绩，但在吸引外国投资者来华进行证券投资方面，不仅起步较晚，而且范围窄、规模小。我国利用国内证券市场吸收外资起步于 20 世纪 90 年代初，我国政府批准少数企业在国内证券市场发行 B 种股票，规定由境外投资者用外汇购买。直到 2002 年末才有进一步松动，该年 11 月，中国证监会、财政部、国家经贸委联合发布《关于向外商转让上市公司国有股和法人股有关问题的通知》，中国证监会和中国人民银行联合颁布《合格境外机构投资者境内证券投资管理暂行办法》，标志着我国正式实行 QFII（Qualified Foreign Institutional Investors）制度，即合格境外机构投资者制度。2006 年 7 月中国证监会、中国人民银行和国家外汇管理局联合发布《合格境外机构投资者境内证券投资管理办法》。这部法规较大幅度地降低了合格境外机构投资者（QFII）投资境内证券的门槛，以鼓励长期资金入市，促进我国资本市场的健康发展。

二、QFII 制度的含义与性质

QFII 制度是开放证券市场有限度地引进外资的一种过渡性制度。发达国家由于其货币可以自由兑换，金融市场规模大，证券监管制度严密，经验丰富，抗冲击能力强，不需要实行这一制度。在一些发展中国家和地区，由于其货币没有完全可自由兑换，资本项目尚未开放，证券市场不完善，外资大量进入有可能对证券市场和全国经济带来很大的负面冲击。实行 QFII 制度，国家证券管理机构可以对外资进入进行适当的限制和引导，使引进外资与本国的证券市场发展和经济发展相适应，控制外资进入对本国经济发展的不良影响，抑制境外投机性游资对本国经济的冲击，推动证券市场国际化和健康发展。

实行 QFII 制度，应具备以下两个基本条件：（1）国家经济迅速发展，对境外投资者具有吸引力；（2）国家具有较发达的证券市场和合适的投资工具。

三、我国 QFII 制度的基本内容

（一）对合格境外机构投资者资格的界定

界定境外机构投资者有无资格进入境内进行证券投资，按照注册资本数量、财务状况、经营期限、是否有违规违纪记录等考核标准，选择具有较高资信、较强实力和无不良经营记录的机构投资者。

我国《合格境外机构投资者境内证券投资管理暂行办法》规定，合格境外机构投资者是指符合本办法规定的条件，经中国证监会批准，投资于中国证券市场，并取得国家外汇管理局额度批准的中国境外的基金管理机构、保险公司、证券公司以及其他资产管理机构。基金管理机构要求经营基金业务达 5 年以上，最近一个会计年度管理的证券资产不少于 50 亿美

元；保险公司要求经营保险业务达5年以上，最近一个会计年度管理的证券资产不少于50亿美元；证券公司要求经营证券业务达30年以上，实收资本不少于10亿美元，最近一个年度管理的证券资产不少于50亿美元；商业银行要求最近一个会计年度总资产在世界排名前100名以内，管理的证券资产不少于50亿美元。其他机构投资者（养老基金、慈善基金、捐赠基金、信托公司、政府投资管理公司等）的准入资格，要求其须成立5年以上，最近一个会计年度管理或持有的证券资产不少于50亿美元。符合上述条件的机构投资者，一般信誉良好，管理水平先进，投资理念稳健，注重投资而非投机，一般不会有意冲击市场，将有利于中国证券市场的发展。2003年5月，瑞士的UBS银行和日本的野村证券公司成为首批被批准的QFII，随后，汇丰银行、花旗银行、香港上海汇丰银行以及美国的摩根斯坦利（Morgan Stanley）投资银行等一些大的金融机构也被批准成为QFII。

（二）对投资额度和范围的限制

1. 对投资额度的限制包括以下两个方面：（1）设定进入境内证券市场的最高资金额度和单个投资者的最高投资额度；（2）规定合格机构投资者投资于单个股票的最高比例。

QFII暂行办法只规定了单个合格投资者和所有合格投资者对单个上市公司的持股比例分别不超过该上市公司股份总数的10%和20%。中国证监会可根据证券市场发展情况调整上述比例。

2. 对投资行业的限制。QFII暂行办法规定，境外合格机构投资者的境内证券投资应当符合《外商投资产业指导目录》的要求，石油、电子、汽车、交通运输等主导产业，以及原先禁止外商投资但加入WTO后开放的行业（包括医药业、零售业、公用事业、金融服务业等）在证券市场上将成为QFII投资的主要行业。

3. 可投资的金融工具。合格境外机构投资者在经批准的投资额度内，可以投资下列人民币金融工具：（1）在证券交易所挂牌交易的除境内上市外资股以外的股票；（2）在证券交易所挂牌交易的国债；（3）在证券交易所挂牌交易的可转换债券和企业债券；（4）中国证监会批准的其他金融工具。

（三）在资金进出管理方面的要求

对资金进出管理采用以下两种办法：（1）用强制方法规定资金汇入汇出的额度和时间；（2）用税收手段对不同资金汇入汇出额度和时间征收不同的税，以限制外资的流动。我国QFII制度采用强制方法。规定合格境外投资者应当自中国证监会颁发“证券投资业务许可证”三个月内汇入本金，全额结汇后直接转入人民币特种账户。在一般情况下，投资者汇入本金满一年后，才可申请购汇分批汇出本金，每次汇出本金的金额不超过20%，间隔不得少于三个月。2006年发布的管理办法允许QFII直接开立证券账户，将QFII资金锁定期适度放宽，完善了对QFII名义持有人背后持有者的监管，细化了对股票投资比例的限制及信息披露的规定。

小测试：

什么是QFII制度？它有什么作用？包括哪些内容？

案例

中国人寿保险股份有限公司在纽约、香港同时上市

一、中国人寿保险公司重组与改制

2002年中国人寿保险公司分为中国人寿保险集团公司和中国人寿保险股份有限公司。股份公司负责经营没有利差损包袱的新业务及对应资产，引进战略投资者，建立现代企业制度，用重组后的优良资产上市；集团公司代表国家对股份公司行使股东的权利和义务，除了负责经营存在利差损的老保单业务及对应资产，还开拓财产保险、保险代理、保险经纪等业务。经国务院批准，2002年8月中国人寿保险集团公司和中国人寿保险股份有限公司正式成立。

中国人寿保险股份有限公司认真进行了股份制改造，建立健全了股东代表大会、董事会和监事会制度，不断改善经营管理，营业收入和利润逐年迅速增加。《财富》杂志2003年7月揭晓中国人寿保险公司跻身于全球500强企业排行榜，营业收入排名第290位，利润排名351位，资产排名第224位。在中国企业500强中排名第8位。中国人寿保险股份有限公司成立后，经过业务和资产评估，公司的净资产、利润、偿付能力、赢利能力和回报水平等指标均具有较强的竞争能力，具备了走向国际资本市场的条件。

二、中国人寿保险股份有限公司海外上市工作

1. 全面评估。通过公开招标，聘请了具有国际知名度和权威性的审计师、精算师、资产评估师、土地评估师和律师等中介机构对公司进行全面评估，2003年5月分别完成了中国会计准则项下的审计、精算、评估结果。然后，根据美国和香港会计准则编制出审计报告、精算报告和法律协议等文件。

2. 会计准则转换。中国人寿保险公司一直遵循中国会计准则，为了实现在香港、纽约上市，完成了与香港会计准则和美国会计准则的转换工作。建立了两套利润测试模型，即年度化保费价格（APE）和内部收益率（IRR）模型，以便向投资者提供准确的精算结果和盈利情况。

3. 编写招股说明书。通过招标聘请了海外发行股票的联系协调人、簿记管理人和主承销商等中介机构，他们对公司进行了详细调查，与中国人寿有关人员一起拟定了境外上市申请所需的招股说明书。中国人寿决策层回答了审计师、精算师、律师、保荐人提出的各种问题。

4. 申报。8月28日中国人寿分别向美国证券交易委员会和香港证券联合交易所提出申请报告。回答了美国证交会和香港联交所提出的许多问题，先后3次修改了招股说明书。11月20日美国和香港证券交易机构同意中国人寿正式登记。

5. 股票价格决策。中国人寿决策层经过慎重研究，与主承销商反复认真协商后，将股票发行的价格区间确定为2.98港元至3.65港元之间，公开发行最终定价为：全球机构投资者每股3.625港元，香港公开发售每股3.59港元。美国存托凭证（ADR）18.68美元。给投

资者留下了 0.025 的盈利空间。

6. 路演。12 月 1—8 日中国人寿总经理和副总经理分别率领两支路演队伍，先后到香港、新加坡、伦敦、爱丁堡、米兰、巴塞罗那、佛罗里达、纽约、洛杉矶和旧金山等地 21 个城市进行路演，拜访了 102 家机构投资者，与他们进行了一对一的说明会，其中有 101 家下单认购，有一家认购 3 亿美元股票。

7. 正式上市。中国人寿保险公司 12 月 17 日在纽约证交所上市，高开于 23.34 美元，比发行价高于 5.04 美元。18 日在香港联交所上市，高开于 4.55 港元，比招股价高出 24%。此次共融资 34.75 亿美元。

8. 上市后。中国人寿保险股份有限公司在纽约和香港上市后，落实经营机制转换，完善法人治理结构，狠抓管理，控制风险，充分合理地运用资金，几年来获得了良好效益，较好地实现了路演时对投资者的承诺，于 2006 年又在国内股市完成了 A 股的发行和上市。

（资料来源：《国际融资》，2004 年第 9 期，第 10－19 页）

习　题

1. 我国甲公司在日本发行日元债券，面额 5 万日元，票面利率 10%，期限 3 年，每年年末支付利息，期满一次还本。当时市场流行利息率为 8%。要求：计算该债券的发行价格。

2. 我国某公司在日本发行一种新债券，票面金额 5 000 日元，票面利率 6%，一年付一次利息，期限 5 年，本金分三次偿还，第 3 年年末还本 1 000 日元，第 4 年年末还本 2 000 日元，第 5 年年末还本 2 000 日元，市场流行利息率 8%。要求：计算该债券的发行价格。

3. 我国乙公司在日本发行日元债券，面额 10 000 日元，票面利率 9%，期限 5 年，预测市场年收益率为 10%。要求：计算该债券的发行价格。

4. 我国甲公司某年 1 月到 A 国发行 A 元债券，发行总额 1 000 万 A 元，发行价格为面值的 97%，筹资费率 2%，年利息率 7%，期限 3 年，每年年末支付利息，期满时一次还本。所得税税率 25%。发行债券时汇率为 1A 元 = 7.6 元人民币，预计今后 3 年 A 元对人民币的汇率每年递升 1%。要求：计算该债券的成本率。

5. 美国 A 公司拟在 D 国筹建合资企业，需筹集相当于 5 000 万美元的资金。为此，A 公司当局决定发行 4 年期的国际债券，有以下两个方案：（1）以美元为面值发行，年利率 11%，发行费用为债券面值的 2.5%。（2）以 D 元为面值，按面值的 99%发行，年利率 8%，发行费用为债券面值的 2.5%。发行债券时的汇率为 1D 元 = 0.5701 美元，该公司预测今后 4 年中 D 元对美元的汇率每年递升 4.13%。这个公司适用的所得税税率为 46%。要求：按以上条件分别测算上述两个方案的债券成本率，加以比较选择。

6. 我国 A 公司拟发行 5 000 万欧元债券，票面利率 6%，发行价格 98%，费用率 1.5%，期限 3 年，每年末支付利息，第 3 年末还本。第 1 年初汇率为 1 欧元 = 10.04 元人民币，预测此后汇率每年递升 0.5%。要求：计算该种债券的税前成本率。

7. 我国某公司在美国发行普通股股票，共发行 100 万股，每股市价 16 美元，发行费总额 48 万美元。发行时的汇率为 1 美元 = 7.6 元人民币。预计第 1 年每股股利 25 元人民币，今后每年股利按 4%递增。要求：计算这一股票的资金成本率。

相关网站：

美国证券交易委员会网站　www.sec.gov

中国证券监督管理委员会网站　www.csrc.gov.cn

纽约证券交易所网站　www.nyse.com

NASDAQ 网站　www.nasdaq.com

香港证券联合交易所网站　www.hkex.com.hk

新加坡证券交易所网站　www.sgx.com

标准普尔公司网站　www.standardandpoors.com

第八章 DIBAZHANG

国际租赁和补偿贸易筹资

学习目标

- □ 了解国际租赁方式，掌握租金的内容和计算方法
- □ 认识国际租赁筹资的利弊，掌握国际租赁筹资决策方法
- □ 了解国际补偿贸易的概念和分类，认识国际补偿贸易的方式
- □ 认识国际补偿贸易筹资的利弊，掌握国际补偿贸易筹资决策的方法

第一节　国际租赁筹资

一、国际租赁市场

按照国际会计准则的定义，租赁是指在一段时间内以支付租金为代价的资产使用权的转让。按租赁业务活动涉及的范围是否超越本国，可以分为国内租赁和国际租赁。凡租赁业务活动涉及其他国家的，就可称为国际租赁（International Leasing），也称跨国租赁。对出租人来说，它是一种通过信贷取得利润的方式，对承租人来说，则是一种筹措和利用外资的方式。

现代租赁始于19世纪中叶工业革命时期。第二次世界大战以后，美国的许多企业开始军转民生产，由于资金不足，无法进行设备更新，因而采用租赁方式来解决。20世纪50年代初在美国成立了一些租赁公司，到60年代，西欧和日本等大部分工业国家也都成立了租赁公司，开展租赁业务。美、英等国政府通过立法使出租人和承租人都能享受节税优惠，促进租赁业务迅速发展。70年代银行加入租赁业，租赁业在西方许多国家得到急剧发展，并趋于国际化。80年代以来，工业发达国家的租赁业进入成熟期，不少发展中国家的租赁业也有了相当的发展。现在，美国有世界上最大的租赁市场，10个公司中有8个公司租赁部分或全部所需的设备，1993年美国设备租赁的成交额为1 250亿美元，全部设备的32%是靠租赁方式取得的。日本有世界上第二大租赁市场，英国有欧洲最大的租赁市场。我国的国际租赁业务在20世纪80年代初才起步，1980年我国民航总局首次以国外融资租赁方式租进了一架波音飞机，1980—2006年我国各民航公司从国外租进飞机数百架，使我国民航事业得到

了迅速发展。1981年，我国成立了第一家大的租赁公司，到1994年，我国已成立中资租赁公司30家，中外合资租赁公司33家，还有兼营租赁的机构320家。

各国的租赁公司有多种类型，有的是银行或其他金融机构办的租赁公司，有的是厂家或经销商建立的租赁公司，有的是独立的租赁公司。在国际租赁市场上出租物品的范围越来越广，不仅有各种工业机械设备、船舶、车辆、建筑设备、飞机，而且还有各种计算机和商业设备（如超级市场设备）、科技设备（如度量衡仪器及各种理化设备）等。

二、国际租赁方式

（一）融资租赁和经营租赁

国际租赁和国内租赁从承租人的角度都可分为融资租赁和经营租赁两种方式。

1. 融资租赁（Financing Lease）。融资租赁也称金融租赁或财务租赁，是出租人根据承租人对租赁资产（主要是设备）和供货人（租赁设备的制造工厂或销售商）的选择，向供货人购买租赁资产，提供给承租人使用，承租人支付租金的一种租赁方式 。融资租赁的主要特点是：（1）涉及承租人、出租人和供货商三方当事人。由承租人委托出租人代为融资，承租人直接与供货厂商洽谈选定所需的租赁资产，再由出租人购买该资产，然后由供货厂商直接将该资产发运给承租人使用。（2）需签订两个或两个以上的合同。承租人与出租人签订租赁合同，出租人与供货商签订买卖合同。如果出租人资金不足，还需与金融机构签订贷款合同。（3）由于租赁资产是完全按照承租人的要求和选择由出租人融资购买的，所以出租人对于租赁资产的性能、缺陷、老化风险以及维护保养均不负责任，承租人不能以上述理由拒付或拖欠租金。（4）租赁期应占租赁资产有效使用年限的大部分（一般为3~5年，有的可达10年以上），承租人在租赁期内支付的租金足够补偿出租人购买租赁资产的成本并提供投资回报。（5）在租赁合同期内，承租人和出租人一般不得中途解约。由于出租人已为租赁资产垫付了资金，合同的终止应以出租人不受经济损失为前提。（6）在租赁期内，租赁资产的所有权与使用权相分离。所有权属于出租人，使用权属于承租人。承租人在使用期间按合同规定分期支付租金，对租赁资产定期维修并妥善保护。（7）在租赁期满时，承租人对租赁资产有留购、续租和退租三种选择。通常是出租人通过收取名义价格的形式，将租赁资产的所有权转移给承租人。

2. 经营租赁（Operating Lease）。经营租赁也称使用租赁或操作性租赁，是出租人将自己经营的租赁资产（这些资产不是根据承租人的具体要求和选择而购进的）进行反复出租给各个不同的承租人使用（租出去、收回来，再租出去……），由承租人支付租金的一种短期租赁方式。当企业需要短期使用某种资产时，可采取这种方式向租赁公司租用。

在实践中，租赁可与某种贸易方式相结合。例如：（1）租赁与补偿贸易相结合。承租人对出租人不以货币支付租金，而是以租赁设备生产的产品偿付租金。（2）租赁与加工装配相结合。出租人委托加工装配，承租人以应得的加工装配费抵缴租金。（3）租赁与包销相结合。承租人租入设备生产的产品，由出租人包销，出租人从包销货款中扣取租金。

（二）国际融资租赁的具体方式

国际融资租赁按程序的不同，可分为以下几种具体方式：

1. 自营性租赁。是指本国的租赁公司运用从国外金融市场上筹措的外汇资金，或从本国银行借入的外汇资金，或运用租赁公司的自有外汇资金，根据本国企业的委托，按照本国企业提交的设备订单，以买方的身份与国外供货厂商签订买卖合同。设备购进后，将其出租给本国企业使用，租赁期间，由本国企业分期向本国租赁公司支付租金。自营性租赁的程序可用图 8－1 表示。

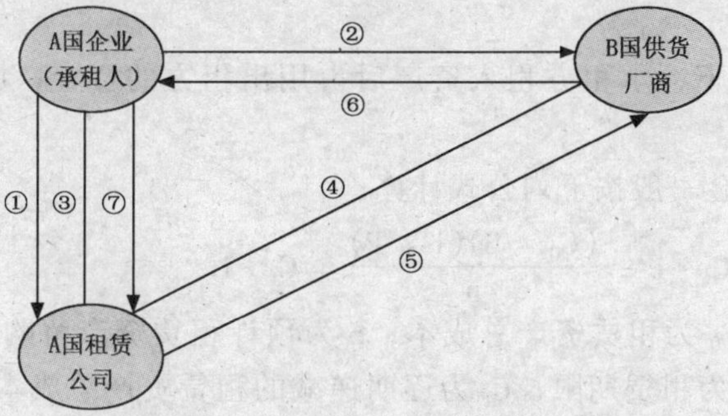

①租赁委托；②承租人选定租赁物和供货厂商，同租赁公司一起与供货厂商进行技术谈判；③签订租赁合同；④租赁公司与供货厂商进行商务谈判，签订买卖合同；⑤以外汇支付设备价款；⑥设备交货验收；⑦分期以外汇支付租金。

图 8－1　自营性国际融资租赁程序简图

自营性融资租赁虽然承租人和出租人同属于一国，但涉及外国的供货厂商，租赁业务跨越两个国家，故视为国际融资性租赁。

2. 转租赁。转租赁是指本国的租赁公司根据本国企业的委托，按照本国企业选定的租赁物和供货厂商提交的设备订单，先以承租人的身份从国外租赁公司租赁设备，再以出租人的身份将设备转租给本国企业。这种租赁方式一般是在本国租赁公司资金不足，或对国外供货厂商的情况没有完全把握的情况下才采用的。转租赁的一般程序如图 8－2 所示。

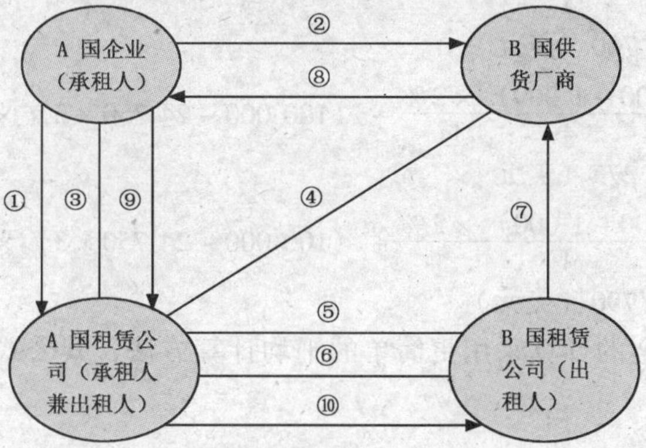

①租赁委托；②A 国企业选定租赁物和供货厂商，同 A 国租赁公司一起与 B 国供货厂商进行技术谈判；③签订租赁合同；④A 国租赁公司与 B 国供货厂商进行商务谈判，签订买卖合同；⑤签订设备转让合同；⑥签订租赁合同；⑦支付设备货款；⑧设备交货验收；⑨分期以外汇支付租金；⑩分期向 B 国租赁公司以外汇支付租金。

图 8－2　转租赁程序简图

3. 直接租赁。是指本国企业（承租人）从国外某供货厂商处选定所需设备，直接与国外租赁公司签订租赁合同，由国外租赁公司按照承租人的订货要求与供货厂商签订设备买卖合同，国外租赁公司向供货厂商支付设备货款，购买该项设备，由供货厂商将设备发运给承租人，承租人使用设备，定期向国外租赁公司支付租金。

三、租金的计算与支付

在国际融资租赁方式下，租金应包括下列各项内容：

1. 租赁资产的总成本。包括出租人购买租赁资产的货价、海运费和途中保险费以及利息（出租人为了购买租赁资产而向银行或其他金融机构贷款的利息）等。租赁资产的总成本是计算租金的基础。在租赁资产由承租人以名义价格留购的情况下，计算租金时，租赁资产总成本应减去合同中规定的名义留购价。

2. 租赁手续费。包括租赁公司办理租赁业务支出的营业费用（如工资、办公费、差旅费、税金等）和租赁公司的利润。

3. 融资利息。指在融资租赁方式下，承租方租入资产后占用出租方的资金，由于分期支付租金而应支付给出租方的利息。

在融资租赁方式下，每期应付租金一般按下列公式计算：

$$R_t = \frac{C_0 - S}{n} + \frac{(C_0 - S)P}{n} + C_t \cdot i = \frac{(C_0 - S)(1 + P)}{n} + C_t \cdot i$$

式中：R_t 为第 t 期的应付租金；C_0 为租赁资产总成本；S 为预计租赁资产留购价；P 为租赁手续费占（$C_0 - S$）的百分率；n 为租赁期限；C_t 为逐期递减的租赁资产总成本；i 为融资利息率。

【例 8-1】 甲公司从 ABC 租赁公司租入某种设备，其总成本为 10 万美元，租赁期 4 年，租赁手续费占（$C_0 - S$）的百分率为 2%，融资利息率为 6%。每年年末支付租金。租赁期满时，甲公司以 1 000 美元的名义价格留购该设备。各年的租金计算如下：

$$R_1 = \frac{100\,000 - 1\,000}{4} + \frac{(100\,000 - 1\,000) \times 2\%}{4} + 100\,000 \times 6\%$$
$$= 24\,750 + 495 + 6\,000 = 31\,245\ (美元)$$

$$R_2 = \frac{100\,000 - 1\,000}{4} + \frac{(100\,000 - 1\,000) \times 2\%}{4} + (100\,000 - 24\,750) \times 6\%$$
$$= 24\,750 + 495 + 4\,515 = 29\,760\ (美元)$$

$$R_3 = \frac{100\,000 - 1\,000}{4} + \frac{(100\,000 - 1\,000) \times 2\%}{4} + (100\,000 - 24\,750 \times 2) \times 6\%$$
$$= 24\,750 + 495 + 3\,030 = 28\,275\ (美元)$$

$$R_4 = \frac{100\,000 - 1\,000}{4} + \frac{(100\,000 - 1\,000) \times 2\%}{4} + (100\,000 - 24\,750 \times 3) \times 6\%$$
$$= 24\,750 + 495 + 1\,545 = 26\,790\ (美元)$$

在经营租赁方式下，每期应付租金的计算采用更简单的平均计算方法，其公式如下：

$$R = \frac{C_0 - S + F + D}{n}$$

式中：S 为租赁资产残值；F 为租赁手续费；D 为其他费用；其他符号与前面公式相同。

四、租赁的节税优惠

为了鼓励租赁业的发展，美、英等西方国家曾规定一些办法，使出租人和承租人都得到节税的利益。以美国为例，租赁的节税优惠主要有以下几项：

（一）投资减税

为了促进投资，美国曾规定企业购置新的、有形的、具有 8 年或更长时间可提取折旧的资产，可以从企业应纳税额中扣除这种资产成本的 10%。例如，某租赁公司购买一台 50 万美元的资产，在考虑投资减税之前，这家公司填报的应纳税所得额为 100 万美元，税率为 40%，如果没有购买这项资产，该公司就须纳税 40 万美元。但在购买了这项资产后，该公司就只需纳税 35 万美元（100×40%－50×10%），节税额为 5 万美元。

（二）加速折旧

为了鼓励投资及设备更新,美国税法允许租赁业采用加速折旧法。设备计提折旧,列入成本费用,使利润减少,可少缴所得税(称为节税额)。采用直线折旧法时,每年计提的折旧额相等,因而每年的节税额也相等,而采用加速折旧法,在设备使用的头几年,计提较多的折旧费,可少缴所得税,即节税额较多,以后年份少提折旧,多缴所得税,即节税额较少,因而使用加速折旧法各年节税额的现值之和大于直线折旧法各年节税额的现值之和。例如,美国某租赁公司购买某一设备的成本为 16 万美元,使用 5 年,残值 1 万美元,所得税税率 40%,折现率为 10%。采用直线折旧法和加速折旧法的节税额现值比较如表 8-1 所示。

表 8-1　　直线折旧法和加速折旧法节税额现值比较表　　单位：万美元

年　份	直线折旧法			加速折旧法			折现系数（10%）
	折旧额	节税额	节税额的现值	折旧额	节税额	节税额的现值	
1	3	1.2	1.0909	5	2.0	1.8182	0.9091
2	3	1.2	0.9917	4	1.6	1.3222	0.8264
3	3	1.2	0.9016	3	1.2	0.9016	0.7513
4	3	1.2	0.8196	2	0.8	0.5464	0.6830
5	3	1.2	0.7451	1	0.4	0.2484	0.6209
合计	15	6	4.5489	15	6	4.8368	—

表 8-1 中的节税额 = 折旧额 × 税率。从该表可以看出，采用加速折旧法的节税额现值较多。

（三）利息费用

出租人如果借款购买设备用于出租，允许将所付利息列作企业的费用，从而减少应纳税所得额，就可少缴一部分所得税。支付利息带来的节税额等于利息额与税率的乘积。

上述投资减税、加速折旧及利息费用的节税利益均为出租人所得，但出租人可以降低租金的方式将其所得的节税优惠部分地转给承租人。

五、国际租赁筹资的利弊

（一）国际租赁筹资的优点

1. 在外汇资金短缺的情况下,从国外引进设备。在租入设备时,不需立即支付货款,只需在签订租赁合同后缴纳租赁保证金(其数额通常为合同金额的 5%),以后分期支付租金。

2. 从国外租入设备，实际筹措的外资等于租赁设备的价款减去租赁保证金后的数额。如果采用买方信贷进口设备，企业先要支付货价 10% ~ 15% 的定金，其余部分才由银行提供贷款。

3. 国际商业银行中长期贷款的利率一般是浮动的，而国际租赁合同规定的租金是固定的，承租人可避免由于通货膨胀所造成的损失，也易于计算成本，对投资更有把握。

4. 租赁手续简便，加快设备引进速度。企业利用银行贷款进口设备，一要向银行申请贷款，二要通过外贸进口设备，手续繁多，时间较长。如采用租赁方式，融资和进口设备都由租赁公司办理，承租人可以省下不少时间和精力，较快地得到所需要的设备。

5. 跨国公司运用国际租赁还可以达到以下两个目的：（1）降低国外投资的政治风险。跨国公司在政治环境不稳定的国家投资办厂，从东道国当地的或第三国国际银团的租赁公司租赁所需的部分设备，要比直接购买这些设备的风险低，因为东道国政府不太可能征收本国租赁公司所拥有的设备（如果征收，可停付租金），对国际银团的租赁公司所拥有的租赁设备实行征用的可能性也较小，特别是当国际银团对东道国政府提供信贷资助时。(2) 减少跨国公司纳税。例如，当设在高税率国家的子公司需要某一设备时，母公司可采用高租金的形式将设备租给该子公司，可达到降低公司纳税的目的。

（二）国际租赁筹资的缺点

1. 在租赁期间承租人只有设备的使用权，而没有所有权，无权随意对设备进行改造。

2. 租赁期间所付租金之和一般高于直接购买设备的购买成本。只有当出租人愿意将其所得的节税利益部分转让给承租人时，才有可能适当地降低租金，这必须由承租人在签订租赁合同前的谈判中争取。

六、国际租赁筹资决策

企业从国外引进设备，所需资金的筹集可以有多种方式，例如，可以用自有外汇资金购买，从银行取得外汇借款购买，通过发行国际债券或股票筹集外汇资金购买，还可以通过国际租赁或补偿贸易等方式获得设备。究竟哪一种方式的资金成本较低，哪一种方式最简便省时呢？各种筹资方式各有其优缺点，最理想的是找到成本较低、手续又较简便的资金，这就需要根据具体情况进行全面详细的分析研究，可进行租赁与自有资金购买设备的比较和租赁与贷款购买设备的比较，通过比较加以选择。下面举例说明租赁与贷款购买设备的比较和选择。

【例 8－2】 企业需要从国外引进某一设备，租赁是一个方案，用贷款购买是另一个方案，将这两个方案进行比较，最基本的方法是将两者的税后现金流出量现值加以比较，选择现金流出量现值较小的方案。

假设甲企业已决定添置某种设备一台，价值 10 万美元，该设备使用期为 6 年，报废时的残值为 3 000 美元。取得这一设备有以下两种方式（方案）可供选择：

1. 国际融资租赁。企业从 ABC 租赁公司租入这种设备，租赁条件和租金计算见前面举例和表 8－2 第①至⑤栏，税后现金流出量现值的计算见表 8－2 第⑥至⑩栏。

2. 贷款购买设备。向银行取得外汇贷款 10 万美元，每年年末还 2 万美元，5 年还清，年利息率 8%，每年年末支付利息。其现金流出量现值的计算如表 8－3 所示。

将表 8－2 与表 8－3 的现金流出量现值合计数进行比较，融资租赁设备的现金流出量现值较少，是较优方案。如果有关因素发生变化，则可能得出相反的结论。例如，如果贷款购买设备的利息率为 7.4% 时，税后现金流出量现值合计少于 74 976.95 美元。此时，租赁不是最优方案。

小测试：

1. 国际租赁有哪几种方式？各有何特点？
2. 国际租赁的租金包括哪些内容？怎样计算？
3. 美国租赁的节税优惠有哪些项目？其内容是什么？对承租人有何利益？
4. 国际租赁有什么优缺点？怎样进行国际租赁筹资决策？

表 8－2　　融资租赁设备现金流出量现值表

年份	租金及留购价				折旧费	节税额	税后现金流出量	折现系数（8%）	税后现金流出量现值
	租赁设备总成本	租赁手续费（2%）	融资利息（6%）	租金及留购价合计					
①	②	③＝②×2%	④	⑤＝②＋③＋④	⑥	⑦＝（③＋④＋⑥）×25%	⑧＝⑤－⑦	⑨	⑩＝⑧×⑨
1	24 750	495	6 000	31 245	16 167	5 665.5	25 579.50	0.926	23 686.62
2	24 750	495	4 515	29 760	16 167	5 294.25	24 465.75	0.857	20 967.15
3	24 750	495	3 030	28 275	16 167	4 923.00	23 352.00	0.794	18 541.49
4	24 750 1 000	495	1 545	26 790 1 000 }	16 167	4 551.75	23 238.25	0.735	17 080.11
5	—	—	—	—	16 167	4 041.75	－4 041.75	0.681	－2 752.43
6	—	—	—		16 165	4 041.25	－4 041.25	0.630	－2 545.99
合计	100 000	1 980	15 098	117 070	97 000	28 517.5	88 552.50	—	74 976.95

表 8－3　　贷款购买设备现金流出量现值表

年份	偿还本金	利息（8%）	还本付息合计	折旧费	节税额	税后现金流出量	折现系数（8%）	税后现金流出量现值
①	②	③	④＝②＋③	⑤	⑥＝（③＋⑤）×25%	⑦＝④－⑥	⑧	⑨＝⑧×⑦
1	20 000	8 000	28 000	16 167	6 041.75	21 958.25	0.926	20 333.34
2	20 000	6 400	26 400	16 167	5 641.75	20 758.25	0.857	17 789.82
3	20 000	4 800	24 800	16 167	5 241.75	19 558.25	0.794	15 529.25
4	20 000	3 200	23 200	16 167	4 841.75	18 358.25	0.735	13 493.31
5	20 000	1 600	21 600	16 167	4 441.75	17 158.25	0.681	11 684.77
6	—	—	—	16 165	4 041.25	－4 041.25	0.630	－2 545.99
合计	100 000	24 000	124 000	97 000	30 250	93 750	—	76 284.50

第二节　国际补偿贸易筹资

一、国际补偿贸易的概念与分类

国际补偿贸易是指由出口商提供机器设备、技术，其价款允许进口商用进口的设备、技术生产的产品或双方商定的其他产品分期清偿的贸易方式。从进口方来说，国际补偿贸易也是利用外资的一种重要方式。

国际补偿贸易是 20 世纪 60 年代以来，在易货贸易的基础上发展起来的商品技术贸易与信贷结合的一种形式。原苏联和东欧国家在 60 年代以来从西方国家进口大量设备、技术，但由于外汇短缺，就提出用产品直接支付进口；亚、非拉的一些发展中国家，由于国际收支逆差，也希望采用补偿贸易方式用产品支付进口货款。一些工业发达国家为了克服国际贸易中外汇短缺的障碍，向更多的国家推销自己的商品，或通过向资源丰富的国家提供设备、技术，以稳定的合同关系从那里获得原材料，也愿意采用补偿贸易形式。跨国公司的发展，企业销售系统的扩大和完善，也为国际补偿贸易的开展创造了必要的条件。国际补偿贸易发展迅速，已为许多国家所采用。我国开展国际补偿贸易始于20世纪70年代末。

国际补偿贸易按其涉及的单位多少可分为以下三种：

1. 双边补偿贸易。补偿贸易只涉及出口方和进口两方的，称为双边补偿贸易。

2. 三角补偿贸易。由于设备、技术的出口方对于从进口方返销或回购的产品，自己不需要使用又无力销售，因而必须找一家经销商来销售这些产品，以参与完成补偿贸易的全过程，这称为三角补偿贸易。

3. 多边补偿贸易。由于补偿贸易从出口方发运设备，经安装、调试、投产、产品出运，到补偿设备、技术的全部价款为止，需经历若干年，出口方会感到资金周转困难，因此，补偿贸易离不开资金融通，就有利用出口信贷及商业银行贷款的必要，在这种情况下，就会出现前述三方再加上银行四方参加的多边补偿贸易。利用卖方信贷时的补偿贸易如图8－3所示，利用买方信贷时的补偿贸易如图8－4所示。

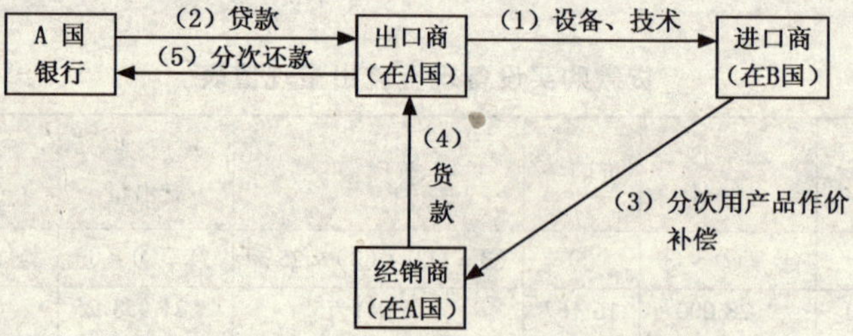

图8－3　利用卖方信贷时的补偿贸易

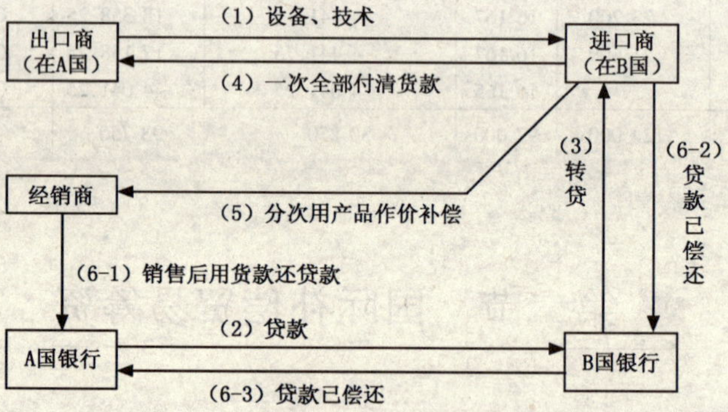

图8－4　利用买方信贷时的补偿贸易

图8－4中，出口商的经销商应将产品销售所得货款汇给进口商，由其偿还B国银行贷款本息，然后B国银行偿还A国银行贷款本息。图中为了节省和简化，进口商指示经销商用货款偿还贷款，这样，进口商欠B国银行的贷款和B国银行欠A国银行的贷款都已偿还。

二、国际补偿贸易的方式

进口方对出口方所提供设备、技术的价款补偿有以下几种方式：

1. 直接产品补偿。又称产品返销。是指进口方用进口的设备、技术所生产的产品作价分期偿还出口方设备、技术的价款。这是补偿贸易的基本方式。采用这种方式，进口方生产的直接产品的性能和质量必须符合出口方的要求，或在国际市场上是可销的。进口设备、技术的企业一般应争取采用这种补偿方式。

2. 间接产品补偿。又称产品回购。如果进口的设备、技术不生产有形产品，或生产的有形产品出口方并不需要，或进口方国内对这种产品有较大的需要，经双方协商一致，也可以由进口方分期用一种或几种其他产品作价来偿还进口设备、技术的价款。

3. 加工费补偿。出口方除了提供设备、技术外，还供应原材料、零配件，由进口方加工或装配成产品，出口方回收产品，进口方用应得的加工费和装配费来补偿进口设备、技术的价款。

4. 收入偿付。进口方引进的设备、技术如果不生产有形产品，而且无法用其他有形产品进行补偿时，可以通过协商，用引进的设备、技术投入使用后所获得的收入分期分批偿付，例如，将引进的设备、技术用于建造桥梁、核电站等，投入使用后可用过桥收入、供电收入等分期偿付引进设备、技术的价款。

5. 综合补偿。进口方引进设备、技术的价款，一部分用产品偿还，另一部分用货币偿还。用于补偿的产品，可以是直接产品，也可以是间接产品。进口方为了节省外汇支出和推动产品出口，一般应争取百分之百以产品补偿，但有时为了能达成协议，也可采用综合补偿方法。

我国对补偿贸易曾有以下几项规定：(1) 凡是由国外厂商提供或者利用国外出口信贷进口生产设备、技术，由我方企业进行生产，以返销产品方式分期偿还对方技术、设备价款或贷款本息的交易形式，都属于补偿贸易。(2) 补偿贸易原则上要以引进技术、设备所生产的产品返销对方，进行直接补偿。直接补偿确有困难，或者以其他产品偿还对我国扩大出口更为有利时，也可以使用该企业（包括联合体）所生产的其他产品进行间接补偿。(3) 开展补偿贸易，应当尽可能直接利用设备出口国家的出口信贷，包括中国银行在国外筹措的买方信贷。使用这种信贷必须和返销产品进行补偿结合，否则不属于补偿贸易，不能减免进口关税和工商税。(4) 使用国外贷款进口材料在国内制造设备或直接购买国内设备，然后用这些设备所生产的产品偿还贷款本息，也是补偿贸易的一种形式。(5) 直接用国内产品同国外厂商交换设备、原材料、器件或成品，以货换货，是易货贸易，不属于补偿贸易范围。

三、国际补偿贸易筹资的利弊

（一）国际补偿贸易筹资的优点

1. 利用补偿贸易引进设备、技术，不需要支付外汇，可解决扩大进口与缺少外汇的矛盾。

2. 通过补偿贸易，引进先进的机器设备和技术，有利于搞好企业的技术改造，提高企业技术水平和劳动生产率，提高经济效益，增加国家财政收入。

3. 补偿贸易把进口与出口结合起来，有利于扩大商品的出口，可以利用外商的销售渠道来推销企业的产品。

4. 在用直接产品补偿的情况下，设备、技术的出口方出于本身的利益，主动关心进口方对设备的使用，在产品设计和生产方面提供技术交流。

（二）国际补偿贸易筹资的缺点

1. 补偿贸易的内容复杂，涉及信贷、生产和流通领域，所以进行起来比较困难。

2. 买方付出的代价较高。出口方提供的机器设备、技术的价格通常包含较高的利润，用补偿贸易方式进口的机器设备价格要比其他贸易方式高15%～30%。

3. 进口的设备、技术可能不是最先进的，而且出口方对补偿产品的规格、质量和交货期限等方面要求很苛刻，往往借故对补偿产品进行压价。

四、国际补偿贸易筹资决策

企业利用补偿贸易方式引进设备、技术，从设备、技术的价款分期偿付来看，是企业的一种筹资方式，从将引进的设备、技术用于生产经营从而获得收益来看，又是企业的一种投资行为。企业进行补偿贸易引进设备、技术，事先必须进行可行性研究，从财务方面来看，要预测引进设备、技术应付外汇总额和需要投入本国资金总额，要预测补偿期间各年的生产和出口产品数量、收入、成本费用、利润和现金流量，计算可能补偿期、外资偿还率、使用外资收益率、补偿贸易换汇率和利润率，以及净现值和内部报酬率等指标。企业从事补偿贸易，引进设备、技术，需讲求经济效益，使企业增加利润，及时偿还引进设备、技术的价款，在补偿贸易期结束时，赚回进口的设备。如果企业进行的补偿贸易项目的经济效益高，偿还能力强，则该项目在财务上是可行的。由于补偿贸易使用了国外资金，其产品又在国际市场上出售，货币收支涉及外汇，因此比较复杂。下面针对补偿贸易的特点，说明反映补偿贸易经济效益的几项财务指标：

（一）可能偿还期

可能偿还期是指以每年出口产品的外汇净收益还清全部外资所需要的时间。每年出口产品外汇净收益等于平均每年出口产品外汇收入减去出口产品成本费用以后的净额。每年外汇净收益越大，则可能偿还期越短，可能偿还期短表明偿还能力强。可能偿还期是评价补偿贸易经济效益的首要指标，其计算公式如下：

$$Y = \frac{T}{V - F}$$

式中：Y为可能偿还期；T为待补偿外汇总额（外资总成本）；V为年外汇收入；F为年成本费用。

待补偿外汇总额包括引进设备、技术的全部货款和货款延付期间的利息或贷款和贷款期间的利息，以及其他财务费用。计算待补偿外汇总额时，应根据不同的偿还方式采用相应的计算方法。

年外汇收入是由平均每年出口产品数量和售价决定的，出口产品数量比较容易预计，而售价则是变动的，因此，企业在计算年外汇收入时，应根据国际市场上该商品价格的变动规律，以及将来可能变动的因素，推算出以后若干年的价格或一定时期的平均价格，据以计算企业年外汇收入。

年成本费用指每年出口产品的生产成本和销售费用。成本费用表现为一定数额的本国货币，由于外资总成本和外汇收入都是按外币计算的，因此，必须把年成本费用也折算成以外币表示的数额。在折算时，可以采用该商品在国内市场和国际市场上的价格比率作为折算率，也可以采用本国货币对外汇的牌价进行折算。

一般情况下，合同中规定的偿还期限要长于企业在补偿贸易可行性研究时计算的可能偿还期，这样，企业在使用外资期间，在还清全部外资以后，还能有一部分外汇收入。如果两者基本上相等，则表示企业在使用外资期间，要将全部外汇净收入都用于偿还外资；如果前者小于后者，则表示企业在使用外资期间，自己不可能还清全部外资。

（二）外资偿还率和使用外资收益率

外资偿还率是指企业使用国外资金所创造的全部外汇净收益中，偿还外资的部分所占的比重，使用外资收益率是指企业在使用外资期间的外汇净收益扣除偿还外资的部分后，归自己所得部分占净收益的比重，两个指标的计算公式如下：

$$E_1 = \frac{T}{(V-F)\times n}\times 100\%$$

$$\because T = (V-F)\cdot Y$$

$$\therefore E_1 = \frac{(V-F)\cdot Y}{(V-F)\cdot n}\times 100\% = \frac{Y}{n}\times 100\%$$

$$E_2 = \frac{(V-F)\times n - T}{(V-F)\times n}\times 100\%$$

$$或 = 100\% - E_1$$

式中：E_1 为外资偿还率；E_2 为使用外资收益率；n 为使用外资创造外汇收入的年数。

（三）补偿贸易换汇率

进行补偿贸易一般都需使用一定数额的国内资金，在企业每年创造的外汇收入中，国内资金也起一定的作用。补偿贸易换汇率是指使用每一单位国内资金所能获得的外汇净收入（指外汇收入减去偿还外资数以后的净额）的数额。如果企业在进行补偿贸易时，虽然取得了一定的外汇收入，但投入的国内资金很多，换汇率偏低，这项补偿贸易就不太合算，因为如果将这笔国内资金投入其他生产出口商品的企业，所得的外汇收入也许可能更多。因此计算补偿贸易的换汇率，以便与完全使用国内资金的出口企业相比较。

补偿贸易外资使用期间的换汇率用 S 表示，其计算公式如下：

$$S = \frac{V\times n - T}{Z\times N}\times 100\%$$

式中：Z 为本国资金投入数额；N 为使用外资年数。

（四）补偿贸易利润率

补偿贸易利润率是企业进行补偿贸易所获得的利润与投入的国内资金的比率。将它与只使用国内资金的企业的利润率进行比较，以了解补偿贸易经济效益的高低。补偿贸易使用外资期间的利润率用 P 表示，其计算公式如下：

$$P = \frac{[(V-F)\times n - T]\times r}{Z\times N}\times 100\%$$

式中：r 为人民币对外币的汇率。

以上各项指标都是静态指标，是按一定时期各年的平均数计算的，没有考虑货币时间价值。可参照第九章国际直接投资项目财务可行性分析的方法，预测未来一定时期各年的成本费用、收入和利润，在现金流量的基础上进行净现值和内部收益率等动态指标的计算和分析。我国中海公司的一项国际补偿贸易阅读案例 8－2。

小测试：

1. 什么是国际补偿贸易？可分为哪几类？国际补偿贸易有哪几种方式？
2. 国际补偿贸易有什么优缺点？怎样进行国际补偿贸易筹资决策？

案例8-1

我国航空公司的飞机租赁

民用飞机是资金、技术密集型产品，制造成本很高。2000年国际市场上B747飞机的价格为1.8亿美元。航空公司一般无力一次性支付购买价。为了解决运输需求不断增长与飞机采购成本过高的矛盾，从20世纪80年代起，各国开始广泛采用租赁方式解决购机资金来源。采取这种方式，不仅可以解决资金短缺和降低成本问题，而且还可以降低航空公司的经营风险。1980年我国民航首次采取融资租赁方式引进了第一架B747SP飞机。此后，利用国外融资租赁成为我国民航引进飞机的主要融资手段。1980年至2000年我国各民航公司共引进飞机678架，其中以融资租赁方式引进437架（波音飞机307架、空中客车飞机88架，其他飞机42架），总金额260亿美元，占引进飞机总额的86%；以经营租赁方式引进飞机69架，总金额13亿美元。

在融资租赁方式下，航空公司（承租人）把与飞机制造厂商签订的购机合同转让给租赁公司（出租人），租赁公司如果自有资金不够，可以从银行取得的出口信贷中的买方信贷购买飞机，取得飞机的产权，然后出租给承租人。出租人是根据承租人的需要购入租赁资产（飞机），并由供货商（飞机制造厂商）直接交付给承租人使用。在租赁期间，承租人定期向出租人支付租金，租赁期一般为10年、12年、15年，租赁期的租金足够补偿出租人购买飞机的成本并提供投资回报。在租赁期结束时，承租人拥有廉价购买权，飞机所有权转让给承租人。

（资料来源：国家计委外资司贷款二处编：《涉外贷款手册》，中信出版社2001年版，第452－461页。）

案例8-2

中海公司的一项国际补偿贸易

我国中海公司与A国A公司进行一次补偿贸易，引进设备、技术价款2 000万A元。建厂房和设备安装期1年，合同规定，投产后第一年年末付两年利息，第二年开始用该设备生产的产品作价补偿，每年补偿400万A元，并付当年利息，年利息率6%，5年还清。预测补偿期间平均每年生产并出口的产品为20万件，每件平均价格100 A元，每年平均成本费用300万元人民币，平均汇率为1 A元＝8元人民币。引进的设备预计可使用15年。国内资金投入量为7 600万元人民币。

1. 计算待补偿外汇总额。

投产后第一年末付两年利息 $=2\,000\times(1+6\%)^2-2\,000=247.2$（万A元）

第三年至第七年的五年间的本利和总额 $=\dfrac{2\,000+400}{2}\times5\times6\%+2\,000=2\,360$（万A元）

待补偿外汇总额 $=247.2+2\,360=2\,607.2$（万A元）

2. 计算年外汇收入：$20\times100=2\,000$（万A元）

3. 计算年成本费用：$20\times300=6\,000$（万元人民币），$6\,000\div8=750$（万 A 元）

4. 计算可能偿还期：$Y=\dfrac{2\,607.2}{2\,000-750}=2.08576$（年）

从使用外资时算起，可能偿还期 $=1+2.086=3.086$（年）

5. 计算外资偿还率：$E_1=\dfrac{2\,607.2}{(2\,000-750)\times6}\times100\%=34.76\%$

或 $=\dfrac{2.08576}{6}\times100\%=34.76\%$

6. 计算使用外资收益率：$E_2=\dfrac{(2\,000-750)\times6-2\,607.2}{(2\,000-750)\times6}\times100\%=65.24\%$

或 $=100\%-34.76\%=65.24\%$

7. 计算补偿贸易换汇率：$S=\dfrac{2\,000\times6-2\,607.2}{7\,600\times7}\times100\%=17.66\%$

8. 计算补偿贸易利润率：$P=\dfrac{[(2\,000-750)\times6-2\,607.2]\times8}{7\,600\times7}\times100\%=73.58\%$

中海公司进行的这一补偿贸易项目的可能偿还期较短，使用外资收益率、换汇率和利润率都比较高，从财务方面来看该项目是可行的。

习　题

1. 我国甲公司从美国 A 租赁公司租入某种设备，其总成本为 10 万美元，租赁期 4 年，租赁期满时，甲公司用 1 000 美元留购该设备，租赁手续费占（C_0-S）的比率为 2%，融资利息率为 7%，每年年末支付租金。要求：计算各年应付租金。

2. 我甲公司拟添置某种设备，价值 10 万美元，预计使用期为 6 年，报废时的残值为 3 000美元。取得这一设备有以下两个方案可供选择：(1) 国际融资租赁。从美国 A 租赁公司租入该种设备，其数据见上题；(2) 贷款购买。贷款 10 万美元，每年年末还本 2 万美元，5 年还清，年利息率 10%，每年年末支付利息。要求：确定哪种方案较优（年折现率 10%）。

3. 某企业通过补偿贸易方式进口设备，贷款总额为 100 万美元，年利息率 10%，基建期一年，协议规定投产后第一年年末支付基建期和当年利息。第二年开始还本并付当年利息，每年还本 10 万美元，10 年还清，每年生产并出口产品 10 万件，每件产品平均成本费用 150 元，出口销售平均每件价格 25 美元。平均汇率 1 美元 = 7.6 元人民币。要求：计算可能偿还期、外资偿还率和使用外资收益率。

相关网站：

中华人民共和国市场体系建设司网站　www.scjiss.mofcom.gov.cn

上海远东国际租赁有限公司网站　www.ifelc.com.cn

美国对销贸易协会（ACA）网站　www.countertrade.org

国际租赁金融公司网站　www.aig.com

中国机械进出口（集团）有限公司网站　www.cmc.com.cn

第九章 DIJIUZHANG

国际直接投资的财务决策

学习目标

- □ 了解国际直接投资的动机
- □ 描述不同投资方式的利弊
- □ 理解国际投资环境对直接投资决策的影响
- □ 掌握国际投资评价方法
- □ 理解国际双重征税的原因
- □ 掌握和运用消除国际双重征税的方法

第一节 国际直接投资的动机与投资方式的选择

国际直接投资（Foreign direct investment，FDI）亦称为对外直接投资，它是以投资者的资产（如现金、机器设备、技术、经营管理知识等）流入另外一个国家或地区为标志，以投资者拥有国外投资企业所有权或控制权为特征的一种资本投资活动。随着全球经济一体化、区域化、集团化，中国经济与世界经济日趋融为一体，国际直接投资已经成为企业扩大海外市场、获取利润的一种有效方式。

一、国际直接投资的动机

投资者对外直接投资的动机很多，有的企业对外直接投资，是以营利为目的，有的则是为了减少风险；有的着眼于市场，有的则着眼于经营效率；有的从企业或微观出发，有的则从政府或宏观出发。一般来说，企业进行国际直接投资通常出于以下动机：

（一）绕过国际贸易壁垒

在国际贸易中，各国政府为了实现其特定的经济利益，通常采用关税、配额等方式限制商品和服务的进出口，对一些产品在国家间的自由流动设置重重障碍，使国外的企业无法直接出口产品。而利用国际直接投资，以资本、技术、中间产品等形式在国外投资生产，有利于突破贸易壁垒，寻求新的商业机会，维护和扩大国际市场，使企业能够在日益剧烈的市场竞争中求得生存和发展。例如，自 1980 年以来，美国对汽车进口采取了许多贸易限制，日本的丰田、尼桑、本田和三菱等汽车制造公司为避免对美国的出口受到限制或禁止，纷纷在美国投资设厂，以绕过美国进口配额的限制。

（二）充分利用现有设备、技术和人力

通过在国外投资办企业，可以使本国的设备、技术和人才在海外市场得以充分利用，并带动本国机器设备出口。例如，印度出口的机械产品中约有40%与对外投资有关。在国外投资办企业，除了投入一定数量的现金以外，还需要提供生产所需要的机器设备，如果是组装，还可以源源不断地输出零部件、半成品等；如果是办合资企业，则可以将机器设备、技术作价投资。例如，大连麻纺织厂将搬迁改造中闲置的40多台麻纺设备，转移到世界第一产麻国孟加拉，建立大吉麻制品有限公司，利用当地质优价廉的黄麻资源和劳动力资源，生产麻制品，向日本等国出口，获得了良好的经济效益。

（三）寻求新的市场

当企业发展到一定阶段，国内市场需求基本饱和，销售市场竞争激烈，为了拓展发展空间，必须开辟有需求潜力的国际市场：一是将产品大量出口；二是对外进行直接投资，在国外建厂，在当地直接生产、销售。例如，20世纪90年代，我国彩电行业年生产能力达5 000万台以上，而每年国内实际需求仅为2 500万台，国内竞争激烈，竞相降价，使企业利润减少，甚至亏损。在这种情况下，康佳集团一方面大力扩大产品出口，另一方面积极对外建厂，开创了事业新天地，公司得到了进一步发展。

（四）开发和利用国外资源

许多国家都存在经济发展与自然资源紧缺的矛盾。例如，我国人均石油和天然气不到世界人均拥有量的1/8和1/20，预计在2010年45种矿产资源中可以满足社会经济发展需要的仅有20种，关系国计民生的大宗矿产中大部分矿种难以满足需要，资源短缺已成为我国经济发展的制约因素。通过对外直接投资，开发和利用国外的自然资源，可以较好地缓解国内某些资源不足的矛盾。而且，由于各个国家的经济发展水平及市场发育程度是不同的，其在生产要素价格上也存在较大的差异。因此，企业可以选择要素价格水平较低的国家和地区进行直接投资，以国外廉价的资源获得较高的投资收益率。例如，美国通用电器公司在墨西哥、韩国、新加坡投资设厂，都是为了利用当地廉价的人力、物力和土地等资源，生产成本低、利润高的产品，从而获得高额利润。

（五）分散和减少预期收益的风险

投资组合原理表明，如果把相关系数较小的投资项目组合起来，可以有效地降低预期收益的风险。一般来说，本国经济情况对国内各个投资项目影响较大，而国际间投资项目收益的相关程度小于国内投资项目收益的相关程度。因此，企业在国际范围内的投资多样化与国内投资多样化相比，更能有效地降低风险。例如，美国通用汽车公司在1990—1991年间因其在欧洲的子公司销售业绩良好，从而减轻了由于美国经济不景气而带给它的冲击。有些企业由于所在国家政局不稳或经济衰退，在本国投资风险较大，因而向投资环境良好的国家进行投资，就有利于分散和减少投资风险。

此外，通过对外直接投资可以取得和利用国外的先进技术和科学管理经验，可了解和掌握国际经济和科学技术发展动向；通过对外直接投资可以有效规避东道国的反倾销。

专　栏

反倾销与国际直接投资

反倾销的作用客观上已经超出了贸易保护的范畴，它会促使出口商或进口商将税负通过提高产品价格转嫁给进口国的消费者，刺激未遭受反倾销调查的国家增加出口，有时还会引起国家间的报复等等。反倾销的重要效用之一，是对东道国的外商直接投资的影响，促使一国的贸易政策与利用外资政策产生联系。

1993 年 8 月，美国 Eastman Kodak 公司申请针对来自日本和荷兰的富士（Fuji Photo）公司照相纸产品进行反倾销调查。同年 10 月，初裁结果认定该产品倾销幅度高达 300%，并且认定该产品的进口对美国国内相关行业造成了实质性损害。初裁后不久，该产品进口量大幅滑坡。然而就在同一期间内，富士公司很快在美国投资建成一家照相纸生产厂，并于 1996 年 3 月开始运营。在此后不到一年的时间里，富士相纸在美国的市场占有率就超过了受到反倾销调查之前在美国的份额。这是外国企业以直接投资形式规避东道国反倾销措施的典型案例。

毫无疑问，入世后我国对外反倾销力度将在现有程度上不断增强，与此同时，积极利用外资又是我国目前一项重要的经济发展战略，因此，深入研究我国对外反倾销调查与外商在华直接投资的关系显得尤为迫切。

（资料来源：祝福云：“我国对外反倾销调查与外商在华直接投资研究”，http://info.feno.cn/2007/110103/c000049134.shtml）

二、国际直接投资方式的选择

国际直接投资的特点在于对投入资本拥有所有权、资本使用过程中的经营权和决定权。其投资方式主要有两种：一是在国外建立新企业；二是通过跨国购并获得国外企业的控制权。

在国外建立新企业是由投资者独立自主经营，独立承担风险的一种国际直接投资方式。新企业按所有权性质可分为合资经营企业、合作经营企业和独资经营企业三类。对于合资经营的企业，出资方式一般有三种：即现金、实物和工业产权，出资比例由合资各方协商确定。对于合作经营企业的形式，可以是法人式，也可以是非法人式，企业可通过折旧和产品分成收回投资，合作期满，资产全部留归东道国所有。对于独资经营企业，许多东道国都对外国投资者在该国设立的独资企业进行一些限制，比如，军事、通讯等行业一般不允许外国投资者独资经营。一般来说，发展中国家限制条件较多，发达国家限制较少，如美国、日本和西欧等一些国家，除一些国民经济主要部门和行业限制外资企业外，一般都允许独资企业进入。

通过跨国购并获得外国企业的控制权，是指通过协议或者产权交易市场购买外国现有某企业的部分或全部产权，或购买外国公司相当数量的股票以掌握控制权的行为。它是国际直接投资的主要进入方式。

（一）购并与创建方式的比较

进入 20 世纪 90 年代以来，国际直接投资除采取传统的设立合资、合作、独资企业等形式外，更多地通过跨国兼并和收购形式。跨国购并的投资者通过一定的程序和渠道依法取得东道国某企业部分或全部所有权，将其直接纳入自己海外子公司的组织体系。

1. **购并方式的利弊分析**。购并方式的优点主要体现在以下几个方面：一是有利于投资者利用被购并企业在当地市场已建立的良好商誉、广泛的客户关系及完善的产品销售渠道，快速进入市场；二是有利于投资者利用被购并企业现成的管理和技术人才，可以极大地减轻投资者在管理方面的压力；三是有利于实现产品多元化。当购并企业跨越原有产品的范围而实行多种经营时，购并方式不仅可以迅速增加产品的种类，还可使企业获得有关新产品的产销技术和经验；四是有利于投资者规避政治风险，当企业有可能被本国政府收归国有时，投资者通常利用购并方式，迅速进行资本转移，躲避政治风险。

但是，购并方式也存在一定的缺点：(1) 容易受到东道国政府及社会的限制，如果东道国政府担心外商购并当地企业不利于民族工业的发展，购并方式通常受到东道国的限制。(2) 对被购并企业的价值评估存在一定的困难。因为不同国家有不同的会计准则，一些被购并企业的财务报表中的错误和粉饰，增加了购并价值评估的难度。同时，由于有关国外的信息搜集较难、可靠性差，以及无形资产的评估难以像物质资产那样用数字准确地表达，也将增大对收购该企业销售潜力和预期利润估计的难度。(3) 风险较大，由于被购并企业和购并企业在经营管理的体制、理念、方法上存在一定的差异，而且购并企业欲在被购并企业内推行新的信息系统和控制系统需要一个缓慢而艰难的过程，这是导致购并方式失败的主要原因。此外，购并方式需要对被购并企业一次性投入巨额的资本，且需要现金，对于那些不具有资本优势的企业来说，将成为一种沉重的资本负担。

2. **创建方式的利弊分析**。创建方式的优点主要体现在以下几个方面：一是受东道国政府及社会限制较少，有利于发挥投资者在资本、技术、管理经验等方面的优势，避免投资者拥有的先进技术等发生流失和外泄；二是有利于增加东道国工人的就业机会及该国、该地区的财政收入，避免了经营风险；三是有利于投资者选择适当的地点并按自己所希望的规模筹建新的企业，按长远发展规划来妥善安排工厂布局，实现对资本投入和资本支出的完全控制。

但是，采用创建方式一方面增加了东道国当地市场的竞争，破坏了原有的供需均衡状态；另一方面东道国政府出于对本国利益的考虑，可能会对投资者作出种种限制，如限制内销率、利润汇出以及撤资等。特别是发展中国家，为维护本国经济独立，常采用更加严格的控制方法，必将对投资者的生产经营活动产生极大的不良影响。此外，创建新企业一般要比购并慢得多，它除了需要组织必需的资源外，还要选择工厂地址、修建厂房和安装生产设备、安排管理人员、技术人员和工人，制定企业的经营战略等一系列工作。

由此可见，购并方式与创建方式的优点与缺点表现为互补的性质，购并方式突出特点是投资周期短，见效快，从企业组织控制的角度看，创建方式的风险比购并方式要小。企业对外进行直接投资时，应该根据企业实际，作出正确的选择。

从目前我国从事对外直接投资的实践来看，跨国购并将成为我国对外直接投资的战略选择，它不仅是推动国有企业战略性重组的重要内容，也是我国企业参与国际竞争，进行跨国理财的重要手段。我国改革开放三十多年的发展，已有一批企业具备了开展跨国购并业务的条件：有的企业集团以实业经营为基础，具有较强的经济实力、出口创汇能力和直接参与国际竞争的能力。有的企业集团以贸易为龙头，通过强大的国际性经营与销售体系，开拓国际市场，促进商品、资本和技术的输出，同时还以互相持股的方式把力量薄弱的中小企业组织起来，形成规模大、经营品种多、具有一定实力的跨国集团，具有遍及全球的跨国经营网络。有的企业以金融业务为主体，以资本为纽带，全方位发展在金融、贸易、生产、技术、服务、航空、信息等众多领域的投资。另外，我国企业在海外“买壳上市”活动的逐步开展，其成功经验为我国跨国购并打下了良好的基础。

（二）国际直接投资股权策略的选择

企业在国外建立其拥有股权的分支机构时，将面临的是直接投资建立一个拥有全部股权的独资子公司，还是与东道国政府或经济组织合作建立一个合资子公司的选择问题。股权策略的选择不仅涉及到出资各方出资额的多少，还涉及到利益分配和国家主权等一系列问题。为对国际直接投资的股权策略作出正确选择，需要对不同所有权性质的对外直接投资方式的利弊进行分析。

1. **独资经营的利弊分析**。从企业经营发展的历史看，早期的西方国家跨国公司主要采用独资经营的形式，其优点主要体现在以下两个方面：一是投资者可以有效地控制和独占市场。因为这些跨国公司在资本方面具有较大的优势，通过独资经营可以保护其技术与经营方面的秘密，维护其市场垄断地位。二是独资经营有助于投资者实现全球经营战略。投资者采用独资经营，不仅能达到有效控制生产过程，占领市场，增加利润的目的，还能避免投资者与子公司的对立，保证其全球经营战略的实现。

在国外设置分公司和子公司是独资经营的主要形式。设立分公司的优点是手续简便，只需要缴纳少量的登记费就可在东道国取得分公司的营业执照；分公司所在国对分公司在外国的财产没有法律上的处理权；母公司能够全面控制分公司的经营活动；分公司对总公司在亏损抵税和免缴利润汇出税等纳税上具有一定的优惠。但是，设立分公司，母公司要对分公司的债务负无限连带责任，可能会对作为投资者的母公司产生不利影响；分公司是作为外国企业在东道国进行生产经营活动，其影响面较小，开展业务活动较为困难。

设立子公司的优点是母公司只对其负有限责任；子公司被视为东道国当地企业，受到的经营限制较少，可享受到东道国当地政府的税收减免等优惠待遇；可以独立地在东道国银行贷款，不必像分公司那样必须由母公司担保；子公司在其东道国营业终止时，可利用出售其股份、与其他公司合并或变卖其资产等方式收回其投资。但是，设立子公司的手续较复杂，费用较高，审批手续较为严格，产品进入东道国市场的竞争较为激烈。

2. **合资、合作经营的利弊分析**。第二次世界大战以后兴起的跨国公司更多地采取了合资、合作经营的方式。其优点主要体现在以下几个方面：一是可获得政治上的优势。因为与当地企业或政府进行合资或合作，可以突出本地身份，减少被排挤的危险，当地的合作伙伴也会利用其政治影响来抵御国家控制，保护企业。二是可以获得财务上的利益。通常母公司将先进技术、专利权、商标等作为公司的投资资本，这样，可以极大地减少其实际投资额，同时，利用与当地合作伙伴的关系网和信誉，可进入当地金融市场筹资。三是可以获得当地企业现有的资源。由于当地合作伙伴拥有适应于本地企业的技术、营销或其他管理技能，采用合资、合作经营方式使这些管理资源的取得成为一种可能。它比新建独资企业要节省时间和费用。

合资经营企业和合作经营企业均是对外直接投资的主要形式，但是，由于二者有着本质上的区别，因此，应对其利弊进行具体分析。

合资经营企业的优点是有利于取得多重投资优惠待遇和国民待遇；有利于减少或避免企业的投资风险，有利于了解东道国情况，开拓新市场。其缺点是举办合资经营企业审批的手续比较复杂，所需要的时间较长，因外资股权受到一定比例的限制，国外投资者往往不能对合资企业进行完全控制。

合作经营企业投资的优点是合作经营的方式较为灵活并具有多样性；举办合作经营企业审批手续比较简易，所需要的时间较短。其缺点是不如合资企业规范，在合作过程中容易对合同上的有关条款发生争议，给合作经营企业的正常发展带来不利影响。

我国企业在对外直接投资股权策略的选择中，除要考虑独资、合资和合作方式本身的优缺点外，还要根据我国国情和跨国经营企业的现状进行具体分析。一般来说，如果从我国自身经济技术条件看，我国对外直接投资应以合资为主。从投资目的看，如果投资的目的是为了利用外方资本、先进技术和管理经验及销售渠道，或是为了避开非贸易壁垒而进入东道国市场，则应采用合资方式；如果投资的目的是为了利用其资本和技术上的优势控制与独占市场，并继续保持其优势地位，进而实现其全球化战略，则应以独资方式为好。从投资产业看，对于我国已形成自己相对优势的传统产业，如纺织、轻工、一般机械、金属冶炼、医药、食品加工、化工等，对于一些发展中国家具有较强的吸引力，为保护企业的特有资产和增加资本收益，应以独资经营为主；在制造业、服务业投资中，虽然我国在某些高新技术领域处于世界领先地位，但就总体而言，还落后于发达国家，因此，应采用合资经营方式，以学习国外先进的技术，提高我国的科学技术水平。

为选择最佳的国际直接投资进入方式，除需要了解各种方式本身的特性外，还必须对企业的内部和外部因素进行分析和评价。如产品在企业发展战略中的地位、产品生命周期、技术水平、商标和广告开支、对外直接投资的固定成本等内部因素，及东道国的政治环境、经济环境、社会文化环境和法律环境等外部因素，它们都对国际直接投资进入方式的选择有着重要的影响。

小测试：

1. 创建与购并方式在国际直接投资的利弊表现在哪些方面？
2. 如何进行国际直接投资股权策略的选择？

第二节 国际投资环境评析

国际投资环境，是指在国际投资过程中影响国际资本运行的东道国（资本输入国）的综合条件。投资环境的不同是国际投资与国内投资的重要区别之一。与国内投资环境相比，国际投资环境更为复杂、多变，对投资的效益和风险产生的影响更大、更直接。为了正确地做出投资决策，必须对有关国家的投资环境进行分析评价。

一、影响投资环境的基本因素

国际投资环境一般由硬环境和软环境两个基本因素组成。

（一）硬环境因素

硬环境，是指那些具有物质形态且影响国际投资运行效果的各种外部条件和因素，主要包括基础设施和自然条件。

1. 基础设施。它包括工业基础设施的结构与状况和城市生活服务设施的结构与状况。它是吸引国际直接投资的基本条件，具体包括：能源、交通、通讯、原材料供应、仓储、厂房、供水供电供热系统、金融信息、生活设施、文化卫生和其他服务设施条件等。

2. 自然地理条件。它是包括地理位置、面积、地形、人口、城市的分布状况、自然资源、气候、自然风光等因素，其中人口因素是投资者评价东道国投资环境及市场规模的重要因素之一。

（二）软环境因素

软环境，是指那些没有具体物质形态而影响国际投资运行效果的一些社会因素，主要包括政治法律因素、经济因素、社会文化及教育因素等。

1. 政治法律因素。它是直接关系到国际投资安全性的一个重要方面，政治稳定、立法完善是投资者投入资本安全性的保障，也是获取利润的基础。政治法律因素包括一般政治观念、政治体制、法律体制、国防政策、外交政策、政治机构和政治稳定，对外国企业的法律规定，对进出口贸易的限制情况，对国际投资的鼓励与限制，对盈利汇回本国的限制情况，外汇管理规定等。其中能直接影响海外投资的因素是政治体制、政治稳定性、政府对外资的态度和法规。

2. 经济因素。它是影响国际直接投资最直接、最基本的因素。主要包括：

（1）经济政策。对国际投资有较大影响的经济政策是贸易政策，包括自由贸易政策和保护贸易政策、工业化政策、地区开发政策、外汇管理政策和关税政策等。

（2）经济发展水平和市场规模。这是投资者衡量投资机会和获利程度的重要指标。它包括反映市场总规模的国民生产总值、影响市场消费水平的人口和城市人口状况、反映东道国购买力水平的人均国民收入、综合反映经济发展水平和市场规模的制造业产值等。不同经济发展水平的国家和地区，市场规模也不相同。一国的经济发展水平越高，就意味着有更大的市场。

（3）市场消费水平。这是衡量市场规模的细分指标。它包括：各收入阶层的分布、个人收入及其分配、个人消费水平、个人消费支出的构成、家庭收支的平衡和主要商品的普及率等。一般来说，收入水平决定市场消费水平，不同的市场消费水平直接影响着投资者的投资策略和投资机会的选择。

（4）市场的健全程度和开放程度。投资项目的运行需要一套完善的市场机制和开放的市场机构。完善的市场机制是指有健全的商品市场、金融市场、劳动力市场和信息交流市场。市场体系是否完善，决定着投资者获得经营资源的难易程度和经营利益。市场的开放程度是指一国允许国外资本进入当地市场经营的程度。很多国家，虽然国内市场庞大，具有较强的购买力，但市场的开放程度低，开放层次少，因而对外资的吸引力较弱。

（5）经济与物价稳定状况。它是保证国际资本运行的基本条件之一。它包括外债规模、通货膨胀、利率水平、商业信用等。外债规模过大，可能会引发国际支付危机，导致国内经济的混乱；通货膨胀过高，容易导致外资投入资产的贬值，不利于其在投资地的生产经营活动；商业信用程度低，会引起经济秩序混乱，影响经济和稳定性。

3. 社会文化因素。各国的社会文化环境不尽相同，这将直接影响到东道国消费者的生活方式、消费倾向、购买动机和购买种类等。从而影响海外投资的国别与项目的选择。社会文化因素包括宗教制度、教育和劳动力的素质、社会心理因素、国民感情和民族意识等。如果外来投资者所处的文化环境与投资地的文化环境有较大冲突，则会给投资者带来许多不便，在投资过程中产生种种的不协调现象，必将会对投资的经济效益产生不良影响。

二、投资环境评析方法

为了能够选取一个最有利的投资场所，投资者总是力求把握某一国家或地区的投资环境，对影响投资环境的各个因素进行分析。关于国际投资环境分析方法的研究，国外已进行多年，常见的国际投资环境评价方法主要有以下几种：

（一）投资障碍分析法

投资障碍分析法，是依据投资环境各因素中阻碍国际投资运行因素的数量和程度评价投资环境优劣的一种方法。一般来说，直接影响国际投资的障碍有以下四个方面：

1. 政治障碍。如政治制度与投资国不同、政权不稳定性、战争风险、民族矛盾等。

2. 法律障碍。如投资国投资法不健全、其法律及法规缺乏完整性、稳定性，当地执法不公正、没有完善的仲裁制度等。

3. 经济障碍。如经济停滞、通货膨胀、外汇短缺、融资困难、劳动力成本高、基础设施差、技术人员和熟练工人短缺、没有完善的资本市场等。

4. 政策障碍。如对外国投资者的歧视性政策、政府对企业的过多干预、实行进口限制、实行外汇管理和限制汇回等。

进行投资障碍分析，需要将阻碍国际投资的因素与本次投资的目的结合起来对比分析，如果某国的阻碍因素比另一国家少，那么，该国的投资环境就可以被认为是比较好的。投资障碍分析是一种以定性分析为主的国际投资环境评估方法。其优点是简便易行、评估的工作量和费用较少，但它仅根据个别因素作出判断，常会出现一些有利的投资机会被排除的现象。

（二）“冷热”国对比分析法

“冷热”国对比分析法，是由美国学者伊西·利特法克等人在20世纪60年代提出来的。他们根据美国250家企业对世界投资的调查资料，归纳出影响国外投资环境“冷热”（即优劣）的七大因素，对各国投资环境进行综合分析和评价，以比较各国投资环境状况。表9－1是利特法克等人从美国投资者角度对十国投资环境进行的冷热比较分析表。

当政治稳定、市场机会大、经济增长快、文化统一、法规限制小、地理文化差距不大时，它就是有利于投资的“热”因素，具有这些有利条件的国家即为“热”国，否则即为“冷”因素和“冷”国。投资者应选择“热”国进行投资经营。

（三）多因素评分分析法

对国际投资环境的“冷热”分析，主要是从宏观因素进行的，对于干扰国际投资环境的微观因素考虑的较少。为此美国学者罗伯特·斯托鲍夫于1969年提出“多因素评分分析法”。这种评价方法是从东道国政府对外国投资者的限制与鼓励政策出发，对影响投资环境的八大微观因素及其若干个子因素进行具体分析，并根据各子因素对投资环境的影响程度以表格的形式逐级评分，并相加得出总分。分数越高，表明该地投资环境越好；分数越低，表明该地投资环境较差，当低到一定程度时则不能在该地投资。表 9－2 为投资环境多因素评分法的评析标准。

表 9－1　　　　十国投资环境冷热分析表

国别（冷热）		政治稳定性	市场机会	经济发展与成就	文化一体化	法令障碍	实质障碍	地理文化差距
加拿大	热	大	大	大		大		小
	冷				中		中	
英国	热	大			大	小	小	小
	冷		中	中				
日本	热	大	大	大	大			
	冷					大	中	大
德国	热	大	大	大	大		小	
	冷					中		中
希腊	热					小		
	冷	小	中	中	中		大	大
西班牙	热							
	冷	小	中	中	中	中	大	大
巴西	热							
	冷	小	中	小	中	大	大	大
南非	热							
	冷	小	中	中	小	中	大	大
印度	热							
	冷	中	中	小	中	大	大	大
埃及	热							
	冷	小	小	小	中	大	大	大

资料来源：利特法克和班廷：《国际经营安排的理论结构》，引自 R.L. 金：《市场和计划新科学》，460～497 页。

表 9－2　　　　投资环境多因素评分分析法

投资环境因素	评　分
一、资本抽回（Capital Repatriation）	0～12 分
无限制	12
只有时间上的限制	8
对资本有限制	6
对资本和红利都有限制	4
限制繁多	2
禁止资本抽回	0

续表

投资环境因素	评　分
二、外商股权（Foreign Ownership Allowed）	0～12分
准许并欢迎全部外资股权	12
准许全部外资股权但不欢迎	10
准许外资占大部分股权	8
外资最多不得超过股权半数	6
只准外资占小部分股权	4
外资不得超过股权的三成	2
不准外资控制任何股权	0
三、对外投资管制程度（Discrimination and Controls）	0～12分
外商与本国企业一视同仁	12
对外商略有限制但无管制	10
对外商有少许管制	8
对外商有限制并有管制	6
对外商有限制并严加管制	4
对外商严格限制并加管制	2
禁止外商投资	0
四、货币稳定性（Currency Stability）	4～20分
完全自由兑换	20
黑市与官价差距小于一成	18
黑市与官价差距在一成至四成之间	14
黑市与官价差距在四成至一倍之间	8
黑市与官价差距在一倍以上	4
五、政治稳定性（Political Stability）	0～12分
长期稳定	12
稳定但因人而治	10
内部分裂但政府掌权	8
国内外有强大的反对力量	4
有政变和动荡的可能	2
不稳定，政变和动荡极可能	0
六、给予关税保护的意愿（Willingness to Grant Tariff Protection）	2～8分
给予充分保护	8
给予相当保护但以新工业为主	6
给予少许保护但以新工业为主	4
很少或不给予保护	2
七、当地资本可供程度（Availability of Local Capital）	0～10分
成熟的资本市场，有公开的证券交易所	10
少许当地资本，有投机性的证券交易所	8
当地资本有限，外来资本不多（世行贷款）	6
短期资本极其有限	4
资本管制很严	2
高度的资本外流	0

续表

投资环境因素	评　分
八、近五年的通货膨胀率（Recent 5 Year's Inflation）	2～14分
小于1%	14
1%～3%	12
3%～7%	10
7%～10%	8
10%～15%	6
15%～35%	4
35%以上	2
总　计	8～100分

多因素评价分析法是目前国际上较为流行的投资环境的定量评价方法，投资者只需要将表上各项比较评分，即可对不同投资环境进行合理评估，确定投资环境的优劣，从而作出正确的投资决策。

用总分来揭示投资环境的优劣，其评判大致可分为以下几种情况：

1．70～100分，表明投资环境较为稳定；

2．55～69分，表明投资环境一般；

3．40～54分，表明投资环境较差；

4．8～39分，表示投资环境恶劣。

（四）体制评估法

这是香港中文大学的闵建蜀教授在1987年“中国投资环境比较研究”讨论会上提出的一种新方法，这种方法不局限于各种投资优惠措施的比较，而着重分析政治体制、经济体制和法律体制对投资“软环境”的影响。闵教授在多因素分析法的基础上，把投资环境分为三大因素，其中每一个因素又由一系列子因素决定，进而提出了闵氏体制评估法，如表9－3所示。

表9－3　　闵氏体制评估法

影响因素	子　因　素
一、政治体制	政治稳定性、国有化可能性、当地政府的外资政策、行政机构的设置、办事程序、工作人员的素质等
二、经济体制	经济增长、物价水平、资本与利润外调、筹资与借款的可能性、市场规模、当地竞争对手的强弱等
三、法律体制	商法、劳工法、专利法等各项法规是否健全，执法是否公正等

这种方法确定了五项评价标准，即稳定性、灵活性、经济性、公平性和安全性。这些标准反映了一个国家政治与行政体制、经济体制和司法体制的运行效率，它对外国投资的政治风险、商业风险和财务风险将产生直接的影响，从而关系到外国投资企业能否接近原材料供应地、降低成本、开拓市场、实现企业增长。体制的运行效率最终会对投资的目标利润发生作用。

（五）抽样评估法

抽样评估法是对东道国的外商投资企业进行抽样调查，了解它们对东道国投资环境的一般看法，以确定东道国投资环境的质量。其一般做法是：首先随机抽取不同类型的外资企业若干个，列出投资环境评估要素，然后由外商投资企业的高级管理人员进行评估。评估通常采用调查表的形式。

东道国政府通常采用这种方法来了解本国投资环境对外国投资吸引力，以及不足之处，以便调整吸引外资的政策、法律和法规，改善本国的投资环境。国际投资者常把抽样评估结果作为了解一国投资环境的背景参考资料。对东道国政府和投资者而言，他们都可以通过这种方法来获取第一手资料，直接了解当地投资环境的优劣。但由于这种方法列出的评价要素较少，常常不能全面地反映出某一地的投资环境，并且由于列出的评价要素各有侧重，又常常会使其结论带有一定的个人主观色彩。

一般是由东道国政府或是国际咨询公司组织抽样评估。有些发达国家的大学、研究机构和咨询公司，专门建立有世界主要投资地区的安全资料库，为潜在的投资者提供投资咨询服务。

投资环境的评估方法还有许多。不同的评估方法主要是在因素选择方面侧重点不同。作为国际投资的决策人员应了解影响国外投资的基本因素，关于运用适当的评估方法来识别对本公司投资活动有利的投资环境。

小测试：

1. 为什么要进行国际直接投资环境的评估？
2. 国际直接投资环境的评估方法有哪些？各有何优缺点？

第三节 国际直接投资的纳税因素分析

在国外投资举办和经营企业，必须按照东道国和本国的税法缴纳各种税款。纳税是国际企业的一项重要财务支出，税种的多少和税率的高低直接影响到企业对外投资的收益，是决定对外投资决策的重要因素之一。因此，在第四节阐述对外直接投资财务决策之前，有必要对国际投资纳税的有关问题进行研究。

一、国际投资的纳税种类

世界各国对跨国经营的企业设置的税收种类繁多，主要有公司所得税、资本利得税、增值税、预扣税、关税和财产税。

（一）公司所得税

所得税分为个人所得税、公司所得税和资本利得税。它是以个人或企业的所得收益为对象而课征的税。所得税不是一个税种，而是一个综合的名称。所得税是一些国家税收制度的中心，是一国税收收入的重要来源。

公司所得税是以企业的所得收益为对象而课征的税。每个国家都对在其境内经营的国外公司所获得的利润征税，各国所得税率的高低差别较大。虽然自20世纪90年代以来，西方主要发达国家纷纷进行了以所得税制为主的税制改革，进入21世纪，降低企业所得税的浪潮已在世界范围内全面铺开，日本和英国的企业所得税率已经降为30%，加拿大在2004年降低到21%，美国实施15%、18%、25%、33%的四级累进税率。但是，从总体上看，发达国家的税率仍然高于发展中国家的税率，一些发展中国家为吸引外商投资，给予外国投资者一定的免税和减税期，还允许外商投资企业加速折旧，即在固定资产使用初期比后期缴纳较少的所得税。因此，在固定资产使用初期，企业少缴的这部分税款则相当于东道国给予企业的一笔无息贷款，以鼓励外国投资者在当地进行直接投资。另外，还有一些国家和地区为了刺激当地企业的发展，吸引外国公司在当地投资，实行极低的公司所得税率，甚至不征收公司所得税，这些国家和地区通常被称为避税港。例如，香港所得税率为16.5%，列支敦士为7.5%~15%，巴哈马、百慕大、开曼群岛、巴林等地不征收公司所得税。

虽然各个国家在国际税收优惠方面的法律规定不同，但是，从本国利益出发是其共同点。许多发展中国家在制定有关国际税收优惠时，都是根据不同情况，采取灵活的优惠措施，即避免不必要的税收损失，又要增强税收优惠幅度对国际投资者的吸引力。

（二）资本利得税

资本利得税，是指按出售资本项目所得收益所征收的税款，出售资本项目所得收益等于出售房屋、机器设备、股票、专利权和商标等资产所得到的毛收入，减去购置原值（或折旧、摊销后的账面净值）的那一部分差额。对资本利得的征税，有些国家（例如美国）专设资本利得税或财产收益税，有些国家不专门设置此税种，而是将资本利得并入公司一般经营性收益或所得中一起计算所得税。英国对资本收益免税。

（三）增值税

增值税是以商品生产和流通环节的新增价值或商品附加值为征税对象的一种流转税。它由政府有关部门在产品生产或消费品销售的每个过程，根据增值情况进行征税。一般情况下，厂房、设备等生产型商品不属于增值税征收范围，某些基本必需品，如医药及与健康有关的费用，教育和宗教活动，以及邮政服务通常免征或按较低的税率征收增值税。

增值税是国际公认的一种透明度比较高的中性税收。按照关税和贸易总协定（CATT）的规则，商品出口时，增值税可以返还给出口商，这样，使出口商品退税后的成本大大降低，有助于增强本国产品在国际市场上的竞争力。另外，由于增值税的征收与公司盈利情况无关，与所得税相比，公司无法采用销账、加速折旧、损失结转、转移价格等手段逃避增值税，有利于企业按照经济效益原则选择最佳的生产经营组织形式，使有限的经济资源以较优的方式分配。

不同国家的增值税率不同。据2003年的统计资料，瑞士增值税率为7.6%、德国为16.0%、英国为17.5%、荷兰为19.0%、法国为19.6%、意大利为20.0%、比利时为21.0%、爱尔兰为21.0%。在许多国家和地区，增值税已成为间接税收收入的主要来源。

（四）预扣税

预扣税，是由东道国政府对本国居民和企业向外国投资者和债权人支付的股息和利息征收的税。少数国家还对支付的特许权使用费、服务费、管理费和租金等征收预扣税。这种税款是由支付股利和利息的一方在对方收到这笔收入以前预先扣除的。例如，某子公司需要向其母公司支付1 000万元的股利，如果预扣税率为25%，则该公司只向母公司支付750万元，另外250万元以预扣税形式交子公司所在国的税务机关。

不同国家和地区的预扣税率不同，如果两国签订了税收条约，预扣税率就较低。根据

2002年统计资料，对向非税收条约国的投资者支付的股息所征收的预扣税税率为20%~30%。如美国、瑞典均为30%，德国、加拿大、韩国均为25%，日本、泰国均为20%；对已签订税收条约国家的投资者支付股息所征收的预扣税税率一般为5%~15%；英国、香港、巴哈马、百慕大、开曼群岛、巴林等无预扣税。

由于各国税制不同，税种不一，在不同的国家投资，承担税负各不相同。影响税负的因素除税率外，还有应税所得的范围、费用的确认和分配以及资产的计价等。因此，在国外投资中，应选择税种少、税率低、税负轻、实行纳税优惠的国家或地区投资办企业，借以达到税负最小化和税后利润最大化。

二、国际双重征税的原因与避免

（一）国际双重征税的原因

国际双重征税，是指在不同国家对同一征税对象或同一税源重复征税的现象。国际双重征税的产生与税收管辖权有着直接的联系，只有在两个或两个以上国家对同一纳税人都能行使税收管辖权的情况下，才会产生国际双重征税问题。因此，国际重复征税是一种管辖权性质的重复征税，它涉及两个或多个征税权主体。

国际税收管辖权有两种：一是收入来源地管辖权（属地原则）；二是居民（公民）管辖权（属人原则）。各国在不违反原则的前提下，可以选择不同类型的税收管辖权，也可以根据不同标准确定自己对地域或对人的管辖范围，因此，国际投资活动将会面临由于使用不同的管辖权而引起的重复征税问题。例如，由于采用不同的标准，对同一笔投资收益，A国根据实际使用地的原则判定其为该国的收入来源，而行使地域税收管辖；而B国则根据资本的使用者是该国居民，而将该投资收益作为其地域税收管辖，从而使该笔投资发生重复征税。又如，对同一居民的收入，A国实行国籍或注册的税收管辖；而B国实行居住或管理机构所在地的税收管辖，从而使该笔收入出现双重纳税的情况。

国外投资不同于国内投资，它必须面对不同国家税收管辖权的规定，将不可避免地出现需要在两个或两个以上国家承担纳税义务，即双重纳税。例如，我国某公司在B国设立子公司，B国要对这一子公司的利润所得征税，我国政府也要对这一子公司汇回给我国母公司的股利征税。这种双重征税的结果，既违背了税负公平的原则，也不利于国际企业在平等竞争的环境中发展；同时，它加重了跨国纳税人的负担，阻碍了国际投资活动的正常开展。因此，在国际投资中，努力消除国际双重征税是各国投资者致力解决的重要的问题之一。

如果世界各国统一使用一种税收管辖权，双重征税的现象将会自然消失，但是，这只是一个无法实现的愿望。因为各国经济发展水平不一致，如果实施统一的收入来源地税收管辖权，发展中国家将受益，因为它保护了引进外资和先进技术为发展中国家所带来的税收利益；同时，发达国家直接投资的税收利益将会受到极大的影响，从而使资本和技术的输出大大减少。如果实施统一的居民税收管辖权，发达国家将受益，因为全世界大部分收入源于他们的居民，但是，发展中国家将会因此丧失源于本国境内的税收利益。因此，国际投资者所能做的只是在两种税收管辖权长期共存的条件下，寻求消除国际双重征税的途径。

专　栏

国际双重征税问题的发展趋势

国际双重征税问题始终是国际税法的核心问题。国际税法是在19世纪末期后逐渐产生的，特别是20世纪60年代以来经济合作与发展组织（Organization for Economic Cooperation and Development，OECD）提出《关于对所得和资本避免双重征税协定的范本》(Model Convention for the Avoidance of Double Taxation with Respect to Taxes on Income and on Capital，OECD范本）和联合国《关于发达国家和发展中国家避免双重征税的协定范本》(Model Double Taxation Convention between Developing and Developed Countries，UN范本）的产生，进一步推动了国际税法的发展，并对国际经济的发展起了积极推动作用。进入20世纪80年代，以美国为首的西方国家的税法改革浪潮骤起，“降低税率，扩大税基”成了世界各国税法改革的共同趋势，推动了国际税法的进一步发展。20世纪90年代以来，随着经济国际化进程的加快，特别是世界贸易组织（WTO）的诞生，欧洲联盟的建立，西方国家税法改革不断深化。与此同时，与各国税法密切相关的国际税法也呈现出良好的发展态势，并将对21世纪国际经济贸易的发展与繁荣产生深远影响。

国际双重征税作为国际税法的核心问题伴随着国际经济活动的广泛开展而产生与发展，在人类步入21世纪之际，它将呈现下述三大发展趋势：一是避免国际双重征税协定网络持续扩大；二是区域性税收一体化进程加快；三是各国均将积极进行税法改革。

21世纪国际双重征税问题的发展总趋势，将如美国国际税法专家罗斯（S.G.Ross）在《21世纪税收政策》一书中所预测的：“最重要的发展也许是通过情报交换、相互执行行动，扩大主管当局活动范围等措施，朝着更大的合作迈进。人们可以期待，在不久的将来会因多国管理而给各国施加压力，使之在税收事务上按国际准则办事”。这就表明，在21世纪，国际税收协调与合作将会进一步发展，避免双重征税国际准则也会愈来愈受到重视，国际双重征税问题将在公平与效率的法律价值下得到更加妥善的解决。

（资料来源：刘剑文，《国际双重征税问题》，http：//www.cftl.cn/show.asp？c_id=274&a_id=402）

（二）国际双重征税的避免方法

为了避免双重征税，坚持税负公平的原则，各国政府都期望消除彼此间税收管辖权的冲突，并在许多国际条约中列入了消除国际双重征税的原则和规定，建立了许多避免国际双重纳税的方法。目前，通常采用的消除国际双重征税的方法主要有三种：免税法、扣除法和税收抵免法。

1. 免税法。免税法（method of full exemption），即“别国单征，本国放弃”，是指对本国纳税人在国外取得的收益如果已向外国政府交纳了所得税的，允许在他的应税收益中扣除而免于课税，它是根据收入来源地实施的一种税收管辖权。免税的范围一般有两个方面：一是本国纳税人的国外收入部分；二是本国纳税人在国外的汇回部分。免税法的实质在于对居住在本国的纳税人来源于国外，并已由外国征税的所得，完全放弃其居民管辖权，免征国内所得税。显然，在免税法情况下，由于跨国纳税人只受到所得来源国一种税收管辖，这就从根本上消除了因两种税收管辖权冲突而导致的国际双重征税，因此，这是一种较为彻底的避免国际重复征税的方法。

目前，在国际上对国外来源的收入实行免税优惠的国家不多，实行免税法的国家主要是欧洲大陆和拉丁美洲的一些国家，如法国、海地、多米尼加、巴拿马、委内瑞拉等。实行免税的国家大都承认收入来源国有优先行使税收管辖权的权力。但这些国家在实行这一方法时往往带有一定的附加条件，如国际企业在国外纳税后收入要部分汇回国，否则不享受税收优惠待遇等。免税法是一国政府为鼓励本国资本输出或其他目的而采取的一种避免双重课税的方法。对跨国纳税人来说，这种方法是其从低税区、避税地获取收入自由汇回本国，而又可享受免纳国内税的重要途径。因为在采用这种方法的国家里，国外收益已经进行了税收处理（包括国外的免税及各种税收优惠处理），本国政府一律视同在国外已纳税而给予国内税收免除。

免税法的具体计算方法有两种：一是全额免税，二是累进免税。

全额免税是指居住国（国籍国）对本国居民（公民）在国外取得并由外国政府已征税的全部所得，免于征收国内所得税，只对源于国内所得进行征税的方法。全额免税法的计算公式如下：

$$\text{居住国应征所得税税额} = \text{居民的国内所得} \times \text{使用税率}$$

累进免税是指居住国（国籍国）对本国居民（公民）征税时，对源于国外并已纳税的所得予以免税，但在确定纳税人总所得的适用税率时，要将免税所得并入计算。由于实行累进免税法，征税国可取得较多的税款，故目前大多数国家都采用累进免税法。累进免税法的计算公式如下：

$$\begin{matrix}\text{居住国应征}\\\text{所得税税额}\end{matrix} = \text{居民的国内所得} \times \text{使用税率} \times \frac{\text{国内所得}}{\text{总所得}}$$

【例 9－1】 A 国的甲公司在 B 国设有分公司，甲公司某年所得总额为 156 万 A 元，其中包括在 A 国国内所得 100 万 A 元，在 B 国分公司所得 28 万 B 元，当时汇率 1B 元 = 2A 元。分公司已按 B 国规定的 30% 税率缴纳了公司所得税。A 国规定的公司所得税率为 50%。

假如 A 国不实行免税法，甲公司的纳税情况如下：

在 A 国的应纳税额 = 156 × 50% = 78（万 A 元）

在 B 国已纳税额 = 28 × 30% = 8.4（万 B 元），折合 16.8 万 A 元

甲公司共缴纳税额 = 78 + 16.8 = 94.8（万 A 元）

由于甲公司在 B 国的所得在两个国家都要交税，显然，甲公司面临着严重的双重征税。

假如 A 国实行全额免税法，甲公司适用的税率为 30%，其纳税情况如下：

在 A 国的应纳税额 = 100 × 30% = 30（万 A 元）

在 B 国的应纳税额 = 28 × 30% = 8.4（万 B 元），折合 16.8 万 A 元

甲公司共缴纳税额 = 30 + 16.8 = 46.8（万 A 元）

可见，由于 A 国采用全额免税法，不仅未对甲公司在 B 国的分公司所得征税，而且，未将在 B 国的分公司所得纳入 A 公司的纳税所得中，使得甲公司适用的税率下降，与 A 国不实际免税法相比，少纳税 48 万 A 元（94.8 – 46.8）。

假如 A 国实行累进免税法，规定的公司所得税率为：年所得 100 万 A 元以下 30%，年所得 101 万 A 元～150 万 A 元以下 40%，年所得 151 万 A 元以上 50%。

在实行累进免税法下，甲公司的纳税情况如下：

在 A 国的应纳税额 =（100×30% + 50×40% + 6×50%）×（100÷156）

= 33.97（万 A 元）

在 B 国的应纳税额 = 28×30% = 8.4（万 B 元），折合 16.8 万 A 元

甲公司共缴纳税额 = 33.97 + 16.8 = 50.77（万 A 元）

可见，累进免税法比全额免税法多缴税 3.97 万 A 元（50.77 - 46.8），但是 A 国未对甲公司在 B 国的所得征税，仍避免了国际双重征税的发生。

虽然，免税法简便易行，但它是建立在减少本国政府税收的基础上，而且又不考虑收益来源国（即外国）的税率高低，因而没有体现公平纳税原则，为国际企业利用国际税负的差别提供了逃税避税的可能。

2. 税收扣除法。税收扣除法，是指居住国将本国纳税人在收入来源国交纳的所得税视为一般的费用支出，在应税所得中扣除。即纳税人将已向外国政府缴纳的所得税额作为费用在应税收益中予以扣除，税后余额汇入本国，所得按本国适用税率纳税。其计算公式如下：

纳税人应纳税额 =（纳税人全部所得 - 外国已纳税额）×居住国税率

【例 9-2】 承上例，假如 A 国实行税收扣除法，甲公司的纳税情况如下：

在 A 国的应纳税收益 = 156（万 A 元）

在 B 国已纳税额 = 28×30% = 8.4（万 B 元），折合 16.8 万 A 元

甲公司应纳税额 =（156 - 16.8）×40% = 55.68（万 A 元）

在 A 国采用税收扣除法情况下，虽然与 A 国不实行免税法相比，少纳税 39.12 万 A 元（94.8 - 55.68），但是，与税收免除法相比，消除国际双重征税数额有所降低，与采用全额免税法和累进免税法相比分别下降了 8.88 万 A 元（55.68 - 46.8）和 4.91 万 A 元（55.68 - 50.77）。

可见，以税收扣除法避免国际重复征税的效果并不理想，因为，纳税人在国外的实际净收入是已经纳过税的税后收入，从理论上说，这部分收入不该再征税，否则就构成了一笔所得两次纳税。从这个意义上讲，税收扣除法仅仅是缓和了重复征税的程度。尽管税收扣除法对跨国纳税人具有一定的吸引力，即将国外已纳税款作为费用扣除，同时，它也意味着费用范围的扩大，而各种海外费用的总额不能超过其海外总收入额，因此，这种方法对国际企业避税是不适宜的，有的国际税务专家认为不能把扣除法看作是免除国际重复征税的一种方法。但由于税收扣除的应用范围不仅限于所得税，还可以是其他税款，因而，这种方法仍可给企业带来一定的好处。

3. 税收抵免法。税收抵免法，即“别国先征，本国补征”，是指居住国对本国居民源于国内、外所得征税时，将其在国外已缴纳的税款从本国应纳税款中抵免。抵免法的计算公式如下：

$$\text{居住国应征所得税税额} = \text{纳税人总所得} \times \text{适用税率} - \text{纳税人已纳外国税款}$$

上式中，纳税人总所得乘以居住国适用税率，反映了居住国对本国居民（公民）的所得的居民（公民）税收管辖权，再减去外国已纳的税款，表明该种国际避税方法即承认两种税收管辖权并存、收入来源地管辖权优先，又对纳税人已承担的外国税收在行使居民管辖权时予以考虑，以避免再次征税。因此，税收抵免法不仅较好地处理了国际税收关系，而且，还维护了居住国（国籍国）的正当权益，消除了双重征税，从而成为被世界大多数国家所采用

的国际避税方法。

税收抵免法可分为直接抵免法和间接抵免法。

（1）直接抵免法。直接抵免法是指居住国对纳税人在收益来源国缴纳的税款，可以全额抵免向本国缴纳的税款。这种方法适用于同一经济实体的总公司和分公司之间纳税的抵免。总公司和它设在国外的分公司属于同一个经济实体，因此，分公司在国外的收益，不论其是否汇回总公司都有应该在当年全额纳税。如果分公司在国外已缴税款，则可以直接用来抵免总公司汇总应向本国政府纳税的数额。

【例 9-3】 承上例，假如 A 国所得税率 50%实行直接抵免法，甲公司的纳税情况如下：

在 A 国的应纳税额 = 156 × 50% = 78（万 A 元）

在 B 国的应纳税额 = 28 × 30% = 8.4（万 B 元），折合 16.8 万 A 元

甲公司应缴纳税额 = 78 - 16.8 = 61.2（万 A 元）

直接抵免法是将已缴外国政府税款作为总公司本国税务负债的抵免数，而不是扣减应税收益，这是它与税收扣除的主要区别所在。

（2）间接抵免法。间接抵免法是指居住国对纳税人在国外已纳过税的收益，可以从本国缴纳的税款中扣除。这种方法适用于非同一经济实体的母公司与子公司之间的纳税抵免。这是因为母公司与国外子公司并不是同一经济实体，而是两个独立的法人。母公司对子公司一般是参股或控股的关系，子公司的股权和经营业务活动虽受母公司的控制，但子公司在经营所在国是一个独立的经济实体，其收益不应并入母公司应纳税收益，它只按所在国规定缴纳所得税款，子公司仅将股利汇回母公司，母公司将收到的股利并入母公司的收益中，再向母公司所在国政府缴纳所得税。因此，母公司在本国缴纳所得税时，不能把国外子公司所获全部利润并入母公司总纳税额直接计算，母公司所能计算的只是它作为国外子公司的股东所取得的股息还原为从子公司取得的所得部分。母公司所能抵免的，只是按照它取得的股息占国外子公司纳税后净所得的比例，推算出公司母公司承担的国外所得税额。

免税额的计算公司如下：

$$\text{所得税税款抵免额} = \frac{\text{股利额}}{\text{国外子公司税后利润}} \times \text{国外所得税}$$

如将股利还原为税前利润数应为：

$$\text{股利的税前利润} = \frac{\text{母公司所得股利额}}{1 - \text{国外所得税税率}}$$

按着国际惯例，子公司在向母公司支付股利时，应按一定税率向当地政府缴纳预扣税。母公司向本国政府纳税时，这部分预扣税可以直接抵免。

【例 9-4】 假设 A 国在 B 国有一子公司，税前利润为 200 万 B 元，B 国所得税税率为 30%，每年按子公司税后利润的 80%汇回 A 国母公司，预扣税率为 5%，则 A 国母公司计算税收抵免额如表 9-4 所示。

税收抵免法已被许多国家所采用。我国也规定在国外的子公司所纳税额可抵减在本国的纳税额。

假定 A 国所得税率为 40%，则

A 国母公司应税额 = 112 ÷ （1 - 30%） = 160（万 B 元）

A 国母公司应纳税所得 = 160 × 40% = 64（万 B 元）

减抵免额后实际应纳税额 = 64 - 53.6 = 10.4（万 B 元）

设当时汇率为1B元＝2A元，实际应纳税额折合为20.8万A元。

在采用间接抵免法下，假定A国母公司在B国办子公司，A国和B国公司所得税率分别为25%和30%。

表9－4　税收抵免计算

单位：万B元

序号	项目	金额
(1)	A国子公司税前利润	200
(2)	缴B国所得税（1）×30%	60
(3)	A国子公司税后利润（1）－（2）	140
(4)	向A国支付股利（3）×80%	112
(5)	A国预扣税（4）×5%	5.6
(6)	A国母公司股利净收入（4）－（5）	106.4
	税收抵免：	
(7)	直接抵免预扣税（5）	5.6
(8)	所得税抵免（4）÷（3）×（2）	48
(9)	总抵免额	53.6

本年子公司利润200万元，在B国纳税200×30%＝60（万元），税后利润：200×（1－30%）＝140（万元），80%交母公司股利：140×80%＝112（万元），B国征收预扣税（5%）：112×5%＝5.6（万元），母公司收到股利，应计算向A国缴纳所得税，计算可抵免税额：60×80%＝48（万元），加上已缴纳扣额：48＋5.6＝53.6（万元），再计算股利的税前利润：112÷（1－30%）＝160（万元），最后计算应纳所得税：160×25%＝40（万元），小于可抵免税额，此时，子公司交母公司股利不需要向A国缴税。出现这种情况，主要是由于母公司所在国（A国）的税率低于子公司所在国（B国）的税率，B国除了征收所得税还征收预扣税。

抵免法与免税法的区别在于，前者是将本国居民的全部所得按本国税率计算征税，再将纳税人在国外已纳税款扣除；后者是对纳税人来自外国的所得不予考虑。而抵免法与扣除法区别在于，二者对居民在国外所得承担税款的扣除方式不同，前者是计税后扣除，后者是计税前扣除。

各种避免国际双重征税的方法指导原则也不相同，免税法只承认一种税收管辖权，以不利于保护居住国的税收利益；扣除法虽然考虑了居住国的利益，但纳税人并没有完全免除国际双重征税；抵免法不仅承认两种税收管辖、承认地域税收管辖优先，兼顾了双方国家，而且，将纳税人在国外已纳税额在应缴税总额中扣除，减轻了纳税人的负担。因此，税收抵免法得到世界上大多数国家的拥护和采用。

4.税务协定。跨国经营的广泛开展已有可能使在某一个国家取得收益成为另一个国家课税的对象。各国之间缔结税务协定是最重要的避免双重课税的方法，这样能维护各国征税的权利，提供解决税收管理权的措施，尽量减少和避免双重课税的影响。协定中要详细规定不作为课税对象的某些收益、抵免和扣除的税收类型、降低所得税和预扣税等。

小测试：

如何运用避免国际双重征税的不同方法？

第四节 国际投资项目财务决策

一、国际投资项目资本预算的内容

国际投资项目资本预算，即跨国投资资本预算，是对投资项目的投资总额、资本来源、项目投入生产经营后的成本费用、收入和利润（投资回报）等进行全面系统的预测，计算项目的净现值和内含报酬率等指标，进行财务可行性分析研究，为财务决策提供科学依据的一种预算体系。国际直接投资项目的资本预算一般包括以下三项内容：

（一）项目投资总额和资本来源预算

在国外投资办企业的费用包括厂房、设备等固定资产投资，以及原材料和现金等流动资产投资。各项费用要按当时的汇率折算，用东道国货币来表示。各项投资费用总额确定之后，应规划其资本来源，确定自有资本投资与各种借入资本的比例。投资总额和资本来源确定以后，就可以编制预计资产负债表，对长期负债还应编制还本付息预算。

（二）项目损益预算

为了预测国外投资项目的损益，需要编制以下预算：

1. 销售预算。预测投资项目在生产经营期间各年的产品销售量、销售价格和销售收入。在预测销售价格时，应考虑计价货币的通货膨胀率，各年的价格应随通货膨胀率水平的变化而升降。如果产品对其他国家销售，其外币销售收入应按各年预测汇率折算，以东道国货币表示。

2. 成本费用预算。预测国外企业在生产经营期间各年的产品生产量、单位变动成本、销售费用和行政管理费用、折旧费、确定各年总成本费用。在确定各年变动成本时，应考虑通货膨胀率水平的变化。

3. 损益预算。根据预测的销售收入、销售成本及税负情况，编制预计损益表，计算经营利润（息税前利润）、税前利润和税后利润。

4. 贷款还本付息计划。归还投资贷款的资本来源主要是项目投产后新增的利润和提取的折旧。因此，要根据“损益预算”和“固定资产折旧额预算”，预测贷款还本付息的进度和时间。

（三）项目现金流量预算

现金流量预算即对国外投资项目计算期内各年的现金流入量、现金流出量和净现金流量进行预计。在编制现金流量计划时，先要预测生产经营期各年净营运资本的需要量、各年追加净营运资本数，以及生产经营期结束时资产终值。各年追加净营运资本数列作现金流出，生产经营期最后一年净营运资本需要（占有）量和资产终值列作现金流入。

应当指出，如果是在国内投资办企业，只编制一个现金流量预算即可。如果在国外办一子公司，首先要从子公司的角度对投资项目的效益进行预测、分析和评价，子公司效益的好坏是母公司对外投资效益好坏的基础。子公司的利润汇给母公司时，要按当时的汇率折算为母公司所在国的货币，要向东道国（子公司所在国）缴纳预扣税，东道国还可能会对子公司汇出的利润加以限制。母公司收到子公司汇回的利润还要向本国政府缴纳所得税。母公司对外投资效益的好坏，不仅取决于子公司效益的好坏，而且还受到汇率，预扣税税率高低，利润汇出限制和本国所得税税率高低等因素的影响，因此，就需要编制以下两现金流量预算。

1. 国外子公司现金流量预算。按子公司所在国的货币计算，反映国外子公司在建设期和经营期间各年的现金流入量、现金流出量和净现金流量，据以计算内部报酬率和净现值(以东道国类似项目的税后投资报酬率作为折现率)。当净现值大于或等于零，内部报酬率大于或等于在东道国类似项目的税后投资报酬率时，投资项目在财务上是可行的。

2. 母公司与国外子公司有关的现金流量预算。其现金流入主要是子公司付给母公司的股利和许可证费等。现金流出主要是母公司从子公司得到的投资收益应缴纳给予本国政府的各种税款。现金净流量是现金流入量与现金流出量之差。是母公司可以运用的净收益，是据以计算母公司进行国外投资的净现值和内部报酬率的基础。当净现值大于或等于零，内部报酬率大于或等于在国内类似项目的税后投资报酬率时，投资项目在财务上是可行的。

二、国外投资项目资本预算的编制

（一）跨国投资资本预算编制实例

【例 9－5】 我国甲公司对 A 国投资环境进行评估后，决定向 A 国投资建一独资子公司，生产 A 种产品，由甲公司提供专有技术，该子公司向甲公司（母公司）按销售额的 5%缴纳许可证费。生产产品所需的原材料和零部件有 20%从中国甲公司进口，其余在 A 国当地解决。子公司的厂房是在 A 国购买一幢闲置的厂房加以改造，共需 1 200 万 A 元，其中 50%由 A 国银行贷款。子公司的筹建期为 1 年，投产后计划经营 5 年，5 年后，甲公司将子公司卖给 A 国的投资者。子公司在 A 国的所得税税率为 20%，我国所得税率为 25%。在我国该种产品的投资报酬率为 14%，在 A 国该类产品的投资报酬率为 15%。该项目的投资费用、资本、损益和现金流量的预测如下：

（一）投资费用和资本来源

经过财务预测可编制项目所需投资费用预算，如表 9－5 所示。

表 9－5　　子公司原始投资费用预算

项　　目	万 A 元	万元人民币 （当年汇率 1A 元＝8 元人民币）
1. 购买和改造厂房	1 200	9 600
2. 在 A 国新购设备	200	1 600
3. 从中国运来设备	200	1 600
4. 由甲公司提供原材料、零部件	200	1 600
5. 由 A 国银行供给现金	100	800
6. 原始投资合计	1 900	15 200

根据表 9－5 的项目投资费用预算，可编制子公司的预计资产负债表，如表 9－6 所示。

表 9-6　　**预计资产负债表**　　单位：万 A 元

资　　产	金　　额	负　　债	金　　额
现　　金	100	应付账款	—
应收账款	—	银行借款（当地银行）	100
存　　货	200	长期借款（当地银行）	600
厂　　房	1 200	资本	1 200
设　　备	400		
合　　计	1 900	合　　计	1 900

根据表 9-6 所示的预计资产负债表，在该项目投资总额 1 900 万 A 元中，产权筹资 1 200万 A 元，占 63.16%，债权筹资 700 万 A 元，占 36.84%。

子公司长期借款 600 万 A 元，期限 5 年，年利息率 6%，与银行商定分 5 年等额偿还。短期借款假设各年借款额都是 100 万 A 元，每年年末偿还，次年年初再借，详见营运资本预测表，年利息率 4%。编制还本付息计划，如表 9-7 所示。

表 9-7　　**借款还本付息计划**　　单位：万 A 元

年份	长期借款				短期借款		利息合计
	年初余额	还本	年利息（6%）	年末余额	借款额	年利息（4%）	
1	600	120	36	480	100	4	40.00
2	480	120	28.8	360	100	4	32.80
3	360	120	21.6	240	100	4	25.60
4	240	120	14.4	120	100	4	18.40
5	120	120	7.2	0	100	4	11.20

（二）汇率预测

预测未来 5 年中，人民币对 A 元的汇率，A 元将升值，每年递升 1%。子公司的产品除了在 A 国销售以外，还销售给 B 国，因此还需预测 A 元对 B 元的汇率变动，经预测，A 元每年递升 1.818%。5 年中汇率变动情况，如表 9-8 所示。

表 9-8　　**汇率预测表**

各年末	1A 元 = X 元人民币	1A 元 = X 元 B 元
0	8.0000	5.0000
1	8.0800	5.0909
2	8.1608	5.1835
3	8.2424	5.2777
4	8.3248	5.3737
5	8.4081	5.4717

（三）项目损益预算

1. 销售预算。根据市场调查，预计子公司投产后第一年在 A 国销售产品 8 000 台，单价 2 000 元，在 B 国销售 4 000 台，单价 1 万 B 元。通过采取各种促销手段，A 国需求量每年递增 5%，B 国需求量每年递增 8%。由于通货膨胀原因，销售价格 A 国每年递增 10%，B 国每年递增 12%。根据 5 年中各年销售量和销售收入编制销售预算，如表 9-9 所示。

表 9－9　　　　销售预算

项目 \ 年份		第一年	第二年	第三年	第四年	第五年
在A国销售	1. 销售量（台）	8 000	8 400	8 820	9 262	9 724
	2. 单价（A元）	2 000	2 200	2 420	2 662	2 928
	3. 销售收入（万A元）	1 600	1 848	2 134.44	2 465.54	2 865.18
对B国销售	4. 销售量（台）	4 000	4 320	4 666	5 038	5 442
	5. 单价（B元）	10 000	11 200	12 544	14 049	15 735
	6. 汇率	5.0909	5.1835	5.2777	5.3737	5.4717
	7. 销售收入（万A元）	785.72	933.42	1 109.02	1 317.14	1 565.04
总计	8. 销售量（台）	12 000	12 720	13 486	14 300	15 166
	9. 销售收入（万A元）	2 385.72	2 781.42	3 243.46	3 782.68	4 430.22

2. 成本费用预算。生产成本中单位变动成本分为两部分，一部分是在A国采购原材料和人工费用，预计每单位产品为1 000A元，以后随通货膨胀率的上升而上升；另一部分是从中国进口原材料、部件，预计单位产品3 000元人民币，以后随中国通货膨胀率水平的变化而变化，并按汇率折成A元，两者合计为总的变动成本费用。给中国母公司的许可证费用为年销售收入的5%，销售和行政管理费第一年为99.9万A元，并按5%逐年递增。建厂初期购置设备、建造厂房所发生的固定资产总值为1 600万A元，采用直线法按5年计提折旧（假设不考虑报废后的净残值），每年折旧费320万A元。按以上资料求得各年成本费用总计，编制成本费用预算，如表9－10所示。

表 9－10　　　　成本费用预算

项目 \ 年份	第一年	第二年	第三年	第四年	第五年
1. 生产量（台）	12 000	12 720	13 486	14 300	15 166
2. 当地单位变动成本（A元）	1 000	1 100	1 210	1 331	1 464
3. 当地变动成本总额（万A元）	1 200	1 399.20	1 631.80	1 903.34	2 220.30
4. 进口单位变动成本（人民币元）	3 000	3 330	3 696	4 103	4 554
5. 进口变动成本总额（人民币万元）	3 600	4 235.76	4 984.42	5 867.30	6 906.60
6. 汇率	8.0800	8.1608	8.2424	8.3248	8.4081
7. 进口变动成本总额（万A元）	445.54	519.04	604.72	704.80	821.42
8. 变动成本总计(3)+(7)(万A元)	1 645.54	1 918.24	2 236.52	2 608.14	3 041.72
9. 许可证费（万A元）	119.28	139.08	162.20	189.14	221.52
10. 销售和行政管理费（万A元）	99.90	104.90	110.14	115.65	121.43
11. 折旧费（万A元）	320	320	320	320	320
12. 成本费用总计（万A元）	2 184.74	2 482.22	2 828.87	3 232.94	3 704.68

3. 损益预算。根据表9－9销售预算和表9－10成本费用预算的有关资料编制子公司的预计利润表，如表9－11所示。

表 9 - 11　　预计利润表

项目＼年份	第一年	第二年	第三年	第四年	第五年
销售收入	2 385.72	2 781.42	3 243.46	3 782.68	4 430.22
成本费用	2 184.72	2 482.22	2 828.87	3 232.94	3 704.68
息税前利润	201.00	299.20	414.59	549.74	725.54
利息	40.00	32.80	25.60	18.40	11.20
税前利润	161.00	266.40	388.99	531.34	714.34
所得税（20%）	32.20	53.28	77.80	106.27	142.87
税后利润	128.80	213.12	311.19	425.07	571.47

（四）现金流量预算

1. 子公司的现金流量预算。根据子公司原始投资费用、成本费用和利润等预测表等资料可编制子公司现金流量预计，如表 9 - 12 所示。

表 9 - 12　　子公司现金流量预算　　单位：万 A 元

项目＼年份	当年	第一年	第二年	第三年	第四年	第五年
一、现金流入量						
1. 税后利润		128.80	213.12	311.19	425.07	571.47
2. 折旧		320	320	320	320	320
3. 第五年末收回的净营运资本						664
4. 第五年末终值						3 992
合　计		448.80	533.12	631.19	745.07	5 547.47
二、现金流出量						
5. 原始投资（固定资产）	1 600					
6. 追加营运资本	300	58	60	68	82	96
7. 终值利得税（30%）						1 198
合　计	1 900	58	60	68	82	1 294
三、净现金流量	- 1 900	390.80	473.12	563.19	663.07	4 253.47

为了确定表 9 - 12 子公司现金流量预算中的第 3 项和第 6 项，需先编制营运资本预算（见表 9 - 13）。营运资本需要量（占用额）一般可按销售收入的一定百分比计算。

表 9 - 12 子公司现金流量预算的第 3 项和第 6 项根据表 9 - 13 子公司营运资本预算表填列。

表 9 - 13 第 3 项年追加营运资本第一年为：358 - 200 = 158；第二年为：418 - 200 - 58 = 160；第 3 年为：486 - 200 - 58 - 60 = 168；第四、五年的计算以此类推。第 4 项资本来源的短期银行借款，假设 0 年末借 100，第 1 年末偿还，第二至第五年每年借 100，都是年初借年末还。子公司内部资本是子公司将留用利润和部分折旧用于增加营运资本。

表 9－13　　子公司营运资本预测表　　单位：万 A 元

项目＼年份	当年	第一年	第二年	第三年	第四年	第五年
1. 销售收入		2 385.72	2 781.42	3 243.46	3 782.68	4 430.22
2. 营运资本需要量（按销售收入的15%计算）		358	418	486	568	664
3. 年追加营运资本		158	160	168	182	196
4. 资本来源						
（1）中国母公司提供	200					
（2）由子公司 A 向追加筹资：						
①短期银行借款	100		100	100	100	1 000
②子公司 A 内部资本		58	60	68	82	96

表 9－12 子公司现金流量预算的第 4 项第五年末终值是第五年末将子公司卖给 A 国的投资者，按一定方法评估确定的价值。第五年的净现金流量为：535.75＋320－96＝759.75（万 A 元），预计子公司出售后尚能经营 10 年，假设今后每年都能获净现金流量 759.75 万 A 元，按 15%报酬率折现，10 年期年金现值系数为 5.018768，据此可求得各年净现金流量的现值之和为：759.75×5.018768＝3 813（万 A 元），以此作为第五年末的终值。

表 9－12 子公司现金流量预算的第 7 项终值利得税，是出售子公司所得的收入3 813万 A 元减去资产折旧后账面净值（本例固定资产折旧后的账面净值为零）后的差额乘税率 30%求得。

根据表 9－12 子公司现金流量预算，假设 A 国的基准收益率为 15%，由此可计算投资项目子公司 A 的净现值（NPV）和内含报酬率（IRR）。

$$NPV = -1\ 900 + \frac{390.80}{(1+15\%)} + \frac{473.12}{(1+15\%)^2} + \frac{563.19}{(1+15\%)^3} + \frac{663.07}{(1+15\%)^4} + \frac{4\ 253.47}{(1+15\%)^5} = 1\ 661.73$$

IRR 的计算：$-1\ 900 + \frac{390.80}{(1+K)} + \frac{473.12}{(1+K)^2} + \frac{563.19}{(1+K)^3} + \frac{663.07}{(1+K)^4} + \frac{4\ 253.47}{(1+K)^5} = 0$

解上式得：K＝35.2%，即内含报酬率（IRR）为 35.2%。

分析计算表明，无论是用净现值法，还是内部报酬率法，该项目都可得到满意的结果。按基准收益率 15%作为折现率，可获得净现值 1 661.73 万 A 元，其 IRR 为 35.2%，也大大超过了 15%的最低报酬率。

2. 甲公司（母公司）与子公司有关的现金流量预算。上述实例中，子公司的税后利润 80%交母公司，20%归子公司留用，用于追加营运资本，当留用利润小于追加营运资本时，可将部分折旧用于追加营运资本。这就是说子公司的净现金流量（包括税后利润的 80%和折旧的大部分以及第五年末收回的营运资本和子公司终值）每年都交母公司。此外，母公司还可以从子公司得到许可证收入和与子公司有关的净贡献等。母公司与子公司有关现金流出包括从子公司得到利润和许可证收入时应向中国缴纳所得税，以及向 A 国投资举办子公司向中国保险公司支付的投资保险费（见表 9－14）。

表 9-14　　母公司（甲公司）与子公司有关的现金流量预算

项目 \ 年份	当年	第一年	第二年	第三年	第四年	第五年
一、现金流入量						
1. 子公司净现金流量(万 A 元)	-1 900	390.80	473.12	563.19	663.07	4 253.47
2. 许可证收入(万 A 元)		119.28	139.08	162.20	189.14	221.52
3. 现金流入量合计	-1 900	510.08	612.20	725.39	852.21	4 474.99
4. A 国预扣税(万 A 元)		11.11	15.48	20.56	26.46	33.94
5. 净现金流入量(万 A 元)	-1 900	499.29	597.26	705.61	827.33	4 442.48
6. 汇率	8.000	8.0800	8.1608	8.2424	8.3248	8.4081
7. 净现金流入量(万元人民币)	-15 200	4 034.26	4 874.12	5 815.92	6 887.36	37 352.82
8. 与公司有关的净贡献		360	431.52	515.74	615.07	731.98
9. 现金流入量合计(万元人民币)	-15 200	4 355.86	5 259.61	6 276.65	7 436.83	38 006.73
二、现金流出量（人民币万元）						
10. 向中国缴纳所得税		203.21	244.42	292.93	350.22	420.49
11. 投资保险费		20.00	20.00	20.00	20.00	20.00
12. 现金流出量合计		223.21	264.42	312.93	370.22	440.49
三、净现金流量（万元人民币）	-15 200	4 132.65	4 995.19	5 963.72	7 066.61	37 566.24

表 9-14 的第 1 项子公司净现金流量根据表 9-12 填列；第 2 项许可证收入根据表9-10 的第 9 项填列；第 4 项 A 国预扣税根据表 9-15 第 3 项和第 10 项之和填列；第 6 项汇率根据表 9-8 填列；第 8 项与子公司有关的净贡献根据表 9-16 第 5 项填列；第 10 项中缴纳所得税根据表 9-15 第 14 项填列。

表 9-15　　母公司（甲公司）从子公司所得应缴税额计算表

项目 \ 年份	第一年	第二年	第三年	第四年	第五年
一、汇回母公司股利（万 A 元）					
1. 子公司的税后利润	128.80	213.12	311.19	425.07	571.47
2. 付给母公司的股利（1）×80%	103.04	170.50	248.95	340.06	457.18
3. A 国预扣税（2）×5%	5.15	8.53	12.45	17.00	22.86
4. 汇回母公司股利净额	97.89	161.97	236.50	323.06	434.32
二、股利应缴税额（万 A 元）					
5. 在中国可抵免税额	30.91	51.15	74.69	102.02	137.16
6. 应纳所得税额	128.80	213.12	311.19	425.07	571.47
7. 母公司应纳所得税额（6）×25%	32.20	53.28	77.80	102.80	142.87
8. 实际应缴税（7）-（5）	1.29	2.13	13.11	4.25	5.71
三、许可证收入应缴税额（万 A 元）					
9. 许可证收入	119.29	139.07	162.17	189.13	221.51
10. A 国预扣税(9)×5%	5.96	6.95	8.11	9.46	11.08
11. 母公司应缴所得税(9)×25%-(10)	23.86	27.82	32.43	37.82	44.30
12. 在中国应缴税额(8)+(11)	25.15	29.95	35.54	42.07	50.01
13. 汇率	8.0800	8.1608	8.2424	8.3248	8.4081
14. 应缴税额(人民币万元)	203.21	244.42	292.93	350.22	420.49

在表 9－15 母公司应缴税额计算表中的第 5 项可抵免税额的计算（以第一年为例）：

$32.20 \times 103.04/128.80 + 5.15 = 32.20 \times 80\% + 5.15 = 30.91$（万 A 元）

表 9－15 的第 6 项应纳税所得额的计算（以第一年为例）：

$103.04 \div (1 - 20\%) = 128.80$（万 A 元）

在表 9－14 母公司与子公司有关的现金流量预算的第 4 项与子公司有关的净贡献是指中国母公司（甲公司）在 A 国设立子公司，一方面可以向其子公司销售原材料、零部件获得利润，但另一方面减少了原来直接由母公司向 B 国出口产品的利润，两者抵消后获得的净利。假设原材料、零部件及产品的边际利润为 15%，原来中国母公司向 B 国的销售额每年为 400 万元人民币，在考虑中国母公司所得税后，可计算出每年与子公司有关的净贡献，如表 9－16 所示。

表 9－16　与子公司有关的净贡献　单位：人民币万元

项目 \ 年份	第一年	第二年	第三年	第四年	第五年
1. 向子公司销售原材料、零部件的利润	540	635.36	747.66	880.10	1 035.98
2. 母公司向 B 国出口产品的利润减少（每年出口额 400 万元 × 15%）	60	60	60	60	60
3. 贡献额（1）－（2）	480	575.36	687.66	820.10	975.98
4. 中国所得税（25%）	120	143.84	171.92	205.03	243.99
5. 净贡献额（3）－（4）	360	431.52	515.74	615.07	731.99

在表 9－16 与子公司有关的净贡献中，第 1 项是根据表 9－10 成本费用预算的第 5 项乘 15% 求得（以第一年为例）：$3\,600 \times 15\% = 540$（万元）

根据表 9－14 的净现金流量可计算中国甲公司向 A 国投资办子公司的净现值（NPV）和内含报酬率（IRR）如下：

$$NPV = -15\,200 + \frac{4\,132.65}{(1+14\%)} + \frac{4\,995.19}{(1+14\%)^2} + \frac{5\,963.72}{(1+14\%)^3} + \frac{7\,066.61}{(1+14\%)^4} + \frac{37\,566.24}{(1+14\%)^5}$$
$$= 19\,988.84\text{（万元）}$$

内含报酬率（IRR）的计算：

$$-15\,200 + \frac{4\,132.65}{(1+K)} + \frac{4\,995.19}{(1+K)^2} + \frac{5\,963.72}{(1+K)^3} + \frac{7\,066.61}{(1+K)^4} + \frac{37\,566.24}{(1+K)^5} = 0$$

解上式得：$K = 42.15\%$

可见，从中国母公司角度考察，该项目也是可行的，在基准收益率为 14% 时，其净现值为 19 988.84 万元人民币，内含报酬率为 42.15%，高于基准收益率 14%。

以上的实例分析是在可能性最大的假设下作出的，实际上具有许多不确定性，特别是向国外投资存在着政治风险和外汇风险，这些风险对投资项目报酬率的影响，还要进一步进行敏感性分析。

（二）投资风险对投资项目报酬率（效益）影响程度的敏感性分析

对外投资项目敏感性分析主要是测算某种变量发生变化，引起的投资方案净现值和内含报酬率变化的程度。由于对外直接投资存在着政治风险和外汇风险，使得投资方案所产生的现金流量具有不确定性，在决策分析中需要将这些风险对投资项目净现值和内含报酬率的影响进行敏感性分析。

1. 外汇管制影响的敏感性分析。前述国外投资项目效益分析案例是假定 A 国政府对外汇没有管制，子公司的净现金流量可以自由汇回中国甲公司（母公司），母公司决定子公司的税后利润 80% 汇回母公司，20% 归子公司留用，折旧费的大部分和许可证费每年都可以及时汇回中国母公司。现在 A 国情况突然发生重大变化，预测在 5 年以内 A 国政府将会出现外汇危机，采取全部外汇管制，子公司 A 的税后利润、许可证费和折旧费在 5 年内都不能汇出，必须在 A 国再投资，假设再投资税后利润为 3%，这些被管制的资本只允许在 5 年以后将子公司出售给 A 国投资者时才能汇回中国母公司。这是一种转移风险。在税后利润、许可证费和折旧费全部被管制的情况下，子公司的现金预算见表 9 - 17。

表 9 - 17　　子公司的现金预算　　单位：万 A 元

项目＼年份	当年至第一年	第二年	第三年	第四年	第五年
一、现金流入					
1. 息税前利润	201.00	299.20	414.59	549.74	725.54
2. 税后许可证费	95.42	111.26	129.76	151.31	177.22
3. 折旧	320.00	320.00	320.00	320.00	320.00
4. 合计	616.42	730.46	864.35	1 021.05	1 222.76
二、现金流出					
5. 支付利息	36.00	28.80	21.60	14.40	7.20
6. 偿还借款本金	220.00	120.00	120.00	120.00	120.00
7. 缴纳所得税	33.00	54.08	78.60	107.07	143.67
8. 追加营运资本	58.00	60.00	68.00	82.00	96.00
9. 合计	347.00	262.88	288.20	323.47	366.87
三、现金余额					
10. 本期现金流入流出差额	269.42	467.58	576.15	697.58	855.89

表 9 - 17 第 2 项税后许可证费根据表 9 - 10 第 9 项的数字计算，以第一年为例：119.28 × （1 - 20%） = 95.42（万 A 元）；由于 A 国政府实行全部外汇管制，子公司对母公司不交利润、许可证费和折旧费，资金有多余，因而从第一年起不从银行取得短期贷款，而且 0 年末借的短期借款 100 万 A 元在第一年初就偿还。表 9 - 17 第 5 项是支付长期贷款利息，第 6 项是偿还长期借款本金 120 万 A 元和第一年初偿还的短期借款本金 100 万 A 元。第 5、6 项根据表 9 - 7 的数据填列；第 7 项缴纳所得税的数字是在没有短期贷款利息情况下计算的，以第一年为例：（201 - 36） × 20% = 33（万 A 元）；第 8 项追加营运资本根据表 9 - 12 第 6 项填列。

子公司超量现金余额和再投资报酬测算见表 9 - 18。

表 9－18　　　　子公司超量现金和再投资报酬测算　　　　单位：万 A 元

年份 项目	当年至第一年	第二年	第三年	第四年	第五年
1. 期初现金余额	100.00	377.50	866.70	1 481.82	2 239.60
2. 本期现金流入流出差额	269.42	467.58	576.15	697.58	855.89
3. 期末现金余额（1）＋（2）	369.42	845.08	1 442.85	2 179.40	3 095.49
4. 预计现金余额	100.00	120.00	144.00	172.80	207.36
5. 超量现金余额（3）－（4）	269.42	725.08	1 298.85	2 006.60	2 888.13
6. 超量现金再投资报酬（5）×3%	8.08	21.75	38.97	60.20	86.64

根据表 9－12、表 9－13、表 9－14、表 9－17 和表 9－18 的有关数据编制外汇管制情况下母公司与子公司有关的现金流量表（见表 9－19）。

表 9－19　　　　外汇管制情况下母公司与子公司有关的现金流量表　　　　单位：万元人民币

年份 项目	当年	第一年	第二年	第三年	第四年	第五年
一、现金流入						
1. 子公司偿还 A 国银行借款本息		2 068.48	1 214.33	1 167.12	1 118.85	1 069.51
2. 与子公司有关的净贡献		360	431.52	515.74	615.07	731.98
3. 营运资本收回						5 582.98
4. 超量现金收回						24 283.69
5. 终值收回						33 565.14
6. 合计		2 428.48	1 645.85	1 682.86	1 733.92	65 233.30
二、现金流出						
7. 原始投资	15 200.00					
8. 投资保险		20.00	20.00	20.00	20.00	20.00
9. 资本利得税						10 072.90
10. 合计	15 200.00	20.00	20.00	20.00	20.00	10 092.90
三、净现金流量	－15 200.00	2 408.48	1 625.85	1 662.86	1 713.92	55 140.40

表 9－19 第 1 项偿还银行贷款本息根据表 9－17 和表 9－8 汇率预测表计算填列，以第一年为例：（220＋36）×8.0800＝2 068.48（万元人民币），在 1～5 年中，由子公司偿还 A 国银行借款本息，等于是中国母公司投资的报酬，所以列作中国母公司的现金流入；第 3 项营运资本收回，根据表 9－13 第 2 项第五年数乘预测汇率计算，即 664 ×8.4081＝5 582.98（万元人民币）；第 4 项超量现金收回，根据表 9－18 第 5 项数乘预测汇率计算，即 2 888.13×8.4081＝24 283.69（万元人民币）；第 5 项终值收回，根据表 9－12 第五年末终值和预测汇率计算，即 3 992×8.4081＝33 565.14（万元人民币）；第 9 项资本利得税，根据表 9－12 第 7 项数和预测汇率计算，即 1 198 ×8.4081＝10 072.90（万元人民币）。

根据表 9－19 计算净现值为 17 611.53 万元人民币，内含报酬率为 35.52%。

上述分析说明在 A 国投资办子公司虽然遭遇外汇管制的转移风险，使利润、许可证费和折旧费等资金不能及时汇回中国母公司，但由于在 A 国再投资可获得一定利润，而且在第五年末全部汇回母公司，净现值和内含报酬率与前面的预测值分别降低 2 377.31 万元人民币（19 988.84 - 17 611.53），6.63%（42.15% ~ 35.52%），但其内含报酬率仍超过基准收益率很多。因此，可以认为在上述情况下，该投资项目在财务上还是可行的。

2. 外汇汇率变动的敏感性分析。母公司与子公司有关现金流量，不仅可能受前述外汇管制（转移风险）的影响，还可能受汇率变动（外汇风险）的影响。母公司从子公司收到的现金流量（以子公司所在国的货币表示），要按汇率折算为以母公司所在国的货币表示。如果当时子公司所在国（东道国）的货币贬值，则货币折算将使母公司的现金流入量减少，反之则增多。

（1）汇率变动对子公司成本、利润和现金流量的影响。前例表 9 - 10 第 5 项进口变动成本总额（单位：万元人民币）要按汇率折合为 A 元，例中假定 A 元对人民币的汇率 A 元升值，会使折算后的 A 元成本减少，反之，如果 A 元贬值，则使 A 元成本增多，见表 9 - 20。

表 9 - 20　　汇率变动对子公司的成本、利润和净现金流量的影响

项目＼年份	当年	第一年	第二年	第三年	第四年	第五年
1. 进口变动成本总额（万元人民币）		3 600	4 235.76	4 984.42	5 867.30	6 906.60
2. A 元对人民币汇率每年递增 1%	8	8.0800	8.1608	8.2424	8.3248	8.4081
3. 进口变动成本总额（万 A 元）		445.54	519.04	604.72	704.80	821.42
4. 如果 A 元对人民币汇率每年递减 1%	8	7.9200	7.8408	7.7624	7.6848	7.6079
5. 进口变动成本总额（万 A 元）		454.54	540.22	642.12	763.50	907.82
6. 成本增加（5） - （3）（万 A 元）		9.00	21.18	37.40	58.70	86.40
7. 税后利润减少（6）（1 - 20%）（万 A 元）		7.20①	16.94	29.92	46.96	69.12
8. 子公司 A 的净现金流量（表 9 - 12）（万 A 元）		390.80	473.12	563.19	663.07	4 253.47
9. 调整后的净现金流量（8） - （7）（万 A 元）		383.60	456.18	533.27	616.11	4 184.35

①税后利润减少 7.20 万 A 元就会使现金流量减少 7.20 万 A 元。

（2）汇率变动对母公司在中国应缴纳税款的影响。前例表 9 - 15 第 12 项在中国应缴纳税额（单位：万 A 元）应按汇率折合为人民币数额，如果 A 元升值，会使母公司现金流出量增加，反之则减少（见表 9 - 21）。

表 9 - 21　　汇率变动对母公司应纳税额的影响

项目＼年份	第一年	第二年	第三年	第四年	第五年
在中国应纳税额（万 A 元）	25.15	29.95	35.54	42.07	50.01
A 元对人民币汇率每年递增 1%	8.0800	8.1608	8.2424	8.3248	8.4081
在中国应纳税额（万元人民币）	203.21	244.42	292.93	350.22	420.49
A 元对人民币汇率每年递减 1%	7.9200	7.8408	7.7624	7.6848	7.6079
在中国应纳税额（万元人民币）	199.19	234.83	275.88	323.30	380.47
应纳税额减少（万元人民币）	4.02	9.59	17.05	26.92	40.02

根据表9-8、表9-10、表9-12、表9-14、表9-15、表9-20和表9-21编制A元贬值情况下母公司与子公司有关的现金流量表（见表9-22）。

表9-22　　A元贬值情况下母公司与子公司有关的现金流量表

项目＼年份	当年	第一年	第二年	第三年	第四年	第五年
1. 子公司的净现金流量（万A元）	-1 900	390.80	473.12	563.19	663.07	4 253.47
2. A元贬值使现金流量减少（万A元）	—	-7.20	-16.94	-29.92	-46.96	-69.12
3.（1）+（2）（万A元）	-1 900	383.60	456.18	533.27	616.11	4 184.35
4. 许可证收入（万A元）		119.28	139.08	162.20	189.14	221.52
5. 现金流入量合计（3）+（4）（万A元）		502.88	595.26	695.47	805.25	4 405.87
6. A国预扣税（万A元）		11.11	15.48	20.56	26.46	33.94
7. 净现金流入量（5）-（6）（万A元）		491.77	579.78	674.91	778.79	4 371.93
8. 汇率	8	7.9200	7.8408	7.7624	7.6848	7.6079
9. 净现金流入量（万元人民币）	-15 200	3 894.82	4 545.94	5 238.92	5 984.85	33 261.21
10. 与子公司有关的净贡献（万元人民币）		360	431.52	515.74	615.07	731.98
11. 现金流入量合计（9）+（10）（万元人民币）	-15 200	4 254.82	4 977.46	5 754.66	6 599.92	33 993.19
12. 向中国缴纳所得税（万元人民币）		203.21	244.42	292.93	350.22	420.49
13. A元贬值使纳税额减少（万元人民币）		-4.02	-9.59	-17.05	-26.92	-40.02
14.（12）+（13）（万元人民币）		199.19	234.83	275.88	323.30	380.47
15. 投资保险（万元人民币）		20.00	20.00	20.00	20.00	20.00
16. 现金流出量合计（14）+（15）（万元人民币）		219.19	254.83	295.88	343.30	400.47
17. 净现金流量（11）-（16）（万元人民币）	-15 200	4 035.63	4 722.63	5 458.78	6 256.62	33 592.72

表9-22的第1项根据表9-12，第2项根据表9-20，第4项根据表9-10，第6项根据表9-15，第10项和第15项根据表9-14，第8项根据表9-8，第12项根据表9-15，第13项根据表9-21得出。

根据表9-22计算净现值为16 354.96万元人民币，内含报酬率为38.23%。在A元贬值每年递减1%的情况下，净现值比原预测数减少3 633.88万元人民币（19 988.84-16 354.96），内含报酬率比原预测数降低3.92%（42.15%~38.23%）。同样可以计算在A元贬值每年递减2%的情况下对净现值和内含报酬率的影响。

国外投资方案的敏感性分析，通常采用模拟法，即通过一系列假设来模拟净现值和盈余可能发生的变化和结果。由于影响净现值的各种变量较多，各种变量的可能值的组合也多，计算的程序和步骤将不断地重复，计算工作量相当大，因此，在进行投资项目敏感性分析时，常借助于计算机以完成对各个因素变化所产生不同结果的计算和分析。

（三）对外投资项目的调整净现值法

由于上述分析中采用的一般净现值法不能充分反映跨国投资项目面临的各种复杂情况，

因此，应该在考虑影响国际投资项目决策各种因素的基础上对净现值进行调整，即采用净现值调整法。

净现值调整法计算公式① 如下：

$$ANPV = -X_0C_0 + X_0BF + \sum_{t=1}^{n}\frac{(X_tCF - LS)(1-T)}{(1+K_e)^t} + \sum_{t=1}^{n}\frac{X_tDA_tT}{(1+K_a)^t} + \sum_{t=1}^{n}\frac{i_mBC_0T}{(1+K_b)^t} + X_0\left[CL_0 - \sum_{t=1}^{n}\frac{LR_t}{(1+K_c)^t}\right] + \sum_{t=1}^{n}\frac{TD_t}{(1+K_d)^t} + \sum_{t=1}^{n}\frac{RF_t}{(1+K_f)^t} + \frac{TV_n}{(1+K_e)^t}$$

式中：X_0 和 X_t 分别代表 0 年和 t 年的即期汇率；

第 1 项：C_0 代表以外币表示的原始投资成本，X_0C_0 是以本币表示的原始投资成本。

第 2 项：BF 代表以先前被冻结可用于项目的资本额，X_0BF 是以本币表示的原始投资成本。

第 3 项：CF_t 代表以外币表示的预期可汇出现金流量，LS_t 代表本币表示的因项目上马而导致的公司总体其他部分的利润损失，T 代表公司所在国与投资项目所在国税率较高者的边际税率，n 代表项目预计的经济年限，$X_0CF - LS_t$ 即为公司可得实际现金流量，再乘以（1－T）即为税后实际现金流量，$\sum_{t=1}^{n}\frac{(X_tCF - LS)(1-T)}{(1+K_e)^t}$ 表示按 K_e 水平计算的可合法汇出的现金流量的现值，K_e 代表所有资本均为权益资本假定下的现金流量的折现率。

第 4 项：DA_t 代表以外币表示的折旧，K_a 代表折旧的折现率，$\sum_{t=1}^{n}\frac{X_tDA_tT}{(1+K_a)^t}$ 是以本币按 K_n 水平计算的折旧税收额现值。

举例说明上述第 3 项和第 4 项中的 CF 和 DA：某项目投产后第 1 年销售收入 3 000 万元，成本费用 2 400 万元（其中折旧 300 万元），税前利润 600 万元，所得税税率 30%，税后利润 420 万元。营业现金流量 = 420 + 300 = 720（万元），通过以下两项表示：（1）项目投产后销售带来的税后现金流量 = （600 + 300）×（1 - 30%）= 630（万元）；（2）折旧的税收减免额 = 300 × 30% = 90（万元）。公式中的 CF 是指例子中的税前利润 600 万元加上折旧 300 万元共 900 万元，DA 是指例子中的折旧 300 万元。

第 5 项：BC_0 代表以外币表示的项目债务成本，K_b 代表适用于债务所抵销的税额的折现率；i_m 代表公司所在国的贷款市场利率，$\sum_{t=1}\frac{i_mBC_0T}{(1+K_b)^t}$ 表示的是按 K_b 水平计算的利息费用的税收减免额的现值。

第 6 项：CL_0 代表外币表示的优惠贷款的面值或本金，LR_t 代表外币表示的优惠贷款的偿付额。K_c 代表适用于优惠贷款的利息所抵销的税额的折现率，$X_0\left[CL_0 - \sum_{t=1}^{n}\frac{LR_t}{(1+K_c)^t}\right]$ 即是以本币表示的优惠贷款的利息补贴价值。

举例说明第 6 项：某对外投资项目获得东道国优惠贷款 200 万元，5 年期，利息率 10%，每年年末等额还本并付当年利息，而本国贷款市场利率为 15%。具体计算见

① 公式引自哈佛商学院 MBA 教程《融资与投资管理》（中文版）第 307 页。

表 9－23。

表 9－23　　贷款还本付息现值计算　　单位：万元

年　份	贷款本金余额	年末还本	付　息	总偿付	偿付现值（折现率 15%）
1	200	40	20	60	56.1740
2	160	40	16	56	42.3440
3	120	40	12	52	34.1890
4	80	40	8	48	27.4442
5	40	40	4	44	21.8758
合计	—	200	60	260	178.0288

例子中的 CL_0 为 200 万元，$\sum_{t=1}^{n}\frac{LR_t}{(1+K_c)^t}$ 为 178.0288 万元，优惠贷款利息补贴价值＝200－178.0288＝21.9712（万元）。

第 7 项：TD_t 代表通过递延和转移价格等方式获得的税收减免额，K_d 代表适用于递延和转移价格等方式获得的税收减免的折现率，$\sum_{t=1}^{n}\frac{TD_t}{(1+K_d)^t}$ 表示按 K_d 水平计算的通过递延等方式所获得的减免的现值。

第 8 项：RF_t 代表预期非法可以汇出的利润额，K_f 代表适用于非法汇出利润的折现率，$\sum_{t=1}^{n}\frac{RF_t}{(1+K_f)^t}$ 是按 K_f 水平计算的非法汇出现金现值。

第 9 项：TV_n 代表项目预期税后残值，$\frac{TV_n}{(1+K_e)^t}$ 是按 K_e 水平计算的预期税后残值的现值。

小测试：

1. 如何进行国外投资项目的财务可行性分析？
2. 如何对国外投资风险进行评估？
3. 为什么要从母公司角度和项目角度对国外投资项目进行风险调整？

案例

跨国资本预算

A 国国际电信公司（IEC）考虑要在 B 国设厂组装电器，利用 IEC 在该地区已经开拓的市场和分销渠道销往世界各地。如果该项目可被接受，IEC 就在 B 国新建一个子公司。所需资本由母公司发行普通股股票筹资。

1. IEC 在 2006 年 1 月投资 1 000 万 A 元（折合 5 000 万 B 元）购买厂房和设备。

2. IEC 母公司向子公司提供一项专利技术，子公司按收入的 10% 向母公司上交使用费。

3. 在 B 国，子公司需上缴的所得税税率为 20%，在 A 国需上缴给联邦和州的所得税税率为 50%。

4. 考虑到电子工业技术更新快，IEC 将项目分析的时间设定为 5 年，第 5 年年终时，按市场价值最乐观地估计设备价值为 2 500 万 B 元。

5. B 国政府规定：(1) 母公司在子公司营业终止前不能撤回资本，所以每年提取的折旧费要等到项目结束时才能汇回母公司；(2) 每年汇回母公司的股利不能超过初始投资的 20%，项目结束时，各种再投资的盈余可以汇回母公司。

一、子公司的净利润和上交母公司的净现金流量

表 9－24　　子公司净利润和上交母公司净现金流量　　单位：万 B 元

项目 \ 年份	第一年	第二年	第三年	第四年	第五年	合计
1. 收入	5 000	5 500	6 000	6 500	7 000	30 000
2. 经营成本	3 000	3 000	3 500	3 500	4 000	17 000
3. 折旧	500	500	500	500	500	2 500
4. 技术使用费(收入的 10%)	500	550	600	650	7 000	3 000
5. 税前利润(1)－(2)－(3)－(4)	1 000	1 450	1 400	1 850	1 800	7 500
6. B 国所得税(20%)	200	290	280	370	360	1 500
7. 净利润(5)－(6)	800	1 160	1 120	1 480	1 440	6 000
8. 可汇回股利数额的上限	800	1 000①	1 000	1 000	1 000	4 800
9. 股利应交 A 国所得税（50%）	300②	375③	375	375	375	1 800
10. 税后股利（8）－（9）	500	625	625	625	625	3 000
11. 技术使用费收入	500	550	600	650	700	3 000
12. 技术使用费收入应交 A 国所得税（50%）	250	275	300	325	350	1 500
13. 税后技术使用费收入（11）－（12）	250	275	300	325	350	1 500
14. 净现金流量（10）＋（13）	750	900	925	950	975	4 500

①汇回股利的上限＝初始投资 5 000×20%＝1 000 万 B 元。第 1 年净利润 800 万 B 元，低于上限，就以 800 万 B 元作为上限，可全部汇回母公司；

②200×800/800＝200 万 B 元，800/（1－20%）×50%－200＝300 万 B 元或 800/（1－20%）×（50%－20%）＝300 万 B 元；

③290×1 000/1 160＝250（万 B 元），1 000/（1－20%）×50%－250＝375（万 B 元），或 1 000/（1－20%）×（50%－20%）＝375 万 B 元。

二、折旧再投资后汇回的现金流量

各年提取的折旧形成的现金流入，只有在第五年末子公司结束时才能汇回母公司，在这之前只能在东道国再投资。假设投资于购买 B 国的国库券，年利率 8%。利息汇回母公司时要向 B 国和 A 国纳税，具体计算见表 9－25。

三、受限制未汇回利润再投资后汇回的现金流量

超过股利汇回限额的经营利润，也假定投资与于购买 B 国国库券，年利率 8%，这部分

利润及其再投资所得利息汇回母公司时要向B国和A国纳税，具体计算见表9-26。

表9-26中A国税的计算：

1. 计算可抵免税额：B国所得税 = 1 500 × 1 200/6 000 = 300（万B元）

2. 计算受限制未汇回利润的税前利润：1 200 ÷（1 - 20%）= 1 500（万B元）

表9-25　折旧再投资后汇回的现金流量　单位：万B元

折旧年份	折旧额	按8%复利	第五年末终值
第一年	500	$(1+8\%)^4$	680.20
第二年	500	$(1+8\%)^3$	629.90
第三年	500	$(1+8\%)^2$	583.20
第四年	500	$(1+8\%)^1$	540.00
第五年	500	$(1+8\%)^0$	500.00
合　计	2 500		2 933.30
		减：折旧	2 500.00
		应税收入	433.30
		应交B国所得税	86.66
		税后收益	2 846.64
		应交A国所得税	129.99
		母公司税后收益	2 716.65

3. 计算受限制未汇回利润应交A国所得税：1 500 × 50% - 300 = 450（万B元）

4. 计算应税收入99.80应交A国税：99.80 × 50% - 20 = 29.90（万B元）

5. 应交A国税合计：450 + 29.9 = 479.9（万B元）

表9-26　受限制未汇回利润再投资汇回的现金流量　单位：万B元

折旧年份	受限制未汇回利润	按8%复利	第五年终值
第1年	0	$(1+8\%)^4$	0
第2年	160	$(1+8\%)^3$	201.50
第3年	120	$(1+8\%)^2$	139.90
第4年	480	$(1+8\%)^1$	518.40
第5年	440	$(1+8\%)^0$	440.00
合计	1 200		1 299.80
		减：投资	1 200
		应税收入	99.80
		B国税（20%）	20.00
		B国税后收益	1 279.80
		A国税	479.90
		A国税后收益	799.90

四、项目现金流量表

根据表9-24、表9-25、表9-26和其他相关资料（项目的初始投资和到期终值）编制项目现金流量表（见表9-27）。

表9-27　　项目现金流量表

项目＼年份	当年	第一年	第二年	第三年	第四年	第五年
1. 初始投资（万B元）	（5 000）					
2. 经营现金流入（万B元）		750.00	900.00	925.00	950.00	975.00
3. 折旧汇回（万B元）						2 716.60
4. 受限制利润汇回（万B元）						799.90
5. 终值（万B元）						2 500.00
6. 净现金流量（万B元）	（5 000）	750.00	900.00	925.00	950.00	6 991.50
7. 预计汇率	5.00	5.00	5.25	5.51	5.79	6.08
8. A元净现金流量（万B元）	（1 000）	150.00	171.43	167.88	164.08	1 149.92
9. 净现值（折现率12%）＝146.80（万A元）						

表9-27第7项预计汇率，当前汇率为1A元＝5B元，预计第一年不变，但以后B元会以每年5%的比率贬值。

由于项目的净现值为正数，所以该项目是可行的。

习　题

1. A国某公司考虑在B国建一新厂，该工厂成本为26 000万B元。预期利润如下：第1~3年每年为3 000万B元，第4~6年每年为4 000万B元，第7~9年每年为5 000万B元，第10~19年为6 000万B元，项目期满无残值。目前的汇率为1A元＝1.9B元。若返回A元的内含报酬率为16%。要求：

（1）如果汇率保持在1.9不变，计算该项目的净现值。

（2）如果B元一直升值：汇率在第1~3年为1.84，第4~6年为1.78，第7~9年为1.72，第10~19年为1.65，计算在该种情况下的净现值。

2. Y国政府目前鼓励外商对其投资。A国的一家国际矿业公司准备到Y国建一个新铜矿。前期投资为5 000万A元，随后预期所得现金足够满足进一步的资本需要。初步评估的结果是该项目可能盈利丰厚，只从经营方面来考虑，预期内含报酬率高达34%。

如果Y国政府是不稳定的，A国的矿业公司已对这种不稳定性及其后果作出了评估：(1) 预计有10%的概率是现任政府被推翻，新政府将对铜矿充公，没有任何补偿，价值5 000万A元的投资将全部损失掉，其内含报酬率为-100%。(2) 预计有15%的概率是现任政府被推翻，但新政府会对充公的铜矿作部分补偿，这种情况下的内含报酬率为-40%。(3) 预计有15%的概率是现任政府一直执政，但会改变利润返回政策。具体做法是允许公司返回原来的5 000万A元的投资成本，但是余下的所有现金都将在该国永久投资。(4) 预计还有60%的概率是获得34%的内含报酬率。

要求：如果给定了政治风险和估计了国际矿业公司的可能回报，对是否应建立铜矿企业进行论证。

3. A国某公司在B国有分公司，总公司的税前收益为100万A元，在B国的分公司税前收益为50万B元，1B元=2A元。在A国跟B国的所得税税率分别为40%和30%。

要求：

(1) 计算在税收扣除法下总公司与分公司共纳税额。

(2) 计算在直接抵免法下总公司与分公司共纳税额。

4. 我国甲公司在B国办一子公司，上年税前利润2 000万B元，B国公司所得税率28%，子公司将税后利润的80%汇给甲公司作为股利，B国征收股利汇出税税率5%，我国所得税税率为25%，汇率1B元=8元人民币。

要求：计算该公司应向我国缴纳多少公司所得税。

5. 我国甲公司在A国办一分公司，上年税前利润2 000万A元，A国营利事业所得税税率20%，我国所得税税率为25%，汇率1A元=2元人民币。

要求：计算分公司应向我国缴纳的公司所得税额。

相关网站：

美国统计网（商业部主办） www.stat - usa.gov

中国国际投资网 www.zggjtz.cn

欧中联合国际投资网 www.ozgj.org

中国经济数据月报 www.cass.net.cn/chinese

中国财税网 www.cntl.cn

国际税收网 www.taxup.com

中华人民共和国商务部网站 www.mofcom.gov.cn

国家税务总局网站 www.chinatax.gov.cn

第十章 DISHIZHANG

国际直接投资的财务管理

学习目标

- □ 了解境外企业投入资本的形式与来源
- □ 描述跨国公司内部贷款的原因和方式
- □ 掌握内部贸易中的提前或推迟结算、收支冲销技术
- □ 掌握转移价格在跨国公司的应用

第一节 国际直接投资财务管理的内容和特点

一、国际直接投资的财务管理内容

对外直接投资的财务管理，从广义来说，包括投资前的财务决策和投资后的财务管理，前者已在上一章作了阐述，本章只阐述投资者对其境外企业财务活动的管理，对跨国公司来说，就是母公司对其境外子公司、分公司的财务活动进行管理。子公司的财务活动也可分为国内财务活动（不属于国际财务管理的内容）和国际财务活动。其国际财务活动又可分为两个方面，一是子公司与外国企业、银行、证券投资者、证券筹资者等之间财务活动（其管理与本书其他各章讲述的内容相同），二是子公司与母公司、其他子公司之间的财务活动（称为跨国公司内部的财务活动，属于国际财务管理的内容）。因此，本章只阐述对跨国公司内部的国际财务活动的管理。

国际直接投资中的财务活动按资本流动的方向不同，可分为以下三个方面：

1. 资本由母公司向子公司流动。例如，母公司对子公司投入资本，向子公司提供贷款，母公司从子公司进口商品对子公司支付货款等。

2. 资本由子公司向母公司流动。例如，子公司偿还母公司的贷款本金，支付母公司贷款利息，向母公司支付股利，支付特许权使用费、服务费和管理费，子公司从母公司进口商品对母公司支付货款，母公司从子公司抽回投资本金等。

3. 各子公司间的资本流动。例如，各子公司之间的借款及偿还，各子公司之间的商品进出口的货款收付，各子公司之间技术转让费收支等。

国际直接投资中的财务活动按其内容可分为以下三项：（1）投入资本和内部贷款；

（2）内部贸易货款结算；（3）子公司利润分配和费用支付。

母公司为加强对境外子公司各项财务活动的管理，不仅需要有健全的财务管理制度，还要对境外子公司的财务业绩进行评价。本章将对这两项内容分节进行阐述。

二、国际直接投资中财务管理的特点

在国际直接投资中，虽然母公司与设在国外各子公司之间存在着控制与被控制的关系，但在法律上，它们分别处于不同国家政府的管辖之下，都是独立的经济实体，受不同的政治、法律、制度的约束。因此，在国际直接投资中，跨国企业内部的资本流动不像在国内那样简单，往往存在各种限制，特别是子公司向母公司汇回资本可能会受到各种限制，主要表现在以下几个方面：

（一）政治限制

当子公司所在国发生政变和经济危机时，可能没收或冻结外国企业的资产，也可能规定在该国的外国子公司所有资本外移都须经政府批准。

（二）税收限制

有些国家规定，在该国的外国子公司向其母公司除了支付股利和借款利息须征预扣税以外，还对支付许可证使用费、服务费和管理费征收预扣税。有些国家提高税率，对股利、利息和各项费用汇出课以重税。

（三）外汇限制

长期外汇收支不平衡、外汇储备很少的国家，可能不允许在该国的外国子公司向其母公司上缴股利，或对原始投资和利润的汇出有数额及时间限制。例如，有些国家规定外国子公司的前三年不能把利润汇回母公司，或者汇出利润不能超过原始投资的一定百分比（比如10%或20%）；有些国家采取大幅度调整汇率的方法，人为地使本国货币非正常贬值，使一定数额的本国（东道国）货币只能兑换较少的外汇，旨在剥夺外国投资者收益，限制资本外流。例如，在A国的子公司汇给母公司利润200万A元，合理汇率1B元＝5A元，可兑换40万B元，A国规定1B元＝10A元，只能兑换20万B元，被剥夺20万B元。最严重的是有些国家规定该国货币为一种不可兑换货币，使外国子公司的资本不能外移。

跨国公司内部资本转移最容易受限制的项目是子公司向母公司支付股利、借款利息、支付各项费用，以及母公司从子公司抽回投资本金等。多数国家常采用公开的或隐蔽的方式限制这些资本的转移，而跨国公司则是千方百计地采用各种措施，躲避有关国家在资本转移方面的限制，这种限制和反限制乃是跨国企业财务管理的一个重要特点。

第二节　股权投资与内部贷款

跨国公司通过国际投资在境外建立了具有独立法人地位的子公司，形成跨越国界的资本流动。一般来说，母公司向境外子公司提供初始资本的形式有两种，一是股权资本；二是借贷资本。

一、股权投资

各国政府都对投入资本的管理作了明确的规定，并实行严格的制度管理。我国有关部门对股权投资的主要管理规定有：

1. 在国外投资创办企业，投资者投入资本可以用外汇现金、机器设备和原材料等实物，以及工业产权、专有技术和商标权等无形资产。

2. 在境外开办中小企业所需要的投资一般自筹资金解决；开办资源开发或投资较多的生产性企业，主办单位除自筹部分资本外，还可向国家银行申请优惠贷款（包括外汇和人民币）作为该项目的中方投资；中国进出口银行不仅发放出口信贷，而且发放境外投资贷款，境外承包工程项目贷款，支付优势企业到境外直接投资。

3. 投资者用外汇资本向境外投资需要提交投资外汇资本来源证明；由外汇管理部门负责投资外汇风险的审查和外汇资本来源审查；要按汇出外汇资本数额的5%缴存汇回利润保证金；不得以中方个人名义将外汇资本存放境外等。

4. 投资者用国有资产向境外投资时，应向国有资产管理部门办理境外国有资产产权登记手续；不得将国有资产以个人名义在境外进行产权注册；应定期对境外企业国有资产进行考核监督，对境外企业发生重大损失以及对国家和投资者利益有重大影响的事项，应当及时报告主管财政机关和国有资产管理部门。

国际投资中的财务管理实际上就是对跨国公司内部资本移动的管理。母公司对子公司的资本移动，不只是股权投资，在绝大多数情况下，母公司以贷款的形式向子公司提供资本被认为是子公司初始资本的一项重要来源。

二、内部贷款

（一）内部贷款的原因

母公司以贷款方式向子公司提供资本或向子公司提供贷款担保，资本被冻结的风险比投入资本低得多，特别是当境外子公司资本抽回和利润汇出受到子公司所在国的限制时，母公司向子公司提供贷款就成为母公司向子公司提供初始资本的主要形式。

利用内部贷款作为子公司初始资本的动因主要表现在几点：

1. 由于子公司所在国对外国母公司抽回资本控制较严格，即使子公司有剩余资本，也很难抽回。如果采用贷款的形式，由于本金的偿还在东道国通常是不征税的，限制性较少，因此，以还本付息的形式可以帮助子公司将资本较为安全地转移给母公司。

2. 如果子公司所需要的资本一部分以母公司贷款形式提供，子公司在需要资本时获得贷款，资本有剩余时还贷，这种灵活的资本转移方式有利于节约资本。

3. 以贷款方式向境外子公司提供资本，子公司将利息支出作为费用列支，能减少应纳税所得额，有利于子公司获得抵税的利益。与股息相比，外汇限制及税收因素往往也是有利于利息的偿还。

因此，目前一些国家对外国子公司的债务比率和资本结构作出相应的限制。如果母公司在当地子公司的股权投资太小，当地政府会认为这是跨国企业不愿意作长期打算，企图剥削当地资源后迅速撤离，从而对其资本返回严加限制。

专　栏

跨国公司境内外汇资金池的操作和运用

作为一家控制多家成员公司的跨国公司来说，有的成员公司存在大笔的外汇资金盈利，有的成员公司存在大笔的外汇缺口。母公司需要成员公司相互调剂外汇余缺，合理调配跨国公司内部的资金。

为最大限度地利用公司内自有资金，减少外部的融资成本，提高资金利用效率，目前，跨国公司在华采用外汇“资金池”技术，实行“一对一”委托贷款方式，这是基于外汇委托贷款框架设计的跨国公司内部资金管理的一种创新形式。合作银行作为一个贷款人，跨国公司管理中心（比如说外商性管理公司和成员公司）作为委托人和贷款人，通过一系列法律协议的规范将逐步变成委托贷款业务按事先约定的业务从而实现内部资金的调配。

在这种方式下，跨国公司管理中心以及下属成员公司在合作银行开设外汇经常项目账户以及对应的外汇委托贷款账户作为子账户。管理中心单独开设单独的贷款账户作为子账户，合作银行为母账户和子账户之间分别核定账户直接透支限额，以满足它们之间的支付。发放或者归还委托贷款的方式，将会为资金从管理中心下放到成员公司对应账户，并补足成员公司的直接投资。但是，需要注意的是，各成员公司之间资金透支总额不能超过当日各成员公司参加账户准备或者资金转换。银行系统每天会定时将成员公司外汇资金以委托贷款的方式散发到集团总账户。在成员公司相互之间资金调控同样采用总部向成员公司发放或归还委托贷款的方式操作。

（资料来源：中国外汇网，2007 年 4 月 27 日“跨国公司境内外汇资金池的操作和运用”，汇丰银行（中国）有限公司资金管理部总经理张仁国）

（二）内部贷款方式

跨国公司的母公司与子公司之间及各子公司之间的借贷有多种形式。

1. **直接贷款**（Direct loans）。是母公司向子公司，子公司向母公司或子公司向另一子公司直接提供贷款的方式。这些贷款的利率是确定的，标价货币可以是任何一方或第三国的货币，直接贷款的利率实际上是资本的转移价格，可高于或低于市场利息率。直接贷款的优点是简便易行，便于利用转移价格。其缺点是可能存在资本汇回限制和外汇风险。

直接贷款方式适用于资本流动不受限制或很少受到限制以及外汇风险很小的情况。当预测资本流动将受到限制和外汇风险很大时，应采用各种间接贷款方式，例如，背对背贷款、平行贷款和向前贷款等。

2. **背对背贷款**（Back - to - Back loans）。是为避免汇率风险损失或子公司所在国对本息汇回的限制，两个国家的母公司通过协议分别向对方在本国的子公司发放贷款。例如，A 国的 A 公司在 B 国有一子公司，B 国的 B 公司在 A 国有一子公司。两个母公司均要向其相应的子公司提供一笔资金。为了避开外汇市场和政府有关投资方面的限制，两国的母公司达成协议，双方进行调换，由 A 国 A 公司向 B 国子公司提供 A 元贷款，作为交换，B 国 B 公司向 A 国子公司提供 B 元贷款。到期满时，A 国子公司和 B 国子公司分别偿还当地贷款本息，如图 10 - 1 所示。

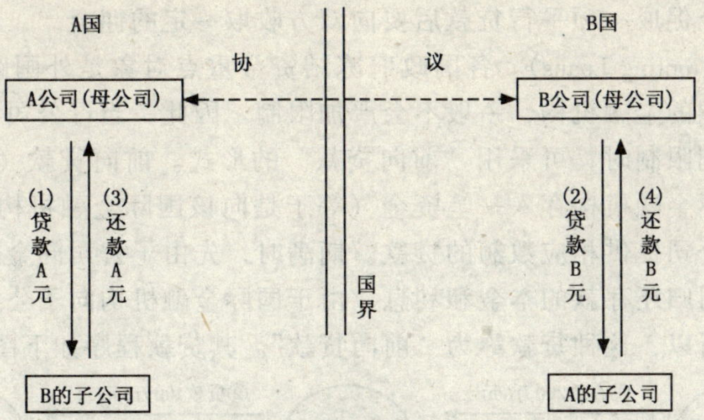

图 10－1　背对背贷款

采用这种贷款方式，贷款与还本付息的货币相同，货币收付不跨越国界，因而避免了外汇风险和转移风险。

这种贷款也可能涉及两个以上的国家。例如，A 国 A 公司在 C 国的子公司有多余资金，由于 C 国政府外汇管制，不能转移到 A 国。但 B 国 B 公司在 C 国子公司需要当地的货币资金，且 B 国 B 公司在 A 国也有一子公司。于是两个母公司商定进行调换，由同在 C 国的 A 国子公司向 B 国子公司贷款，作为交换，B 国在 A 国的子公司向 A 公司提供贷款。虽然这一贷款涉及到第三国，但都避开了外汇风险和政府的管制。

背对背贷款方式的困难在于如何找到交换的对方，商业银行自然不愿作为经纪人，故通常是直接物色或请非银行的财务经纪人代为撮合。

3．**平行贷款**（Parallel Loan）。是需要对国外子公司提供贷款的母公司在第三方的帮助下，寻找到另一家在同一国家的子公司有额外资本的跨国公司。它是跨国公司为避免汇率风险损失和资本汇回限制而采取的另一贷款方式。例如，某国的两家母公司都在境外同一国家有子公司，一家母公司的资本有多余，而它在国外的子公司的资本较少；另一家母公司资本缺少，而他在国外的子公司的资本有多余，但受到东道国的限制不能汇回。经第三方介绍，该国的两家母公司协商采用平行贷款的方式，两个母公司之间，两个子公司之间分别贷款，调剂资本余缺。两笔贷款期限相同，利息率由借贷双方商定，到期时，借方向各自的贷方还本付息，如图 10－2 所示。

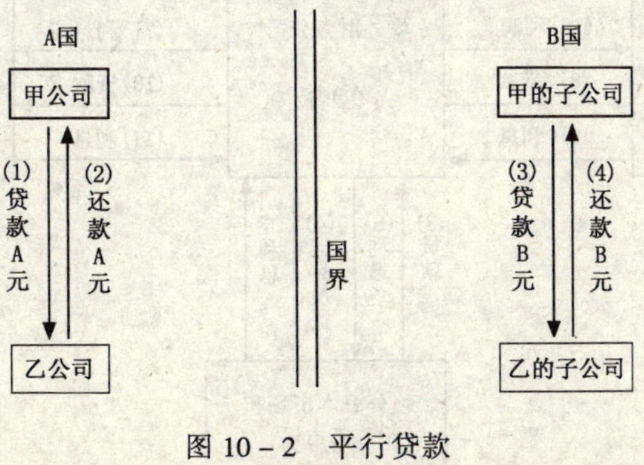

图 10－2　平行贷款

由于平行贷款不跨越边界，因而可以避免外汇风险和转移风险。由于商业银行不愿意撮合这类贷款安排，所以，平行贷款双方需要通过其他形式的金融机构（如投资银行）或直接寻找对方，金融中介促成一项平行贷款后要向双方收取一定的佣金。

4. **前向贷款**（Fronting Loans）。各国政府冻结资金重点对象是外国跨国公司，而对银行特别是对有国际威望的金融机构，一般不会严加限制。因此，当母公司预计向境外子公司贷款的本息汇回会受到限制时，可采用“前向贷款”的形式。前向贷款（Fronting Loans）是由母公司事先在某国际金融机构存入一笔资金（等于是向该国际金融机构提供贷款），再由该国际金融机构向子公司提供相应数额的贷款。期满时，先由子公司向金融机构还本付息，再由金融机构向母公司归还存款的本金和利息。由于国际金融机构向子公司贷款之前，已有母公司的存款保证，所以，这种贷款称为“前向贷款”。其贷款程序如下图 10－3。

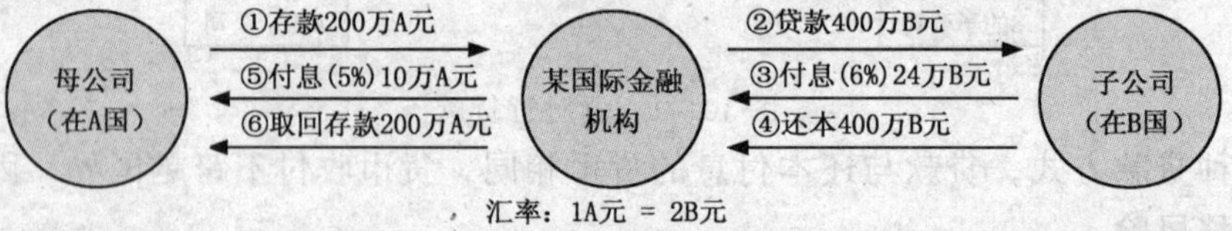

图 10－3　前向贷款

这种贷款方式也叫“存贷调换”，也可以不通过国际金融机构而通过子公司所在国的银行（或该银行在母公司所在国的分行）来进行。例如，A 国的 A 公司想对它在 B 国的子公司融资，它可以与 B 国的 B 银行订立合约，由 A 公司将一定数额的 A 元存入 B 银行在 A 国的分行，而在 B 国的 B 银行将等值的当地货币贷给 A 国 A 公司在 B 国的子公司。到期时，A 国子公司向 B 银行付息还本，A 公司从 B 银行在 A 国分行取回存款和利息。

在跨国企业内部，除了母公司向子公司贷款以外，还有子公司向母公司贷款以及各子公司相互贷款的情况。

通过上述贷款方式，既可以满足子公司的资金需要，又能保障母公司资金本息的顺利收回，而且这一存款贷款业务不经过外汇市场，可以规避外汇风险。

（三）内部贷款的一种组织形式——境外财务公司（Offshore Finance Co.）

境外财务公司也称境外金融公司，其主要职能是从国际金融市场取得借款、吸收存款，筹集资本并进行证券投资，获得收益，向母公司和各子公司发放贷款。其业务活动内容见图 10－4。

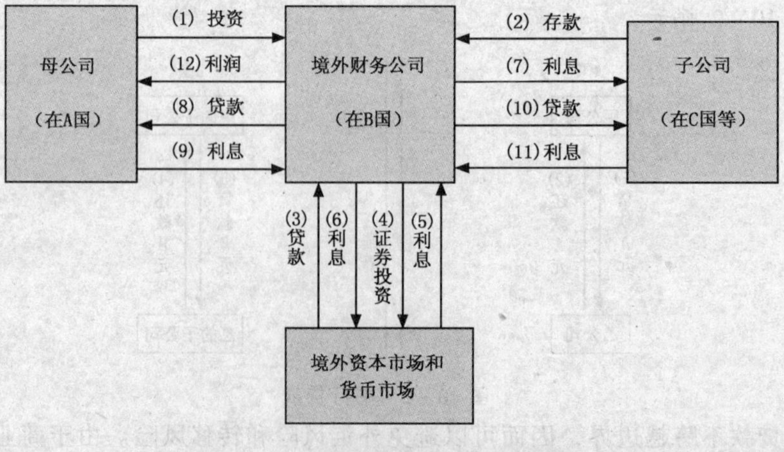

图 10－4　境外财务公司业务活动内容

境外财务公司的设立地点一般都靠近国际金融中心所在地，或是在国际著名的避税港（Tax haven）。境外财务公司可利用这些地区不实行外汇管制，或者管制不严，对财务公司的活动不收税，或者税率极低的有利条件，以较低的成本进行国际融资。

专　栏

公司之间的贷款和偿还对跨国公司整体税负的影响

一般来说，借款的利息费用可以在所得税前列支，但是有些东道国政府不允许支付给母公司的贷款利息在所得税前列支，或者就支付给母公司的利息征收预提税。某些国家的法律规定，关联公司之间的贷款超过注册资本的一定百分比后，超过部分所支付的利息就不得在税前列支。例如，我国税法规定，纳税人从关联方取得的借款金额超过其注册资本50%的，超过部分的利息支出，不得在税前扣除。若采用直接贷款方式，就要遵守东道国税法的规定，这就有可能增加贷款子公司的税收负担。

前向贷款在支付给国外金融机构的预提税比支付给母公司的预提税要低，这样可以减轻子公司的税收负担；平行贷款在支付利息费用时，一般能在子公司的所得税前列支，而且不涉及利息费用汇出境外，无预提税。

（资料来源："跨国公司在转移资金过程中的纳税筹划"，2006 年 6 月 12 日，http：//www.pp39.cn/Papers/Financial/sssw/200606/65750.html）

小测试：

企业内部提供贷款的方式有哪些？各有何特点？

第三节　内部贸易与转移价格

内部贸易是指跨国公司内部商品或服务的交易活动，是跨国公司内部产生资本移动的重要原因之一。进行内部贸易时同样要计价结算，同样可以利用商业信用和资本融通等各种机制，但是，它同跨国企业的外部贸易相比在财务方面有以下特点：一是内部贸易形成的应收、应付账款的结算时间可以按公司总部的意图，运用提前或推迟结算的办法来调度资本；二是内部贸易形成的往来账款可采用账面冲销；三是建立内部贸易的专门组织进行内部资本结算；四是内部贸易可以按公司内部转移价格进行计价结算，不必遵循市场惯例。

一、内部贸易中的提前或推迟结算

提前与推迟是在跨国公司内部贸易结算中，改变以商业信用销售商品时的支付期限。提前（leads），即在信用到期之前支付；推迟（lags），即在信用到期之后支付。提前或推迟结算是跨国公司内部资本转移最常见、灵活和有效的方法。

（一）提前或推迟结算的方法

提前或推迟结算的指导性原则是使资本流动能够充分地为公司的综合利益服务。它既可以通过软货币国家到硬货币国家的加速支付实现，也可以通过硬货币国家到软货币国家的推迟支付来实现。

【例 10－1】 某国的甲跨国公司在 A 国、B 国和 C 国均分别设有 A 子公司、B 子公司和 C 子公司，如果预测将来 A 元对 B 元贬值，而 C 元对 B 元升值，该跨国公司可以通过要求 A 国子公司加速对外支付，同时推迟向 A 子公司的支付；C 子公司推迟对外支付，同时加速向 C 子公司进行支付，就可以减少公司整体的外汇损失。各子公司之间提前或推迟结算方法的运用如表 10－1 所示。

表 10－1　　各子公司之间提前或推迟结算

	子公司 A（在 A 国）	子公司 B（在 B 国）	子公司 C（在 C 国）
A 元计价（对子公司 A 的收付）		推迟付汇 提前收汇	推迟付汇 提前收汇
B 元计价（对子公司 B 的收付）	提前付汇 推迟收汇		推迟付汇 提前收汇
C 元计价（对子公司 C 的收付）	提前付汇 推迟收汇	提前付汇 推迟收汇	

表 10－1 各子公司之间提前或推迟结算，以 B 子公司用 A 元计价对 A 子公司的收付为例（设 3 月 10 日 1A＝1.8B 元，预测 4 月 10 日 1A 元＝1.6B 元）。

1. B 子公司推迟付汇。3 月 1 日 A 子公司向 B 子公司 B 销货一批，货款 100 万 A 元，付款期为 30 天，子公司 B 应于 3 月 30 日付款，需支付 180 万 B 元（100 万 A 元×1.8），如推迟到 4 月 10 日付款，则只需支付 160 万 B 元（100 万 A 元×1.6），可少付 20 万 B 元。

2. B 子公司提前收汇。3 月 10 日 B 子公司向 A 子公司销货一批，货款 100 万 A 元，收款期为 30 天，B 子公司将于 4 月 10 日收到货款。如果按期收款，只能收到 1.60 万 B 元（100 万 A 元×1.6），如提前在 4 月 10 日以前若干天收款，则可以收到 180 万 B 元（100 万 A 元×1.8），可多收 20 万 B 元。

提前或推迟方法不仅用于跨国企业内部贸易货款收支结算，而且还用于跨国企业内部其他款项，例如，投资股利、借贷本金和利息、技术转让费、设备租赁费以及服务管理费等的收支结算。

（二）提前或推迟结算的目的

在跨国企业内部贸易中运用提前或推迟结算方法的目的是：

1. 防范外汇风险。由于外汇市场的汇率的变化，跨国企业往来账款的提前或推迟结算会直接影响其财务状况和经营成果。一般来说，如果母公司预测某子公司所在国的货币将要贬值，就可以指示该子公司提前付款给母公司或其他子公司，以避免汇率变动的风险损失；如果当母公司预测某子公司所在国的货币将要升值，就应指示该子公司推迟付款给母公司或其他子公司，以获得汇率变动带来的利益。

【例 10－2】 A 国甲公司 6 月 1 日将一批产品卖给在 B 国的 B 子公司，货款为 100 万 B 元，收款期为 2 个月，B 子公司将于 8 月 1 日付款。6 月 1 日的汇率为 1B 元＝6.6A 元，按此汇率货款折合为 660 万 A 元。甲公司预测 8 月 1 日汇率将为 1B 元＝6.2A 元，如果按期收款，只收到 620 万 A 元，将发生损失 40 万 A 元。为此，甲公司应该指令 B 子公司在汇率变动之前提前付款，以回避和防范由于汇率变动可能给跨国公司带来的损失。

由于跨国公司往来账款的提前或推迟结算，会影响到国家的外汇收支状况，因此，一些国家对提前或推迟支付加以限制或鼓励。有些国家的政府对在该国企业的进口应付账款提前支付和出口应收账款推迟收回，采取限制性政策，反之，对在该国的企业的进口应付账款推迟支付和出口应收账款提前收回，予以鼓励，使得跨国公司内部贸易中的提前或推迟结算成为调节外汇风险的工具。

2. 融通资本。在内部贸易中提前或推迟结算是跨国企业内部资本融通的重要形式，而不是跨国企业内部的正式贷款，政府干预较少。例如，A 国的甲跨国公司在 B 国的 B 子公司，每月向在 C 国的 C 子公司出售价值为 100 万 B 元的商品，如果收款期为 60 天，那么，B 子公司的账面上有 200 万 B 元的应收账款。实质上相当于 B 子公司向 C 子公司提供了 200 万 B 元的无息贷款。C 子公司急需补充流动资金，而 B 子公司的资金有多余，根据这一情况，在 A 国的甲公司可以指令 B 子公司延长对 C 子公司应收账款的收款期，如将收款期延为 90 天，则 B 子公司的账面上应收账款为 300 万 B 元，实质上相当于 B 子公司又给 C 子公司增加 100 万 B 元的无息贷款。反之，如果 B 子公司急需资金，而 C 子公司的资金有多余，母公司也可以指令 C 子公司提前付款。

许多国家的税法规定，六个月以内的赊欠账户不必支付利息，而对公司内部的贷款则必须支付利息，因此，在跨国公司内部贸易中运用提前或推迟结算的方法而不进行内部贷款，就成为跨国公司融通资本的主要手段。

3. 节约利息费用。在汇率相对稳定的情况下，因利率差异也可能运用提前或推迟付款的技巧，以减少利息费用的支出。因为，如果应收方资金较为充裕，收到应收账款可以存入银行，以获取利息收入；若资金不足，收到账款可以减少从银行借款，以减少利息费用。如果应付方资金充裕，付出账款则相当于减少银行存款，减少了利息收入；若资金不足，则需要从银行借款来支付货款，这将导致利息费用的增加。由于银行存款和银行借款的利率通常是不一致的，且不同地区之间利率的整体水平也有差别。因此，跨国公司可以利用这些差异，有意识地提前或推迟付款，以节约利息费用，增加利息收入。

【例 10-3】 假定甲跨国公司在 A 国和 B 国分别设有 A 子公司和 B 子公司，两国的存款和贷款利率如表 10-2 所示。

表 10-2　　　　A、B 两国存贷款利率

子公司	银行存款利率	银行贷款利率
A 国	8%	10%
B 国	8.8%	11.2%

假定 A 子公司向 B 子公司购买 400 万 B 元的商品，赊销期可视情况提前或延迟 90 天，那么，根据两个子公司的资金余缺情况可能有多种组合：

(1) 如果 A、B 两子公司都资金充裕，那么 A 子公司应尽早付款，则

可节省的利息费用 = 400 × (8.8% - 8%) × 90/360 = 0.8（万 B 元）

(2) 如果 A、B 子两公司都资金短缺，那么应提前付款，则

可节省的利息费用 = 400 × (11.2% - 10%) × 90/360 = 1.2（万 B 元）

(3) 如果A子公司资金充裕，而B子公司资金短缺，那么应提前付款，则

可节省利息费用 = 400 ×（11.2% - 8%）×90/360 = 3.2（万B元）

(4) 如果A子公司资金短缺，而B子公司资金充裕，那么应推迟付款，则

可节省利息费用 = 400 ×（10% - 8.8%）×90/360 = 1.2（万B元）

由于各子公司和母公司的最终目标的一致性，使得在跨国公司内部各子公司之间提前或推迟结算能够比较容易进行，从而成为跨国公司内部应付账款管理中最普遍使用的一种技巧。跨国公司利用这种技巧不仅可以降低外汇风险，而且有助于企业融通资本，提高跨国公司整体的偿债能力。但是，企业内部各单位的财务成果和利益有可能由于提前或推迟支付不能正常反映，因此，为便于调整，需要对衡量各内部单位业绩的各项指标作相应的调整。

各国政府会对跨国公司运用提前或推迟结算的技巧施加许多限制。一般都不允许出口推迟（国外买方推迟支付给当地出口商）和进口提前（国内买方向国外卖方提前支付进口货款）。如果一国政府面临外汇储备短缺，它会鼓励出口提前（国外买方提前支付给当地出口商）和进口推迟（国内买方推迟向国外卖方支付进口货款）。因为，出口提前可以使当地出口商提前收到资金，使政府提前收汇；进口推迟会推迟使用外汇支付进口。如果当地子公司企图提前向其他国家的姊妹子公司支付或延长收取货款的信用期限，当地政府可能会根据其外汇储备情况，实施不同程度的限制措施。

专　栏

如何有效规避外汇风险

人民币汇率的市场化趋向，要求我国企业灵活运用各种金融衍生工具规避汇率风险，学会在浮动汇率机制的“海洋”里自由地“游泳”。央行在2005年《第三季度中国货币政策执行报告》中，特别为企业指出了汇率机制调整后如何有效规避外汇风险。

其一是合理选择对外经济活动的货币种类，企业在对外贸易和非贸易业务往来中，对外应多使用软货币支付，而收汇时应多使用硬货币。在对外融资中，要争取使用软货币，以便减轻债务负担。

其二是合理运用外汇市场避险工具，央行允许符合条件的非金融企业和非银行金融机构进入即期银行间外汇市场，扩大银行对客户远期结售汇业务范围，允许银行开办人民币对外币掉期业务，为企业规避汇率风险提供更多便利。

其三是提前或推迟结算，企业可以根据对外经济活动的结算货币汇率走向提前或推迟结算，规避汇率风险。如果预测结算货币相对于本币贬值，国内进口商可推迟进口或要求延期付款；出口商可及早签订出口合同，收取货款。如果预测结算货币升值，则国内进口商可提前进口或支付货款；出口商可推迟交货或允许进口商延期付款。

其四是保持外币资产与负债的币种匹配。出口企业应尽可能将成本外币化，如增加国外原材料、零部件和半成品的进口，将部分生产经营活动转移至境外等。当出现外币借款与人民币收入的币种不匹配时，应及时利用外汇市场配套工具规避汇率风险。

（资料来源：“面对浮动汇率机制的海洋 企业亟须学会游泳”，2005年11月23日，金融时报，http://www.17519.com.cn/wzgl/htm/zt/jtlc/2005-11-23-40087.htm）

二、内部贸易中应收、应付款的账面冲销技术

在实际工作中，与提前与推迟结算紧密相连的是跨国公司子公司之间应收、应付账款的账面冲销（Payment Netting）技术，它主要有双边冲销和多边冲销两种情况。

双边冲销，是指在两个子公司之间进行交易账款的相互抵消结算；多边冲销是指多家子公司之间进行交易的账款相互抵消结算。当国外子公司因正常经济业务往来而彼此发生大量外汇交易时，为节省外汇交易费用，避免不必要的货币转换，减少子公司的营运资本需要，以及尽量减少资本的不当使用，可由母公司实行所谓“多边净额结算”。多边净额结算方法见表 10－3 和表 10－4。

表 10－3　某跨国各子公司应收应付账款多边净额结算表　单位：万美元

付款者 / 收款者	A 公司（在美国）	B 公司（在日本）	C 公司（在巴西）	D 公司（在德国）	E 公司（在英国）	F 公司（在法国）	合　计
A 公司	0	128	24	0	124	12	288
B 公司	44	0	48	0	8	0	100
C 公司	88	40	0	56	0	0	184
D 公司	56	0	88	0	144	120	408
E 公司	268	0	56	200	0	44	568
F 公司	48	0	8	76	84	0	216
合　计	504	168	224	332	360	176	1 764

表 10－4　冲销后的净收支　单位：万美元

子公司	支付	收入	净支付	净收入
A	504	288	216	
B	168	100	68	
C	224	184	40	
D	332	408		76
E	360	568		208
F	176	216		40
合　计			324	324

从表 10－4 可以看出，A、B、C 子公司分别向母公司支付 216 万美元、68 万美元、40 万美元，母公司分别向 D、E、F 子公司支付 76 万美元、208 万美元、40 美元，各公司相互间的应收应付账款就可全部结清。

在不采用冲销方法的情况下，汇进汇出累计为 1764 万美元，如汇兑成本为 0.1%，就要花费 1.764 万美元，而在采用冲销后汇进汇出合计只有 324 万美元，汇兑成本为 0.324 万美元，节省 1.44 万美元。至于这 324 万美元何时、何地、如何流动转移，则取决于公司总部的战略意图。

这 324 万美元，A、B、C 三个子公司是支付方，D、E、F 三个子公司是收入方，这些国家之间资本流动性的成本费用不同，他们之间的单位汇兑成本和资本流量可用矩阵表（见表 10－5）表示。

表 10－5　　子公司之间资本流量和汇兑成本表　　单位：万美元

支付方 / 收入方	A 公司	B 公司	C 公司	合计
D 公司	X_1（0.1%）	X_2（0.1%）	X_3（0.11%）	$X_1+X_2+X_3=76$
E 公司	X_4（0.08%）	X_5（0.075%）	X_6（0.088%）	$X_4+X_5+X_6=208$
F 公司	X_7（0.11%）	X_8（0.12%）	X_9（0.12%）	$X_7+X_8+X_9=40$
合　计	$X_1+X_4+X_7=216$	$X_2+X_5+X_8=68$	$X_3+X_6+X_9=40$	324

表 10－5 中 X_1，X_2，…，X_9 表示资本收付的数额，括号内的百分数是单位汇兑成本，例如，D 公司的净收入 38 万美元，可能从 A 公司获得的数额为 X_1，其单位汇兑成本为 0.1%，可能从 B 公司获得的数额为 X_2，其单位汇兑成本为 0.1%，可能从 C 公司获得的数额为 X_3，其单位汇兑成本为 0.11%，其余类推。

公司总部 324 万美元的收付安排见表 10－6。

表 10－6　　冲销后净收支安排表　　单位：万美元

支付方 / 收入方	A 公司	B 公司	C 公司	合　计
D 公司	8	68	0	76
E 公司	208	0	0	208
F 公司	0	0	40	40
合　计	216	68	40	324

汇兑成本 $=8\times0.1\%+68\times0.1\%+208\times0.08\%+40\times0.12\%=0.2904$（万美元）

上述安排带有随意性，不能保证汇兑成本最低。为了实现汇兑成本最低化，可运用线性规划的方法，将前例数据表述为下列目标方程：

$$X_1\cdot0.1\%+X_2\cdot0.1\%+X_3\cdot0.11\%+X_4\cdot0.08\%+X_5\cdot0.075\%+X_6\cdot0.088\%+X_7\cdot0.11\%+X_8\cdot0.12\%+X_9\cdot0.12\%\rightarrow\text{最低}$$

约束条件：

$$X_1+X_2+X_3=76 \qquad X_1+X_4+X_7=216$$
$$X_4+X_5+X_6=208 \qquad X_2+X_5+X_8=68$$
$$X_7+X_8+X_9=40 \qquad X_3+X_6+X_9=40$$

经计算求得：$X_1=76$，$X_4=100$，$X_5=68$，$X_6=40$，$X_7=40$

$$\text{汇兑成本}=76\times0.1\%+100\times0.08\%+68\times0.075\%+40\times0.088\%+40\times0.11\%=0.2862\text{（万美元）}$$

这样安排的汇兑成本最低。

冲销方法给跨国公司带来的好处有以下三点：一是降低了资本的实际转移额和次数，从而减少了资本转移过程中的机会成本以及银行收取的佣金和资本转移费用；二是由于冲销通常是以固定汇率在确定的日期统一进行，降低了外汇风险；三是促使跨国公司建立有规则的支付渠道，并有利于公司业务与银行的关系稳定发展。

尽管从技术上讲，收支冲销不会减少一个国家所收到的外汇额，但是，各国的外汇管制当局有时仍然对冲销技术加以限制甚至禁止，冲销技术的申请只有获得批准后方可使用。

三、内部贸易的资本结算公司

（一）再开票中心

再开票中心（Reinvoicing Center）是跨国公司的一个资本子公司，专门处理跨国公司内部商品交易的发票和结算。当跨国公司成员之间进行交易时，商品和劳务直接由子公司提供给买方，但有关收支业务需要再开票中心进行。它与有关公司的关系见图 10-5。

提前或推迟付款虽然可以在一定程度上规避风险，但这种技巧在运用上缺乏灵活性，它只有在两个子公司发生赊销赊购业务时才可能运用这种技巧。但如果设立了再开票中心以后，对原来没有业务联系的企业，也可以实现资本的融通。

【例 10-4】 某跨国公司的四个子公司之间的业务关系是：A 子公司（在 A 国）向 B 子公司（在 B 国）赊销商品，但 A、B 两子公司都处于现金短缺状态；C 子公司（在 C 国）向 D 子公司（在 D 国）赊销商品，C、D 两子公司都处于现金过剩状态。如果没有设立再开票中心，应收账款的支付如图 10-6 所示。

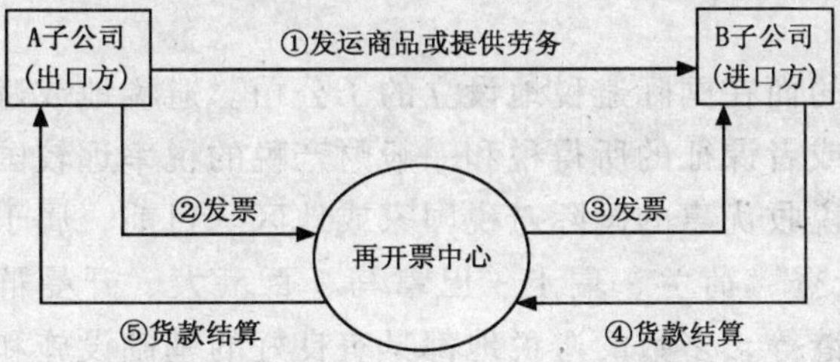

图 10-5　再开票中心与相关公司关系

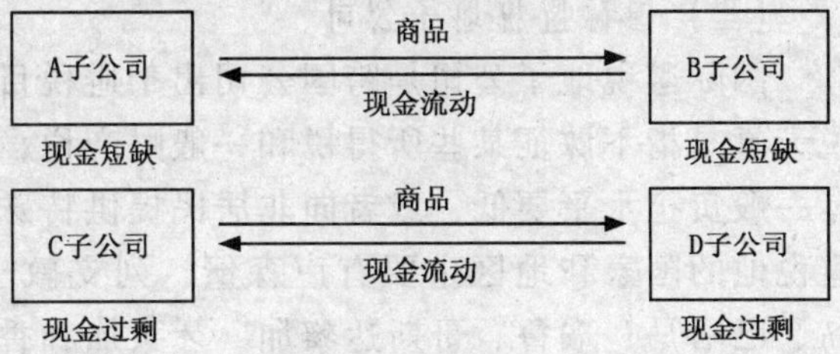

图 10-6　无再开票中心时的应收账款支付情况

如果通过再开票中心支付应收账款，中心可以有意识地提前或推迟子公司的付款，从而使没有业务联系企业的资本也能灵活调配（见图 10-7）。

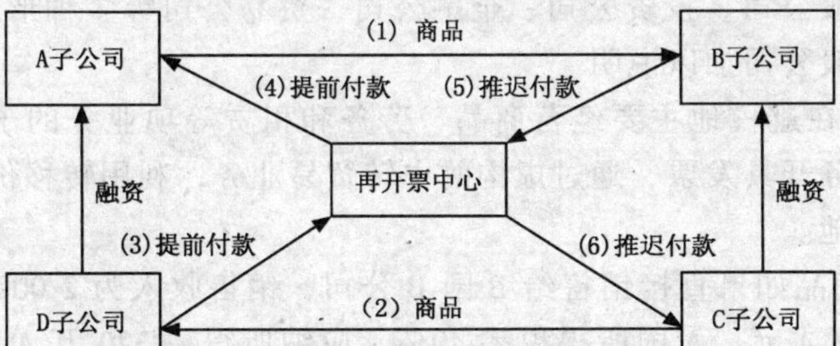

图 10-7　设有再开票中心时的应收账款支付情况

图 10-7 说明：

（1）A 子公司向 B 子公司赊销商品；（2）C 子公司向 D 子公司赊销商品；（3）由于 D 子公司现金有多余，再开票中心可能安排它提前付款；（4）由于 A 子公司现金短缺，再开票中心收到 D 子公司提前付款后，提前付给 A 子公司；（5）由于 B 子公司现金短缺，再开票中心允许它推迟付款；（6）由于 C 子公司现金有多余，有可能在再开票中心收到 B 子公司推迟付款后，再付给 C 子公司。

再开票中心是公司的一个资本经营子公司，在各子公司之间进行商品交换时，某一子公司把货物卖给再开票中心，后者再转售（一般以稍高的价格）给另一子公司。但实际上货物是直接由卖方子公司运到买方子公司，而不经过再开票中心。因此，再开票中心处理的是文件而不是实际货物。许多建立冲销系统的跨国公司发现，成立再开票中心来处理公司内部交易是非常有益的。跨国企业设立再开票中心的好处主要有以下几个方面：

1. 再开票中心可及时了解各子公司的现金余额，利用提前付款或推迟付款办法间接实现资本转移，有利于融通资本。

2. 利用再开票中心便于各子公司的债权债务实行双边冲销和多边净额冲销。

3. 由于出口子公司向再开票中心开票时，使用出口子公司所在国的货币，再开票中心向进口子公司开发票时，使用进口子公司所在国的货币，这样，再开票中心承担了外汇风险，它可以选择最有利的套汇、保值等外汇或货币市场上的技术手段，对交易中的外汇风险进行有效地管理。

4. 再开票中心在集中处理资本的同时，还可以充分搜集世界各地的商业和金融情报，汇总财务数据，为跨国企业母公司制订经营计划和财务计划创造有利条件。

5. 再开票中心通常设在低税国家或避税港，该中心所赚得利润按低税率纳税，使跨国公司有可能获得更多的税后利润。

但是，再开票中心也有一定的缺陷：由于需要设立一个专门的子公司，对每一个公司都有必须保持一套独立的账册，相对来说，成本较高。同时，还会导致当地税务部门的频繁核查，以确定其是否逃税，由此而发生许多专门费用，如税收的法律咨询以及该中心的经营费用等。

（二）国际避税地子公司

国际避税地子公司是跨国公司出于避税目的而在国际避税地设立的子公司。避税地或避税天堂是指不课征某些所得税和一般财产税，或者课征的所得税和一般财产税的税率远较国际一般负担水平要低，或者向非居民提供特殊税收优惠的国际避税国家或地区。目前，属于避税地的国家和地区主要有卢森堡、列支敦士登、荷兰、瑞士、巴拿马、百慕大、开曼群岛、巴哈马、瑙鲁、哥斯达黎加、牙买加和香港等，多数的避税地都具有良好的基础设施和宽松的金融环境，能适应外国公司的经营需要。

在避税地设立子公司，可以为公司的资本再投入和资本转移提供便利，通过公司内的各种转移价格，使公司得到财务上或税务上的利益。

避税地子公司的主要类型有：控股公司、投资公司、金融公司、贸易公司等多种形式。下面仅对避税地贸易公司和避税地控股公司加以说明。

1. 避税地贸易公司。是母公司设在避税地主要经营商品、劳务和租赁等项业务的子公司，其主要职能是为购买和销售等业务开具发票，通过虚构的中转贸易业务，利用转移价格把高税国公司的销售利润转移到避税地。

【例 10-5】 A 国 A 公司的某种商品如果直接销售给 B 国 B 公司，销售收入为 2 000 万 A 元，成本 1 200 万 A 元，利润 800 万 A 元，A 国所得税率 40%，应纳所得税 320 万 A 元。A 公司为减少纳税，将通过设在 C 国的避税子公司进行销售，C 国的所得税率为 5%，其销售和纳税情况如图 10-8 所示。

从图 10-8 可以看出，A 公司开给避税子公司的发票和汇票商品价格为 1 600 万 A 元（低价出售），减去成本 1 200 万 A 元，获得利润 400 万 A 元，A 公司向 A 国应纳所得税 160 万 A 元（即 400×40%）。避税子公司开给 B 国 B 公司的发票、汇票商品价格为 2 000 万 A 元，减去进货价 1 600 万 A 元，避税子公司的利润为 400 万 A 元，C 国的所得税率为 5%，避税子公司应纳税 20 万 A 元。A 公司和其避税子公司共实现利润 800 万 A 元（即 400 + 400），共交所得税 180 万 A 元（即 160 + 20），比直接销售少交所得税 140 万 A 元（即 320 - 180）。

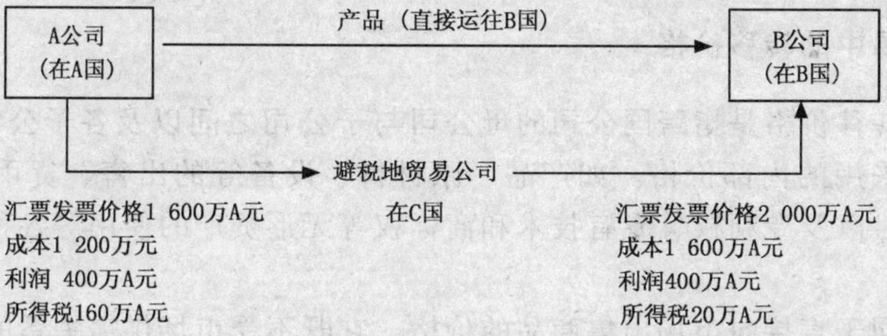

图 10－8　通过避税地贸易公司避税

如果避税地贸易公司的税后利润 380 万 A 元（400－20）全部交给母公司（A 国 A 公司），则母公司应向 A 国交所得税 140 万 A 元（400×40%－20）。这笔交易共交税：160＋20＋140＝320 万 A 元，并未达到避税的目的。因此，为了真正达到少交税 140 万元的目的，避税地的贸易公司（子公司）的税后利润 380 万 A 元不交母公司，而是由母公司安排用于全球范围内的再投资。

2. 避税地控股公司。这是指设在避税地由母公司控股而又控制其他子公司股权的子公司，它的收益主要来自股息和资本利得。

例如，A 国甲公司（母公司）在 B 国有子公司 B，子公司 B 支付给 A 国母公司的股利，利息和特许权使用费，根据 B 国税法的规定，要缴纳 25% 的预提费。A 国母公司为了减轻这种纳税负担，在避税地 H 国建立一家控股公司，由它控制子公司 B，子公司 B 支付给控股公司的股利、利息和特许权使用费可以按优惠税率 5% 缴纳预扣税，而且 H 国对控股公司收取的股利、利息和特许权使用费不征税。避税地控股公司根据母公司的安排，可以将从各个子公司回来的股利、利息和特许权使用费用于各种经营活动或进行再投资，就可以达到少缴纳预扣税的目的。

专　栏

股利支付对跨国公司整体税负的影响

境外子公司汇出的股利通常要面临三次征税，即在东道国缴纳的公司所得税、预提税和在母国缴纳的公司所得税。若母国税法规定可以进行境外税收抵免，当子公司处于低税国时，也面临除了在东道国缴纳公司所得税、预提税外，还要在母国补缴因税率差异而少缴的税款。例如，某跨国公司，母公司在美国，其中的三个子公司分别在澳大利亚、爱尔兰和法国。母公司的所得税税率是 35%，税法规定可以进行境外税收抵免。澳大利亚公司所得税税率为 38%，股利汇出预提税税率为 15%；爱尔兰子公司的全部经营所得来自境外，为了刺激出口，该国政府给出了 15 年的免税期，该子公司正处于免税期，也无股利汇出预提税。法国子公司的所得税税率是 45%，股利汇出预提税税率为 10%。三个子公司的年税前利润分别为 200 万美元，若母公司要求三个子公司各支付股利 100 万美元，则对跨国公司整体税负的影响。

（资料来源：《跨国公司在转移资金过程中的纳税筹划》，2006 年 6 月 12 日，http://www.pp39.cn/Papers/Financial/sssw/200606/65750.html）

四、内部贸易中的转移价格

内部贸易中转移价格是指跨国公司的母公司与子公司之间以及各子公司之间进行商品、劳务等交易时所采用的内部价格。如产品、原材料、设备等的出售、货币借贷、劳务的提供、财产的租赁，以及专利权、专有技术和商标权等无形资产的使用等各种内部交易都需要制定转移价格。

转移价格不同于直接向市场出售商品的价格，它既不受市场供需关系的影响，又不完全决定于商品本身的价值，而是跨国公司在特定战略目标指导下，有效地利用环境上的差异和变动获取各种经营优势和财务效应，利用转移价格增强公司集团的整体竞争能力的方法。具体来说，内部贸易中运用转移价格的动机主要体现在以下几个方面：

（一）利用转移价格调剂资本

在跨国经营的各母子公司之间，由于生产经营的波动会出现资本的供求失衡。当某一子公司需要资本时，母公司可以将商品以高价从子公司买进，以低价卖给子公司。反之，当母公司缺少资本时，母公司可以将商品以高价卖给子公司，以低价从子公司买进，从而实现跨国公司内部资本供需适当平衡。

【例 10－6】 某跨国公司在 A 国设立了一个专门生产产品的 A 子公司，在 B 国设立了专门销售产品的 B 子公司，A、B 两国的公司所得税率都是 30%。表 10－7 说明转移价格不同，各子公司的利润增减和资本转移方向将会随之改变。

表 10－7　转移价格策略对各子公司利润和资本的影响　　单位：万 A 元

项　目	A 子公司（在 A 国）	B 子公司（在 B 国）	公司整体
（一）低价策略			
销售收入	840	1 200	1 200
减：销售成本	600	840	600
销售毛利	240	360	600
减：经营费用	60	40	100
税前利润	180	320	500
所得税（30%）	54	96	150
税后利润	126	224	350
（二）高价策略			
销售收入	1 020	1 200	1 200
减：销售成本	600	1 020	600
销售毛利	420	180	600
减：经营费用	60	40	100
税前利润	360	140	500
所得税（30%）	108	42	150
税后利润	252	98	350

为了进一步说明转移价格策略对各子公司利润的影响，假设产品按市场合理计算的销售收入为 920 万 A 元，根据表 10－7 的数据编制表 10－8。

由表 10－8 可以看出，实行低价策略，使 A 子公司的利润为 126 万 A 元，虚减利润 56 万 A 元（126－182），使 B 子公司的利润为 224 万 A 元，虚增利润 56 万 A 元（224－168），也就是说，有 56 万 A 元利润从 A 子公司转移到了 B 子公司。实行高价策略，使 A 子公司的利润为252万A元，虚增70万A元（252－182），使B子公司的利润为98万A元，虚减利润70万A元（98－168），也就是说，有70万A元的资金从B子公司转移到了A子公司。

表10－8　　转移价格对子公司利润的影响　　单位：万A元

项　　目	A子公司（在A国）			B子公司（在B国）			公司整体
	低价	高价	合理价	低价	高价	合理价	
销售收入	840	1 020	920	1 200	1 200	1 200	1 200
减：销售成本	600	600	600	840	1 020	920	600
销售毛利	240	420	320	360	180	280	600
减：经营费用	60	60	60	40	40	40	100
税前利润	180	360	260	320	140	240	500
所得税（50%）	54	108	78	96	42	72	150
税后利润	126	252	182	224	98	168	350

跨国公司运用转移价格，将子公司利润调低或调高，不仅为了满足实现公司内部资本转移、调剂供需平衡的需要，而且，还可能出于以下几个方面的动机：一是通过调低子公司利润，避免子公司利润率过高可能带来的风险；二是通过调高子公司利润，提高子公司的筹资能力；三是通过转移价格适当提高子公司的利润率，有利于提升子公司的市场竞争能力；四是为了从国外合资子公司多获得利润。例如，甲企业在国外创办的子公司是与A国的A公司共同投资创办的合资子公司，而且该子公司的一部分零部件和原材料供应由甲企业供应，一部分产品由甲企业收购。甲企业对零部件和原材料供应实行高价策略，对产品收购实行低价策略，就能使子公司的成本提高，收入和利润减少，将利润转移至甲企业，从而减少A国合资伙伴A公司应分得的利润。

（二）运用转移价格减轻公司税负

1. 运用转移价格降低公司所得税。如果跨国公司各子公司所在国的所得税率或应税收益确认上存在差别，跨国公司就可以利用转移价格将应税收益由高税收国家或地区转移到低税收的国家或地区的母公司或子公司，以减少向高税收国家缴纳的税款。一般来说，当产品从税率较低的国家销往税率较高的国家，采取高价策略，反之，则采用低价策略，以减轻全公司的所得税税负，从而增加全公司的税后利润。

【例10－7】　某跨国公司在A国设有A生产子公司，在B国设有B销售子公司，两国的所得税率分别为25%和50%。采用不同的价格策略对所得税和税后利润的影响见表10－9。

表10－9　　转移价格策略对所得税和税后利润的影响　　单位：万A元

项　　目	生产子公司（在A国）	销售子公司（在B国）	公司整体
（一）低价策略			
销售收入	5 000	6 000	6 000
减：销售成本	1 500	5 000	1 500
销售毛利	3 500	1 000	4 500
减：经营费用	500	400	900
税前利润	3 000	600	3 600
所得税	750	300	1 050
税后利润	2 250	300	2 550

续表

项　目	生产子公司（在A国）	销售子公司（在B国）	公司整体
（二）高价策略			
销售收入	5 500	6 000	6 000
减：销售成本	1 500	5 500	1 500
销售毛利	4 000	500	4 500
减：经营费用	500	400	900
税前利润	3 500	100	3 600
所得税	875	50	925
税后利润	2 625	50	2 675

由表10－9可以看出，在公司总体税前利润相同的情况下，高转移价格下的公司整体税负为925万A元，比低转移价格下的1 050万A元的税负少125万A元，从而使税后利润增加125万A元。

2. 利用转移价格降低关税。由于各国关税税率的高低差异较大，利用转移价格可以绕开高关税壁垒，不同的关税税率，企业所缴纳的关税不同，对企业纳税总额影响不同。因此，利用转移价格降低关税时，必须将它对所得税的影响结合起来综合地予以考虑。

【例10－8】 承前例，假设B国B子公司须缴纳4%的关税，高价与低价两种策略所引起的结果如表10－10所示。

表10－10　　转移价格策略对关税和税后利润的影响　　单位：万A元

项　目	生产子公司（在A国）	销售子公司（在B国）	公司整体
（一）低价策略			
销售收入	5 000	6 000	6 000
减：销售成本	1 500	5 000	1 500
关税	0	200	200
销售毛利	3 500	800	4 300
减：经营费用	500	400	900
税前利润	3 000	400	3 400
所得税	750	200	950
税后利润	2 250	200	2 450
（二）高价策略			
销售收入	5 500	6 000	6 000
减：销售成本	1 500	5 500	1 500
关税	0	220	220
销售毛利	4 000	280	4 280
减：经营费用	500	400	900
税前利润	3 500	－120	3 380
所得税	875	0	875
税后利润	2 625	－120	2 505

由表10－10可以看出，当采用低价策略时，B国子公司缴纳的关税为200万A元，而采用高价策略时，为220万A元，若仅考虑关税，显然低价策略优于高价策略，但从总税负（关税＋所得税）来看，低价时为1 150万A元，高价时为1 095万A元。高价策略仍优于低

价策略，但差距已经缩小了。

如果关税的税率发生变化，即由4%上调为8%，利用转移价格策略对关税和税后利润的影响的计算过程如表10－11所示。

表10－11　　转移价格策略对关税和税后利润的影响　　单位：万A元

项　　目	生产子公司	销售子公司	公司整体
（一）低价策略			
销售收入	5 000	6 000	6 000
减：销售成本	1 500	5 000	1 500
关税	0	400	400
销售毛利	3 500	600	4 100
减：经营费用	500	400	900
税前利润	3 000	200	3 200
所得税	750	100	850
税后利润	2 250	100	2 350
（二）高价策略			
销售收入	5 500	6 000	6 000
减：销售成本	1 500	5 500	1 500
关税	0	440	440
销售毛利	4 000	60	4 060
减：经营费用	500	400	900
税前利润	3 500	－340	3 160
所得税	875	0	875
税后利润	2 625	－340	2 285

由表10－11可以看出，当关税发生变化时，B国子公司缴纳的关税为400万A元，而采用高价策略时，为440万A元，无论是从关税角度，还是从总税负（关税＋所得税）角度考虑，低价策略均优于高价策略，即采用低价策略时企业的关税及所得税均低于高价策略下企业的税负额。

（三）利用转移价格降低外汇风险

利用转移价格将在软货币国家的子公司的货币资本转移到硬货币国家的母公司或子公司，可以避免、降低公司的外汇风险。

【例10－9】 某国甲公司在A国有A生产子公司，在B国有B销售子公司。A子公司向B子公司销售一批货物，其收入、成本、费用和利润如表10－12所示。

由表10－12可见，汇率由1A元＝6B元变为1A元＝8B元，使子公司利润减少1 400万B元（2 940－1 540），甲公司将发生的外汇损失为58.33万A元（1 400÷8－1 400÷6）。为了避免或减少外汇风险损失，运用转移价格，实行高价策略，将B元软货币转换成A元硬货币，设子公司A按转移价格计算的销售收入为1 250万A元，子公司B按转移价格计算的销售成本为10 000万B元（1 250×8）。按转移价格（高价策略）计算，子公司B的税后利润为1 400万B元，减少1 400万B元（1 540－140），转移到子公司A。由于利用转移价格（高价策略），使甲公司（母公司）的外汇风险损失减少58.33万A元（1 400÷6－1 400÷8）。

表 10－12　　利用转移价格降低外汇风险

价格、汇率 / 子公司 / 项目	按市场价格（合理价）计算			按转移价格（高价）计算
	子公司 A（万 A 元）	子公司 B（万 B 元）（1A 元＝6B 元）	子公司 B（万 B 元）（1A 元＝8B 元）	子公司 B（万 A 元）（1A 元＝8B 元）
销售收入	1 000	10 400	10 400	10 400
减：销售成本	800	6 000（1 000×6）	8 000（1 000×8）	10 000（1 250×8）
销售毛利	200	4 400	2 400	400
减：经营费用	40	200	200	200
税前利润	160	4 200	2 200	200
所得税（30%）	48	1 260	660	60
税后利润	112	2 940	1 540	140

（四）利用转移价格避免转移风险

当母公司决定从子公司抽回资本受到子公司所在国（东道国的限制时，母公司可以利用转移价格将商品以高价卖给子公司或以低价从子公司购买商品，将资本转移至母公司。例如，在国外的子公司应上交母公司的利润和许可证费为 200 万 A 元，母公司决定从子公司抽回资本 100 万 A 元，共计 300 万 A 元，东道国限制，不准汇出。对此，母公司可以采取以下措施：一是母公司向子公司高价出售零部件，如果市场价格为 850 万 A 元，实行高价策略后，可将售价定为 1 000 万 A 元，从而从子公司处可多收回 150 万 A 元；二是母公司从子公司处低价购买商品，如果市场价格为 1 500 万 A 元，实行低价策略后，可按 1 350 万 A 元付款，少付给子公司 150 万 A 元，以上两笔交易，使子公司的 300 万 A 元的资金转移到了母公司。

在跨国经营中，一国政局是否稳定、是否存在动乱、战争的可能、政府政策主张的一贯性和稳定性，及各国之间政治、经济关系的变化、政府干预国际企业交易活动的程度、有无没收财产的先例等都具有不确定性。在这些风险中跨国公司最担心的就是被没收和国有化，虽然跨国公司可以参加保险、吸收当地股权等手段把风险转移出一部分，但更为稳妥的方式还是运用转移价格把政治风险程度较高国家的子公司的资本、财产转移出去，使公司成为一个空壳，从而避免政治风险可能带来的损失。如果能够利用转移价格规避转移风险，也将使得国际投资的政治风险大大降低。

小测试：

1. 各子公司如何在内部贸易中运用提前或推迟结算的办法？运用这种结算办法的目的是什么？

2. 利用转移价格应具备哪些条件？各国财税当局为什么要限制转移价格的运用，其通常是采用哪些措施进行限制的？

跨国公司能否有效地利用转移价格以实现其财务目标，是受特定条件限制的。一般来说，跨国公司一要具备对其子公司的生产、经营和重大财务决策施加影响的能力；二要具有较为完善的内部市场。此外，各国的财税当局为维护本国利益，都设法制止跨国公司对在该国公司的出口采用较低转移价格，进口采用较高转移价格，而是采取一系列的措施保证转移价格的公平、合理。

各国为了确保其投资利益，一般都对转移价格按照国际惯例进行合法管制。

专　栏

对跨国公司转移价格的管制

为了确保我国的合法权益，我国在提供优惠政策吸引外资的同时，对其转移价格按照国际惯例，结合中国国情进行合法管制。

（1）健全税制立法。我国可借鉴国际上普遍采用的正常交易原则，衡量转移价格是否合理。确定正常交易价格，可以采取三种方法：第一，价格比较法，即直接将跨国公司内部交易价格与相互独立的企业间或跨国公司与独立当事人之间交易的价格相比较，并以后者为准。第二，再出售价格法，即当货物出售给最后的买主时，如果该买主并非跨国公司的联属企业，而是真正的第三方，可按最后售价溯回计算，扣除中间环节的增值和利润。第三，成本加利润法，即从提供的商品和劳务等成本出发，加上适当的利润。

（2）加强对跨国企业提供的产品的检验。合资合作企业的我方人员应与商检部门合作，对外商作价入股的设备、提供的原材料与零部件等进行认真的检验，对未经检验的机器设备，依法不准安装生产，不准使用。

（3）采用预约定价制。依据我国实际情况，可与某些国家之间同时实行“双边预约定价制”。

（4）签订合同。通过与外商签订合同的方式，对外商的“高进低出”行为进行一定的抑制。

（5）建立和健全审计制度，提高财务人员、税务人员的业务素质。

由于转移价格的复杂性和隐蔽性，限制跨国公司的价格转移是一个国际性的难题，单凭一个国家的力量是难以有成效的。我国可与其他国家合作，对跨国公司的价格转移采取共同行动，防范和打击跨国公司的价格转移行为。

（资料来源：胡国松、吴必东：《应对跨国企业实施转移价格的对策》，http://www.ccper.org/nofree/qqhyyy/qqhyyy1084.htm）

第四节　收益分配和费用支付

一、境外投资收益的分配

（一）境外投资收益的内容及分配办法

投资单位的境外投资收益一般包括以下几项内容：（1）境外独资企业的税后利润；（2）境外合资、合作企业分得的利润（包括股息、红利等）；（3）直接购买外国公司股票分得的股息、红利等；（4）其他境外投资收益等。

我国财政部1996年颁发的《境外投资财务管理暂行办法》规定，对投资单位的境外投资收益按照以下规定进行分配和上缴：(1) 投资单位属于实行独立经济核算的国有企业（或者组织）的，其境外投资收益按企业所得税征收的有关规定进行纳税调整，税后所得额的10%（或5%）由投资单位汇总上缴主管财政机关；(2) 投资单位属于国家控股的有限责任公司和股份有限公司的，其境外投资收益并入投资单位的利润总额，按照有关规定进行分配；(3) 投资单位属于不缴纳企业所得税的政府机构、部门或社会团体、事业单位等其他组织的，其境外投资收益的20%，由境外直接汇缴主管财政部门。

应缴财政的境外投资收益，必须在主管财政机关批复境外投资年度财务报告后的三个月内上缴。经主管财政机关批准，投资单位在报送境外国有资产产权登记表后的一定期限内，可以免缴应上缴财政的境外投资收益，具体免缴期限由财政主管机关确定。投资单位应当将免缴的境外投资收益用于支付境外企业的发展。对投资单位上缴的境外投资收益，在三到五年内，由主管财政机关用于支付境外企业的发展。投资单位要会同有关部门对连续三年发生亏损或者发生严重亏损的独资或控股的境外企业进行检查，并根据有关情况采取相应措施。

（二）境外子公司利润分配策略

各国跨国公司在规定子公司利润分配时采用不同的策略，一种是母公司要求各子公司都按同一公式计算（通常按子公司税后利润的某个百分点或以子公司的净资产为基础计算）并汇回利润。另一种是母公司采取完全灵活的策略，各子公司是否支付股利和支付股利比率，根据各子公司的具体情况来确定。绝大多数跨国公司把以上两种极端的方法结合起来。

跨国公司在确定国外子公司利润分配时，一般应考虑以下主要因素：

1. 子公司和母公司对资本的相对需求。一般情况下，子公司获利后，就应向母公司支付股利。但是，如果子公司急需扩大经营规模或追加投资，向当地银行借款又受到限制，或者虽然没有限制，而为支付股利发生借款又会引起当地政府不良看法时，则应该采取缩小股利分配比例的办法，以平衡资本结构。反之，如果母公司急需资本，则可能扩大股利分配的比例，以获取资本。

2. 当地货币的汇率走势。如果预计当地货币相对于母公司货币的汇率即将发生变化，并可能遭受外汇损失，国外子公司应该通过股利分配加速向母公司转移资本，这种股利分配策略往往是母公司决定把资本由软货币国家向硬货币国家转移的常用手法。在子公司所在国货币将要贬值时，增加股利分配比例或加发额外股利可以减少当地货币资产，并合法地将其转化为母公司的货币。反之，如果子公司当地的货币将要升值，则少分股利或推迟宣布分配股利，即使已经宣布，也可用返回方式借给当地子公司。

3. 税负因素。子公司的税后利润分配应考虑股利汇出预扣税率的高低和母公司所在国税率的高低。在许多国家，股利支付要被东道国政府课征很重的预扣税。有些国家对股利汇出的数量规定限额，例如按注册资本的一定比例作为汇出股利的界限。

4. 子公司所在国政治风险的大小。如果子公司所在国政治风险较大，母公司会要求子公司尽快转移剩余资本，一般是通过加大股利分配以实现转移的；反之，母公司会要求少分配股利，尽可能提高子公司自有资本的比例。在正常情况下，跨国企业大都要维持一个稳定的股利支付率，以取得所在国政府的信任。稳定的股利支付率也是所在国政府衡量跨国公司有无撤走资本以致损害本国外汇储备的一个标准。

5. 子公司设立时间的长短和规模大小。一般来说，国外子公司设立的时间愈长，愈接近其寿命期，股利分配比例愈大，向母公司转移的资本也越多。另外，子公司的规模大小与股利分配策略也有着密切的关系。一般情况下，小规模的公司倾向于随机应变；中等规模的公司比较灵活；大公司对股利分配有一套指导原则，它一般服从于整个跨国企业的战略。

6. 当地投资者的投资比例和态度。企业的利润分配必须遵循所有者的意愿。境外独资利润分配，可以完全由母公司（投资单位）考虑有关因素来决定。而境外合资、合作企业的利润分配，必须经合资、合作各方充分协商确定，如果境外企业的资本中，当地投资者的投资比重较大，则利润分配应较多地听取当地投资者对股利的要求。

综上所述，境外子公司的股利分配策略涉及多国所有权的关系，在股利分配策略上不能仅从母公司的主观愿望出发，必须兼顾到子公司所在国的利润要求，既要合理满足跨国企业自身资本流动的需要，又要充分考虑国际汇率的走向、各国税收的差别以及子公司所在国对股利支付的态度和外汇管制条件等外部因素，才能正确制定合理的股利分配策略。

二、跨国企业内部的费用支付

（一）费用的种类和支付协议

跨国企业从事国际经营活动，必然伴之以资本的转移和流动。有些跨国企业以“统算”方式从子公司转移资本，即子公司只向母公司上缴利润或支付股利，除此之外，不再另交其他费用；有些跨国企业则采取按分别计算的“非统算”方式，即在资本转移的项目中，除股利外，还包括以下各种费用：

1. **特许权使用费**。当母公司允许其境外子公司使用其无形资产时，跨国公司内部会出现以特许权费用形式的资本移动。特许权使用费常以每单位产品支付一定的金额，按销售额或利润额的一定百分比来计算，表现为提成费或许可证费等。领有许可证的子公司所在国通常要对提成费和许可证费征税，并代表母公司的收入。但是，由于提成费和许可证费对子公司来讲是所得税扣除项，而且，由于该税额一般低于母公司所在国和东道国的公司所得税，所以，对母公司来说，提成费和许可证费是汇出利润的一种特别有利的方式。

提　示：

在实际当中，特许权使用费按一定金额标准支付的情况较为多见，因为按比例支付会让特许方很难掌控。一般情况下，特许权使用费按年支付。

2. **服务费**。用于补偿由母公司或其他子公司向该子公司提供专业服务的支出，如技术指导、员工培训等。服务费不同于管理费，它是对子公司产生特定利益的报酬，一般是按服务时间、服务的类型和等级确定支付费用的标准。

3. **管理费**。是用来补偿母公司在管理整个国际经营活动中发生的一般管理费用，包括跨国公司系统的现金调度中心、研究开发中心、公共关系部门、法律和会计咨询机构等所发生的费用。管理费用通常是按各子公司销售收入的一定百分比分摊的。

与股利汇付不同的是，以上各种费用支付的灵活性较小。因为，东道国政府通常要求当地子公司与其母公司就费用支付签订正式协议，费用支付协议一般包括：费用的种类、收费标准的计算依据、对净销售价含义的正确界定、技术专利和商标许可使用的范围和地区、交费的货种和时间，以及费用支付方式等。实际费用发生的任何变动都会受到当地外汇管理当局的严格监督。缺乏外汇储备的国家不愿看到自己的外汇储备用于支付特许权使用费等，尽可能对提成费施加一定的数量限制，认为子公司支付的提成费及许可证费是掩盖利润汇付的一种方式而尽力限制这类形式的汇付。因此，母公司为了维护其收取各项费用的权利必须注意费用支付协议的细节。

（二）统算方式和非统算方式的比较

采用统算方式是将子公司应支付母公司的各项费用并入股利项目进行统一核算；采用非统算方式则是将各项费用与股利分项进行核算。无论采用哪种核算方式，特许权费、服务费和管理费都要比股利支付具有一定的税收优惠。特别是当东道国所得税税率高于母公司所在国的税率时，特许权费等费用通常可以在东道国作为税收扣减。如果子公司通过其股利补偿母公司，则在股利分配之前必须支付所得税，其税后留存则用于支付股利，母公司可以把税收扣抵当做当地收入和税后留存来支付。但是，如果各子公司所在国的税率均高于母公司所在国的税率，母公司将会失掉一部分利润，此时，只有采用“非统算”方式才会使整个公司盈利。

为对统算与非统算方式进行比较，现举例如下：

【例 10－10】 某公司在境外的子公司某年的税前和补偿母公司前的净收益为 2 000 万 A 元，母公司拟从子公司获得 800 万 A 元的收益，有以下两个方案：一是用统算法，从子公司税后利润 1 000 万 A 元中提取 80% 作为股利；二是用非统算法，要求子公司缴纳特许权费和服务费等 500 万 A 元，再从子公司税后利润 750 万 A 元中提取 40% 作为股利。两方案虽然都是向母公司转移资金 800 万 A 元，但所产生的结果却有所不同（见表 10－13）。

表 10－13　　统算法与非统算法比较　　单位：万 A 元

项目		统算法	非统算法
子公司	1. 税前和补偿母公司前净收益	2 000	2 000
	2. 减：特许权费和服务费	—	500
	3. 应纳税所得额	2 000	1 500
	4. 减：当地所得税	1 000	750
	5. 可分配股利	1 000	750
	6. 支付给母公司的现金股利	800	300
	7. 用于子公司所在国的再投资	200	450
母公司	8. 特许权费和服务费收入	—	500
	9. 股利收入	800	300
	10. 从子公司获取的收益合计	800	800
	11. 加：国外所得税抵免	800	300
	12. 母公司应纳税所得额	1 600	1 100
	13. 母公司应纳所得税	640	440
	14. 减：国外所得税抵免	800	300
	15. 母公司实际缴付所得税	—	140
	16. 损失的所得税抵免	160	—
	17. 用于母公司所在国的再投资	800	660
税负总计	18. 支付给子公司所在国的税收	1 000	750
	19. 支付给母公司所在国的税收	—	140
	20. 纳税总计	1 000	890

续表

项　　目		统算法	非统算法
再投资总计	21. 用于子公司所在国的再投资	200	450
	22. 用于母公司所在国的再投资	800	660
	23. 再投资总计	1 000	1 110

表 10－13 中第 11 项国外所得税抵免＝第 4 项子公司当地所得税×第 6 项支付给母公司的股利÷第 5 项可分配股利＝1 000×800/1 000＝800 万 A 元。

表 10－13 中第 12 项母公司应纳税所得额＝第 9 项股利收入/（1－子公司所得税税率）＝800/（1－50%）＝1 600 万 A 元。

表 10－13 中第 17 项＝第 10 项从子公司获取的收益合计－第 15 项母公司实际缴纳所得税 。

表 10－13 中第 18～23 项可以看出，从税负和资本积累（再投资）角度看，用非统算法比统算法有利，在子公司所在国税率高于母公司所在国税率时更是如此。从税负角度来看，用统算法，需要纳税 1 000 万 A 元，而且全部都缴给子公司所在国。而用非统算法只需要纳税 890 万 A 元，而且其中 140 万 A 元是交给母公司所在国。从再投资来看，用统算法，再投资总计只 1 000 万 A 元，而用非统算法，再投资总计为 1 110 万 A 元，资本积累增加 110 万 A 元。当然，在这种情况下，对母公司所在国的再投资将相应减少，从统算法的 800 万 A 元降为 660 万 A 元。

采用统算法或非统算法有时需要根据具体情况选择。例如，在国外以合资方式建立子公司时，一方出技术，一方出资金，用非统算法比较合适。在产品竞争比较激烈的地区，用非统算法向子公司收取费用，有可能加重子公司负担而削弱商品的竞争力，这时母公司多数采用统算法。当子公司所在国只对股利汇出有限制时，采用非统算法按项目收取特许权费、服务费和管理费等，便于从子公司向母公司转移资本。

三、避免利润汇出和费用支付限制的办法

在境外的子公司应支付给母公司的利润和各项费用，以及母公司要从境外子公司抽回的投资本金，均应按照投资保护协定（或条约）的规定，从子公司自由汇出，以保障投资者的利润。但是，由于各种原因，子公司所在国可能对利润、各种费用和投资本金等的汇出加以限制，使投资者遭遇转移风险，对此，母公司（投资者）应在事前和事后采取各种办法加以防范，具体办法如下：

1. 加大母公司向子公司的贷款比例。当母公司向子公司提供资本（包括投资和贷款）时，不仅要适当增加贷款，还要尽量加大在东道国当地借款等筹资的比例。母公司对子公司贷款采用背对背贷款、平等贷款和前向贷款方式，既避免资本汇回限制，又可防范外汇风险。

2. 运用转移价格，实现资本和利润的转移。如果母公司的产品卖给子公司采取高价策略，相反，子公司的产品卖给母公司采取低价策略，就可以将子公司的部分资本转移给母公司。

3. 用产品出口代替外汇资本转移。子公司所在国规定该国货币不能兑换外汇，子公司

应给予母公司的资本不能支付，这时，子公司可将产品或购买其他商品卖给母公司，由母公司使用或转卖给其他企业，从而实现资本从子公司向母公司转移。

4. 在东道国再投资。母公司可以利用不能转移的当地货币资本在子公司所在国购买国库券等证券获得利息收入，或在子公司所在国投资建立科研试验室，科研人员工资和其他各项开支用当地货币支付。

5. 购买物资加以处理。母公司可以利用不能转移的当地货币资本在当地购买那些预期会升值的资产或能出口的商品，以后卖出去获得利润，或购买今后需要的物资，用于母公司或其他子公司的生产。

6. 利用东道国当地服务。母公司可以在当地举办全公司的业务会议，把公司职员派往该国休假，鼓励他们乘坐该国航空公司的飞机。这些活动对子公司所在国是有利的，跨国公司花费的是不能转移的当地货币资本。

小测试：

跨国公司在确定境外子公司分配策略时，应考虑的因素有哪些？

第五节　财务管理制度与业绩评价

一、境外企业财务管理制度

我国由财政部统一制定并颁发的境外投资财务管理制度，明确规定了主管财政机关、投资单位对境外投资财务管理应履行的职责。各投资单位的财务部门为了对境外企业的财务活动进行有计划地组织和控制，对它们的财务业绩进行考核、评价，需要建立健全财务预算、决算报告和分析考核制度。

（一）财务预算制度

境外企业必须根据境内投资者提出的任务和要求编制财务预算。主要包括投资的资本预算和经营预算。资本预算包括长期投资方案的计划和评估；经营预算主要是短期预算，如一年、一季的预算。编制预算既可以预测未来的经营活动，又可以作为控制、考核、评价境外企业业绩的标准。为了正确地编制财务预算，必须依靠境外企业的管理者，由于他们对经营环境较为熟悉，编制的预算较为切实可行，经境内投资单位批准同意后即可实施。境内投资单位还可以根据境外各附属公司的预算，再结合有关环境、目标、国际经营策略的变化编制整个企业集团的预算，并以此作为评价境外各附属公司业绩的依据。

（二）财务日常管理制度

投资单位应当制订本单位境外投资的具体财务办法，并督促或协同独资和控股的境外企业，按照本国和驻在国法律的有关规定，建立健全企业内部财务管理和会计核算制度。所属境外独资和控股企业，应对一切财务往来和现金收支建立必要的“联签”制度，所有会计凭证除经办人签字外，必须有负责人或者被授权负责人的签字，在企业任职的亲属必须回避，不得联签。所属独资和控股的境外企业应建立和完善账户管理制度，在资信可靠的银行开设账户，并将开设账户的情况报国内备案。境外开设的账户不得转借个人或者其他单位使用。要根据国家有关规定并结合实际情况，制定工资管理制度和实施办法，并按要求备案。所制定的工资制度应符合驻在国的法律规定，明确责、权、利关系，建立和完善考核奖惩办法。建立和完善企业内部财务管理和会计核算制度，定期分析企业财务状况和经营成果，及时向投资单位或国内主管财政机关报送财务报告，反映重要财务问题。

（三）财务报告制度

投资单位应督促境外企业及时报送年度财务报告。境外投资年度财务报告包括年度会计报表和财务情况说明书，年度财务报表应经当地注册的会计师事务所验证。

国家授权投资的机构、部门直接进行境外投资的，其年度财务报告由境外企业直接报送国内主管财政机关；国有企业、事业单位或者国家控股的有限责任公司和股份有限公司进行境外投资的，其年度财务报告由投资单位汇总或者合并后报送主管财政机关，如按规定编制合并报表的，应将境外投资财务报告作为附件报送。投资单位在其境外清算完毕后，应当向主管财政机关报送清算机构出具的经当地注册会计师验证的清算报告，并及时收回应当归其所有的财产。

（四）财务分析评价制度

投资单位对境外企业定期地进行财务评价，是加强境外企业财务管理的重要环节。通过财务评价，对各境外企业的财务状况、财务成果进行分析、比较，总结经验，发现问题，分析原因，采取措施，促进境外企业发扬成绩，克服缺点，不断提高企业的盈利能力。

二、影响境外企业财务业绩的因素及处理方法

境外企业一定时期利润的多少和利润率的高低是多种因素共同作用的结果。但是，主要的影响因素有二：一是跨国公司管理决策对各子公司财务业绩的影响。例如，母公司利用转移价格使有关子公司的利润增多或减少，母公司运用提前或推迟结算技巧，使有关子公司的应收账款增多或减少，有的公司受益，有的公司受损；二是各子公司所在国经济政策、税率、通货膨胀率和汇率变化。如果仅仅根据各子公司向公司总部上报的一般财务报表去评价它们的业绩，可能会使财务业绩被歪曲和失真。因此，在跨国公司的财务控制系统中，除了各种一般财务报表以外，还要有反映子公司所在国经济政策和税收政策对财务业绩影响的报告，以及跨国公司管理决策对财务业绩影响的报告等。根据报告中所列举的实际情况和条件，例如外汇管制政策的变动、通货膨胀率的变化等等，经过核实调整，才能对境外企业的业绩进行合理的评价。

下面将说明影响境外企业财务业绩的主要客观因素和处理方法。

（一）转移价格因素

跨国公司内部转移价格是影响子公司经营业绩的重要因素，它直接决定着子公司净收益的高低，也影响着子公司的资产价值和负债数额。当跨国子公司实行低价策略时，使出口商品的子公司利润减少，进口商品的子公司利润增多；实行高价策略时，其结果正好相反。

由于公司内部的转移价格会对子公司管理人员的业绩评价产生很大的影响，他们会从自身利益出发，抑制或不愿执行跨国公司从全球战略出发制定的转移价格，因此，转移价格不能由子公司决定，跨国公司应将转移价格的制定权保留在母公司。对子公司来说，转移价格是一个重要的不可控因素，转移价格与公平的市场价格相背离会使各子公司的利润发生人为

的增多和减少，因此，在评价各子公司财务业绩时，应将这一因素剔除。在实践中常运用以下一些方法：

1. 整个公司因运用转移价格而增加的利润由母公司和有关子公司分享，分享的标准或根据双方使用的资产额，或根据所涉及的成本等。

2. 设置两套账册，一套按转移价格核算，作为向税务部门纳税的依据；另一套按市场合理价格核算，作为管理控制和业绩评价的依据。

3. 在预算中预计转移价格的影响，然后以实现数与预计数相比较，如果预算中预计到某子公司将会亏损，就以预算作为业绩评价的标准。

（二）通货膨胀因素

各国通货膨胀水平存在较大的差异，直接影响到境外各子公司的财务业绩。如果不采取合理的方法进行物价指数调整，必将歪曲子公司的经营业绩。

通货膨胀因素对子公司经营业绩的影响主要表现在以下几个方面：

1. 由于销售成本是按通货膨胀前的货币计价，而销售收入则按当时的货币计价，因此，在确定业绩时低估了销售成本。

2. 资产净值一般都按历史成本计价，与发生通货膨胀后的货币相比，低估了资产净值。

3. 由于通货膨胀使利润高估，资产低估，因此，会产生使资产报酬率虚增的现象。

4. 由于各国通货膨胀率的差异，各子公司的经营业绩缺乏可比性，即使对某一子公司而言，不同时期的经营业绩也不可比。

因此，必须采用合理的方法对子公司的有关财务指标进行物价指数调整，才能正确评价各子公司的财务业绩。

（三）汇率变动因素

跨国公司在评价境外子公司财务业绩时，汇率的变动将影响到评价结果，有时可能会歪曲子公司的财务业绩。例如，我国甲公司在A国子公司的前后两期销售收入分别为4 000万A元、4 600万A元，汇率分别为1A元＝2.2元人民币和1A元＝1.9元人民币。如按A元计算，该子公司的销售收入增长率为15%［（4 600－4 000）÷4 000］；折算为人民币后，增长率为－0.68%［（4 600×1.9－4 000×2.2）÷4 000×2.2］，如果据此认为该子公司的销售收入比上年降低了，显然是不合理的。为了避免汇率变动因素的影响，一般可采用以下两种方法对境外子公司的财务业绩进行评价：

1. 不予折算。即直接按以外币表示的财务成果予以评价。采用这种评价方式的跨国公司认为，如果按当地货币能取得好业绩，从长远看，按本国货币同样能取得好业绩。因为境外子公司的经营活动是在境外特定经济环境中开展的，受境外货币的影响，评价时，只能针对特定条件、特定环境而展开，以本国经营环境来评价境外子公司的经营业绩是不公正的。

2. 折算后评价。采用这种评价方式的跨国公司认为，由于母公司所关心的是按本国货币表现的财务成果，所汇回的股利，最终将折成本国货币，因而应采取本国货币来评价。而且也只有折成本国货币后，各子公司的经营业绩才能比较，判别优劣。为消除汇率变动的影响，通常采取以下两种方法：

一是定基汇率法，即以某一时点的汇率作为基准，评判境外企业经营业绩的增长情况，假设上例以第1年的汇率作为定基汇率，折算为人民币后的增长率为：（4 600×2.2－4 000×2.2）÷4 000×2.2＝15%，与以A元计算的增长率相同。

二是预算汇率法，将财务指标的实际数与预算数进行比较，可采用的汇率有期初汇率、计划汇率和期末汇率三种汇率，并有以下九种组合可供选择（见表 10－14）。

表 10－14　　　　**三种汇率的各种组合**

预算指标采用汇率 实际指标采用汇率	期初汇率	计划汇率	期末汇率
期初汇率	（1）预算用期初汇率 实际用期初汇率	（2）预算用计划汇率 实际用期初汇率	（3）预算用期末汇率 实际用期初汇率
计划汇率	（4）预算用期初汇率 实际用计划汇率	（5）预算用计划汇率 实际用计划汇率	（6）预算用期末汇率 实际用计划汇率
期末汇率	（7）预算用期初汇率 实际用期末汇率	（8）预算用计划汇率 实际用期末汇率	（9）预算用期末汇率 实际用期末汇率

表 10－14 中第（2）、（3）、（4）、（6）四种组合是明显不合逻辑的。第（1）、（5）、（7）、（8）、（9）五种组合在实际工作中都采用过。理论界倾向于采用第（5）种组合，即确定预算指标用计划汇率，评价时也按计划汇率折合。

【例 10－11】　我国甲公司在 A 国的子公司 2006 年的计划销售收入为 4 000 万 A 元，计划汇率 1A 元＝2.2 元人民币，实际销售收入为 4 600 万 A 元，实际汇率为 1A 元＝1.9 元人民币。折合为人民币的销售收入实际数与计划数为 8 800 和 8 740 万元。按 A 元计算的超额完成计划的百分比为 15%，而按人民币计算的超额完成计划百分比为－0.68%，两者不一致，是因为后一个百分比不仅反映了 A 元销售收入数量因素的影响，还反映了汇率因素的影响。折合为人民币的销售收入实际数与计划数的总差异 820 万元，采用因素分析法可计算出数量和汇率两因素各自影响的数额。

计划销售收入乘计划汇率：4 000×2.2＝8 800

　　　　　　　　　　　　＋1 320

实际销售收入乘计划汇率：4 600×2.2＝10 120

　　　　　　　　　　　　－1 380

实际销售收入乘实际汇率：4 600×1.9＝8 740

由于销售收入和汇率共同变动产生的差异　　－60

由于销售收入增加 600 万 A 元，在汇率不变的情况下，使折合为人民币的销售收入增加 1 320 万元（10 120－8 800），是子公司主观努力的结果；实际销售收入 4 600 万元，由于汇率变动（A 元贬值），使折合为人民币的销售收入减少 1 380 万元（8 740－10 120），对子公司来说是一种客观因素。两个因素的影响结果一增一减，抵消后为－60 万元。

理论界倾向于第（5）种组合，是因为计划汇率是一种“内部远期汇率”（类似于内部转移价格），如果这种汇率预测合理，母公司利用这个汇率既可以协调整个公司集团的目标，又能充分发挥子公司的主动性和积极性。

第（1）种组合，预算和实际均采用期初汇率，不存在汇率变化差异，这一组合是假定在这一时期汇率没有任何变化，但这种情况在实际中很少见。

第（7）种组合，预算用期初汇率折算，实际指标按期末汇率折算；第（8）种组合，预算用计划汇率，实际指标用期末汇率折算，这两种组合评价方法都引入了汇率风险的责任因素，不能排除汇率变动这一因素对子公司财务业绩的影响，期末汇率与期初汇率或期末汇率与计划汇率之间的差异所形成的得失，由子公司承担责任。

第（9）种组合，预算和实际指标都按期末汇率计算，这种评价方法要求将预算按期末实际汇率予以调整，然后同实际数进行对比，这样，可以排除汇率变动因素对子公司财务业绩的影响。这种组合与第（1）种组合都能排除汇率变动因素对子公司财务业绩的影响，它们的区别是：第（1）种组合是假定这一时期汇率不变，而第（9）种组合是承认这一时期汇率的实际变化。

小测试：

1. 跨国公司是如何运用转移价格对子公司利润进行调整的？
2. 如何避免汇率变动对子公司业绩评价的影响？

案例

中远总公司资本集中管理应用案例[①]

到2006年6月，中远在海内外拥有7家上市公司的总市值已达500多亿元，中远海外机构超过400多个，已经形成以北京为中心，以香港、欧洲、美洲、新加坡、日本、澳洲、非洲、西亚和韩国等9个区域为支点的全球经营网络和服务体系。中远构筑了中国最大、最完善的陆路货运网络，在全国29个省设有500多个业务网点，致力于为全球客户提供航运、物流等全球优质承运服务的同时，还能够为客户提供船舶和货物代理、船舶工业、码头、贸易、金融、房地产和IT等多个行业的服务。

2000年7月，中远集团总公司决定组建中远资本结算中心（简称结算中心），将信息技术与财务公司资本管理有机融合，进行了IT环境下资本集中管理模式的整体规划，为资本集中管理方案的顺利进行提供了技术支持。具体内容是：

1. 资本管理的组织设计。为了保证中远集团的资本管理，中远集团下设结算中心和财务公司。结算中心是集团管理的职能部门，财务公司是独立的金融机构，是法人实体，财务公司对结算中心具有业务指导关系，重大资本调度决策是集团资本计划部制定。中远集团总公司对结算中心和财务公司都有人事任免权。

2. 账户开设模式。

（1）在外部账户体系下，各结算中心在中国银行等少数几个银行为成员单位开设账户，成员单位在银行保留所需的基本账户和费用账户，结算中心本身在相关银行开设总账户，银行对企业集团这个总账户进行结算；

（2）在内部账户体系下，各结算中心为成员单位开设内部账户，其本身设立总账户，集

① 根据中国远洋运输集团财务公司财务总监刘超所编《中远总公司资金集中管理应用案例》改编，2006年6月。http://cio.ccw.com.cn/solution/htm2006/20060526_188394.asp.

团内部的资本由结算中心进行统一运作。

3. 灵活的外部结算（收款流程和付款流程）。

(1) 收款流程。成员单位收到付款单位的款项时，银行子账户的资金自动转入到银行总账户；内部结算系统根据银行到账通知自动处理结算中心内部子账户与内部总账户资金余额增加。在具体运作上，青岛、上海、广州、天津结算中心统筹集中各成员单位的资金，并将统筹集中资金的 50%上缴至总结算中心。

(2) 付款流程。首先，内部成员通过网络向结算中心发出付款指令；其次，结算中心根据企业实际经营情况灵活控制审批成员单位的付款请示：企业经营情况好时，可以放宽资金申请，企业经营情况差时，可以严格控制资金申请；再次，结算中心审批后，可以由结算中心直接从银行总账户付款给供应商，同时直接减少成员单位内部账户上的资金余额；最后，结算中心也可以在规定的额度内先付款给成员单位子账户（单位内部账户上的资金余额同时增加），再由成员单位付款给供应商（单位内部账户上的资金余额同时减少）。

4. 便捷的内部结算。为了减少因分散管理而导致的资本沉淀增加，提高资本的周转效率，节约资本成本，集团公司对各分子公司的资本实施统一结算。在内部交易发生时，可以由交易的任何一方向结算中心提出结算要求，如：供货方向结算中心提出托收要求，或采购方向结算中心提出付款申请，结算中心据此执行划转账业务。由于双方都在结算中心开户，资本可以实时结转，通过内部结算减少了企业在途资本占用。

5. 实时的资本预警和监控。在实施资本集中管理之后，中远集团可以集中于咫尺之内，监控于天涯之外，实时监控各成员单位和各结算中心的资本流动情况以及资本沉淀情况，有效化解财务风险。

中远集团资本监控系统通过以下动态查询功能来完成：中远集团公司设立了银行账户资本动态查询、汇率风险查询、银行资本调拨提醒等实时的资本预警和监控体系，主要进行资本头寸分析、最佳现金持有量分析和资本风险管理三个方面的工作。

(1) 资本头寸分析。资本头寸分析主要通过查询各银行账户总资金额、工商银行账户资金额及明细、中国银行账户资金额及明细、招商银行账户资金额及明细、本集团内部资金查询、远程支付计划查询等功能，分析各银行账户总资金额和各银行总资金交易额，如表 10－15和表 10－16 所示。

表 10－15　　各银行账户总资金表（2003 年 9 月 3 日）

所属银行	账户编号	账户名	性　质
工商银行	12345678	中远集团总部	总账户
招商银行	12345678	中远航运股价有限公司	分支结算单位
中国银行	12345678	广州远洋服务有限公司	分支结算单位
中国银行	12345678	远洋通讯导航有限公司	分支结算单位

表 10－16　　各银行总资金交易表（2003 年 9 月 3 日）

交易银行	交易号	交易企业	交易对方	交易时间
中国银行	F100325678432623	中远航运股价有限公司	中国国际进出口公司	12：23：06 9/3/2003

续表

交易银行	交易号	交易企业	交易对方	交易时间
中国银行	FF1003256886432	广州远洋服务有限公司	中国船舶集团	15：04：24 9/3/2003

（2）最佳现金持有量分析。根据公司实际情况，确定的最佳现金持有量为74.6万元，最高预算为120.23万元，最低预算为37.62万元。对银行账户金额低于系统的账户，以及银行账户低于远程支付计划的账户进行资金调拨提醒。

（3）资本风险管理。资本风险管理主要通过即时汇率（见表10－17）、当日企业资本变动等信息查询汇率风险。

表10－17　即时汇率

汇率日期（2003－10－09）汇率时间（14：19：20）

币　　种	现钞（汇）买入	现钞（汇）卖出	现汇买日最低	现汇买日最高
英镑/美元	1.6652	1.6672	1.6637	1.6653
美元/港币	7.7341	7.7387	7.7277	7.7381
美元/瑞士法郎	1.3062	1.3082	1.3052	1.3154
美元/日元	109.000	109.200	108.9800	109.5800
美元/加拿大元	1.3280	1.3300	1.3272	1.3342
澳元/美元	0.6932	0.6962	0.6881	0.6934
欧元/港币	1.1835	1.1855	1.1774	1.1837
英镑/港币	12.8703	12.9103	12.8184	12.8791
英镑/瑞士法郎	2.1740	2.1820	2.1687	2.11820
英镑/日元	181.3674	182.1974	181.0733	182.0909
英镑/加拿大元	2.2103	2.2183	2.2068	2.218
英镑/澳元	2.3921	2.4081	2.3903	2.4053
英镑/欧元	1.4041	1.4091	1.4021	1.4072
港币/日元	14.0761	14.1231	14.0690	14.1544
瑞士法郎/港币	5.9102	5.9263	5.8648	5.9174
瑞士法郎/日元	83.2498	83.6808	83.0145	83.5059
加拿大元/港币	5.8122	5.8302	5.7834	5.8145
加拿大元/瑞士法郎	0.9810	0.9860	0.9796	0.9844
加拿大元/日元	81.8717	82.3117	81.8520	82.1577

通过用友ERP－NC的集团资本管理系统，中远集团的资本集中管理得到了一个稳固、灵活的IT平台支持，为中远集团顺利运行多级结算中心的资本业务处理提供了有力保证和明显的效率提升，从而带来了附加价值。

第一，集团利息费用节省。中远集团资本集中管理方案的实施，不仅为结算中心提供了安全、高效、便捷的服务措施和手段，而且产生了可观的经济效益。2003年全年，结算中心在财务公司的存款日均增加了3.39亿元，直接收益（央行、商业银行的利差）达152.8

万元；2004年上半年结算中心增加在财务公司的存款日均达5.88亿元，直接收益达52.9万元。

第二，结算中心效率提高。中远集团资本集中管理方案的实施，提高了结算中心营运效率，增强了结算中心的服务、管理能力，提高了结算中心对集团成员单位在结算业务方面的服务竞争力。而且由于结算中心的作用，使其成为集团成员单位与银行之间的桥梁，所以结算中心又具备了高效的监管职能。

第三，集团控制力增强。中远集团资本集中管理方案的实施，达到了集中资本管理的目的，为集团企业在降低经营成本，提高资本使用效益，提高企业偿债能力，显示集团整体实力，树立企业在市场中的良好形象等方面提供了强有力的支撑。

习　题

1. 某跨国公司在A国设专门生产产品的子公司甲，在B国设专门销售产品的子公司乙，A、B两国的所得税率都是50%。计算公司整体情况各项数据并填入下表。如果子公司甲卖给乙的产品按市场公允价格计算，销售额为460万A元，这种情况下，子公司甲和乙的税后利润分别为65万A元和55万A元。请结合表10－18说明转移价格策略对资本转移方向的影响。

表10－18　　转移价格策略对资本转移方向的影响　　单位：万A元

项　目	子公司甲（在A国）	子公司乙（在B国）	公司整体
（一）低价格策略			
销售收入	420	600	
减：销售成本	300	420	
销售毛利	120	180	
减：经营费用	30	30	
税前利润	90	150	
所得税	45	75	
税后利润	45	75	
（二）高价策略			
销售收入	510	600	
减：销售成本	300	510	
销售毛利	210	90	
减：经营费用	30	30	
税前利润	180	60	
所得税	90	30	
税后利润	90	30	

2. 假定美国在英国的子公司连续3年的销售收入分别为￡2 000、￡2 500、￡2 800，汇率分别为$2.2，$2.3，$1.9。要求：

（1）说明汇率波动对子公司业绩评价的影响。

（2）用定基汇率法对子公司的经营业绩进行评价。

3. A国M公司希望向其B国分公司贷款50万A元，同时，B国T公司也准备对其A国分公司提供一笔大约相同金额的中期贷款。双方由一投资银行有效撮合一笔水平贷款。M公司给T在A国的分公司提供50万A元的贷款，其期限为4年，利息率为13%，本金和利息在第4年末一次偿还，按年复利计算利息。T公司给M公司的B国分公司7 000万B元的贷款，期限为4年，利息率为10%，本金和利息也在期末偿还。当前汇率为1A元＝140B元，然而，预计未来4年中A元每年要贬值5B元。要求：

（1）如果预期正确的话，计算M公司在第4年末需要向T公司支付的本金和利息。

（2）第4年末，计算M公司将从给T公司的A国分公司贷款中得到的A元本金和利息的总值。

（3）该水平贷款协议对哪一方有利？如果B元价值不变的话，情况又会如何？

相关网站：

1. 中华人民共和国国家发展和改革委员会　www.sdpc.gov.cn
2. 毕马威公司（KPMG）的网址　www.kpmg.com
3. 普华永道公司网址　www.clenewsent.com
4. 中国财税法网　www.cftl.cn

第十一章 DISHIYIZHANG

国际证券投资

学习目标

- ☐ 了解国际证券投资的种类与目的，认识我国的 QDII 制度
- ☐ 掌握国际证券投资收益与风险的计算和分析
- ☐ 描述汇率变动对国际证券投资收益的影响
- ☐ 掌握国际证券投资的货币选择
- ☐ 了解国际证券组合投资理论
- ☐ 掌握国际证券投资组合方案设计与决策分析

第一节 国际证券投资的分类与目的

国际证券投资（international securities investment）是指投资者在国际金融市场上购买其他国家的债券、股票，以期获得利润的经济行为。由于国际证券投资者不直接参与资本的管理和使用，不拥有投资对象的控制权，因此，国际证券投资也称为国际间接投资。

一、国际证券投资的分类

国际证券投资从不同的角度可以划分为不同的类型，投资者可以根据各种证券的特征按照自己的偏好进行投资。

（一）按照证券投资的期限可以划分为短期投资和长期投资

短期证券投资是指能够随时变现并且持有时间短于一年（含一年）的证券。短期国际证券投资的品种主要包括商业票据（Commercial Paper）、欧洲商业票据（Euro - Commercial Paper）、各国国库券以及外汇本身等。当公司拥有暂时闲置的资本时，为保证资本的流动性，可以在资本市场购入随时可以变现的短期证券，在不影响资本使用的情况下获得投资收益。

长期证券投资是指到期日长于一年的有价证券。长期国际证券投资的品种主要包括各种长期债券和股票。长期债券包括以各个国家货币标值的外币债券、欧洲债券（Euro - Bond）等。国际股票投资品种包括各国股票市场上发行交易的股票，以及股票的变形美国存托凭证、全球存托凭证、国际证券存托凭证、欧洲证券存托凭证等。当公司以获取收益为目的

时，可在资本市场购入并长期持有各种证券（如股票或长期债券）。

（二）按照证券投资的对象可以划分为债权性证券投资、权益性证券投资和混合性证券投资

债权性证券投资是指企业投资于各种公司债券、政府债券和金融债券。该证券持有人是发行单位的债权人，对发行单位没有管理权。这种投资活动一般能够预计到未来的投资收益，总体风险相对较小。

权益性证券投资是指公司购入的其他公司普通股票。该证券的持有人是证券发行单位的所有者，一般对发行单位都有一定的管理和控制权。这种投资活动一般不能准确预期未来投资收益的大小，总体风险相对较高。

混合性证券投资是指企业购入的既有债券特点又有股票特点的双重性质的证券，如可转换证券和附认股权证的债券等。它们与股票相联系，投资者在购买后的一定期限内可以将其转换成股票，当企业破产时，债权证券的求偿权在先，混合性次之，所有权证券排在最后，所以，所有权证券一般要承担较大的风险。

（三）按照证券投资的收益可以划分为固定性收益证券投资和变动性证券投资

固定收益证券投资是指在所投资证券的票面上规定固定的收益率，即在固定的时间收到固定数额的现金。如债券票面上一般有固定利息率、优先股票面上一般有固定股利率、商业票据一般有贴现率。

变动收益证券投资是指所投资证券的票面不标有收益率，其收益情况随企业经营情况而变动，如投资于浮动利率债券及普通股股票等。一般来说，固定收益证券投资的风险小，报酬低；而变动收益证券投资的风险较大，报酬较高。

二、QDII 制度与我国证券投资全球化

（一）QDII 制度在我国的实施

QDII 制度（Qualified domestic institutional investor，即特许国内机构投资者制度），是指在资本项目未完全开放的国家，允许本地投资者投资境外资本市场的投资者制度。QDII 制度的设计主要涉及三个方面：投资者的资格认定、进出资本的监控、许可投资的证券品种和比例限制。

在一些国家和地区，特别是新兴市场经济的国家和地区，由于货币没有完全可自由兑换、资本项目尚未开放，外资介入有可能对其证券市场带来较大的负面冲击，QFII 制度应运而生，成为这些国家和地区有限度地允许境内投资者投资境外证券市场的一项过渡性制度安排。这项制度要求外国投资者进入一国证券市场时，必须符合一定的条件，得到该国有关部门的审批通过，对外资进入进行一定的限制，如资格条件、投资登记、投资额度、投资方向、投资范围、资本的汇入和汇出限制等。在 20 世纪 90 年代初，中国台湾、韩国、印度、巴西等国家和地区都曾经实行过 QDII，通过管理层对外资进入的限制和引导，使之与本国的经济发展和证券市场发展相适应，对于控制外来资本对本国经济独立性的影响、抑制境外投机性游资对本国经济的冲击、推动资本市场国际化等都起到了积极的推动作用。

2006 年 4 月中国人民银行发布 5 号公告，宣布实施合格境内机构投资者制度，允许符合条件的境内银行集合境内机构和个人的人民币资金，在一定额度内购汇投资于境外固定收益

类产品；允许符合条件的基金管理公司等证券经营机构在一定额度内集合境内机构和个人自有外汇投资境外；允许符合条件的保险公司购汇投资于境外固定收益类产品及货币市场工具等。

2007年6月中国证监会进而颁布了《合格境内机构投资者境外证券投资试行办法》，以及《关于实施〈合格境内机构投资者境外证券投资试行办法〉有关问题的通知》，对QDII准入条件、产品设计、资本募集、境外投资顾问、投资运作等方面的内容及其实施作出了详尽的规定，共同构成了基金QDII业务完整的规则体系。

（二）QDII制度对我国证券投资全球化的影响

实施QDII制度是有序、可控地开放我国资本项目与资本市场的重要步骤，是现阶段我国实现证券投资全球化的一项重要的制度安排，对我国的资本市场、投资基金业、外汇管理体制及汇率改革都将具有重大的意义。

1. 引领境内资本走向海外市场。QDII作为QFII的补充和逆向操作，在境外资本流入的同时，推动境内资本流出，在资本流动、市场信息交流、市场定价等方面更具有对称性，资产配置和套利行为将使QDII连接国内外市场的投资行为，并通过国内市场的价值判断影响海外市场对中国概念股票的估值，增强国内资本在海外的定价权。同时，QDII向海外市场的发展，顺应经济全球化的趋势，开拓中国资产的全球配置的机会，在更大的范围内分散风险，对推动我国金融服务业的发展，对改善国际经济失衡的格局也将大有裨益。

2. 为内地券商提供更多的发展空间和国际业务经验。QDII机制的运作需要通过设在境外的可从事证券经营业务的国内机构来代理买卖。因此，国内券商可以以一种迂回的策略进入国际市场，通过这些项目和业务的运作，在服务自己相对熟悉的客户过程中，学习和熟悉境外资本市场，从而既可以不断拓展业务范围，又可有效避免因缺乏经验导致的经营风险，逐渐做大做强。同时也有利于提升我国企业在国际资本市场的形象，恢复和增强国内企业到国际资本市场的融资能力。

3. 有利于对资本流出的监控。QDII机制的建立，使国内居民投资海外资本市场的行为合法化，不仅可以有效分流一部分国内居民储蓄，引导国内居民通过正常渠道参与境外证券投资，又可以减轻资本非法外逃的压力，将资本流出置于可监控状态，通过清晰的渠道控制国内资本流向，有利于控制金融风险。

4. 有利于汇率机制的改革。人民币的长期低估使其面临着升值的压力，而把握好升值的幅度和步骤则将直接影响到汇率形成机制改革的成败。QDII制度释放了过去被资本严格管制体制压抑的外汇需求，使外汇需求向市场需求靠近，对汇率形成机制的进一步改革、缓和贸易摩擦、加强货币政策的独立性、促进国际收支平衡具有积极正面的意义。

三、国际证券投资的目的

投资者购买国际证券的需要促进了国际资本市场的发展；同时，国际资本市场的发展为投资者购买国际证券提供了可行性和便利性。进行国际证券投资的目的主要有以下几个方面：

（一）有效地利用资本

公司在经营过程中可能会产生一些暂时多余或闲置的资本，为了使资本得到充分的利用，公司就可以选择与其业务相匹配的各种国际证券进行短期投资，既能取得一定的收益，又能在需要时将其变现。

（二）更好地分散投资风险

多样化投资组合分散证券系统风险的程度取决于这些证券间的相关性。由于国际证券投资具有选择面宽、各个国家经济之间的相关性相对较弱的特点，因此许多投资者往往采用包含国际证券在内的投资组合来降低和分散投资风险，以达到提高投资收益的目的。

（三）获得更高的收益

国际证券的形式多种多样，在全球范围内进行投资，使得投资者的投资选择的机会增加，更容易获得自己满意的投资品种，获得较高的投资收益或较好的风险回报补偿。

（四）保持资产的流动性

企业资产流动性取决于企业资产的变现能力。在其他条件不变的情况下，资产变现能力强，流动性越好，企业偿债能力越强，财务风险越小，企业投资经营越稳健，越受投资者欢迎。

（五）降低外汇风险

适当的国际证券投资，能够在一定程度上规避外汇风险。如投资于远期、期货、期权等衍生工具是常用的风险规避手段。证券投资者在经济全球化的背景下，可以选择来自国内、外的各种证券投资方式进行投资，可以在同等风险下取得更高的收益，或者在相同收益情况下降低风险。

专　栏

美国流行的投资工具

股票：最流行的投资工具。在目前美国股市，75%参与者为主体机构，散户不超过20%。美国纽约证券交易所（NYSE）是世界上最大的证券交易所，有大约2 800家公司在此上市，全球市值15万亿美元。最大的网络交易市场纳斯达克（NASDAQ）是美国第二大股票市场。在纳斯达克挂牌上市的公司以高科技公司为主，这些大公司包括微软、英特尔、戴尔和思科等。

固定收益证券：富人最基本的投资工具。美国金融市场里的固定收益证券是指那些提供固定回报的投资工具，如债券、优先股和可转换债等。最为典型的是由政府或大公司所发行的债券，一般是年限在20～40年长期债券。债券持有人有权得到固定的利息。美国的固定债券市场比股票市场大三倍，是美国富人们最基本的投资工具，如比尔·盖茨几乎所有的钱都投资在各种固定收益证券上。

短期投资工具：最稳定、市场最大的投资产品。美国金融市场上的短期投资工具是指各种时效在一年之内的投资工具，如各银行的存款账户和一年内的定期存款、美国财政部发行的短期公债、各公司发行的商业票据、货币市场基金等。一般来说，这些投资工具几乎不存在任何风险，可用来暂存那些暂时不用的资金；对保守的或仅以保值为目的的投资者来说更为合适。短期投资工具具有很强的流动性，但是，它们的回报率是在所有的投资工具中最低的。

共同基金：普通投资者参与股市的工具。共同基金是由基金经理管理的，向社会投资者公开募集资金以投资于证券市场的营利性的基金。共同基金持有“一篮子”证券（股票、债券或其他衍生工具）以获得利息、股息或资本利得。共同基金通过投资获得的利润由投资者和基金经理分享。由于共同基金吸纳的是公众的资金，政府一般都对其实施比较严厉的管制，其组建、信息披露、交易次数、资金结构变化和解散都受到法律法规限制。目前在美国有8 000个左右的各类基金，管理的资产比较难统计出确切的数字，估计在5兆~10兆美元之间，管理的资产由各类证券构成。

衍生证券：专业投资者的大博弈。衍生证券顾名思义就是由普通证券衍生出来的，是一种既非债券也非股票的证券。它们的价值是由其被衍生的证券而确定的。购买了衍生证券便表明你拥有了对指定证券具有某种权利。衍生证券有明显的杠杆作用，可以“以小博大”，但“成也萧何，败也萧何”。因其风险极大，普通投资者不宜介入。而对专业投资者，如大投行、基金公司，特别是在对冲基金里，衍生证券是他们分散风险的利器。而风险管理就是以各种衍生来做模型，以达到在“一篮子”投资里分担、甚至避免风险的目的。

（资料来源：根据北京青年报“短期投资是美国最流行的投资之一”改编，2007年7月3日）

小测试：

1. 进行国际证券投资的主要目的是什么？
2. 怎样认识我国的QDII制度？

第二节　国际证券投资的收益与风险分析

一、国际证券投资的收益分析

国际证券投资收益分析主要包括国际债券投资收益分析和国际股票投资收益分析两个方面。证券投资收益的高低是影响证券投资的主要因素。

（一）汇率变动对国际证券投资收益的影响

国际证券投资收益主要包括国际债券投资收益和股票投资收益。根据一般财务管理教材的方法，购买外币证券时，计算的是国际证券投资获得的外币收益，但投资者真正关心的是以本国货币表示的投资收益率。由于外币收益要转换成本币收益，因此，以本币表示的收益率不仅取决于外币证券以外币表示的收益率的高低，而且还取决于本币对外币汇率的变动。若以 R_1 表示本币收益率，R_2 表示按外币计算的收益率，r表示外币对本币汇率变动的百分比，根据 $\frac{1+R_1}{1+R_2}=1+r$，外币证券投资的本币收益率可按以下公式计算：

$$R_1 = (1+R_2)(1+r) - 1$$

【例 11－1】 A国某公司年初按票面金额100B元购买B国的一种证券，次年初获得收益120B元，以B元表示的收益率为12%，年初汇率为1B元＝5.5A元，这一时期B元升值率为10%，按上述公式计算如下：

$$R_1 = (1+12\%)(1+10\%) - 1 = 23.20\%$$

一般来说，如果B元升值，购买B国证券的收益率将提高；如果B元贬值，则购买B国证券的收益率将下降。

在计算外币证券投资的本币收益率的公式中，如果忽略 R_2r，上述公式可简化为：

$$R_1 = R_2 + r$$

它表示以国内货币表示的投资收益率等于以外币表示的收益率以及预期汇率变动百分比之和。

根据统计学原理，国际投资的风险水平可用本币收益率的方差表示为：

$$Var(R_1) = Var(R_2) + Var(r) + 2Cov(R_2, r)$$

其中：$Var(R_1)$ 表示以本国货币表示的投资收益率的方差；$Var(R_2)$ 表示以外国货币表示的投资收益率的方差；$Var(r)$ 表示本国货币对外币的汇率的变动率的方差；$Cov(R_2, r)$ 表示以外币表示的投资收益率与汇率变动之间的协方差。

该式表明本币收益率的方差不仅取决于外币收益率的方差 $Var(R_2)$ 以及汇率变动的方差 $Var(r)$，而且还取决于两者的协方差 $Cov(R_2, r)$。

尤恩和雷斯尼克的研究表明，投资国外证券的风险主要源于汇率的波动，并且汇率的波动同国外证券市场收益率的波动存在着正相关关系，所以，为提高国际证券组合投资收益，就必须控制汇率风险。

（二）国际证券投资的货币选择

进行国际证券投资，除了要考虑以外币计算的收益率，还要注意汇率的变动。假定C国甲公司拟购买A元或B元证券，投资期限为1年，以外币计算的A元证券和B元证券的收益率分别为10%和12%，投资者的即期汇率为1A元＝1.5B元，1A元＝9C元，1B元＝6C元。预测投资期满时汇率为1A元＝1.6B元，1A元＝9.28 C元，1B元＝5.8 C元。从收益率来看，应购买B证券，但是，如果从汇率变动来看，由于A元升值，应投资购买A元证券。这两个因素是矛盾的，应综合计算比较，才能作出正确的决策。

【例 11－2】 某国甲公司拟投资900万C元购买100万A元证券或150万B元证券。

如果购买A元证券可获得的年收益额和收益率为：

$$年收益额 = 100 \times (1+10\%) \times 9.28 - 900 = 120.8（万C元）$$

$$年收益率 = \frac{120.8}{900} \times 100\% = 13.42\%$$

如果购买B元证券可获得的年收益额和收益率为：

$$年收益额 = 150 \times (1+12\%) \times 5.8 - 900 = 74.4（万C元）$$

$$年收益率 = \frac{74.4}{900} \times 100\% = 8.27\%$$

从上述计算可以看出，购买A元证券收益率较高。

还可以按以下方法计算：

如果购买A元证券，年收益 $= 100 \times (1+10\%) - 100 = 10$ 万A元；如果购买B证券，

折合为A元数额=150×（1+12%）÷1.6-100=5万A元。

从外币计算的收益率来看，投资于B证券的收益率（12%）高于投资于A证券的收益率（10%），如果B元不贬值，B元证券的投资收益可折合为12万A元（150×（1+12%）÷1.5-100），应比A证券的收益多2万A元。但是，由于B元贬值较多，使B元证券的收益折合A元为5万A元，减少7万A元（12-5），不仅抵消了以外币计算的收益率较反而高的收益，反而比A元证券的收益少5万A元（7-2）。

为进一步分析，可计算平衡点时的汇率：

$$平衡点时的汇率=\frac{150\times(1+12\%)}{100\times(1+10\%)}=1.5273$$

平衡点时的汇率为1A元=1.5273 B元，或1B元=0.6548 A元。

当1A元=1.5273 B元时，买A证券的收益与买B证券的收益相等，即：

$$100\times(1+10\%)-100=150\times(1+12\%)\div1.5273-100$$

或：$100\times(1+10\%)-100=150\times(1+12\%)\times0.6548-100$

等式两边均为10万A元。

如果1A元所值低于1.5273B元或1B元所值高于0.6548A元时，购买B元证券收益较高，反之，则购买A元证券收益较高。

二、国际证券投资的风险分析

证券投资风险是指证券投资收益的不确定性。由于各种原因，投资者进行投资的预期收益与其实际收益总是不相等的。实际收益与预期收益之差的大小，可以表明证券投资风险的大小。一般来说，证券投资的收益与风险直接相关，风险越大，投资收益越高；反之，风险越小，投资收益亦较低。

国际证券投资风险与国内证券投资风险虽然涉及的范围和产生风险的具体原因有差别，但其原理是一致的，都可分为系统风险和非系统风险两类。

（一）系统风险

系统风险是投资者无法控制的总体市场风险。导致系统风险的原因，主要有以下几个方面：

1. 宏观经济风险。一国的政治环境、宏观经济环境、经济形势会对该国证券市场的价格产生直接的影响，国际证券的投资者无法回避这个问题，必须采取相应措施减少宏观经济风险带来的损失。

2. 通货膨胀风险，亦称购买力波动风险。是指由于物价上涨而造成证券投资收益购买力下降的可能性。购买力波动风险是一种涉及面广、影响力强的风险，不论货币以哪种形态存在，物价上涨均会导致其购买力损失。通货膨胀因素的存在使得证券投资的名义收益率与实际收益率发生差异。名义收益率（i）、实际收益率（r）和通货膨胀率（p）三者之间的关系可用下列公式表示：

$$(1+i)=(1+r)(1+p)，从上式可得：r=\frac{1+i}{1+P}-1$$

【例11-3】 某投资者购买某种证券，票面金额1 000美元，票面利率10%购买价格为990美元，持有一年，这一年通货膨胀率为6%。

$$i = \frac{(1\,000 \times 10\%) + (1\,000 - 990) \div 1}{990} \times 100\% = 11.11\%$$

$$r = \frac{1 + 11.11\%}{1 + 6\%} - 1 = 4.82\%$$

名义收益率是考虑了通货膨胀因素影响的收益率，而实际收益率是剔除了通货膨胀因素影响的收益率。上式中的名义收益率高于通货膨胀率，使得该投资可获得实际收益。如果名义收益率为10%，而通货膨胀率为12%，则该投资的实质收益率为 $-0.02\%\left(\frac{1+10\%}{1+12\%}-1\right)$，投资该证券实质是亏损0.02%。

3. 利率波动风险。是指由于利率变化而给投资者带来的损失。一般情况下，利率变化会引起证券市场价格的反向变动，通常利率变动会从两方面影响证券价格：一方面是改变资本流向，即当市场利率提高时，会吸引一部分资本流向银行储蓄等方面，减少对证券的需求，使证券价格下降。当市场利率降低时，会使一部分资本流回证券市场，刺激证券价格上升；另一方面是影响股票价格，即当市场利率提高时，公司的融资成本提高，在其他条件不变的条件下，净利润和支付股利减少，引起股价下跌。当市场利率降低时，公司的融资成本降低，净利润和支付股利增多，使得股价上涨。

4. 汇率波动风险。汇率变动会给投资者以外币表示的证券价值带来不确定性。汇率与证券投资风险的关系主要体现在两方面：一是本国货币升值有利于以进口原材料为主从事生产经营的企业，不利于产品主要面向出口的企业，因此，投资者看好前者，看淡后者，这就会引发资本流向改变。本国货币贬值的效应正好相反；二是对于货币可以自由兑换的国家来说，汇率变动也可能引起资本的输出与输入，从而影响国内货币资本和证券市场供求状况。如A元对B元的汇率由1A元=5B元，降为1A元=8B元，则A国投资者购买的B元证券价格将随之下降。

（二）非系统风险

非系统风险是指仅对个别一只或一种证券收益造成影响的风险。它通常是某一企业或行业特有的风险，主要由企业经营能力、管理水平、消费者偏好变化等因素引起。投资者对于非系统性风险一般可通过投资的多样化方式来规避，因此非系统风险也称为可分散风险。非系统风险主要包括：

1. 经营风险。是指由于证券发行企业收益能力的变化，致使证券投资者的收益受到损失。经营风险与企业经营管理状况和营运能力密切相关。它包括由于企业外部环境和条件的变化所引起的外部风险和由于企业内部营运能力与经营效率的变化引起的内部经营风险。

2. 财务风险。是指与发行公司进行融资所采取的方法相联系的风险。一般而言，通过观察一个公司的资本结构来估量该公司的财务风险。资本结构中贷款和债券比重小的公司，其财务风险低；贷款和债券比重大的公司，其财务风险高。

3. 流动性风险。流动性风险是因在资产变现金过程中的潜在困难而造成投资收益的不确定。在流通市场上交易的各种证券中，流动性风险差异较大，有些证券极易脱手，投资者可轻而易举地卖出，在价格上不引起任何波动，如美国的通用汽车公司、埃克森石油公司的股票，每天成交成千上万手，表现出极大的流动性。而另一些证券变现较难，当投资者急于将它们脱手时，不得忍痛贱卖，掉进流动性陷阱。

4. 信用风险。信用风险主要表现在企业债券的投资中，是企业由于各种原因造成的不能完全履行其责任的风险。企业发行债券以后，其营运成绩、财务状况都直接反应在债券的市场价格上，一旦企业走向衰退时，由于债券持有人担心企业无法在到期时履行契约，按规定支付本息，纷纷卖出其持有的公司债券，债券市场价格逐渐下跌。一般而言，发行债券的工商企业、金融机构等都不同程度地存在着这种风险。

小测试：

1. 怎样计算汇率变动对国际证券投资收益的影响？
2. 如何进行国际证券投资的货币选择？

第三节　国际证券组合投资

一、国际证券组合投资对投资有效边界及投资风险的影响

（一）对投资有效边界的影响

一个国家或地区的投资者可以在本国或地区内投资多项资产并改变各种资产的投资比重，每一种投资组合都有其相应的组合收益及其标准差，在图中构成一点，所有点的集合就是组合投资有效集合，如图 11－1 所示。厌恶风险的投资者倾向于选取有效集合中收益较高且风险较低的组合，即组合投资的有效边界（AB）。

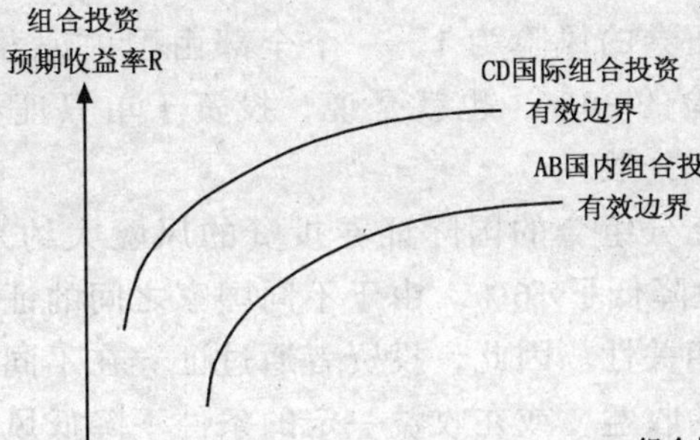

图 11－1　国际组合投资有效边界

当某国或地区的投资者在投资于国际市场上，拥有更多的投资选择机会时，根据组合分散化的基本原理（投资组合越多元化，收益越是稳定，风险分散效果越明显），组合投资的有效边界会向左上方移动（由 AB 到 CD），即在同样的预期收益条件下，国内组合投资的风险要高于国际组合投资的风险；或者说，在同等风险条件下国际组合投资的预期收益要高于国内组合投资的预期收益。

（二）对投资风险的影响

在证券组合投资中，风险降低的程度取决于各种证券之间的相关性。如果各种证券的收益率的正相关程度高，即它们上升或下降的趋势相同，那么投资者将无法通过证券组合投资降低风险。如果各种证券互不相关，那么证券组合投资的风险要比单独持有任何一种证券的风险低。在证券组合中，各种证券之间的相关性越低，种类越多，风险降低程度越大。但

是，对于系统风险，证券组合投资并不能排除或改变，因为这是由某个特定经济环境的固有的外部环境决定的。

国际证券投资理论认为，投资于多个国家的证券比仅投资于一国证券市场，更能有效地分散风险，并保持收益水平不变。如果国际、国内证券市场的波动已经完全一致，即两者收益率已具有完全相关性，投资于国际证券市场则不能起到降低风险的作用。但是，由于各国经济波动周期的差异以及国际证券市场一体化程度较低，各国证券市场的制度性差异等客观因素，决定了各国证券市场之间的相对独立性，使其相关系数较低，为投资者在不同时期、不同国家分散风险提供了必要的条件，使国际证券投资组合具有明显的分散风险的效果。

在不同国家进行的证券投资，其投资收益的相关性小于同一国家内证券投资收益的相关性。因此，在不同国家的证券组合投资，可以达到进一步降低系统风险的目的，如图 11－2 和图 11－3 所示。

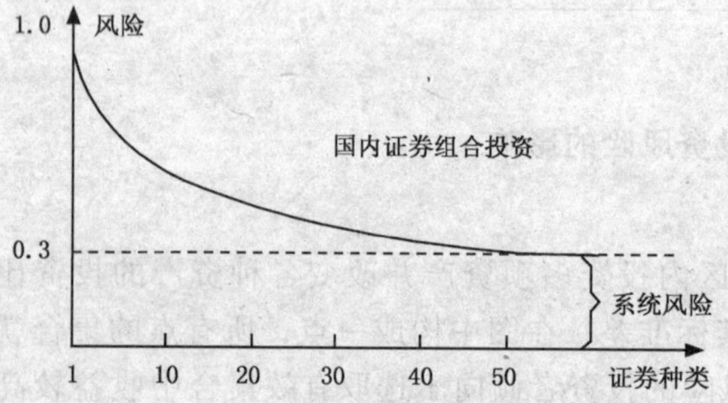

图 11－2　国内证券组合投资的系统风险

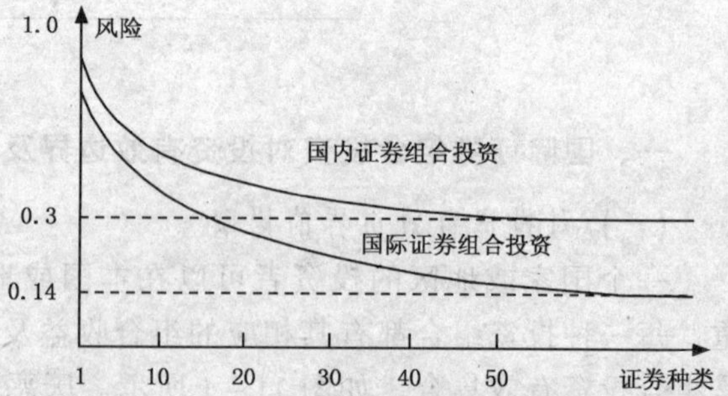

图 11－3　国际证券组合投资的系统风险

在图 11－2 中，设某单个证券的风险为 1，一个全部由国内证券充分组合的证券投资，其风险大约是单只证券投资风险的 30%，也就是说，投资于单只证券所涉及的风险，其中 70%可以通过国内证券组合投资分散。

从图 11－3 中可以看出，充分组合的国际证券投资的风险大约是单只证券投资风险的 14%，使图 11－2 中的系统风险降低了 16%。由于不同国家之间的证券投资收益的相关性小于同一国家内证券投资收益的相关性。因此，投资者通过证券在不同国家的有效组合，可以在风险一定的条件下获得更高的收益，或在收益一定的条件下降低风险，或同时达到以上两个目标。许多实证结果已经证实了国际证券组合投资的有效性。

二、制约国际组合投资发展的障碍

随着各国证券市场不断的国际化，许多跨国公司在许多国家进行证券投资，从证券投资组合中获得利益。但在现实中，国际证券组合投资的发展还存在着一定的障碍，主要有：

（一）信息和交易成本

投资外国证券，特别是那些只在本国国内挂牌上市的证券，由于存在信息不对称，投资者必然要花费大量的信息和交易成本。有些国家交易费用是可以协商的；有些国家交易费用与交易额成反方向变化，这也意味着小额投资者不能像大公司、机构投资者那样获得较低的交易成本，因而限制了这些小额投资者进行国外证券投资。

（二）法律与税收的限制

有些国家从法律上限制外国投资者购买本国公司的具有投票权的证券。一些国家规定了外国投资者拥有本国企业的资本比例，芬兰要求国外投资者持有芬兰国内上市公司的比例不得超过30%，韩国要求国外投资者持有国内企业的资本比例不得超过20%。

一些国家对投资者在其本国投资收到的利息和股利在离开国境前要征收预扣税，而这些投资者收到这些利息和股利时，在本国还要再缴纳一次税，这种对外投资收益的双重纳税也从一定程度上影响投资者到国外投资的积极性。大多数国家对股利的预扣税率为15%，而香港预扣税率为0，墨西哥预扣税率高达50%以上，这种税收制度的不同，使得跨国公司必须考虑税收计划，或者利用不同的现金流使得税收最小化。

（三）外汇管制及外汇风险

有些国家实行外汇管制措施，如限制外汇自由汇出国境，货币不能自由兑换等。

外汇风险主要包括会计风险（折算风险）、交易风险和经济风险（经营风险）。会计风险代表企业过去的交易形成的风险，是在将功能货币转换成记账货币时，因汇率波动而呈现跨国公司合并会计报表账面损失的可能。交易风险在外币计价的业务交易中，由于汇率波动使交易者蒙受损失的可能性。经济风险是由于意料之外的汇率变动可能引起企业未来一定期间盈余能力与现金流量变化的一种潜在风险。经济风险对企业经营业绩的影响要比交易风险及会计风险要大的多，这种影响是长期的，而后两者对企业的影响只是一次性的。

三、国际证券市场的相关性

国际金融市场的全球一体化发展，使各国证券市场的相关性不断提高，而相关性越高，分散风险的效果越不明显，从而难以显现国际证券组合投资的好处。同时，由于一些国家在经济上采取密切协调的政策，使得国家与国家间的相关系数也是不断提高，如表11－1所示。例如，美国与加拿大的相关相关系数高达0.74，欧洲国家中的德国、法国、荷兰和瑞士的相关系数都很高。

表11－1　　12个国家股票相关系数（1980—2002年）[①]

股票市场	AU	CN	FR	GM	HK	IT	JP	NL	SD	SW	UK
澳大利亚（AU）											
加拿大（CN）	0.6										
法国（FR）	0.37	0.46									
德国（GE）	0.34	0.42	0.69								
中国香港（HK）	0.46	0.47	0.31	0.36							
意大利（IT）	0.25	0.35	0.50	0.43	0.29						
日本（JP）	0.33	0.33	0.41	0.33	0.26	0.37					
荷兰（NE）	0.44	0.58	0.66	0.71	0.47	0.44	0.42				
瑞典（SD）	0.44	0.49	0.49	0.54	0.39	0.44	0.39	0.54			
瑞士（SW）	0.38	0.46	0.61	0.67	0.34	0.35	0.41	0.70	0.49		
英国（UK）	0.54	0.57	0.57	0.50	0.48	0.38	0.42	0.70	0.50	0.59	
美国（US）	0.47	0.74	0.50	0.45	0.41	0.29	0.31	0.62	0.49	0.51	0.58

① 切奥尔S. 尤恩等著，荀小菊等译：《国际财务管理》，机械工业出版社，2005年版。

实证研究表明[①]，当市场激烈，而且，投资者更愿意寻求安全时，全球多元化的作用是十分有限的。当市场波动激烈时，各市场间的相关系数呈上升趋势，更为严重的是，各个市场仅在下跌时是同步的，而上升时则不然。换句话说，只有熊市时才有这种联动效应，而牛市则不具有这样的特征。但是，对于长期投资者来说，国际多元化投资收益仍要大于仅投资国内市场组合投资的收益，同时，国际多元化投资的风险也低于仅投资国内市场组合投资的风险。

一些学者提出，为避免在相关系数较高的市场上进行组合投资，投资者可关注于新兴市场。尽管新兴市场的投资风险高，但由于它与其他市场收益率的相关系数很低，从而降低了组合投资的风险。

专　栏

国际证券组合投资的潜在利益

在一个国家范围内，虽然上市企业所处行业的发展情况和企业自身的经营管理水平等方面的差异，各种证券之间的收益不会表现出完全的正相关。但是，由于这些证券会同时受到这个国家的经济周期和宏观经济形势以及政策变动等共同因素的影响，因此，同一国家各种证券收益之间的相关程度仍较高。

不同国家之间证券收益之间的相关性明显低于一个国家内部各种证券之间的相关性，其原因是：首先，各国经济增长的不平衡必然导致这些国家和地区之间的证券投资收益率的不一致。如果将 1985 年股票价格指数定为 100，到 1992 年，美国、英国、德国、法国和意大利的股票价格指数升幅分别为 119%、88.6%、52%、87.1%和 58.6%。其次，各个国家经济周期的不同步将会引起这些国家的股票市场的熊市和牛市交替的不同步，因为股票价格会受到利率水平的影响，而利率水平随着经济周期的波动而波动。此外，由于不同国家市场行业构成差异较大，国际组合投资可使投资的行业分散，由于不同国家的行业之间的相关性较小，从而使投资者享受投资行业分散化的好处。

（资料来源：《国际证券组合投资的收益与风险分析》，2005 年 6 月 28 日，http://www.netlw.com/info/2155-1.htm）

四、国际证券组合投资决策

（一）国际证券组合投资方案设计与选择

国际证券组合投资方案的设计与选择，是指确定组合投资目的和范围，拟定证券的种类、币种、比重，设计不同的组合投资方案，并通过组合投资的收益和风险分析，选择最优组合投资方案的过程。

【例 11－4】 A 国 A 公司计划将 500 万 A 元用于一年期的证券投资。A 元证券的预期收益率为 13%（按 A 元计算）；B 元证券的预期收益率为 16%（按 B 元计算）；C 元证券的预期

① Patrick Odier and Bruno Slinik. Lessons for International Asset Allocation. *Financial Analysis Journal*. *March - April* 1993, pp.63－67.

收益率为15%（按C元计算）。由于两种外币证券的预期收益率均高于A元证券，所以，A国A公司打算投资于B元和C元外币证券，并提出以下三种选择：(1) 只投资于B元证券；(2) 只投资于C元证券；(3) 进行B元和C元两种证券的组合投资。

A国A公司预测投资期内即期汇率可能变动的百分比和发生变化的概率，如表11-2所示。

表11-2 预测汇率变动百分比的各种可能和概率

货币	汇率变动百分比	概率
B元	-5%	20%
	-2%	50%
	+3%	30%
C元	-4%	30%
	0	40%
	+2%	30%

计算以A元表示的B元证券预期收益率：

(1+16%) × [1+ (-5%)] -1=10.2%（出现的概率为20%）

(1+16%) × [1+ (-2%)] -1=13.68%（出现的概率为50%）

(1+16%) × (1+3%) -1=19.48%（出现的概率为30%）

B元证券投资收益率的期望值=10.2%×20%+13.68%×50%+19.48%×30%

=14.724%

计算以A元表示的C元证券预期收益率：

(1+15%) × [1+ (-4%)] -1=10.4%（出现的概率为30%）

(1+15%) × (1+0%) -1=15%（出现的概率为40%）

(1+15%) × (1+2%) -1=17.3%（出现的概率为30%）

C元证券投资收益率的期望值=10.4%×30%+14%×40%+17.3%×30%=13.91%

如果A国A公司选择只能投资于其中的一种外币证券，那么，它可能选择B元证券，因为：(1) 以A元表示的B元证券收益率期望值高于C元证券收益率的期望值（14.724%>13.91%）；(2) B元证券的风险程度高于C元证券的风险程度（B元证券的概率分布的离散程度大于C元证券概率分布的离散程度）。然而，在决策之前，A公司还应考虑进行两种外币（B元和C元）组合投资降低风险，实现较高收益率的可能性。

A公司经过分析研究，决定将500万A元投资于B元和C元两种证券，各占投资总额的50%，这一组合投资的综合收益率期望值为：

综合收益率期望值=14.724%×50%+13.91%×50%=14.317%

这一组合的投资收益率有九种可能性，如表11-3所示。

从表11-3可以看出：

1. 组合投资的收益率低于A国国内A元证券投资收益率（13%）的分别是第一行的10.3%、第二行的12.6%和第四行的11.89%，其相应的概率分别是6%、8%和15%，即组合投资出现低于A国国内投资收益率的可能性为29%（6%+8%+15%）；其余的组合投资收益率均高于A国国内投资收益率，这种可能性为71%（6%+20%+15%+9%+12%+9%）。可见组合投资可以提高A国只在国内投资的收益率。

表 11－3　　国际证券组合投资收益率的九种可能性

行数	收益率的组合		概率的组合	组合投资收益率	组合投资收益率期望值
	B 元	C 元			
(1)	(2)	(3)	(4)	(5)	(6) ＝ (4) × (5)
1	10.2%	10.4%	20% × 30% = 6%	10.2% × 50% + 10.4% × 50% = 10.3%	0.618%
2	10.2%	15%	20% × 40% = 8%	10.2% × 50% + 15% × 50% = 12.6%	1.008%
3	10.2%	17.3%	20% × 30% = 6%	10.2% × 50% + 17.3% × 50% = 13.75%	0.825%
4	13.38%	10.4%	50% × 30% = 15%	13.38% × 50% + 10.4% × 50% = 11.89%	1.7835%
5	13.38%	15%	50% × 40% = 20%	13.85% × 50% + 15% × 50% = 14.425%	2.885%
6	13.38%	17.3%	50% × 30% = 15%	13.85% × 50% + 17.3% × 50% = 15.575%	2.3363%
7	19.48%	10.4%	30% × 30% = 9%	19.48% × 50% + 10.4% × 50% = 14.94%	1.3446%
8	19.48%	15%	30% × 40% = 12%	19.48% × 50% + 15% × 50% = 17.24%	2.0688%
9	19.48%	17.3%	30% × 30% = 9%	19.48% × 50% + 17.3% × 50% = 18.39%	1.6551%
合计	—	—	100%	—	14.5243%

2. 组合投资中高于 B 元证券投资收益率（14.724%）的是第六行（15.575%）、第八行（17.24%）和第九行（18.39%），其可能性为 36%（15% + 12% + 9%）。可见，这几种投资组合虽然可能提高只投资 B 元的收益率，但是，具有一定的风险。

3. 组合投资中高于 C 元证券投资收益率（13.91%）的是第五行（14.425%）、第六行（15.575%）、第七行（14.94%）、第八行（17.24%）和第九行（18.39%），其可能性为 65%（20% + 15% + 9% + 12% + 9%）。说明组合投资可能获得高于只投资 C 元证券的收益率，可能性较大。

上述证券组合投资方案只包括两种外币证券，其组合投资比例为两种证券各占 50%，还可以设计出包括三种或更多种外币证券，其组合投资比例有多种情况的若干个证券组合投资方案。在进行组合投资方案设计时，应对各种不同方案的收益和风险进行比较和权衡后，作出最佳方案的选择。

（二）国际证券投资方案决策分析

在进行国际证券组合投资决策时，投资者一般要同时考虑收益和风险两个因素。因此，需了解各国证券市场的平均收益率和风险程度。各国证券市场的收益率和风险程度通常是运用数理统计的方法进行测算，最优的组合投资决策既不是投资收益最大化，也不是投资风险最小化，而是通过不同国家证券的组合投资，达到收益和风险的平衡。

为了从风险和收益两个方面同时评估组合投资的绩效，一般采用夏普绩效评估值（SHP）和特雷诺（Treynor）绩效评估值（TRN）。

夏普绩效评估值（SHP）的计算公式为：

$$SHP = \frac{R_i - r_f}{\sigma_i}$$

特雷诺（Treynor）绩效评估值（TRN）计算公式为：

$$TRN = \frac{R_i - r_f}{\beta_i}$$

其中：R_i 表示第 i 个组合投资的收益率的均值；r_f 表示无风险收益率；σ_i 表示第 i 个组合投资收益率的标准差；β_i 表示基于国际市场，反映第 i 个组合投资的系统风险的贝塔系数。

$$\beta_i = \rho_{i,w} \cdot \frac{\sigma_i}{\sigma_w}$$

其中：$\rho_{i,w}$表示第 i 个组合投资同国际市场收益率的相关系数；σ_i 表示第 i 个组合投资收益率的标准差；σ_w 表示国际市场收益率的标准差。

设某国某一时期股票市场的月平均收益率 0.57%，标准高差为 4.84%，无风险利率为 5%，贝塔系数为 0.86，则：

$$SHP = (0.57\% - 5\% \div 12) \div 4.84\% = 0.032$$

$$TRN = (0.57\% - 5\% \div 12) \div 0.86 = 0.0018$$

夏普绩效评估值反映投资者承担单位组合投资风险可以得到的风险溢酬。特雷诺绩效评估值反映投资者承担单位组合投资系统风险可以得到的风险溢酬。它们都是经风险调整后的评价投资业绩的指标。当组合投资的分散化程度较低时，夏普绩效评估值会较低，而特雷诺绩效评估值会较高；相反，当组合投资的独有风险全部被分散掉或者分散化程度很高时，它的两个指标对于该项投资组合业绩评价基本是一致的。夏普比率是通过比较回报波动性来衡量回报的一种指数，它的应用范围非常广泛。

专　栏

风险评估是获取良好绩效的关键

在建立风险和绩效之间的联系时，各个公司由于文化的不同，所采用的方法也是不同的。例如，与许多欧洲国家的公司相比，美国公司更能承担由绩效风险导致的两种极端后果——带来巨大的财富，或者是破产。有着相同文化背景的公司在处理这一问题时的方法也不尽相同。例如，金融行业的日常运作除了要达到国内和国际监管部门的要求之外，难免还要受到风险管理的约束。

传统的绩效衡量标准，无论是基于利润（如资产回报率）还是现金（如“自由”现金流），都存在一些缺陷，其中之一就是它们没有把风险考虑进去。相反，在进行绩效比较时，人们经常假设各个组织所承担的风险是完全相同的，这显然是荒谬的。在巴格达做生意的风险，要高于在英格兰博格诺里吉斯（Bognor Regis）做生意的风险；而投资一只高收益的垃圾债券所承担的风险，也高过购买英国政府发行的股票。

对上市公司的投资者来说，可以利用公司的β系数来比较风险调整后的全体股东回报率。在评估金融投资组合时，夏普比率（Sharpe ratio）也是经常使用的标准。夏普比率是通过比较回报波动性来衡量回报的一种指数，它的应用范围非常广泛。

（资料来源：英国《金融时报》，“风险评估是获取良好绩效的关键”，2007 年 1 月 22 日，http://finance.jrj.com.cn/news/2007-01-22/000001940438.html）

小测试：

1. 国际市场的相关性与国际证券组合投资收益和风险的关系如何？
2. 如何对国际证券投资方案进行设计与选择？

案例

组合投资的绩效评估

假定年无风险利率为5%，在表11－4中，根据18个主要股票市场的收益率、标准差和相对国际市场的贝塔系数值，计算了其夏普绩效评估值和特雷诺绩效评估值。

表11－4　　主要市场的绩效评价

股票市场	收益率均值%	标准差%	β_i	夏普绩效评估值	特雷诺绩效评估值
澳大利亚	1.00	7.44	1.02	0.078	0.0057
奥地利	0.77	6.52	0.54	0.054	0.0065
比利时	1.19	5.53	0.86	0.140	0.0090
加拿大	0.82	5.34	0.93	0.076	0.0043
丹麦	0.99	6.25	0.68	0.092	0.0084
法国	1.18	6.76	1.08	0.113	0.0071
德国	0.97	6.17	0.84	0.090	0.0066
香港	1.50	9.61	1.09	0.113	0.0099
意大利	0.96	7.57	0.89	0.072	0.0061
日本	1.08	6.66	1.21	0.100	0.0055
荷兰	1.39	4.93	0.89	0.197	0.0109
挪威	1.00	7.94	1.02	0.073	0.0057
新加坡	1.09	7.50	1.01	0.090	0.0067
西班牙	0.83	6.81	0.94	0.061	0.0044
瑞士	1.10	5.39	0.86	0.127	0.0079
瑞典	1.37	6.67	0.97	0.143	0.0098
英国	1.35	5.79	1.06	0.161	0.0088
美国	1.01	4.16	0.82	0.143	0.0072
平均值	1.09	6.50	0.93	0.107	0.0072

资料来源：The Case for International Portfolio Diversification，Chuck C.Y.Kwok.

从表11－4中数据可以看出，从夏普绩效评估值分析，业绩最好的是荷兰，最差的是奥地利、西班牙；从特雷诺绩效评估值分析，业绩最好的还是荷兰，最差的则是加拿大和西班牙。

投资者一般通过不同投资策略下的风险调整后的业绩评价指标的对比，选取指标最高的投资策略，作为最佳组合投资，按照相应的比例进行投资。

习　题

1. 假设有以下两种投资可供选择：一是可以买进利率10%到期付息的一年期美元债券；二是可以买进利率为12%到期付息的一年期英镑债券。当时即期汇率为1英镑=1.7美元，远期汇率（一年期）为1英镑=1.6美元。

要求：计算比较购买哪一种债券较为有利？

2. 已知A、B两国某年股票市场的月平均收益率分别为1.2%和1.3%，标准差分别为9.56%和9.74%，无风险年利率均为10%。

要求：计算两国的该年股票市场的夏普数值，并进行国际证券投资决策。

相关网站：

世界各股票市场的每日业绩数据　www.quote.yahoo.com

摩根斯坦利的网址　www.msci.com

纽约银行的网址　www.bankofny.com/adr

金融界　www.jrj.com

第十二章 DISHIERZHANG

国际贸易外汇收支管理

学习目标

- □ 了解企业国际贸易外汇收支结算中的票据和单据，掌握国际贸易外汇收支结算方式
- □ 学会企业国际贸易结算风险防范和外汇收支效益分析的方法
- □ 认识企业国际技术贸易的方式和特点，掌握国际技术贸易的价格决策和支付方式选择

第一节 国际贸易外汇收支结算方式

国际贸易包括国际货物贸易、国际服务贸易和国际技术贸易。国际贸易中，存在着大量的财务收支活动。在我国人民币成为可自由兑换货币之前，我国企业与其他国家企业之间的的贸易价款，一般都需用外汇来办理收支结算。

一、企业国际贸易外汇收支结算中的票据和单据

（一）票据

票据是指能够作为支付手段清偿债权债务而使用的可转让流通的证券。企业外汇收支结算中的主要票据是汇票、本票和支票。

1. 汇票。我国《票据法》对汇票的定义是："汇票是出票人签发的，委托付款人在见票时或者在指定日期无条件支付确定金额给收款人或持票人的票据。"汇票可以按以下各种标志分类：

（1）按出票人可分为银行汇票和商业汇票。前者的出票人是银行，付款人是另一家银行；后者的出票人是企业或个人，付款人可以是银行或企业、个人。

（2）按汇票流通中是否附有货运单据可分为光票和跟单汇票。前者不附带货运单据，银行汇票均为光票；后者附有货运单据，均为商业汇票。

（3）按付款期限可分为即期汇票和远期汇票。前者是指付款人见到汇票后应立即付款的汇票；后者是指付款人在固定的或在可以确定的未来某一日期付款的汇票。

（4）按承兑人可分为商业承兑汇票和银行承兑汇票。前者是经企业或个人承兑的一种远

期商业汇票；后者是经银行承兑的远期汇票，通常是远期商业汇票，由于经银行承兑后获得了银行信用，比商业承兑汇票可靠，易于流通贴现，有利于促进出口贸易。

汇票的贴现：企业将付款人已承兑但尚未到期的远期汇票背书转让给银行或其他金融机构（如贴现公司），银行受让汇票时按票面金额扣减贴现利息后的数额付给企业。

【例 12－1】 某出口商开出的汇票面值 1 000 万美元，期限 90 天，经进口商银行承兑，承兑费用（佣金）年率为 2%，如果出口商选择持有该承兑汇票，则 90 天后，他可收到的金额是汇票面值减去承兑费用后的净额，计算如下：

承兑费用＝1 000 万美元×（2%÷4）＝5（万美元）

出口商可收到的金额＝1 000 万美元－5 万美元＝995（万美元）

如果出口商以贴现方式将该承兑汇票出售给银行，年贴现率为 9.8%，则他可收到的金额还要减去贴现利息，计算如下：

贴现利息＝1 000 万美元×（9.8%÷4）＝24.5（万美元）

出口商可收到的金额＝1 000 万美元－5 万美元－24.5 万美元＝970.5（万美元）

贴现率一般略低于银行对客户的放款利率，汇票出票人和承兑人的信誉好，贴现率较低。反之，则较高。

金融市场发达的国家都有银行承兑汇票交易市场，出口商不必持有汇票到期，可以提前在市场上将汇票（按面值折价）出售给投资者，汇票到期时，投资者到承兑银行按面值兑取票款。

2. 本票。我国《票据法》中对本票的定义是："本票是出票人签发的承诺自己在见票时无条件支付确定的金额给收款人或者持票人的票据。本法所称本票是指银行本票。"我国《票据法》只规定了银行本票。本票常见的形式有以下几种：

（1）银行本票。由商业银行开出，见票即付给记名收款人的本票。

（2）商业本票。由企业开出的本票。在国际贸易中，进口企业为延期付款可按合约规定向出口方开出远期本票，但往往需由本国银行提供担保。

（3）国际小额本票。它多由设在美元清算中心（纽约）的美国银行签发，以美元定值。用于跨国的中小额货币支付。

3. 支票。我国《票据法》对支票的定义是："支票是出票人签发，委托办理支票存款业务的银行或其他金融机构在见票时无条件支付确定的金额给收款人或者持票人的票据。"在国际贸易中，支票由进口方签发、委托银行从其存款账户中付出一定金额给出口方。有时卖方为了防止买方开空头支票提不到款而要求买方开立保付支票。

（二）单据

在进出口贸易外汇收支结算中，与货物发运有关的单据主要有以下几种：

1. 商业发票。是出口商开立的装运货物凭以向进口商收取货款的价目清单，是出口商提供的说明交易内容的证明文件，是进、出口商记账的凭证，是报关征税的依据。在即期付款交单和即期付款信用证不要求提供汇票的情况下，发票可代替汇票作为付款命令，进口商或开证行就根据发票金额付款。发票还可以作为保险等索赔时的价值证明。

2. 运输单据。国际贸易中货物的运输单据有海运提单、海运单、空运单、国际铁路联运单、国际邮包收据和国际专递（快递）收据或证明。海运提单简称提单，是运输单据中最重要的一种。它是货物承运人或其代理人（轮船公司）在收货后或货物装船后签发给托运人的，证明托运的货物已经收到或装运到船上，约定将该项货物运往目的地交予提单持有人的物权凭证。它代表货物所有权，收货人或提单的合法持有人，有权凭提单向承运人提取货物。海运单、空运运单和铁路运单等都不具有物权凭证的性质，不是提货凭证，收货人不是凭运单提货，而是凭运输机构的提货通知或凭收货人的提货凭单提货。

3. 保险单。国际货物运输中可能会遇到各种风险而造成货物损失，进、出口商通过投保货物运输险，将不确定的损失变为固定费用。保险单是保险人（保险公司或保险商）接受被保险人（投保人）投保后，所出具的证明保险合同的有效书面文件，它证明被保险人的保险权益和保险人所承担的保险责任。投保人在投保时应按规定向保险人交付保险费。一旦出险，被保险人可以凭保险单要求赔偿，而保险人根据保险单的规定确定理赔的内容和金额。

4. 其他单据。包括检验证明书、产地证明书、装箱单、重量单、尺码单等。

二、企业国际贸易外汇收支的结算方式

外汇收支结算主要有汇款方式、托收方式、保函方式和信用证方式等。

（一）汇款方式（Remittance）

汇款又称汇付，是付款人委托所在国银行，将款项以某种方式付给收款人的一种结算方式。

1. 汇款的三种具体方式。

（1）电汇（Telegraphic Transfer，T/T）。电汇是汇出行根据汇款人的申请，用电传向汇入行发出付款委托，支付一定金额给收款人的一种汇款方式。采用电汇方式时，汇款人应填写电汇申请书，交款付费给汇出行，取得电汇回执。汇出行以电传委托汇入行解付汇款。汇入行收到电传，核对密押无误后，填制电汇通知书通知收款人。收款人持通知书和有效证件取款，汇入行付款后将付讫通知寄给汇出行，据以记账。采用电汇方式，电传费用虽然较高，但由于汇出行与汇入行直接联系，因而安全、准确、迅速，在国际贸易中使用最为广泛。

（2）信汇（Mail Transfer，M/T）。信汇是汇出行根据汇款申请，用航空信函向汇入行发出付款委托，支付一定金额给收款人的一种汇款方式。信汇方式的处理程序与电汇方式基本相同，所不同的是汇出行接受汇款人信汇申请书并交款付费后，不用电传，而是将信汇委托书寄给汇入行，委托它支付汇款。汇出行寄发信汇委托书不加密押，但须签字，经汇入行核对签字无误，证实信汇的真实性后，才能付款。信汇的费用较电汇低廉，但收款时间较慢，差错率较高，现在已很少使用。

（3）票汇（Demand Draft，D/D）。票汇是汇出行根据汇款人申请，代汇款人开立以汇入行为付款人的银行即期汇票，支付一定金额给收款人的一种汇款方式。在汇款时，汇款人应填写票汇申请书，交款付费给汇出行。汇出行开立银行即期汇票，交汇款人，寄给收款人。同时汇出行将汇票通知书或称票根寄给汇入行。收款人持汇票向汇入行取款时，汇入行将汇票与票根核对无误后，支付票款给收款人，并将付讫借记通知单寄给汇出行据以记账。

2. 汇款方式在国际贸易中的应用。在国际贸易中，如果进出口双方资信好，支付能力强，可以采用这种方式结算，有以下两种情况：

（1）预付货款。即进口商先将货款汇交出口商，出口商收到货款以后发运货物，对出口商来说则是预收货款。这种方式对出口商最安全，但商品出口的竞争能力最低，这种方式不利于进口商，预付货款不但积压了进口商的资金，而且使进口商承担出口商不交货的风险，

因而进口商一般不愿采用这种方式。进口商采用预付货款方式有以下几种情况：进口商是首次购货的客户，出口商不了解这一客户的资信；进口商所在国政局不稳或正处于金融困难之中，进口商资信不高，出口商要求进口商预先付款，才能发货；进口商为了不失去市场机遇而急于购得某种商品，宁愿预先付款；出口商信誉好，肯定能按期保质供货；进口商以预付货款换取较有利的价格条件；跨国公司内部贸易。

(2) 货到付款。即出口商赊销，由出口商先发货，进口商收到货物后付款。出口商向进口商提供了毫无保障的信用。这种方式对出口商不利，既要承担进口商的不付款的风险，又要占压资金，但这种方式商品出口竞争能力最强。故货到付款方式多用于以下几种情况：新产品或滞销商品的出口；进口商是资信好的老客户；跨国公司内部贸易。

由于预付货款和货到付款都有一定缺点，因此在国际贸易中使用较少。汇款方式主要用于小额贸易价款、分期付款、订金、佣金等项目的支付。

(二) 托收方式 (Collection)

在国际结算中，托收是债权人委托本国银行通过其在国外的分行或代理行向债务人收取款项的结算方式。

1. 托收方式的分类。按托收所附的单据不同，可分为以下两类：

(1) 光票托收。是不附商业单据的金融票据的托收。商业单据是指发票、运输单据、所有权单据或其他类似单据；金融票据是指汇票、本票、支票或其他用来获得现金付款的类似凭证。

(2) 跟单托收。是指对下列单据的托收：①附有商业单据的金融票据；②不附金融票据的商业单据。

在国际贸易结算中，大多数是跟单托收，其基本做法是：出口方发货后，备妥包括运输单据在内的有关商业单据，并开出汇票交本国银行（托收行），委托它通过进口地的分行或代理行（代收行）向进口方收取货款。

跟单托收按交单条件不同，可分为以下两种：

第一，付款交单（Documents against Payment，D/P）。出口方指示银行，只有在进口方付清货款时才能向其交付商业单据。按付款时间不同，付款交单可分为即期付款交单和远期付款交单。即期付款交单是进口方见到出口方开具的即期汇票和商业单据后，立即付款赎单。远期付款交单是进口方见到出口方开具的远期汇票和商业单据后予以承兑，于汇票到期日付款赎单。

第二，承兑交单（Documents against Acceptance，D/A）是代收行于进口方承兑汇票之后，将商业单据交给进口方，据以提货，进口方在汇票到期时，履行付款义务。

2. 跟单托收方式的程序。以承兑交单为例，其程序为：(1) 出口方发运货物后，填写托收委托书，开具远期汇票，连同商业单据，交托收行办理托收手续；(2) 托收行将汇票、单据和托收委托书寄交代收行；(3) 代收行向进口方提示汇票和单据，进口方审核无误，在汇票上承兑后，代收行收回汇票，将单据交给进口方，据以提货；(4) 汇票到期时进口方支付货款；(5) 代收行将货款交付托收行；(6) 托收行向出口方交付货款。

3. 跟单托收方式的性质。

(1) 采用跟单托收方式，银行只提供代收货款代为交单的服务，而是否付款依赖于进口方的信用，银行不负责任。因此，托收与汇付一样都属于以商业信用为基础的结算方式。

（2）跟单托收方式对进口方有利，因为出口方先行发货，进口方不存在出口方不发货的风险，而且不需要垫付资金，在承兑交单的情况下还能利用出口方的资金，因而托收被认为是出口方给予进口方以融资优惠的付款方式。

（3）托收方式是出口方以赊销方式先发货，然后委托银行向进口方收款。不论是采用付款交单或承兑交单都存在进口商借故拒绝付款、无力付款，因而出口商收不到货款的风险。

（三）信用证方式（Letter of Credit，L/C）

由于汇款方式和托收方式对进出口商来说都有不同程度的风险，为了保障买卖双方的利益，就需要有一个双方都信得过的第三者作为中间人起担保作用，这一任务责无旁贷地落在银行身上，因而形成了信用证方式。

1. 信用证的概念。信用证是开证行（进口地银行）应进口方的请求向出口方开立的在一定条件下保证付款的凭证；付款的条件是出口方（受益人）向银行提交符合信用证要求的单据；在满足上述条件的情况下，由银行向出口方付款，或对出口方出具的汇票承兑并付款；付款人可以是开证行，也可以是开证行指定的银行。收款人可以是出口方，或者是它指定的人。信用证方式由银行承诺付款，而在汇款和托收方式中，银行都未作出此种承诺。

2. 信用证的性质与特点。

（1）信用证是一种银行信用，银行承担第一性付款责任。信用证从本质上讲，是进口商开户银行的信用代替了进口商的信用。出口商发货后开出的汇票不是以进口商（信用证的申请人）为付款人，而是以开证行或其指定的银行为付款人。

（2）信用证是一种独立文件。信用证是以合同为依据开立的，其内容应与合同条款一致，但信用证是一项独立文件，它不依附于贸易合同。信用证当事人在信用证业务中，所应有的权利和义务完全以信用证条款为依据，不受贸易合同的制约。

（3）信用证业务的处理是以单据为准。在信用证业务中，有关当事人处理的是单据，而不是单据所涉及的货物、服务或其他行为。银行在处理信用证业务时，只凭单据，不问货物。因此，申请人（进口商）不能以有关货物与单据或与合同不符而对银行履行付款责任提出异议。只要单据符合信用证的规定，银行就应履行付款责任，申请人也必须向银行付款赎单。

上述规定保证了出口商所得到的银行信用是充分可靠的；保证银行不会被卷入可能的商业纠纷；使银行能够很容易地介入它不熟悉的贸易结算中去。

3. 信用证的作用。由于信用证方式以银行信用代替了商业信用，因而对进出口商都很便利。

（1）对出口商来说，在发运货物后，只要将符合信用证条款规定的单据交给当地银行，就可以得到货款；信用证还可减少由于进口国外汇管制或其他政治行为产生的支付拖延和扣留的风险。国家通常允许当地银行为信用证付款，如果不能为信用证付款，就会严重损害该国的资信等级和信贷能力；信用证还可防范货物运输前的风险，当出口商依据合同生产进口商预定的专用设备，承担着运输前进口商毁约的风险，开立信用证就可以为出口商在生产阶段提供保护；由于信用证能确保出口商生产的产品有确定的买主，因而有助于融资，信用证也使银行很愿意承兑出口商开出的汇票。

（2）对进口商来说，通过信用证可以向出口商证实自己的资信，促成交易；在银行开证时，进口商只需交付一定比例的押金或其他担保品而无需预付全部货款，减少了资金占压；

信用证要求的单证都会经过有多年丰富经验的银行职员仔细审查，否则银行会对其任何疏忽负责；进口方可通过信用证条款控制出口商按合同发运货物；由于信用证对出口商很有利，因而进口商通常会要求更有利的信用条件或更优惠的价格；由于一些出口商只接受信用证，进口商通过提供信用证，可以扩大公司的供货来源。

信用证方式虽然比较完善，但它并不能防止一切风险。这种方式存在的风险主要是：出口商以次货、假货或伪造单据诈骗银行和进口商付款；不法商人用伪造信用证诈骗出口商发货；开证行有可能遇到进口商倒闭或无力付款的风险；出口行有可能遇到开证行故意挑剔单据拒不付款或开证行倒闭等风险。

4. 信用证的内容。信用证的基本内容包括：(1) 信用证类型、编号、日期；(2) 信用证的当事人；(3) 信用证的金额和汇票；(4) 货物条款，包括货物名称、规格、数量、包装等；(5) 运输条款，包括运输方式、装运地和目的地、最迟装运日期等；(6) 单据条款，包括要求提供单据的种类、份数和内容要求；(7) 责任文句；(8) 有权签字人的签名或电传密押。

5. 信用证的当事人。

(1) 申请人。指国际贸易中的进口方，它对信用证承担最终的责任，承担及时付款赎单。

(2) 开证行。是进口地银行，一般是进口商的开户银行，它承担第一性的付款责任，有取得质押的权利。

(3) 受益人。指国际贸易中的出口方，发货后提交的单据必须符合信用证的规定。

(4) 通知行。是开证行在受益人所在地的代理行，向受益人转交信用证。

(5) 议付行。是开证行在信用证中明确邀请为出口商做议付的银行，议付是出口商利用信用证取得资金融通的一种方式，即由出口商向议付行提交发货的单据和远期汇票，经审核符合信用证的规定，议付行购买单据和汇票，将汇票金额扣除议付日至从开证行收回垫款日的利息和手续费，付给出口商，俗称买单，又称出口押汇。议付是可以追索的。

(6) 保兑行。应开证行的请求在信用证上加具保兑的银行，保兑行往往是出口商所在地的信用很好的银行。

(7) 付款行。往往是开证行自己，也可以是开证行指定的银行，通常是出口商所在地的银行，以简化汇兑手续。

6. 信用证的种类。信用证的种类甚多，这里只说明以下几种：

(1) 可撤销信用证和不可撤销信用证。前者可以由开证行通过通知行修改或撤销，不必事先通知受益人：后者是信用证开出后，在有效期内，未经受益人和申请人的同意，开证行不得撤销或修改信用证的内容。在国际贸易中广泛使用不可撤销信用证。

(2) 跟单信用证和光票信用证。前者适用于商业交易，是指开证行在信用证中规定凭受益人提交符合信用证要求的全套单据予以付款、承兑或议付；后者通常适用于非商业交易，是指信用证中规定开证行仅凭受益人出具的汇票或收据予以付款。

(3) 保兑信用证。是开证行开出信用证后请另一家银行加以保兑，使信用证易为受益人和有关银行接受。

(4) 即期付款信用证和延期付款信用证。前者指开证行或指定的付款行在收到与信用证条款相符的单据时即予付款；后者指受益人不开具汇票，仅向开证行或其指定的付款行提交规定的单据，付款行在未来某一特定日期付款。例如信用证上写明："在提交单据后……天付款"或"在提单出单日期后……天付款"等。

（5）承兑信用证。这种信用证要求受益人开立以指定银行（承兑行）为付款人的远期汇票，连同规定的单据交承兑行进行承兑，承兑行收下单据，将已承兑的汇票（或用承兑通知书的方式）交还受益人（或受益人的委托银行），并到期付款。

（6）议付信用证。指出口商的应收货款由议付行采用议付方式支付的信用证。

（7）预支信用证。开证行在进口方的授权下，在信用证中向出口方承诺在出口方装运货物交单前，可从开证行（或议付行）支取部分货款，以帮助出口方备货装运。如果到期出口方未能装运，则由进口方负责向预支行还本付息。

7. 信用证的一般结算程序。不同类型信用证的结算程序各有特点，但都经过申请、开证、通知、交单、付款、赎单等环节。下面以议付信用证为例加以说明，见图 12－1。

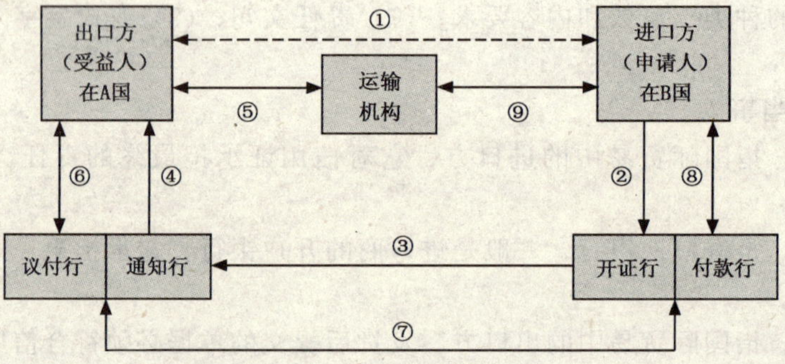

图 12－1　议付信用证的结算程序

在图 12－1 中，①签订货物买卖合同。②申请开证。进口商按合同规定向所在地银行申请开证。申请人应填写开证申请书，按规定向开证行交付一定比例的押金或其他担保物。③开证行开立信用证。经开证申请人确认后，将信用证用邮寄或电传或通过 SWIFT 电讯网络送交通知行。④通知行通知出口商。信用证经通知行核对签字、印鉴或密押无误、立即转交出口商，留存一份副本备查。⑤出口商发货备单。出口商收到信用证时，对信用证的内容审核无误后，根据信用证的规定发运货物，制作和取得信用证规定的全部单据，开立汇票。⑥交单议付。出口商将单据、汇票连同信用证正本交议付行办理议付。⑦寄单索偿。议付行议付后，将单据寄交开证行或开证行指定的付款行，请求偿付货款。开证行或付款行在审单无误后，即应将款项偿付给议付行。⑧进口商付款赎单。开证行在向议付行偿付后，即通知进口商到开证行审核单据，如果单据无误，即应付清货款和有关费用（如开证时曾交付押金，则应扣除押金的本利）。⑨进口商提货。

8. 信用证方式下银行承兑汇票融资。在信用证方式下，银行承兑汇票的流程如图 12－2 所示。

在图 12－2 中，①进口商向出口商提交订单。②进口商向银行申请开立信用证，假设信用期限为 60 天。③进口商开户行将信用证交至出口商开户行。④将信用证通知出口商。⑤出口商发货备单。⑥出口商向开户银行提交商业单据和远期汇票（期限 60 天）。⑦出口商开户行向进口商开户行出示单据和汇票，进口商开户行对汇票加以承兑。关于银行承兑汇票有多种情况可能发生，银行承兑汇票可以被返回给出口商，由它持有 60 天后在到期日向进口商开户行提交兑付。如果出口商持有承兑汇票至到期日，就是向进口商提供了融资，这同

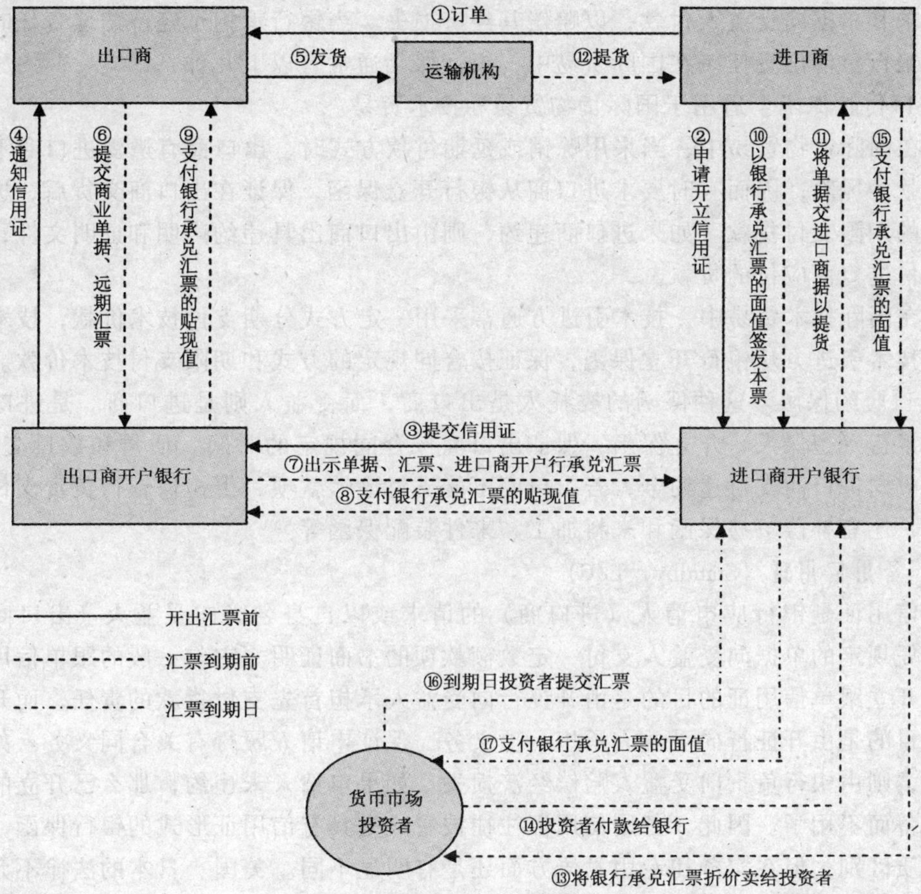

图 12－2　信用证方式下银行承兑汇票流程

应收账款融资有相似之处，二者的区别在于银行承兑汇票是由银行保证向出口商付款。如果出口商在汇票到期日之前需要资金，它可以在货币市场上出售该银行承兑汇票，在这种情况下，不是出口商向进口商提供融资，而是银行承兑汇票的持有人在提供融资。出口商出售银行承兑汇票所得的货币，要少于出口商在汇票到期日收到的货币，这一折扣体现了货币的时间价值。银行承兑汇票还可以由出口商开户行持有，作为一种投资持有至到期日，从承兑银行（进口商开户行）兑取汇票的面值。⑧出口商开户行根据出口商的要求通知进口商开户行向出口商开户行支付承兑汇票的贴现值。⑨同时出口商开户行向出口商支付银行承兑汇票的贴现值。⑩进口商以银行承兑汇票的面值签发本票，给进口商开户行。⑪进口商开户行将商业单据交进口商。⑫进口商据以提货。如果出口商及其开户行均不持有银行承兑汇票，进口商开户银行可以持有它 60 天至到期日，再通过本票向进口商收取与汇票面额相等的价值。⑬进口商开户行可以在货币市场上将银行承兑汇票折价卖给投资者。⑭投资者付款给进口商开户行。⑮在到期日，进口商向进口商开户行支付银行承兑汇票的面值。⑯在到期日，投资者向进口商开户行提交汇票。⑰进口商开户行向投资者支付银行承兑汇票的面值。

（四）银行保函（Banker's Letter of Guarantee）

银行保函是银行（担保人）根据委托人（契约一方的当事人）的请求，开立的书面保证，向受益人（契约另一方的当事人）承诺，如果委托人违约使受益人遭受损失时，凭规定的付款要求和单据向受益人付款，以赔偿其经济损失。当银行承担了经济赔偿责任时，委托人必须对银行负清偿责任。在国际贸易中，银行保函通常有以下几种：

1. 进口付款保函。适用于国际货物贸易和技术贸易。

（1）在国际货物贸易中，当采用赊销或延期付款方式时，出口商有遭受进口商不付款或不按时付款的风险，因而有时要求进口商从银行开立保函，保证在出口商交货后，进口商按合同规定的期限支付货款。如果进口商违约，则由出口商出具违约声明和证明文件，担保银行据以支付进口商应付的货款。

（2）在国际技术贸易中，技术引进方通常采用一定方式分期支付技术价款，技术转让方可能要求技术引进方从银行开立保函，保证按合同规定的方式和期限支付技术价款。

2. 出口履约保函。这种保函的委托人是出口商，而受益人则是进口商。是进口商要求出口商从银行（担保人）开立保函，保证出口商按合同规定的时间、质量和数量交运货物，如果违约应向进口商支付违约金，若出口商不能支付该笔款项，由担保银行负责支付。

此外，还有补偿贸易保函和来料加工、来件装配保函等。

（五）备用信用证（Standby，L/C）

备用信用证是银行应申请人（进口商）的请求或以自身名义向受益人（出口商）出具的，保证凭规定的单据向受益人支付一定数额款项的书面证明。它与一般的跟单信用证的目的不同，开立跟单信用证的目的是由开证行向受益人承担首先支付货款的责任，而开立备用信用证的目的是由开证行向受益人承担一项义务，保证申请人履行有关合同义务。如果申请人未履约，则由银行负责向受益人赔偿经济损失。如果申请人未违约，那么已开立的备用信用证就是备而不用了。因此，备用信用证往往被看成是具有信用证形式的银行保函，它们二者没有本质区别，但在实务和专用术语方面还是有明显不同。美国、日本的法律不允许使用银行保函，只允许使用备用信用证。

小测试：

1. 企业进出口贸易外汇收支使用哪些票据和单据？什么是汇票、本票和支票？
2. 企业进出口贸易外汇收支采用哪几种结算方式？它们的程序有哪些不同？
3. 什么是信用证？它有什么特点？信用证结算方式的一般程序是怎样的？

第二节　国际贸易结算的风险和效益分析

一、国际贸易结算的风险

（一）国际贸易结算风险的分类

各种结算方式中存在的结算风险，按其形成的原因可分为以下几类：

1. 政治风险。又称国家风险，由于有关国家政治方面的原因而形成的结算风险。例如，进口商所在国由于某些原因加强进口管制，临时取消进口许可或对进口付汇采取严格管制，使进口商延期付款或停止付款；进口商或出口商所在国发生战争和内乱使进口商无力付款，使出口商不能发货（进口商已预付货款，但收不到货物）。

2. 信用风险。指因进、出口商的信用不好而形成的结算风险。例如，进口商不按规定时间付款或拒绝付款；出口商已预收货款，但不发货或不及时发货。

3. 诈骗风险。指因遭遇诈骗而形成的结算风险。例如，诈骗分子用假货、次货或假单据，骗取货款；或用伪造的票据（例如假支票或空头支票）、单据，骗取货物。

4. 管理风险。指因管理不善而形成的结算风险。例如由于管理人员责任心不强，填制票据、单据发生差错，货物质量差，交货逾期，延误结算，使对方拖欠货款或拒绝付款。

5. 汇率风险。指因汇率变动而形成的结算风险。

（二）国际贸易出口收汇结算风险的防范

1. 健全和完善防范结算风险方面的法规和制度。提高管理人员素质，认真执行各项规章制度，加强岗位制约和监督，及时发现问题，妥善处理，避免损失。要采用高科技防伪技术，对各种结算凭证、印鉴、签字，应使用防伪检测器以鉴别真伪。同时，应加强与国内外银行的合作与交流，建立电子信息网络，对境外签发的票据和单证，一旦发现可疑之处，立即查询，分清真假，防范于未然。

2. 严格控制远期收汇。远期收汇就是允许进口商在提货后30天、60天、90天或更长时间才付款，收汇时期越长，风险就越大。远期收汇不仅是出口商给进口商的一笔无息贷款，而且还要承担汇率变动的风险。为了避免风险，出口单位在采用远期收汇方式时，应加强对进口商资信、进口国市场和进口国外汇管理情况的调查，从严控制远期收汇的期限。

3. 妥善选择结算方式。前已说明，国际贸易结算主要使用信用证、托收、汇款和保函等方式。出口商如果坚持采用预收货款（汇款）方式，虽然没有风险，但可能会因此失去潜在的客户；如果采用赊销（汇款）、承兑交单（托收）方式，虽然能加强出口商在国际市场上的竞争地位，但面临着进口商到期不付款的风险。信用证方式是建立在银行信用基础上的，而托收和汇款结算方式是建立在商业信用基础上的，为了安全地收回出口货款，一般来讲应多采用信用证结算方式。采用信用证方式对出口商比较安全可靠，而即期信用证方式又比远期信用证方式更好些，不可撤销有保兑的即期信用证对出口商更为有利，可撤销信用证对出口商不利，不宜采用。企业出口商品应根据不同国家、不同客户和不同商品正确选择收汇的结算方式。对于风险大的国家、不了解的新客户、资信不高的客户、畅销的商品，为了安全收汇，一般应采用信用证、银行保函等结算方式；而对于风险小的国家、资信高的客户、滞销的商品，为了提高商品的出口竞争能力，必要时可采用货到付款即赊销（汇款）或托收等结算方式。

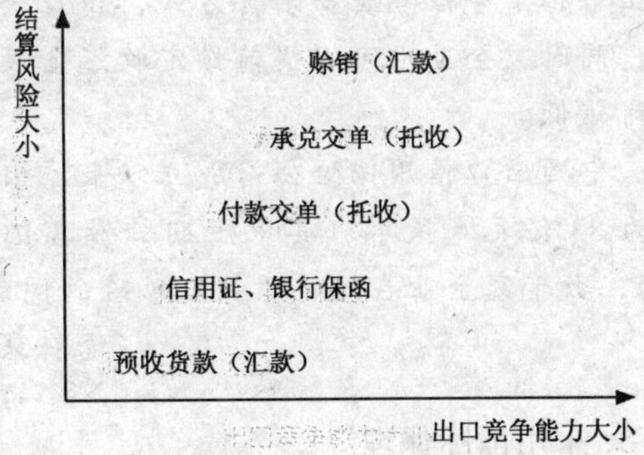

图 12－3　企业出口收汇的结算方式比较

企业出口收汇的各种结算方式，它的结算风险大小和出口竞争能力大小如图 12－3 所示。

在选择结算方式时，既要有利于安全收汇，又要有利于扩大出口，使两方面适当结合。

4. 办理出口信用保险。我国于2001年12月成立“中国出口信用保险公司”（简称中国信保），专门办理企业出口信用保险业务。此前这一业务由“中国进出口银行保险部”办理。中国信保负责办理中长期出口信用保险、短期出口信用保险、投资保险、国内贸易信用保险和担保业务，还对信保客户提供商账追收、资信评估、贸易融资便利服务以及国家风险、买家风险、行业风险评估分析等服务。当企业出口商品时，如果预测货款收回将遇到政治风险、信用风险和诈骗风险等，可到保险公司投保，按规定缴纳保险费。如果以后应收货款不能收回发生损失，由保险公司按规定给予赔偿。通过出口信用保险可以带动银行对企业出口提供资金融通。

专　栏

出口信用保险项下的贸易融资

中国出口信用保险公司（简称中国信保）保险项下的贸易融资包括中长期出口信用保险项下的融资（即第六章介绍过的出口信贷）和短期出口信用保险项下的融资。后者是2002年正式推出的一项金融创新业务，该业务是指出口商在中国信保投保短期出口信用保险，并将赔款权益转让给银行后，银行向出口商提供出口贸易融资，在发生保险责任范围内的损失时，中国信保根据相关规定将按照保险单规定理赔后应付给出口商的赔款直接全额支付给融资银行。

出口信用保险项下的贸易融资是中国信保出口信用保险保障功能和银行融资功能相结合的一种产品，对出口企业具有相当的实用性和便利性，它具有下列特点：(1) 在传统贷款模式下，银行承担来自出口商、进口商等多方面的风险，而在出口信用保险项下的贸易融资，中国信保、出口企业和银行各司其责，分担风险。出口企业主要负责货物的质量，银行重点审核借款人（出口商）的资质条件，而来自进口商的风险由中国信保承担。由于这种专业化的分工和相互配合，使收汇风险和贷款损失大大降低了；(2) 传统的银行贷款需要抵押或担保，存在很多困难，而信用保险项下的贸易融资，由于中国信保承担了来自进口商的风险，银行可根据自身经营情况适当提高对出口商的授信额度或增加直接融资，信用保险为企业及时获得银行融资增加了新的渠道和手段；(3) 信用保险项下贸易融资通过出口押汇等短期贸易融资方式，出口企业可事先从银行获得资金，有效解决资金周转问题，同时，企业也可以提前锁定收汇金额，规避人民币汇率变动风险，而且贸易融资成本相对较低。

中国出口信用保险公司成立以来，出口信用保险项下的贸易融资数额迅速增长，2002年为83亿元人民币（其中短期融资8亿元），2006年达745亿元（其中短期融资388亿元），数千家企业在规避了收汇风险的同时，还获得了银行融资。

（资料来源：《国际融资》，2007年第7期，第54－55页）

5. 采用国际保理。

(1) 国际保理概述。保理（Factoring），又称保付代理。由国际保理商向出口商提供调查进口商的资信情况、核定买方信用额度、资金融通、应收账款代收等一系列服务。其中买方信用额度是由保理商在调查进口商资信条件和支付能力的基础上核定的，在该额度范围内，出口商可以得到保理商为其提供的各项服务，从而保障收汇安全和获得贸易融资。在国际保理中的资金融通可以有以下两种情况：一是采用预付款形式。如果出口商申请，可以从出口保理商得到预付款，按规定支付利息；二是采用贴现形式。保理商以贴现价格购买出口商的应收账款，这种贴现一般都是无追索权的，也就是说保理商承担了除涉及交易各方纠纷的风险以外的信用和政治风险。如果进口商因财务上无偿付能力而不能在到期时付款，保理商承担偿付责任。出口商得到保理商的各项服务，应向保理商支付一定的费用，保理费用一般占销售额的1.75%～2%。

保理业务作为对现有国际结算方式的一种补充，出口方在下列情况下，可采用保理业务：对国外客户资信情况不了解，且对方不愿意接受信用证方式；过去的交易采用托收方式，进口商经常拖欠货款；由于市场和其他方面的变化，出口商有可能失去原先以信用证为支付方式的订单，甚至有可能在竞争中失去客户，出口商同意对进口商采用远期赊账方式销售；出口商对应收货款寻求催收和有效管理。

从20世纪60年代起，欧美各国陆续开展了这项业务，70年代以来，该项业务在亚太地区也得到了迅速开展。目前，世界上已先后建立了几个国际性的组织机构，其中业务量最大、成员最多、在世界各地分布最广的是“国际保理商联合会”。我国的中国银行自80年代后期就已开展了国际保理业务，并于1993年初正式加入“国际保理商联合会”，中国银行与美国、西欧、东南亚等国家和地区的30多家保理公司签署了正式协议。我国企业通过中国银行办理保理业务，在防范商业信用风险等方面已收到了良好效果。

（2）国际保理业务的程序。国际保理业务的基本程序如下：①出口商与出口保理商签订保理合同，将进口商的名称、地址等情况告知出口保理商，并请出口保理商为进口商申请一个信用额度；②出口保理商将进口商的名称、地址及信用额度的申请通知其在进口地有关系的进口保理商；③进口保理商对进口商资信情况进行调查，根据资信情况，核定进口商的信用额度，通知出口保理商，由后者转告出口商；④出口商和进口商签订商品交易合约；⑤出口商发运货物，将带有转让条款的发票及单据交出口保理商，由后者寄给进口商或进口保理商，特别转让条款规定进口商将发票金额支付给进口保理商；⑥出口商将发票副本交出口保理商，如果出口商申请，可从出口保理商立即获得一部分预付货款；⑦出口保理商将发票副本转寄进口保理商，后者将发票记入应收账款；⑧进口保理商定期向进口商催收账款；⑨在付款到期日，进口商向进口保理商付款；⑩进口保理商将收到的全部发票金额立即拨付出口保理商；⑪出口保理商扣除预付款后，将剩余部分转付出口商。

（3）保理成本的估算。某出口商的应收账款为1 000万美元，期限3个月，由某保理商提供各项保理服务。保理费为应收账款的1.75%，保理商以每月2.5%的贴现率无追索地购买出口商的应收账款。出口商可收到的金额为：

应收账款的面值	1 000万美元
减：应付保理费（1.75%）	17.5万美元
减：贴现利息（每月2.5%，3个月期）	75万美元
出口商可收到的金额	907.5万美元

出口商这一应收账款的保理成本率为：$(17.5+75)\div 1\,000\times 100\%=9.25\%$

二、国际贸易外汇收支的效益分析

（一）出口收汇的效益分析

1. 反映企业出口收汇效益的指标。

（1）出口换汇成本。指企业在一定时期内出口商品的全部成本与出口收汇的对比，表明每收入 1 外币单位（通常指 1 美元）所支出的人民币数额。其计算公式如下：

$$出口汇换成本 = \frac{出口商品总成本（人民币元）}{出口商品外汇净收入（美元）}$$

出口商品按离岸价格（FOB）成交时，出口商品外汇净收入等于出口商品外汇总收入减去以外汇支付的佣金；出口商品按到岸价格（CIF）成交时，出口商品外汇净收入等于出口商品外汇总收入减去以外汇支付的佣金、保险费和运费等。

外贸公司出口商品总成本包括出口商品进货价、商品流通费和出口关税（我国规定只对少数稀缺物资的出口征收出口关税）。购入准备出口的商品如需加工整理，其加工整理费用应包括在出口商品总成本之内。

生产企业出口产品总成本应包括出口产品的生产成本、各项费用和出口关税等。

【例 12－2】 某公司在国内购进商品 4 万件，进货总价为 14 800 万元人民币，加工整理费 500 万元人民币，流通费用 700 万元人民币。出口的外汇收入总额 2 100 万美元，出口业务中支付国外运输费、保险费和佣金共计 100 万美元。

出口商品外汇净收入 = 2 100 － 100 = 2 000（万美元）

出口商品总成本 = 14 800 + 500 + 700 = 16 000（万元人民币）

出口汇换成本 = 16 000 ÷ 2 000 = 8（人民币/美元）

（2）出口换汇率。指每出口 100 元人民币成本的商品能换回多少外汇（美元），直接反映出口商品的换汇能力，是出口成本效益指标。其计算公式如下：

$$出口换汇率 = \frac{出口商品外汇净收入（美元）}{出口商品总成本（人民币元）} \times 100\%$$

出口换汇率与出口换汇成本在数值上互为例数。按前例数据计算：

出口汇换率 = 2 000 ÷ 16 000 × 100% = 12.5%

即花 100 元人民币能换回 12.5 美元，此比率越高说明效益越高。

（3）出口盈亏额。它是出口商品外汇净收入折合成人民币数额减去人民币成本后的余额。其计算公式如下：

出口盈亏额 = 出口商品净收入（外汇折合人民币数） － 出口商品总成本（人民币）

出口商品净收入（人民币） = 出口商品外汇净收入 × 银行外汇汇率

设当时的汇率为 1 美元 = 8.10 元人民币，按前例数据计算：

出口盈亏额 = 2 000 × 8.10 － 16 000 = 200（万元人民币）

（4）出口盈亏率。它是出口盈亏额与出口商品总成本对比计算的百分率。其计算公式如下：

出口盈亏率 = 出口盈亏额 ÷ 出口商品总成本 × 100%

按前例数据计算：

出口盈亏率 = 200 ÷ 16 000 × 100% = 1.25%

2. 出口换汇成本的分析运用。换汇成本是评价出口业绩和进行经营决策的重要依据，应从多方面加以分析运用。

(1) 将换汇成本与汇率进行对比，考核企业出口盈亏。换汇成本指标的分子表示出口业务的所费，而分母则表示出口业务的所得，两者对比的数值反映着出口业务经济效益的高低。换汇成本越低，则经济效益越高。在分析时，将换汇成本与美元汇率进行比较，即可确定出口业务的盈亏。例如，当时的汇率为 1 美元 = 8.10 元人民币，如果换汇成本低于 8.10 元，即为有利润，反之则为亏损。前例的换汇成本为 8 元，可以确定出口商品是有利润的，出口商品外汇收入每 1 美元获得的人民币利润为：8.10 - 8 = 0.10（元人民币），该例的外汇净收入 2 000 万美元出口利润总额为：2 000 万美元 × 0.10 = 200 万元人民币，其成本利润率为：0.10 ÷（1 × 8）× 100% = 1.25%。出口商品的换汇成本高低和盈亏情况是考虑商品是否宜于出口的重要因素。如果某种商品的换汇成本高于汇率，一般就认为它不宜于出口。但一种商品是否安排出口，除了看它的盈亏情况以外，还须考虑其他因素。例如，为了占领国际市场，不失去原有的国外客户，或为了完成国家下达的增加外汇收入任务，有时还出口某些亏损商品。此时，更应采取有效措施，降低换汇成本，扭亏增盈。

(2) 将换汇成本与出口商品成本、费用相联系，据以制定出口商品价格。前已说明，换汇成本等于出口商品总成本除以出口商品外汇净收入，而出口商品外汇净收入等于出口商品外汇总收入减出口商品业务中以外币支付的佣金、运输、保险等费用，即：出口外汇净收入 = 出口商品外汇总收入 ×（1 - 出口业务外币费用率）。出口业务外币费用率是指出口业务中以外币支付的佣金、运输、保险等费用占出口商品外汇总收入的百分比。根据上述，可确定出口商品价格的计算公式如下：

$$\text{出口商品单价} = \frac{\text{出口商品单位成本}}{\text{换汇成本} \times (1 - \text{出口业务外币费用等})}$$

【例 12 - 3】 某种商品出口的单位成本为 4 000 元。汇率为 1 美元 = 7.90 元人民币，上期实际换汇成本为 8 元，出口业务外币费用率为 4.76%，从汇率上看，该种商品出口价格应为 531.63 美元，即：4 000 ÷［7.9 ×（1 - 4.76%）］；按上期实际换汇成本来推算的出口价格为 524.99 美元，即：4 000 ÷［8 ×（1 - 4.76%）］。在此基础上，根据国际市场该种商品销售情况和价格趋势，可将出口价格定得不低于或适当高于 531.63 美元。

(3) 将各种出口商品的换汇成本进行比较，将向不同国家地区出口的同一种商品的换汇成本进行比较，选择出口商品的有利品种和地区。由于各种出口商品换汇成本有着很大差距，在可能情况下，应多出口那些换汇成本较低的商品，少出口那些换汇成本较高的商品，这有利于提高企业出口商品利润水平。换汇成本与出口地区还有联系，同一种商品向甲国销售，由于该国的价格较低，因而换汇成本较高，向乙国销售，由于该国的价格较高，因而换汇成本较低。同一种商品向某国出口可能要亏损，但向另一国销售可能有利润，这在经营决策上是一个不可忽视的因素。在可能的情况下，应多向价格较高、换汇成本较低的国家和地区出口，以提高出口商品的经济效益。

(4) 将本期的实际换汇成本同本期计划换汇成本、同上期的换汇成本进行比较，将本企业的换汇成本与其他企业出口同种商品的换汇成本进行比较，找出差距，分析换汇成本高低的主客观原因，以便挖掘降低换汇成本的潜力。

3. 为了降低换汇成本，应从以下各方面采取措施：

(1) 努力增加外汇收入。一是要不断地提高出口商品质量，改进包装，及时交货，搞好售后服务，提高企业信誉，使进一步提高售价有了可能；二是要加强对国际市场的调查研究，了解各国商品价格的变化，尽可能多地向价格较高的国家出口商品；三是要合理地节约出口业务过程中的外币费用（如运输费、佣金等），以增加出口商品的外汇净收入；四是要搞好出口经营管理，避免国内各出口商对外竞销，盲目削价，自相残杀。

（2）不断地降低出口商品总成本。这既要努力降低生产环节的成本费用，又要重视降低流通环节的各种费用，为此必须加强生产经营管理。生产企业要千方百计地降低原材料、燃料、动力消耗，提高劳动生产率，节约各项费用。外贸企业要加强对出口商品的收购、验收、保管、运输等各环节的管理，建立健全责任制，防止商品损坏、变质、盘亏、削价等损失，降低费用开支。

（3）优化出口商品品种结构。出口商品品种结构是指各种出口商品数额占全部出口商品总额的比重。优化出口商品品种结构，就是增大换汇成本较低的商品在全部出口商品中所占的比重，这样可以降低全部出口商品的平均换汇成本，增加企业出口商品的盈利。

（二）进口用汇的效益分析

1. 外贸企业进口用汇的效益。外贸企业从国外进口商品，要按汇率用人民币购买外汇支付货款。进口的商品在国内销售，收回人民币货款。其用汇的经济效益可用下列指标来反映：

（1）进口用汇效果。它是进口1美元商品在国内销售可得的人民币数额。其计算公式如下：

$$\text{进口用汇效果}=\frac{\text{进口商品国内销售净收入（人民币元）}}{\text{进口商品外汇支出额（美元）}}$$

用汇效果指标的数值越是超过银行挂牌汇率就越好。

【例 12－4】 某进出口公司进口商品一批，外汇支出额 2 000 万美元，该批商品在国内销售，收入人民币 16 500 万元，国内流通费和税金人民币 100 万元。当时，银行挂牌汇率为 1 美元＝8.05 元人民币。

进口用汇效果＝（16 500－100）÷2 000＝8.20（人民币元/美元）

（2）进口盈亏额。它是进口商品在国内销售的收入减去进口商品总成本以后的余额。其计算公式如下：

进口盈亏额＝进口商品国内销售收入－进口商品总成本

式中：进口商品总成本＝进口商品外汇支出额×汇率＋国内流通费＋税金

进口商品总成本＝2 000×8.05＋100＝16 200（万元人民币）

进口盈亏额＝16 500－16 200＝300（万元人民币）

还可以计算以下两个指标：

$$\text{①进口单位商品盈亏额}=\frac{\text{进口盈亏总额}}{\text{进口商品销售量}}$$

$$\text{②每1美元赔赚（盈亏）额}=\frac{\text{进口盈亏总额}}{\text{进口商品外汇支出额（美元）}}$$

（3）进口盈亏率。它是进口盈亏额与进口商品总成本对比计算的百分率。其计算公式如下：

$$\text{进口盈亏率}=\frac{\text{进口盈亏总额}}{\text{进口商品总成本}}\times 100\%$$

按前例数据计算：进口盈亏率＝300÷16 200×100%＝1.85%

2. 生产企业进口用汇的效益。

(1) 生产企业从国外进口原料生产产品，应根据不同情况计算其经济效益，如果产品在国内销售，应计算使用进口原料比使用国产原材料，是否能提高产品质量、降低成本和增加利润。

如果产品出口，则应计算外汇增值率、净创汇换汇成本指标。外汇增值率反映以外汇进口原料，经加工成为成品（包括半成品）出口换取外汇的效果。其计算公式如下：

$$外汇增值率=\frac{出口产品外汇净收入-出口产品外汇成本}{出口产品外汇成本}\times 100\%$$

式中：出口产品外汇成本主要指生产出口产品耗用进口原材料而支出的外汇，如果生产出口产品在工资、费用等方面还支付了外汇，也该计入出口产品的外汇成本。出口产品外汇净收入减去出口产品外汇成本，称为外汇增值额。

净创汇换汇成本是指净创汇（即外汇增值额）每1外币单位（通常指1美元）所花费的人民币成本。其计算公式如下：

$$净创汇换汇成本=\frac{出口产品总成本（人民币）-出口产品外汇成本\times 汇率}{出口产品外汇净收入-出口产品外汇成本}$$

【例12-5】 某工业进口原材料支付700万美元，利用这些原材料生产的产品全部出口，外汇净收入1 000万美元。这批产品的总成本8 040万元人民币，当时汇率为1美元=8.10元人民币。

$$外汇增值率=\frac{1\,000-700}{700}\times 100\%=42.86\%$$

$$净创汇换汇成本=\frac{8\,040-700\times 8.10}{1\,000-700}=7.90（人民币元/美元）$$

(2) 生产企业进口机器设备属于固定资产投资，应计算投产后增加产品品种、产量、提高质量、降低成本和增加利润的数额，计算投资收回期和投资利润率等指标。

小测试：

1. 企业进出口外汇收支各种结算方式存在什么风险？结算风险可分为那几类？怎样防范结算风险？

2. 什么是出口换汇成本、出口换汇率、出口盈亏额和出口盈亏率？怎样分析和运用出口换汇成本指标？

3. 什么是外贸企业的进口用汇效果，进口盈亏额和进口盈亏率？什么是生产企业的外汇增值率和净创汇换汇成本？怎样计算这些指标？

第三节　国际技术贸易外汇收支管理的特点

一、国际技术贸易概述

（一）国际技术贸易的特点

技术贸易是技术转让的一种重要形式。按照《联合国国际技术转让行动守则》所下的定义，“技术转让是指关于制造产品、应用生产方法或提供服务的系统知识的转让，但不包括货物的单纯买卖或租赁。”现代国际技术转让可分为非商业性转让和商业性转让两类：非商业性技术转让是指不以营利为目的的国际技术转让；商业性技术转让是以营利为目的的技术转让，主要通过经济合作途径和贸易途径两种方式进行。通过经济合作途径进行国际技术转让，在我国实践中常见的是含有技术转让内容的中外合资经营（将技术折算为投资股本）和中外合作经营（将技术作为合作经营的条件）。通过贸易途径进行的国际技术转让即为国际技术贸易。从一个国家来看，国际技术贸易包括技术出口和技术引进两个方面。与货物贸易相比，技术贸易有下列特点：

1. 贸易对象不同。货物贸易的对象是“物质产品”，便于计量和质量检测，而技术贸易的对象是“知识产品”，不便于计量和检测，被称为“无形贸易”。

2. 贸易关系不同。货物贸易是所有权的转让，一件商品只能卖给一个买主，而技术贸易一般只是使用权的转让，技术所有权的转让甚为少见。在一般情况下，当一家公司把一项技术转让给另一家公司时，这家公司对该项技术仍拥有所有权，可以再向别的公司转让，因此技术可以多次出售。

3. 贸易条件不同。货物贸易条件相对简单，买卖双方谈成一笔交易，钱货两清，交易就告结束。而技术贸易是同行业的企业或个人之间一个较长时间合作关系。合同内容除支付价款和交付设备技术资料外，还涉及到技术的传授、侵权和保密责任、技术的发展与改进等问题，仅就技术价格和支付方式而言，也比货物贸易复杂得多。

（二）国际技术贸易的方式

国际技术贸易的方式主要有以下几种：

1. 技术许可。单纯的软件技术的转让是通过技术许可证来进行的。技术许可主要分为以下几类：

（1）独占许可。指在许可证合同所规定的时间和地域范围内卖方只把技术转让给某一特定买主，不得卖给第二家买主。同时卖方自己也不得在合同规定的范围内使用该技术和销售该技术生产的产品。

（2）排他许可。指卖方在合同规定的时间和地域范围内只把技术授予买方使用，同时卖方自己保留使用权和产品销售权，但不再将该技术转让给第三者。

（3）普通许可。指卖方在合同规定的时间和地域范围内可以向多家买主转让技术，同时卖方自己也保留技术使用权和产品销售权。

2. 技术服务。指技术服务方与委托方签订技术服务合同，向委托方提供技术劳务，完成某项服务任务，并由委托方支付一定技术服务费的活动。技术服务的形式主要有提供技术咨询、技术指导、提供技术信息资料和技术培训等。它仅指专有技术和专利以外的那部分技术资料和服务。

3. 在买卖货物的同时买卖其中的技术。技术贸易是以非物质形态的技术知识作为交易对象，但某些货物的买卖含有技术贸易的内容，比如买卖某种机器设备的同时买卖机器设备的制造技术，买卖某种飞机的同时买卖飞机操作和维修技术。

4. 通过补偿贸易买卖技术。补偿贸易是由出口商提供设备、技术，引进方（进口方）用于生产后，用产品作价补偿引进设备技术的价款。

5. 在工程承包中买卖技术。在这种工程承包中，技术许可方承包某项工程，承担该工程的设计、土建、设备供应、安装调试、技术提供、人员培训、直到生产出按合同规定产品的全部责任，由工程出包方（技术引进方）按合同规定支付工程款（含应付技术价款）。

（三）国际技术贸易的程序

企业从国外引进技术，一般经过以下程序：选择技术→进行可行性研究→签订技术引进合同和执行技术引进合同。在引进之前，要采用科学的技术经济分析方法对拟引进技术的先进性、适用性和经济合理性进行分析，为技术引进决策提供科学依据，克服技术引进的盲目性，避免技术引进的失误。技术引进项目可行性研究的内容包括项目总体分析、市场需求与生产能力分析、技术分析，以及财务和经济分析。财务和经济分析是在完成了项目的总体分析、市场需求与生产能力分析并获得了有关数据的基础上，最终从财务和经济角度判定该项目是否可行。财务和经济可行性分析包括投资总额（总费用）和资金来源测算、销售收入、成本费用和利润测算、投资利润（收益）率和回收期测算、净现值和内部收益率测算等。

技术出口的一般程序是：选择出口技术→出口项目审批→寻找外国要进口技术的客户→进行技术贸易合同的谈判、签订与执行。

二、国际技术贸易的价格决策

（一）国际技术贸易价格的特点与组成

技术价格又称技术转让费、技术使用费、技术补偿或技术酬金，是指技术引进方为获得技术而向技术出口方支付费用的货币表现。技术作为一种特殊商品，其价格与普通商品价格有相似之处，但也有其自身的特点和规律。其特点主要是：

1. 普通商品的价格以其价值为基础，而技术价格主要是以其使用价值为依据，技术价格高低主要取决于使用该项技术所能产生效益的大小。

2. 普通商品的价格一般以固定金额表示，而技术价格还可以用一定比例表示，例如引进方某年应付的技术使用费等于该年的实际销售额乘以合同中规定的提成率计算求得。

技术价格通常由以下三部分组成：

1. 许可证费。是指引进方为得到许可方授予其使用所转让技术的权利而支付的报酬，约占技术价格的2/3左右。它补偿技术的有关成本，是许可方获取利润的主要部分。

2. 技术服务费。约占技术价格的25%左右。

3. 技术资料费。约占技术价格的10%左右。

（二）技术卖方的价格决策

技术卖方在作价时，通常考虑三个因素：一是出售技术的总成本；二是技术出售后可能给买方带来的新增利润；三是卖方分享新增利润的份额。

1. 卖方出售技术的总成本。

（1）转让成本。指技术转让过程中发生的各项费用。包括：卖方提供技术服务（例如派专家指导安装、调试、技术培训等）而发生的费用；谈判过程中发生的差旅费和管理费；法律咨询、审查、注册等方面的费用；其他费用，例如邀请买方来访的招待费、付给中间经纪人的佣金等。

（2）开发成本。指研究和开发这项技术而耗费的人力、物力和财力，包括直接成本和间接成本。前者指与开发该技术直接有关的成本，例如调研费、资料费、材料费、加工费、测试研究费、专用仪器或设备费等；后者指研究开发技术时所支付的某些固定费用，如经营管理费、折旧费等。由于开发成本在转让之前已经形成，不能再改变，故称为“历史成本”或“沉没成本”。由于在多数情况下，企业开发技术是首先自己使用，并可多次转让，因此，一般不指望买方支付全部开发成本，而只是摊还成本的一部分，摊还多少，要看这项技术的使用年限和转让次数等因素。

（3）机会成本。指技术卖方因出售技术，在技术买方所在国或地区范围内失去产品技术投资或销售机会而减少的利润。例如，日本A公司向我国甲企业转让一项电子技术，由于这项技术贸易使A公司向我国的出口减少9 000万美元，假设A公司的产品销售利润为15%，那么其机会成本就是1 350万美元。

2. 对买方使用引进技术新增利润的预测。

（1）预测因降低成本而形成的新增利润。如买方使用引进技术，使生产效率提高，原材料、燃料、动力消耗节约，从而使成本降低。设某企业引进一项技术，生产甲产品，年产销量为S，引进技术前的产品单位成为C_0，引进技术后的产品单位成本为C_1，合同有效期限为n年，使用引进技术新增利润总额则为：$m = S(C_0 - C_1)n$。

（2）预测因提高产品质量而形成的新增利润。如买方使用引进技术，使产品质量提高，从而使产品售价提高。又设引进技术前的产品单价为P_0，引进技术后产品单价为P_1，则在成本不变的情况下：$m = S(P_1 - P_0)n$。

如果在单价提高的同时，单位成本所降低，这时：$m = S[(P_1 - P_0) + (C_0 - C_1)]n$。

如果在单价提高的同时，单位成本也有所提高，这时：$m = S[(P_1 - P_0) - (C_1 - C_0)]n$。

（3）预测因销售量增加而形成的新增利润。如买方使用引进技术，使产品的知名度和竞争能力提高，从而增加销售量。又设引进技术前的年销售量为S_0，引进技术后的年销售量为S_1，则

$$m = (P_0 - C_0)(S_1 - S_0)n$$

（4）预测产品成本、价格、销售量等因素同时变化形成的新增利润。可采用下列公式：

$$m = \sum_{t=1}^{n} S_t(P_t - C_t) - S_0(P_0 - C_0)n$$

式中：S_t、P_t、C_t分别为第t年的销售量、价格、成本。

3. 卖方分享新增利润的份额。买方引进技术的新增利润由买卖双方分享，利润分享原则是国际上公认的确定技术价格基本原则，被称为LSLP原则（Licensor’s Share of Licensee’s Profit），其含义是技术卖方所得技术转让费应占技术买方使用引进技术新增利润的一定份额，可以用下列公式表示：

$$LSLP(\%) = \frac{卖方所得技术价格（技术转让费）}{买方使用技术新增利润} \times 100\%$$

LSLP（%）为利润分享率或利润分成率。根据以上式可得：

技术价格（技术转让费）= 买方使用技术新增利润 × 利润分享率

一般认为利润分享率应为1/4，其理论根据是：利润是资金、组织、劳动和技术四个因素的综合结果。联合国工业发展组织认为利润分享率一般在16% ~ 27%之间较为合理，不同产业的利润分享率有很大差异。在确定利润分享率时，要对技术贸易项目的具体情况进行分析加以确定。

根据前面关于技术成本、使用技术新增利润和利润分享的论述，可将技术价格、成本和净收益的关系用如图 12－4 所示。

- 买方使用引进技术预计新增利润
  - 买方获得的份额（引进技术的净收益）
  - 卖方分享的份额（即技术价格或卖方总收入）
    - 补偿卖方出售技术的成本
      - 转让成本
      - 开发成本
      - 机会成本
    - 卖方出售技术的净收益

图 12－4　技术价格、成本和净收益的关系

（三）技术买方的价格决策

在国际技术贸易中，一般是由卖方先报价，买方为了在价格上不吃亏，应通过调查研究，了解将要购买的技术的成本、效益和市场价格等情况，确定自己购买该项技术的最高价和最低价，做到在谈判中心中有数。技术买方可以从以下三个方面进行价格决策：

1. 引进或开发的决策。企业在购买某项技术之前，首先应考虑自己是否有技术力量在短期内开发这项技术，估算企业自我开发这项技术的成本，然后将自我开发的成本与引进的成本进行比较，如果自己不能开发，自我开发的成本高于引进的成本，则应采取引进。

2. 引进技术的成本与效益的比较。引进技术的效益包括：买方使用引进技术带来的新增利润；引进技术的社会效应，如对就业机会、社会生产率、国际收支平衡、生态环境等方面的良好影响。买方引进技术的成本主要是支付给卖方的技术价格。技术买方所报的最高价格（顶价）应低于预计使用这项技术的新增利润。

3. 多家卖方价格的比较。买方引进技术时，应尽可能与多家技术卖方联系，将他们所报的价格进行比较。在各卖方的技术价格基本相同的情况下，买方所出的最高价格，应不高于竞争中各卖方报价中的最低价格。

（四）技术价格决策应考虑的其他因素

前面说明了技术贸易价格决策时应考虑的成本、效益和市场等基本因素，此外，还要考虑影响技术价格其他一些因素。例如：技术许可方式、技术所处的生命周期阶段、买方接受技术的能力、技术贸易的环境（有关国家的政治、法律、市场环境）、技术所属行业的利润状况、技术价款的支付方式和支付货币等。

三、国际技术贸易支付方式的选择

（一）国际技术贸易的支付方式

技术价格与支付方式有着密切联系。技术贸易的价款一般是以货币支付，只有在通过补偿贸易引进设备技术时才以产品补偿。买方以货币支付价格的方式一般有以下三种：

1. 一次总付（Lump－sum Payment）。一次总付是指在签订技术贸易合同时，将技术价格一次算清，确定一个固定的总金额，由引进方一次支付或分期支付。一次总付是相对分期提成支付而言的，一次总付是一个固定金额，而按实际产量、销售额或利润额提成支付时技术价格总额事先是不确定的。若总付是一次付清，其支付时间可确定为协议达成时或其后某一时间内进行。若总付是分期付清，则可按协议执行进度来确定每期支付的份额。一次总付方式在绝大数情况下是采取分期支付。如采取分期支付，应在合同中规定分次支付的时间和支付的比例，并且与许可方完成的工作量相一致。我国技术引进分期支付的方法：技术软件在合同生效后 30 天内预付 5%～15%，技术资料全部收到后支付 50%～60%，技术指导和技术

培训完成后支付20%左右，合同产品考核验收后支付15%左右。技术硬件部分在合同生效后30天内预付5%～15%，收到全套设备装运单据支付65%～75%，合同产品考核验收后支付10%～15%，保证期满支付5%～10%。

一次总付方式的特点是技术价格与买方使用引进技术的效果无关。对卖方来说，一次总付方式利多弊少。有利方面主要表现为卖方有较稳定的技术转让费收入，避免因买方使用技术效果不佳而支付较少技术价格的可能。同时不必追踪买方生产和销售情况及进行繁琐的账目清查和核算等工作。不利方面则表现为卖方可能失去分享买方由于使用技术效果好使收入增加而带来额外收益的机会。对买方来说，一次总付方式弊多利少。不利的方面表现为：

（1）失去与卖方分担风险的机会。如果引进的技术不适用或实际效益比预期效益差，其经济损失完全由买方承担。

（2）买方不能从卖方得到技术上的全力协助。虽然合同中有卖方有义务帮助买方正确使用技术的条款，但卖方与买方使用技术效果好坏已无关系，因而不会尽心尽力。

（3）增加买方的财务负担。引进一项技术在取得经济效益之前就支付全部技术价格，会影响资金周转。如果用贷款来支付，需支付利息和借款费用，是对买方的额外负担。

一次总付方式对买方的有利方面表现在价格固定，便于比较，可避免因通货膨胀而使技术价格生变化；还有利于避免汇率变动的支付风险，由于一次总付对买方弊多利少，因此，一些引进技术的国家，特别是发展中国家对一次总付的金额、条件和范围加以限制。一次总付方式多用于非尖端技术的贸易，买方技术力量雄厚，对引进的技术很快全部消化吸收，而且买方又有较充足的资金。如果技术贸易的金额较小或买方使用引进技术的效益不确定性较小，也可采用一次总付方式。

2. 提成支付（Royalty）。提成支付是指技术买方在合同规定期限内，按照使用引进技术所产生的实际效果和规定的标准向卖方支付技术价款（又称为提成费）。在签订合同时，只规定提成年限、提成基数、提成比例和提成方式，一般不规定提成费的具体数额。

（1）提成基数。计算提成费的基数通常有以下三种：

①产量。按产量提成是指按使用引进技术所生产产品的实际产量为基础计算提成费，即凭每一单位产品付给规定的金额。这一数额不随成本价格的变动而变动，不管产品销售情况好坏，是否有利润，都固定不变。按产量提成简便易行。采用这种方式对卖方的风险相对较小，因其收益不受产品价格市场推销情况的影响。只要买方利用引进的技术生产出产品，卖方就能获得收入，产量越大，卖方获得技术转让费就越多，因此这种提成方法卖方最愿意采用。这种把卖方收益直接与产量挂钩的作法常常使卖方在协助买方使用和改进引进的技术方面有较高的积极性。采用按产量提成的方法，买方要承担产品销路缩小、成本上升、售价下降等情况变化的风险。使用引进技术后虽然产量很多，但如销不出去，利润很少，甚至亏损。这时，按产量提成，对技术卖方很有利，而买方却会遭受很大损失。买方在确定单位产量提成金额时，要特别慎重，要对上述各种因素作充分的考虑，不要定得过高。

②销售额。在实践中一般采用净销售价，它是生产成本加上合理的出厂利润，它可以从市场销售价（即售货发票上所载的实际价格）中，扣除包装费、保险费、运费和税等求得。以净销售价作为提成基数，能排除与技术转让无关的许多因素，比较合理，因而得到国际上的公认和广泛采用。

③利润额。利润额是根据买方使用引进技术所创造的实际新增利润提取技术转让费。按

利润额提成将卖方的收益与买方的利润直接挂钩，实际新增利润多，卖方收益就多，反之则少。这种办法就是前面所说的利润分成法（LSLP），从理论上讲，这种办法是比较合理的。技术买方最希望采用按利润额提成，但在实践中，卖方一般不愿意采用这种提成方法，其原因是：在一项技术转让之后其经济效益不佳往往不是卖方的技术有问题，而是买方对技术吸收消化能力不够，不能很快掌握，或者由于其他因素造成产品质量不好或市场销售不佳，因此利微或者亏本，如果买方没有利润（不管什么原因），卖方就没有收益，卖方要承担很大风险；比较来说，销售额是比较公开的和有据可查的，而利润计算取决于进入成本的内容和金额，具有较大的主观随意性。只有当技术买方在谈判中处于十分有利的地位，或是转让的技术由卖方直接控制使用和经营，并有充分把握能获得高额利润，卖方才会同意采用按利润额提成这一方法。

(2) 提成率。指提成费与提成基数的比率。提成率的高低与技术的复杂程度、产品的产量、销售额和利润以及提成年限的多少有直接联系，不同技术领域、不同交易条件，其提成率必然有差异。联合国贸易和发展组织经过大量的调查统计，认为提成率一般在产品净销售额的0.5%～10%之间，绝大多数为2%～6%，不同工业的技术转让提成率是不同的。我国有关部门认为，我国引进技术，如以净销售额作为提成基数，提成率一般不应超过5%。提成率一般按下列公式计算：

$$提成率=\frac{买方使用引进技术的新增利润\times 卖方分享新增利润的分成率}{提成基数}\times 100\%$$

【例 12－6】 某公司从国外引进一项新技术，使用该技术生产的产品，由于成本降低、质量提高，估计单位产品新增利润 2 000 元，技术卖方分享新增利润的分成率为 25%，单位产品的净销售价为 1 万元。

提成率 = 2 000 × 25% ÷ 10 000 × 100% = 5%

此提成率表明买方每实现 100 元净销售额应支付 5 元提成费。如果上例公式的分母为产量，提成率表现为单位产量应支付的提成费。如果公式的分母为新增利润，则提成率就是利润分成率。

(3) 提成年限。指许可方收取提成费的年数。提成年数的多少与转让技术的性质有关，普通技术的提成年数较少，高精尖技术的提成年数较多。大多数技术的更新换代周期均不超过 10 年，电子计算机、家用电器换代周期只有 2～5 年，因此，提成年数一般为 2～10 年，多数为 5～8 年，最长不超过专利有效期。提成年限与提成率有一定关系，在提成费总额不变的情况下，如果提高提成率，则可缩短提成年限，反之则延长。

(4) 提成方法。通常采用固定提成方法，提成费总额等于提成年限内各年提成基数与提成率乘积之和。

提成方式的特点是技术价格高低与买方使用引进技术的实际效果直接挂钩，技术卖方和买方共担风险。对卖方来说，提成方式利少弊多。有利方面主要表现在可以分享买方使用技术效益好而带来的额外收益，即买方使用技术的实际效益好，卖方可以多提成；不利方面主要表现在如果买方使用技术的实际效益不好或没有效益，卖方就只能少提成或不提成。对买方来说，提成方式利多弊少。有利方面主要表现在不仅可以减轻一次总付的财务负担，而且还可促进技术卖方关心和帮助买方使用好引进的技术，有助于加强技术买卖双方的技术合作，加重卖方传授转让技术的责任，有利于买方对引进技术的消化吸收和充分利用；不利方面主要表现在签订技术贸易合同时技术价格实际数不确定，不便于比较。采用提成方式，卖方为检查提成基数的真实性，要定期审核技术买方的账目，比较麻烦。

3. 入门费加提成支付（Initial Payment and Royalty）。这种方式的具体做法是：在技术贸易合同生效后，买方向卖方支付一笔费用，称为入门费，或称为定金（Down Payment）或头款，引进技术在生产中使用后，买方按合同规定每年向卖方支付提成费，采用这种方式时，应在合同中规定入门费数额和提成费的计算方法。这种支付方式是一次总付和提成支付的折衷办法。这种办法既可减少一次总付给买方带来的风险，又可减少全部提成支付给卖方带来的风险，因此可以视为对双方都较有利的办法。技术卖方要求买方支付入门费的原因是：(1) 尽快收回技术的转让成本；(2) 尽快补偿因出售技术所带来的损失（机会成本）；(3) 在提成费无保证的情况下，借以保证技术转让的一定收益。入门费的数额，许可方希望越多越好，而引进方则认越少越好，在实际交易中，通常是以卖方的技术转让成本作为入门费的最低标准。

对于入门费与提成费之间的关系，可用入门费还原提成费的方法计算。例如，某项技术转让在合同规定的提成期限内共销售产品 8 万台，每台净销售价 1 000 美元，如果不付入门费，提成率为 6%，提成费总额为：80 000 × 1 000 × 6% = 4 800 000（美元）。假如卖方要求买方支付入门费 160 万美元，入门费相当于提成率 2%（即 1 600 000 ÷（80 000 × 1 000）× 100%）。在不考虑利息因素的情况下，提成率应从原来的 6% 降为 4%。

入门费可一次付清，也可按合同进度分次支付。在我国引进技术的实践中，入门费通常是在合同生效后 30 天内支付 5% ~ 15%，收到全部技术资料后支付 50% ~ 60%，技术指导和技术培训完毕支付 20% 左右，考核验收完毕支付 15% 左右。

（二）技术引进付费方式的对比分析

前已说明，技术引进的付费方式有一次总付、提成支付和入门费加提成支付三种方式。在引进某种技术已定的情况下，付费最少的方式，其经济效益最佳。将不同的付费方式进行对比，应在“时点”一致的基础上，把不同方式的付费金额折成现值，再进行对比，才能得出正确的结论。

【例 12 - 7】 某公司本年 1 月从国外引进一项电子技术，卖方提出三种价格：(1) 一次总付。285 万美元，本年 1 月支付。(2) 提成支付。第一年基建，不付提成费。第二年 1 月投产，提成期 3 年，提成基数是产品净销售额，预计第二年 2 000 万美元，第三年 2 200 万美元，第四年 2 400 万美元，提成率 5%。(3) 入门费加提成支付。入门费 90 万美元，第一年 1 月支付，提成率 3%，提成期 3 年。折现率 10%。提成支付和入门费加提成支付两种方式的技术价格现值计算如表 12 - 1 所示。

从表 12 - 1 可看出，按提成支付方式计算，技术价格总额为 330 万美元，按入门费加提成支付方式计算，技术价总额为 288 万美元（90 + 198），都超过一次总付的价格。但把各年提成费折算为现值，则按提成方式计算的总价格为 247.24 万美元，按入门费加提成方式计算的总价格为 238.35 万美元，都明显低于一次总付的价格。三种报价中，入门费加提成方式计算的价格最低，引进方选择这种方式较为适宜。

在计算现值时，应注意不能将折现率简单地理解为银行利率或银行贴现率，而要考虑到上述的提成支付可能产生的各种风险因素，并根据市场上一般可获得的投资利润率予以确定。

表 12－1 提成支付和入门费加提成支付的技术价格现值 单位：万美元

年份	预计产品净销售额	提成支付				入门费加提成支付			
		提成率	提成费	折现系数	现值	入门费	提成率	提成费	现值
第一年	—	—	—	—	—	90	—	—	90.00
第二年	2 000	5%	100	0.8264	82.64		3%	60	49.58
第三年	2 200	5%	110	0.7513	82.64		3%	66	49.59
第四年	2 400	5%	120	0.6830	81.96		3%	72	49.18
合计	6 600	—	330	—	247.24	90		198	238.35

小测试：

1. 国际技术贸易有什么特点？有哪几种方式？
2. 国际技术贸易的价格有什么特点？包含哪些内容？
3. 技术卖方出售技术的总成本包括哪些内容？
4. 技术卖方和买方怎样进行技术价格决策？
5. 国际技术贸易支付方式有哪几种？技术买方怎样进行支付方式选择？

案例

广东江门铝制品生产企业的保单融资

江门铝制品公司成立于2000年，2001年开始出口产品，当年出口金额600万美元。买家要求采用赊销方式结算，公司面临很大的收汇风险。另外，银行对于新企业的授信有所保留。该公司的流动资金短缺，扩大生产和销售存在很大困难。2002年该公司投保出口信用保险，在中国出口信用保险公司的支持下，经过中国出口信用保险公司授信的买家已有40多家，顺利开拓了美国、澳洲和欧洲市场，先后与四家银行进行出口信用保险项下的融资合作，获得银行的贸易融资授信额度累计达3 810万美元，截至2006年3月该公司累计投保1.45亿美元，并在投保后到相应的银行进行融资。由于中国信保及相关银行风险控制和跟踪的有效性，该公司的投保及融资至今仍保持零风险的记录。出口信用保险项下的融资，为该企业提供了一个良好的融资平台，保障了出口收汇安全，降低了融资门槛，使融资成本相对合理，做到融资量随业务发展而增长，有力地促进了企业迅速发展和良性循环。

（资料来源：《国际融资》，2006年第8期34页）

习 题

1. 甲公司出口一批商品，开出的汇票面值100万美元，期限90天，经进口商银行承兑，承兑费用年率1.6%，90天承兑汇票的年贴现率为8%。

要求：(1) 计算甲公司持有承兑汇票90天后可得到的净金额；

(2) 计算甲公司立即将承兑汇票贴现可得到的净金额。

2. 某工业企业全年甲产品共出口4万件。每件生产成本200元，与甲产品外销有关的各种费用20万元。甲产品的外汇总收入104万美元，出口业务中支付的国外运输费、保险费和佣金共4万美元。汇率1美元=7.6元人民币。

要求：计算甲产品的出口换成汇成本、出口换汇率、出口盈亏额和出口盈亏率。

3. 某工业企业出口甲产品1万件，每件生产成本800元，与甲产品外销有关的费用10万元，换汇成本为8.1元，汇率为1美元=7.8元人民币。

要求：计算出口换汇率、盈亏额和盈亏率。

4. 某企业进口原材料共支付800万美元，利用这些原材料生产的产品全部出口，外汇净收入1 200万美元。这批产品的总成本为9 860万元人民币，汇率1美元=7.8元人民币。

要求：计算外汇增值率和净创汇换汇成本。

5. 我国甲企业本年1月从日本引进一项电子技术，许可方提出三种价格：(1) 一次总付。价格30万美元，本年1月支付；(2) 提成支付。第一年基建，不付提成。第二年初投产，提成期3年，提成基数是产品净销售额，预计第二年220万美元，第三年240万美元，第四年260万美元。提成率5%；(3) 入门费加提成支付。入门费10万美元，本年1月支付，提成率3%，提成期3年。折现率10%。

要求：计算比较，选择技术转让费最少的方式。

相关网站：

国际商会网站　www.iccwbo.org

国际商会中国国家委员会网站　www.icc - china.org

美国对销贸易协会（ACA）网站　www.countertrade.org

中国出口信用保险公司网站　www.sinosure.com.cn

中华人民共和国商务部网站　www.mofcom.gov.cn

主要参考文献

1．（美）切奥尔 S. 尤恩（Cheol S. Eun）、布鲁斯 G. 雷斯尼克（Bruce G. Resnick）合著，《International Financial Management》（3 rd Edition），苟小菊、奚卫华等译：《国际财务管理》，机械工业出版社，2005 年版。

2．（美）切奥尔 S. 尤恩（Chol S. Eun）、布鲁斯 G. 雷斯尼克（Bruce G. Resnick）合著，《International Financial Management》（4rd Edition）（国际财务管理）英文版教材，赵银德、张华译：机械工业出版社，2007 年版。

3．（美）Jeff Madura，《Internation Corporate Finance》（第 8 版）《国际财务管理》，北京大学出版社，2006 年版。

4．（美）Jeff Madura 杰费·马杜拉著，《International Financial Management》（Fifth Edition），杨淑娥、张俊瑞等译：《国际财务管理》，东北财经大学出版社，2000 年版。

5．（美）艾伦·C. 夏皮罗（Alan C. Shapiro）著，《Multinational Financial Management》（Eighth Edition），赵锡军编审，顾苏秦译校：《跨国公司财务管理》（第八版），中国人民大学出版社，2007 年版。

6．（美）艾伦·C·夏皮罗（Alan C. Shapiro）著，《Multinational Financial Management》（7 th Edition）蒋屏、赵旸、任冠华译：《跨国公司财务管理》（第七版），中国人民大学出版社，2005 年版。

7．（美）艾伦·C·夏皮罗（Alan C. Shapiro）著，《Foundations of Multinational Financial Management》，《跨国财务管理基础》，中信出版社，2002 年版。

8．王化成、陈咏英编著：《国际财务管理》，中国时代经济出版社，2003 年版。

9．王建英、支晓强、袁淳编著：《国际财务管理学》，中国人民大学出版社，2004 年版。

10．蒋屏主编：《国际财务管理》，对外经济贸易大学出版社，2004 年版。

11．张超英、吴海燕编著：《国际财务管理》，北京大学出版社，2005 年版。

12．潘渭河编：《国际财务管理》，上海财经大学出版社，2005 年版。

13．吴丛生、郭振游、田利辉编著：《国际财务管理理论与中国实务》，北京大学出版社，2006 年版。

14．陈玉菁著：《国际财务管理》，立信会计出版社，2002 年版。

15．国务院发展研究中心企业研究所课题组著：《中国企业国际化战略》，人民出版社，2006 年版。

16．石建勋、陆军荣著：《中国企业国际资本市场融资》，机械工业出版社，2006 年版。

17. 黄山、张中正、韩捷编著：《中小企业境外及香港上市融资实务》，机械工业出版社，2006年版。

18. 吴先明著：《中国企业对外直接投资论》，经济科学出版社，2003年版。

19.《国际融资》（月刊），中国国际贸易促进委员会主管主办。

20.《资本市场》（月刊），北京首都创业集团主管主办。

21.《中国货币市场》（月刊），中国人民银行主管，中国外汇交易中心暨全国银行间同业拆借中心主办。

22.《中国外汇》（月刊），国家外汇管理局主管，中国外汇杂志社主办。

23.《国际商务财会》（月刊），中华人民共和国商务部主管，中国对外经济贸易会计学会主办。

24.《财务与会计》（月刊），中华人民共和国财政部主管主办。

25.《会计研究》（月刊），中华人民共和国财政部主管，中国会计学会主办。